JN196666

現代税制の現状と課題

組織再編成税制編

著　朝長　英樹（日本税制研究所 代表理事・税理士）

新日本法規

は　し　が　き

　本書は、新日本法規出版株式会社が創立70周年を記念して『現代税制の現状と課題』と題して出版する4冊の書籍の中の「組織再編成税制編」である。組織再編成税制には、平成13年の制度創設以来、未だ16年の歴史しかないわけであるが、それにもかかわらず、今回、組織再編成税制を「現代税制」の主要項目として取り上げて頂いたことで、筆者としては、組織再編成税制の意義と役割について、認識を新たにした次第である。

　本書は、現代税制の「現状」と「課題」について執筆するという企画に従い、第1編で「組織再編成税制の現状」について解説を行い、第2編で「組織再編成税制の課題」について筆者の見解を述べることとしている。ただし、組織再編成税制における租税回避に関しては、別途、本企画の中の「租税回避否認規定編」において解説等が行われるということであるため、本書では、基本的には、取り扱わないこととしているが、注意事項等として言及しておいた方がよいと思われる部分では、個別に必要な範囲で解説を行うこととしている。

　本書の第1編においては、合併、分割、現物出資、現物分配、株式交換等、株式移転について、平成29年度改正も織り込んで解説を行っている。

　この第1編の解説は、読者の方々に組織再編成税制の仕組みを分かり易く伝えるとともに組織再編成税制の基本的な考え方を理解して頂けるようにするということを重視して記述を行った。

　このため、序章1において、組織再編成税制の基本的な考え方を要約して示した政府税制調査会法人課税小委員会の「会社分割・合併等の企業組織再編成に係る税制の基本的考え方」（平成12年10月3日）を取り上げ、その中から、組織再編成税制の基本的な考え方を示した8つの

部分を引用し、それぞれの内容を再確認することとしている。この「会社分割・合併等の企業組織再編成に係る税制の基本的考え方」の中で示されている組織再編成税制の基本的な考え方は、現在もなお、折に触れて振り返るべき重要なものとなっている。

　実務においては、「考え方」や「理論」などよりも、「取扱い」が重要となるため、従来、組織再編成税制について記述する書籍には、「取扱いを知る」という観点で書かれたものが多く、「制度を理解する」という観点で書かれたものは、非常に少なかったように思われる。確かに、組織再編成税制は、非常に複雑であるため、「取扱いを知る」ということが重要であることは、疑いのないところであるが、法令に書かれていることを正しく解釈し、法令に書かれていないことまで的確に予測するためには、「制度を理解する」ということが重要となることを忘れてはならない。

　筆者としては、この第1編は、初めて組織再編成税制に触れる読者の方々に組織再編成税制を正しく理解するための手引きとして利用して頂けるものであり、また、実務において数多くの組織再編成に携わってこられた読者の方々に組織再編成税制の「考え方」や「理論」を正しく理解するための手掛かりを得るものとして活用して頂けるものである、と考えている。

　本書の第2編においては、組織再編成税制の前提となった諸問題から導かれる課題、資本金等の額の増減に関係する課題（増資（現物出資を含む）、ＤＥＳ、有利発行、減資等、みなし配当事由による株式の譲渡における譲渡損益の不計上）、利益積立金額の増減に関係する課題（現物分配、適格合併等における利益積立金額の引継ぎ）、平成29年度改正の課題（スピンオフ関係税制の課題、スクイーズアウト関係税制の課題、分割型分割等における株式継続保有要件の改正の課題）について、筆者の見解を述べている。

組織再編成の中には、多くの資本等取引が含まれているため、組織再編成税制の課題は、それが本質的なものほど、資本等取引税制に生じている課題と重なっている。このため、第2編においては、資本等取引税制と組織再編成税制の全体を眺めたときに、課題となっていると考えられる事項のうち、主要なものを取り上げて記述を行っている。

　ただし、読者の方々の興味を失わせることのないように、ＤＥＳにおける債務消滅益に課税が行われた事件、増資が有利発行に当たるとして受贈益課税が行われた事件、減資において低廉譲渡を行ったとして寄附金課税が行われた事件、みなし配当事由による株式譲渡損から生じた欠損金の繰越控除が否認された事件など、昨今、大きな話題となった税務訴訟に関係する課題を優先して取り上げることとしている。これらの課題の中でも、特に、有利発行における受贈益課税に関しては、これ以上、誤った課税が拡大することのないようにする必要があるため、詳しく制度の内容と課題について解説を行うこととした。

　また、法人税法22条の「取引」の捉え方を正しく理解することができていないことが原因となって、資本等取引税制や組織再編成税制の理解を誤り、疑問のある改正や解釈が行われてしまっているという部分も見受けられるため、法人税法を学ぶ上での基礎的な事項ということにはなるが、第2編第2章「1　増資（現物出資を含む）」の中で、同条の「取引」の捉え方についても、詳しく解説を行っている。

　平成13年に資本等取引税制の抜本改正と組織再編成税制の創設に携わった筆者としては、かねてより資本等取引税制と組織再編成税制の考え方や仕組みの細部に亘る部分について十分に説明しきれていなかったことが気になっていたところであるが、本書において、組織再編成税制の「課題」という類書にはない現代税制のあり方を深く掘り下げて解説するテーマを与えて頂いたことで、本書の第2編において取り上げたものに関係する事項については、基本的には、説明責任を果た

すことができたのではないかと考えている。

　この第2編を読まれた方々は、そこで取り上げた課題の多くは、資本等取引税制や組織再編成税制という一部の税制の中に生じてしまった課題という性質のものに止まるものではなく、我が国の法人税制の中に生じてしまった制度の根幹にかかわる非常に重要な課題という性質のものでもある、ということに気付かれるはずである。これは、資本等取引税制や組織再編成税制が他の個別の制度とは違って法人税制の根幹となる制度であることによるものである。

　このような本書が組織再編成税制を学んだり組織再編成の実務に携わったりする読者の方々や法人税制のあるべき姿に関心を持つ読者の方々に僅かなりとも役立つようであれば、幸いである。

　最後に、本書の発刊に当り、ご助力を賜わった新日本法規出版株式会社の加賀山量氏をはじめとする皆様方に厚く御礼を申し上げたい。

平成29年12月

朝　長　英　樹

著 者 略 歴

朝長　英樹（ともなが　ひでき）

日本税制研究所　代表理事・税理士

昭和56年　九州大学法学部卒業

昭和57年～平成7年

　東京国税局・税務署において、主に法人税調査・審理に従事

平成7年～平成15年

　財務省主税局において、金融取引に係る法人税制の抜本改正
　（平成12年）、組織再編成税制の創設・資本等取引税制の抜本
　改正（平成13年）、連結納税制度の創設（平成14年）などを主
　導

平成15年～平成18年

　税務大学校研究部において、事業体税制等を研究。

平成18年　税務大学校教授を最後に退官。

その後、日本税制研究所 代表理事（平成19年～）、参議院客員
調査員（平成19年～20年）、登録政治資金監査人（平成20年～）、
朝長英樹税理士事務所 所長（平成21年～）

【主要著書】

　『会社合併実務必携（第三版）』（共著、法令出版、平成29年）

　『グループ法人税制（第二版）』（編著、法令出版、平成27年）

　『国際的二重課税排除の制度と実務（第三版）─外国税額控除制
　度・外国子会社配当益金不算入制度』（編著、法令出版、平成27
　年）

　『会社分割実務必携』（編著、法令出版、平成26年）

　『組織再編成をめぐる包括否認と税務訴訟─包括否認訴訟をめぐ
　る考察』（単著、清文社、平成26年）

略　語　表

<法令の表記>

　根拠となる法令の略記例及び略語は次のとおりである。

　　法人税法第24条第1項第3号＝法法24①三

法法	法人税法	消令	消費税法施行令
法令	法人税法施行令	会社	会社法
法規	法人税法施行規則	法基通	法人税基本通達
消法	消費税法		

目　次

第1編

組織再編成税制の現状

2

序　章　組織再編成税制の基本的な考え方と沿革

1　組織再編成税制の基本的な考え方

　組織再編成税制を正しく理解するためには、その基本的な考え方を正確に理解しておく必要がある。

　組織再編成税制は、平成13年度改正において創設されたわけであるが、その創設に当たり、政府税制調査会の法人課税小委員会から平成12年10月3日に示された「会社分割・合併等の企業組織再編成に係る税制の基本的考え方」には、組織再編成税制の基本的な考え方が的確に要約されている。

　この「会社分割・合併等の企業組織再編成に係る税制の基本的考え方」の最初の部分[注1]には、次のように述べられている。

「第一　基本的な考え方

(1)　近年、わが国企業の経営環境が急速に変化する中で、企業の競争力を確保し、企業活力が十分発揮できるよう、商法等において柔軟な企業組織再編成を可能とするための法制等の整備が進められてきている。税制としても、①企業組織再編成により資産の移転を行った場合にその取引の実態に合った課税を行うなど、適切な対応を行う必要がある。

(2)　企業組織再編成に係る法人課税のあり方を検討するに当たっては、以下の点から、現行の現物出資、合併等に係る税制を改めて見直し、②全体として整合的な考え方に基づいて整備する必要がある。

　　第一に、会社分割には、現物出資、合併等と共通する部分があり、例えば分割型の吸収分割と合併では法的な仕組みが異なるものの実質的に同一の効果を発生させることができる。同じ効果を発生させる取引に対して異なる課税を行うこととすれば、租税回避の温床を作りかねないなどの問題がある。

　　第二に、現行の税制においては、営業譲渡により企業買収を行う場合には、資産の時価取引として譲渡益課税が行われるが、他方、合併によ

(注1)　下線及び下線の番号は筆者が付したものである。以降の下線についても、同様である。

り企業買収を行う場合には、課税が繰り延べられるなどの問題がある。

(3) ③会社分割・合併等の組織再編成に係る法人税制の検討の中心となるのは、組織再編成により移転する資産の譲渡損益の取扱いと考えられるが、④法人がその有する資産を他に移転する場合には、移転資産の時価取引として譲渡損益を計上するのが原則であり、この点については、組織再編成により資産を移転する場合も例外ではない。

　ただし、組織再編成により資産を移転する前後で経済実態に実質的な変更が無いと考えられる場合には、課税関係を継続させるのが適当と考えられる。したがって、組織再編成において、⑤移転資産に対する支配が再編成後も継続していると認められるものについては、移転資産の譲渡損益の計上を繰り延べることが考えられる。

　また、分割型の会社分割や合併における分割法人や被合併法人の⑥株主の旧株（分割法人や被合併法人の株式）の譲渡損益についても、原則として、その計上を行うこととなるが、株主の投資が継続していると認められるものについては、上記と同様の考え方に基づきその計上を繰り延べることが考えられる。

(4) 分割型の会社分割や合併における分割法人や被合併法人の株主については、その取得した⑦新株等の交付が分割法人や被合併法人の利益を原資として行われたと認められる場合には、配当が支払われたものとみなして課税するのが原則である。ただし、⑧移転資産の譲渡損益の計上を繰り延べる場合には、従前の課税関係を継続させるという観点から、利益積立金額は新設・吸収法人や合併法人に引き継ぐのが適当であり、したがって、配当とみなされる部分は無いものと考えられる。」

　上記の下線①の部分は、組織再編成税制が実態に合った課税を行うという観点に立って創られたものであるということを示している。

　下線②の部分は、組織再編成税制が全体として整合的な考え方に基づいて整備された体系的な制度でなければならないということを示している。

　下線③の部分は、我が国の組織再編成税制においては、組織再編成の全てに共通するものが法人間の資産の移転であることを踏まえ、法人間で移転する資産の譲渡損益の取扱いを検討の中心に据えて制度が創られているということを示している。

　下線④の部分は、法人が組織再編成で資産を移転する場合には、その移転

資産の譲渡損益を計上するのが原則であり、組織再編成税制においては、非適格組織再編成の取扱いが原則となるということを示している。

　下線⑤の部分は、法人が組織再編成で資産を移転してもその移転資産に対する支配が継続していると認められる場合にはその移転資産の譲渡損益の計上を繰り延べてよいと考えられ、組織再編成税制においては、適格組織再編成の取扱いが特例と成り得るということを示している。また、この下線④の部分は、特例である適格組織再編成の取扱いが移転資産の譲渡損益の不計上ではなく移転資産の譲渡損益の計上の繰延べであるということも示している。

　下線⑥の部分は、組織再編成を行う法人の株主について、旧株が新株等に変わるという資産の形態変化がある場合には、旧株の譲渡損益を計上するのが原則であるが、投資が継続していると認められる場合には、特例として、旧株の譲渡損益の計上を繰り延べることが有り得る、ということを示している。また、この下線⑥の部分は、株主における原則と特例の考え方が法人における原則と特例の考え方とは異なっているということも示している。

　下線⑦の部分は、株主に交付される新株等に利益を原資とする部分があれば、配当とするのが原則であるということを示している。また、この下線⑦の部分は、利益を原資として株主に新株等を交付するという法人の処理と配当が支払われたものとみなす株主の処理とは不可分に結びついているということも示している。

　下線⑧の部分は、分割法人や被合併法人が分割型分割や合併によって分割承継法人や合併法人に移転した資産の譲渡損益の計上を繰り延べる場合には、分割法人や被合併法人の利益積立金額を分割承継法人や合併法人に引き継ぐのが適当であるということ、そして、その場合には、分割法人や被合併法人の利益積立金額が株主に交付されたこととはならないことから、株主には配当とみなされる金額は生じないこととなる、ということを示している。

　組織再編成税制は、このような基本的な考え方に基づいて創られているわけであり、次章以下の「現状」と「課題」に関しても、このような基本的な考え方を念頭に置いた上で読んでいただく必要がある。

2　組織再編成税制の沿革

　組織再編成税制は、平成13年度改正で創設されて現在に至っているわけで

あるが、その沿革について、資本等取引の取扱いに関する改正を含めて、概略を示すと、次のとおりである。

(1)　平成13年度改正

平成13年度改正により、組織再編成税制が創設された。

この平成13年度改正では、資本等取引の取扱いを抜本的に見直して整備するとともに、合併、分割、現物出資及び事後設立を「組織再編成」と呼び、それらの取扱いを包括的かつ体系的に構築する抜本改正が行われた。

この組織再編成税制は、商法や企業会計に先立ち、組織再編成の全般にわたって税法が独自に取扱いを定めたものであった。

資本等取引に関しては、資本積立金額と利益積立金額について、従来、増加減少項目が欠けていたり不適切であったりする部分の全面的な見直しが行われた。また、みなし配当について、金銭等の交付がない場合のみなし配当を廃止する等の改正が行われた。

組織再編成に関しては、組織再編成を原則（非適格組織再編成）と特例（適格組織再編成）とに分けて、前者においては移転資産の譲渡損益を計上することとされ、後者においては移転資産の譲渡損益の計上を繰り延べることとされた。

組織再編成を行う法人の株主（被合併法人の株主と分割法人の株主）においては、組織再編成が非適格組織再編成となる場合にはみなし配当が生ずるものとされ、株式（合併法人株式又は分割承継法人株式）のみの交付を受ける場合には、旧株式（被合併法人の株式又は分割法人の株式）の譲渡損益の計上を繰り延べ、株式以外の資産の交付を受ける場合には、旧株式の譲渡損益の計上を行うものとされた。

その他、各種引当金の引継ぎなど、多くの項目において、組織再編成が行われた場合の取扱いが定められた。

(2)　平成15年度改正

平成15年度改正において、資本積立金額及び利益積立金額の取扱いについて、非適格分割型分割や減資等が行われた場合の資本積立金額の計算における端数処理等に関する改正、適格分割型分割により引き継ぐ利益積立金額の計算における端数処理に関する改正が行われた。

また、組織再編成の後に適格合併を行うことが見込まれている場合の適格要件に関する改正が行われた。

(3)　平成17年度改正

平成17年度改正において、分割型分割を行った場合の分割移転割合と減資等を行った場合の減資等払戻割合の通知に関して、株主である外国法人にも通知しなければならないこととされた。

(4)　平成18年度改正

平成18年度改正においては、会社法の制定に伴う整備ということで、資本等取引と組織再編成の取扱いの改正が行われた。

資本金の額と資本積立金額を合わせて「資本金等の額」と呼び、資本金等の額と利益積立金額の増減金額について、政令で定めることとされた。

増資の場合に増加する資本金等の額について、払い込まれた金銭の額及び給付を受けた金銭以外の資産の価額（時価）とすることとされた。

自己株式を取得した場合には、資産として計上せず、その取得の時に資本金等の額及び利益積立金額を減少させることとされた。

剰余金の配当について、利益積立金額を減少させる時期が支払効力発生日とされた。

株式交換と株式移転を「組織再編成」とし、非適格株式交換及び非適格株式移転においては完全子法人となる法人の時価評価資産の時価評価を行って評価益又は評価損を計上することとされ、適格株式交換及び適格株式移転においては時価評価資産の時価評価を行わないこととされた。

非適格合併等により合併法人等が資産等の移転を受けた場合に、資産調整勘定の金額又は負債調整勘定の金額を計上することとされた。

(5)　平成19年度改正

平成19年度改正においては、三角合併を適格合併とするために、合併親法人株式を交付しても合併対価要件を満たすこととする等の改正が行われた。

(6)　平成20年度改正

平成20年度改正においては、資本を有しない法人が適格合併を行った場合に、増加する資本金等の額を０とする等の整備が行われた。

その他、合併等により交付する合併親法人株式に端数がある場合の取扱い等が整備された。

(7)　平成22年度改正

平成22年度改正においては、いわゆるグループ法人税制が導入され、完全支配関係法人間で行う資本等取引や組織再編成の取扱いが変更された。これ

により、完全支配関係法人間においては、みなし配当事由により生ずる株式の譲渡利益額及び譲渡損失額を計上させずに資本金等の額を増減させることとされ、また、完全支配関係法人間で寄附が行われた場合に株主において利益積立金額を減少させたり増加させたりすることとされた。

適格事後設立の取扱いが廃止された。

完全支配関係にある内国法人が行う現物配当を「現物分配」と呼び、「適格現物分配」の取扱いが定められた。残余財産の分配が「適格現物分配」となるものとされ、残余財産の確定により、解散法人の欠損金等を株主に引き継ぐことができるものとされた。

事業を移転しない適格組織再編成について、欠損金額及び特定資産譲渡損失額の制限が緩和された。

分割型分割におけるみなし事業年度が廃止された。これに伴い、適格合併及び適格分割型分割において引き継がれるものが利益積立金額ではなく資本金等の額とされた。

無対価組織再編成が行われた場合の適格判定等の取扱いが定められた。

合併類似適格分割型分割の取扱いが廃止された。

(8)　平成23年度改正

平成23年度改正においては、解散の場合の期限切れ欠損金の損金算入について、マイナスの資本金等の額を欠損金額と同様に損金算入の対象とすることとされた。

我が国に支店等を有しない外国法人が内国法人に対して行う現物出資に課税の繰延べを認めないこととした定めを廃止する等の改正が行われた。

(9)　平成25年度改正

平成25年度改正においては、支配関係がある法人間の適格合併等の日以前2年以内に特定支配関係法人を被合併法人等とする特定適格組織再編成等が行われていた場合において、その特定適格組織再編成等により移転があった一定の資産のうち、その適格合併等に係る被合併法人等が有することとなったものは、その適格合併等に係る被合併法人等が支配関係日において有するものとみなして、引継対象外未処理欠損金額を計算することとされた他、欠損金の取扱いに関する改正が行われた。

特定資産譲渡等損失額の損金不算入に関しても、上記の欠損金の取扱いに関する改正と同様の改正が行われた。

(10)　平成28年度改正

平成28年度改正においては、外国法人に国内資産等の移転を行う現物出資のうちその国内資産等の全部がその移転によりその外国法人の恒久的施設を通じて行う事業に係るものとなる一定の現物出資を適格現物出資に追加する等の改正が行われた。

分割法人の全てが資本を有しない法人である分割型分割について、共同事業を行うための適格分割に含める等の改正が行われた。

(11)　平成29年度改正

平成29年度改正においては、大きく分けると、スピンオフを非課税で行い得るようにするための改正、スクイーズアウトを非課税で行い得るようにする改正、その他の改正が行われたと考えてよい。

スピンオフを非課税で行い得るようにする改正は、次の3つの改正である。

① 　単独新設分割型分割によるスピンオフへの対応措置（単独新設分割型分割を適格分割に追加する改正）

② 　株式分配によるスピンオフへの対応措置（100％子法人株式の全部を現物分配（「株式分配」と定義）の内の一定のものを「適格株式分配」とする改正）

③ 　単独新設分社型分割・単独新設現物出資＋株式分配によるスピンオフへの対応措置（単独新設分社型分割・単独新設現物出資において、後に「適格株式分配」が見込まれている場合の株式継続保有要件の緩和）

スクイーズアウトを非課税で行い得るようにする改正は、次の6つの改正と考えてよい。

④ 　株式交換で少数株主に金銭を交付して完全子法人化するものを適格（「適格株式交換等」）とする改正

⑤ 　全部取得条項付種類株式の端数処理・株式併合の端数処理・株式売渡請求で少数株主を排除して完全子法人化するものと株式交換と合わせて組織再編成（「株式交換等」）とし一定のものを適格（「適格株式交換等」）とする改正

⑥ 　合併で被合併法人の少数株主に金銭を交付するものを「適格合併」とする改正

⑦ 　スクイーズアウトの対象となった少数株主のみなし配当課税を緩和する改正

⑧　非適格株式交換等において時価評価を行う完全子法人の資産を帳簿価額が1000万円以上のものとする改正

⑨　「適格」スクイーズアウトにより連結納税に加入することとなる法人の資産の時価評価を行わず欠損金の持ち込みも認める改正

平成29年度のその他の改正の主なものは、次の七つと考えてよい。

⑩　分割型分割において分割承継法人との間の支配関係が継続する見込みであれば支配関係継続要件を満たすこととする改正

⑪　共同事業を行うための合併・分割型分割・株式交換・株式移転の株式継続保有要件を50％超株主が交付株式の全部を継続保有する見込みか否かというものにする改正

⑫　再編後に適格合併が見込まれる場合の再編の適格要件の緩和等の改正

⑬　支配関係法人間の適格合併等でみなし共同事業要件を満たさないものの欠損金の引継制限金額と使用制限金額の穴を埋める改正

⑭　特定資産譲渡等損失額の損金不算入における⑬と同様の改正

⑮　欠損等法人の特定資産譲渡等損失額の損金不算入・欠損金の引継制限における⑬・⑭と同様の改正

⑯　営業権・資産調整勘定・負債調整勘定の初年度の償却額等を月割計算とする改正

第1章　合　併

1　概　要

　法人税法には「合併」の定義は設けられていないが、法人税法においては、合併について、基本的には、次のような取引から成るものと構成した上で課税関係を定めている、と考えてよい。

- i　被合併法人から合併法人に全ての資産・負債が移転する
- ii　合併法人から被合併法人に合併法人株式等が交付される(注2)
- iii　被合併法人から被合併法人の株主に合併法人株式等が交付される

　法人税法においては、合併により、被合併法人が資産・負債を合併法人に移転した場合には、原則として、通常の譲渡と同様に、被合併法人から合併法人に合併時の時価によって資産・負債の譲渡があったものとして取り扱われる。この原則の取扱いの対象となる合併は、「非適格合併」と呼ばれる(注3)。

　このように、合併は、原則として「非適格合併」として取り扱われることとなるわけであるが、その合併の前後で合併により移転する資産・負債に対する支配が実質的に継続していると判断してよい一定の要件を満たす場合には、被合併法人から合併法人に合併時の帳簿価額によって資産・負債を引き継いだものとして取り扱うことにより、それらの譲渡損益の計上を繰り延べる等の特例が設けられている。この特例の取扱いの対象となる合併は、「適格合併」と定義されている(注4)。

（注2）　被合併法人は合併によって消滅することから、被合併法人の資産・負債の移転の対価として合併法人から交付される合併法人株式等は、実際には、合併の後に、被合併法人を経由せずに、直接、合併法人から被合併法人の株主に交付されることとなる。

（注3）　法人税法においては、法人が資産を他に移転した場合にはその資産に生じている含み損益を譲渡損益として計上することが原則となることは、改めて言うまでもなく、「非適格合併」の取扱いは、この原則によるものである。第2章の分割、第3章の現物出資、第4章の現物分配に関しても、非適格組織再編成の取扱いは、同様に、法人税法における資産の移転の取扱いの原則によるものとなっている。

（注4）　個々の事案ごとに、さまざまな要素から事実認定を行い、法人による移転資産に対する支配が実質的に継続しているのか否かということを判定して「非適格」か「適格」かということを決める、というのが、最も個々の事案の実態を正確に捉えた取扱いとなることは間違いないが、そのような不安定な仕組みは、現実には、採用し得ない。組織再編成税制は、一定の合理的な基準を用いて「非適格」か「適格」かということを判定し、一律に疑義のない取扱いとする制度となっている。

　非適格合併においては、被合併法人の資本の部の資本金等の額と利益積立金額は、被合併法人の株主に合併法人株式等を交付することにより、払戻しと分配が行われるものとされている。

　適格合併においては、被合併法人の資本の部の資本金等の額と利益積立金額は、被合併法人の資産・負債とともに、いずれも同額で合併法人に引き継がれた状態となり、被合併法人の株主が投資先を被合併法人から合併法人に変更するものとされている[(注5)]。

　ただし、被合併法人の株主に関しては、法人と株主は別の存在として取り扱うのが適切であるという判断の下、上記の法人段階における非適格又は適格という基準とは別の基準が設けられている。この被合併法人の株主に関する基準とは、金銭等の交付を受けたのか否かというものであり、被合併法人の株主は、金銭等の交付を受けた場合には、被合併法人株式に生じた含み損益を譲渡損益として計上するが、金銭等の交付を受けなかった場合には、その含み損益を譲渡損益として計上することを繰り延べる、ということとされている[(注6)]。

　もっとも、被合併法人の株主においては、合併が法人段階で非適格合併とされて被合併法人の利益積立金額が合併法人に引き継がれずに被合併法人の株主に分配されたとされる場合には、配当を受けたものとしなければ法人の処理と株主の処理とが理論的に説明できないものとなってしまい、現に被合併法人株式の時価に相当する合併法人株式等の交付を受けていることも事実であることから、被合併法人において株主に分配されたとされる利益積立金

（注5）　非適格合併と適格合併のいずれにおいても、被合併法人の株主は、被合併法人の資産・負債の払戻しを受け、その後、その払戻しを受けた資産・負債を合併法人に出資した、とされているわけではない、という点に留意する必要がある。被合併法人の株主は、被合併法人が合併法人に資産・負債の現物出資を行って合併法人から受け取った合併法人株式等により、被合併法人に対して行っていた出資の払戻しを受けた、という状態にあると考えられている。

（注6）　この金銭等の交付の有無という基準により、被合併法人株式の譲渡損益の計上を行うものを「株主非適格」と呼び、被合併法人株式の譲渡損益の計上を繰り延べるものを「株主適格」と呼ぶことがある。

額に相当する金額のみなし配当が生ずるものとされている[注7]。

2　適格合併の取扱い

(1)　適格合併の定義

法人税法においては、「適格合併」について、次のいずれかに該当する合併で、被合併法人の株主等に合併法人株式（合併法人の株式（出資を含む。以下、同じ。）で、合併法人との間にその合併法人の発行済株式等の全部を保有する関係として一定の関係がある合併親法人の株式を含む。以下、同じ。）以外の資産が交付されないもの[注8]と定義している（法法2十二の八）。

i　完全支配関係法人間の適格合併

ii　支配関係法人間の適格合併

iii　共同事業を行うための適格合併

これらの三つの適格合併のうち、「完全支配関係法人間の適格合併」と「支配関係法人間の適格合併」に関しては、「グループ」という概念を用いて、法人による移転資産に対する支配の継続という観点から、比較的、容易に適格

（注7）　株主に合併法人株式等を交付することにより被合併法人の資本金等の額も払い戻されたと考えられることから、非適格合併においては、みなし配当を計上するだけでなく、被合併法人株式の譲渡損益の計上も行うこととしなければ、法人の処理と株主の処理とが理論的に説明できないのではないか、という疑問が生じてくることがあるものと考えられる。

　　この点に関しては、被合併法人の株主の投資に対応する資本金等の額は、利益積立金額とは異なり、被合併法人においては消滅するものの、合併法人において新たに発生することとなるため、いわゆる株主適格の場合には、被合併法人の株主が投資先を被合併法人から合併法人に変更するために被合併法人株式の帳簿価額をそのまま合併法人株式の帳簿価額とするという処理を行うとしても、法人の処理と株主の処理とが理論的に説明できないということにはならず、むしろその反対に、そのような処理が実態に合っており理論的にも正しい、と言ってよいはずである。

（注8）　次頁の①ロ（イ）においても述べるとおり、平成29年度改正により、課税を受けずにスクイーズアウト（Squeeze Out）を行い得るようにする措置が講じられ、その一環として、合併法人が被合併法人の株式の3分の2以上を有する場合に他の株主に交付される金銭等があっても、上記の対価要件を満たすものとされている。

　　なお、スクイーズアウトとは、元々は「閉め出す」という意味であり、M&Aにおいては、対象法人の少数株主に金銭を交付して株主から排除することにより、対象法人を完全子会社化することをいう。

合併となることを理論的に説明することができるわけであるが、「グループ」という概念を用いることができない「共同事業を行うための適格合併」に関しては、この理論的な説明は容易ではなく、理論よりも現実のニーズに重きを置いて適格合併としたと言ってもよいものである。

なお、合併には、新設合併と吸収合併があるが、新設合併は非常に少ないことから、以下、吸収合併を中心に説明を行うこととする。

　①　完全支配関係法人間の適格合併

次のいずれかの合併で適格要件を満たすものが完全支配関係法人間の適格合併となる（法法2十二の八イ、法令4の3②）。

　i　被合併法人と合併法人との間にいずれか一方の法人による完全支配関係（当事者間の完全支配関係）がある場合の合併

　ii　被合併法人と合併法人との間に同一の者による完全支配関係（同一者による完全支配関係）がある場合の合併

　イ　適格要件

合併が完全支配関係法人間の適格合併となるのは、次の二つの要件のいずれも満たす場合である。

（イ）　合併対価要件

（ロ）　完全支配関係継続要件

　ロ　各適格要件の内容

　（イ）　合併対価要件

合併対価要件は、被合併法人の株主に合併法人株式以外の資産が交付されないことを求めるものである（法法2十二の八）。

この合併対価要件は、合併対価として金銭等が交付されるものは、その金銭等の額が僅かであったとしても、法人による移転資産に対する支配の継続があるのか否かということを判定するまでもなく、被合併法人の資産・負債を譲渡するものであると考える、という観点に立って設けられている。

この合併対価要件に関しては、完全支配関係法人間の適格合併、支配関係法人間の適格合併及び共同事業を行うための適格合併という、適格合併の全体の要件として設けられており、この合併対価要件を満たさなければ、どのように、完全支配関係法人間の適格合併、支配関係法人間の適格合併及び共同事業を行うための適格合併の各要件を満たすということであったとして

も、適格合併となることはない、という点に留意する必要がある。

　つまり、合併対価要件は、三つの適格合併の中にあるさまざまな要件とは違った観点に立って設けられているものであって、合併対価要件と三つの適格合併の中の要件とでは判断の階梯に違いがあり、合併対価要件は、三つの適格合併の中の要件で代替できるものではない、ということである[注9]。

　この合併対価要件に関しては、例外があり、次の資産については、被合併法人の株主に交付していたとしても、合併対価要件を満たすものとされている。

ⅰ　剰余金の配当等として交付される金銭等

ⅱ　合併に反対する株主に対するその買取請求に基づく対価として交付される金銭等

ⅲ　合併に際して、被合併法人の株主に交付すべき合併法人株式に1株未満の端数が生じた場合に、その1株未満の株式の合計額に相当する数の株式を他に譲渡し又は買い取った代金として交付される金銭（法基通1-4-2（合併等に際し1株未満の株式の譲渡代金を被合併法人等の株主等に交付した場合の適格合併等の判定））

ⅳ　合併の直前に合併法人が被合併法人の株式の3分の2以上を有する場合に合併法人以外の株主に交付される金銭等

　上記ⅲについては、交付された金銭が、交付の状況その他の事由を総合的に勘案して、実質的に被合併法人の株主に対して支払われる合併の対価であると認められる場合には、適格要件を満たさないものとされている。

　上記ⅳについては、平成29年度改正で、スクイーズアウト（対象法人の少数株主に金銭を交付して株主から排除することによりその対象法人を100%子会社化すること）に課税を行わないようにする改正の一環として新たに措

（注9）　組織再編成税制における合併対価要件と三つの適格合併の中の各要件との関係を踏まえると、本書の構成も、最初に、合併対価要件について解説を行い、その後に、三つの適格合併の中の各要件について解説を行う、というのが本来のあり方ということになるが、実務においては、まず、現実に行うこととなる合併があって、その合併が税制においてどのような取扱いとなるのかということを判定する、という手順となるため、本書の構成は、実務を考慮して、三つの適格合併の各要件の冒頭に合併対価要件を置いて解説を行うこととしている。

置されたものである^(注10)。

　ところで、合併を非適格合併とすることで移転資産の含み損を譲渡損失として計上して税負担を減少させることができるというような事情にある場合には、合併の対価を金銭等とすることで合併を非適格合併とするというようなことが行われることがあり得るわけであるが、そのようなことが行われた場合には、いわゆる“適格外し”ということで租税回避とされるおそれがあるため、注意する必要がある。

　また、相続税対策として合併等の組織再編成を利用するものも少なからずあり、そのようなものの中には、合併の対価を金銭等とすることで合併を非適格合併として少額の法人税を納税することで、多額の相続税を減少させることに対する否認のリスクを下げようとするようなものも見受けられるが、法人税の納税を行っていることが相続税において租税回避等とされないことを保証するものではない、ということに留意する必要がある。

（ロ）　完全支配関係継続要件

　合併前に被合併法人と合併法人との間にいずれか一方の法人による完全支配関係（当事者間の完全支配関係）がある場合の合併においては、合併によって完全支配関係が消滅することとなるため、完全支配関係が継続するということはないわけであるが、そのような合併も、完全支配関係継続要件を満たす関係に含まれることとなる（法令4の3②一）。

　合併において、文字どおり完全支配関係継続要件を満たすと言い得るのは、同一者による完全支配関係が継続するケースである。つまり、合併前に被合併法人と合併法人との間に同一の者による完全支配関係（同一者による完全支配関係）があり、かつ、合併後にその同一の者と合併法人との間に同一者による完全支配関係（同一者による完全支配関係）が継続することが見込まれているものは、完全支配関係継続要件を満たす最も典型的なケースということになる（法令4の3②二）。

　この完全支配関係継続要件は、「組織再編成」について法人が他の法人に事業を移す行為と捉え、当該法人と他の法人とがその行為の前後で完全支配関係の枠内（100％資本関係の外枠の範囲内）に留まっているということであれ

(注10)　この平成29年度改正の課題に関しては、第2編第4章「2　スクイーズアウト関係税制の課題」（375頁）の記述を参照されたい。

ば^(注11)、当該法人がその事業の資産・負債を支配している状態が実質的に継続していると見ることが可能なはずである^(注12)、という観点に立って設けられている。

　従業員持株会等の株式保有割合が5％未満である場合も、完全支配関係があるものとされる。

　無対価合併の場合には、次のハにおいて述べる判定を行う必要がある。

　なお、特に中小法人においては、従業員持株会等の株式保有割合を調整することが容易であることから、合併を適格合併としたり非適格合併としたりするために従業員持株会等の株式保有割合を変えるということが行われているケースがあるようであるが、そのようなケースは、租税回避とされるおそれがあるため、注意が必要である。

（注11）　平成13年の組織再編成税制の創設時には、支配関係と資本関係を区別し、資本関係があれば全て支配関係があると捉えられるわけではなく、支配関係は一番外枠の資本関係で捉えるべきものである、と整理していた。つまり、親会社、子会社、孫会社という企業グループでは、親会社が子会社と孫会社の両方を支配し、子会社と孫会社には、資本関係はあるが、支配関係があるとは言い得ない、と捉えていたわけである。

　　このような企業グループにおける支配関係と資本関係の捉え方は、平成22年のいわゆるグループ法人税制の導入により、ほとんど崩れてしまった状態となり、現在に至っている。平成22年に導入されたグループ法人税制においては、「完全支配関係」や「支配関係」という用語が多用されているが、支配関係は資本関係と同義に捉えられている。

　　この平成22年のグループ法人税制には、支配関係と資本関係の異同が正しく理解されていなかったことにより、いくつかの問題点が生じているわけであるが、納税者側から見れば、資本関係があれば常に支配関係があるとされることによって有利となるものが多いため、支配関係と資本関係の相違を認識せずに行われた同年の改正は、歓迎してよいものであった。

（注12）　平成13年に単体納税制度の下で創られた組織再編成税制は、企業グループを構成しない法人に適用される場合もあれば、企業グループを構成する法人に適用される場合もあるが、後者の場合でも、企業グループ内の法人が保有している資産をその企業グループの頂点の法人や個人が保有しているものとして取り扱うなどということになっているわけではない。

　　「完全支配関係」や「支配関係」における「支配」と「移転資産に対する支配の継続」における「支配」は、同じく「支配」という用語を使ってはいるが、それが用いられる場面と内容が異なっている、ということを正しく理解しておく必要がある。前掲（注11）において述べたとおり、この「支配」の捉え方の誤りは、平成22年度改正に顕著に見て取れるわけであるが、平成29年度改正においても、スピンオフへの対応措置には、この「支配」の捉え方の誤りが大きく影響している。この詳細に関しては、第2編第4章「1　スピンオフ関係税制の課題」（359頁）の記述を参照されたい。

ハ　無対価合併

完全支配関係法人間で行われる無対価合併のうち、適格合併とされるものは、吸収合併のみで、株式の保有割合が100％の親子法人間で行われる合併又は同一の者により直接に100％の株式を保有されている子法人同士の合併に限られる。

これらについては、対価の交付がなくとも、対価の交付が省略されたと考えることができるという理由により、限定的に適格合併とされている。

具体的には、無対価合併が完全支配関係法人間の適格合併とされるのは、次のいずれかの場合である。

ｉ　合併法人が被合併法人の発行済株式等の全部を保有する関係がある場合

ⅱ　合併前に、被合併法人と合併法人との間における同一の者による完全支配関係と次に掲げるいずれかの関係とがあって、かつ、合併後に、当該同一の者と合併法人との間に当該同一の者による完全支配関係が継続することが見込まれている場合

（ⅰ）　合併法人が被合併法人の発行済株式等の全部を保有する関係

（ⅱ）　一の者が被合併法人及び合併法人の発行済株式等の全部を保有する関係

（ⅲ）　合併法人及び当該合併法人の発行済株式等の全部を保有する者が被合併法人の発行済株式等の全部を保有する関係

（ⅳ）　被合併法人及び当該被合併法人の発行済株式等の全部を保有する者が合併法人の発行済株式等の全部を保有する関係

上記ⅱ（ⅱ）の「一の者」は、一人の個人又は法人であって、同族関係者の範囲に規定する親族等の特殊の関係のある個人を含まず、従業員持株会等に発行済株式を保有されている場合等も、上記ⅱ（ⅱ）に該当しない点に留意する必要がある。

②　支配関係法人間の適格合併

次のいずれかの合併で適格要件を満たすものが支配関係法人間の適格合併となる（法法2十二の八ロ）。

ｉ　被合併法人と合併法人との間にいずれか一方の法人による支配関係（当事者間の支配関係）がある場合の合併

ⅱ 被合併法人と合併法人との間に同一の者による支配関係（同一者による支配関係）がある場合の合併

イ 適格要件

合併が支配関係法人間の適格合併となるのは、次の四つの全ての要件を満たす場合である。

（イ） 合併対価要件

（ロ） 支配関係継続要件

（ハ） 従業者引継要件

（ニ） 主要事業継続要件

ロ 各適格要件の内容

（イ） 合併対価要件

支配関係法人間の適格合併における合併対価要件の具体的な内容は、前述の完全支配関係法人間の適格合併における合併対価要件と同様であるため、①ロ「（イ） 合併対価要件」（14頁）の説明を参照されたい。

（ロ） 支配関係継続要件

合併前に被合併法人と合併法人との間にいずれか一方の法人による支配関係（当事者間の支配関係）がある場合の合併においては、合併によって支配関係が消滅することとなるため、支配関係が継続するということはないわけであるが、そのような合併も、法人税法2条12号の8ロ（支配関係法人間の適格合併）に規定する関係に該当することとなる（法令4の3③一）。

完全支配関係継続要件の場合と同様に、合併において、名実ともに支配関係継続要件を満たすと言い得るのは、同一者による支配関係が継続するケースである。つまり、合併前に被合併法人と合併法人との間に同一の者による支配関係があり、かつ、合併後にその同一の者と合併法人との間にその同一の者による支配関係が継続することが見込まれているものは、支配関係継続要件を満たすこととなる（法令4の3③二）。

「支配関係」は、50％超の資本関係を有する関係であり、100％の資本関係である「完全支配関係」を含むものとされていることから、合併前に「支配関係」があり、合併後にその「支配関係」が「完全支配関係」となる場合も、合併前の「支配関係」が継続しているものと判定される。また、合併前に「完全支配関係」があり、合併後にその「完全支配関係」が「支配関係」となる場合であっても、合併の前後で「支配関係」が継続していることになる。

　ところで、将来の上場等が企図されており、そのスケジュールに合併が組み込まれているというような場合には、支配関係が継続することが見込まれていると言い得るのか否かという点に注意が必要となる。この点に関しては、具体的な上場等のための手続に着手していなければ完全支配関係や支配関係が継続するということになるという見解もあるが、法人税法施行令4条の3（適格組織再編成における株式の保有関係等）の完全支配関係や支配関係の継続見込みに関する部分の規定は、そのような具体的なもののみを除くこととする場合の定め方とはなっていない。支配関係が継続することが見込まれているのか否かということについては、一律に明確な判断をすることができる基準が定められているわけではないため、諸事情を勘案して個別に判断することとせざるを得ない。

（ハ）　従業者引継要件

　従業者引継要件は、被合併法人の合併直前の従業者のうち、その総数のおおむね80％以上に相当する者が、合併後に合併法人の業務に従事することが見込まれていることを求めるものである（法法2十二の八ロ(1)）。

　この従業者継続要件により、合併によって事業の態様が大きく異なることとならないのか否かということが判断されることとなる。

　この「従業者」とは、「従業員」とは異なり、役員、使用人その他の者で、合併の直前において被合併法人が合併前に行っていた事業に現に従事する者である。この現に従事しているか否かは、勤務条件などの実態に即して判断することとなるが、基本的には、継続的に事業に従事しているのか否かによって判断することとなると考えられる。

　ただし、合併前に行っていた事業に従事する者であっても、例えば、日々雇い入れられる者で従事した日ごとに給与等の支払いを受ける者は従業者の数に含めないことも認められる。また、この被合併法人の従業者が合併後に従事する合併法人の業務は、合併により被合併法人から合併法人に移転した事業に限定されてはいないため、合併法人が合併前から行っていた事業に従事するとしても、従業者引継要件を満たすこととなる。この被合併法人の従業者には、合併の直前に被合併法人の事業に現に従事していた者で、合併後に一旦合併法人の業務に従事した後に退職することが予定されている者も含まれ、出向者等に関しては、被合併法人の事業に現に従事していた者に限って含まれ、下請先の従業員は含まれないこととなる。

この従業者引継要件に関しては、合併が事業の全般的な見直しに伴って行われることが少なくないことから、従業者に関しても、ある程度、退職や再配置によって移動があることがあり、そのような事業の全般的な見直しに伴って必要となる従業者の移動を税制が阻害することとならないようにする、ということを考慮したものとなっていることから、「80％」以上という数値基準を機械的に適用することのないように注意する必要がある。

(二) 主要事業継続要件

主要事業継続要件は、被合併法人が合併前に行っている主要な事業が合併後に合併法人において引き続き行われることが見込まれていることを求めるものである（法法2十二の八ロ(2)）。

この主要事業継続要件により、合併によって事業の態様が大きく異なることとならないのか否かということが判断されることとなる。

被合併法人が合併前に行っていた事業が複数ある場合には、各事業の収入金額又は損益の状況、従業員の数、固定資産の状況等を総合的に勘案して、どの事業が主要な事業に当たるのかということを判定する。

また、主要な事業の全てが継続することが求められているわけではないため、主要な事業が複数存在する場合には、それらの内のいずれか一つの主要な事業が継続して営まれることが見込まれていれば、主要事業継続要件を満たすこととなる。

例えば、合併前に被合併法人が合併法人に対する不動産賃貸業のみを営んでいた場合には、合併により、その不動産賃貸事業が消滅するため、主要事業継続要件を満たさないこととなる。同様に、被合併法人が合併法人株式のみを保有する持株会社（子会社管理事業）であったような場合にも、主要事業継続要件を満たすことができないこととなる。

ハ 無対価合併

支配関係法人間の無対価合併に関しては、合併時には発行済株式の全部を保有する関係があるが、無対価合併後に保有株式の売却等により発行済株式の一部を保有しなくなることが見込まれているという場合にも、無対価合併後に支配関係があることが見込まれていれば支配関係法人間の適格合併の要件を満たすものとする、という観点から適格要件が定められている。

具体的には、無対価合併については、次のいずれかの場合に限り、支配関係法人間の適格合併となるものとされている（法令4の3③一括弧書き・二）。

ⅰ　合併法人及び当該合併法人の発行済株式等の全部を保有する者が被合併法人の発行済株式等の全部を保有する関係がある場合

ⅱ　被合併法人及び当該被合併法人の発行済株式等の全部を保有する者が合併法人の発行済株式等の全部を保有する関係がある場合

ⅲ　合併前に、被合併法人と合併法人との間における同一の者による支配関係と次に掲げるいずれかの関係とがあって、かつ、合併後に、当該同一の者と合併法人との間に当該同一の者による支配関係が継続することが見込まれている場合

（ⅰ）　合併法人が被合併法人の発行済株式等の全部を保有する関係

（ⅱ）　一の者が被合併法人及び合併法人の発行済株式等の全部を保有する関係

（ⅲ）　合併法人及び当該合併法人の発行済株式等の全部を保有する者が被合併法人の発行済株式等の全部を保有する関係

（ⅳ）　被合併法人及び当該被合併法人の発行済株式等の全部を保有する者が合併法人の発行済株式等の全部を保有する関係

なお、上記ⅲ（ⅱ）の「一の者」についての考え方は、上述の完全支配関係法人間における無対価合併と同様である。

　③　共同事業を行うための適格合併

共同事業を行うための適格合併とは、被合併法人と合併法人とが共同で事業を行うための合併とされる適格要件を満たす合併とされている（法法二十二の八ハ）。

　イ　適格要件

合併が共同事業を行うための適格合併となるのは、次の（イ）から（ヘ）までの全ての要件を満たす場合である。ただし、被合併法人に他の者による支配関係がない場合には、（ヘ）株式継続保有要件は課されない。

（イ）　合併対価要件（金銭等不交付要件）

（ロ）　事業関連性要件

（ハ）　事業規模要件又は特定役員引継要件

（ニ）　従業者引継要件

（ホ）　主要事業継続要件

（ヘ）　株式継続保有要件

ロ 各適格要件の内容

（イ） 合併対価要件（金銭等不交付要件）

合併対価要件は、被合併法人の株主に合併法人株式等以外の資産が交付されないことを求めるものである（法法2十二の八）。

合併対価要件の具体的な内容は、前述の完全支配関係法人間の適格合併における合併対価要件と同様であるため、①ロ「（イ） 合併対価要件」（14頁）の説明を参照されたい。ただし、同「（イ） 合併対価要件」の説明の中の「iv 合併の直前に合併法人が被合併法人の株式の3分の2以上を有する場合に合併法人以外の株主に交付される金銭等」を交付資産から除くという部分は、共同事業を行うための適格合併の判定には適用されない。

（ロ） 事業関連性要件

共同事業を行うための適格合併における事業関連性要件は、被合併事業と合併事業とが相互に関連するものであることを求めるものである（法令4の3④一）。

この「被合併事業」とは、被合併法人が合併前に行っていた主要な事業のうちいずれかの事業をいい、「合併事業」とは、合併法人が合併前に行っていた事業のうちいずれかの事業をいうものとされている。

つまり、合併法人に移転する被合併事業は、主要な事業のいずれかでなければならないわけであるが、合併事業に関しては、主要な事業である必要はないわけである。

国税庁・質疑応答事例「事業関連性要件における相互に関連するものについて」においては、事業が相互に関連する例として、次のようなものが挙げられている。

> i ○×小売業と○×小売業というように同種の事業を営んでいるもの
> ii 製薬業における製造と販売のように、その業態が異なっても薬という同一の製品と販売を行うなど、それぞれの事業が関連するもの
> iii それぞれの事業が合併後において、合併法人において一体として営まれている現状にあるもの

　いわゆるホールディング・カンパニー（持株会社）と事業会社が合併する場合に、事業関連性要件はどのように判定するべきであるのかということについては、国税庁・質疑応答事例「持株会社と事業会社が合併する場合の事業関連性の判定について」において、次のように述べられている。

　「Aホールディングス社は、B社及びB社グループの事業最適化等を踏まえた事業計画の策定や営業に関する指導及び監査業務などの経営管理業務を行うことによって、単に株主としての立場のみだけでなく、持株会社としてB社を含むA社グループ全体の財務面、監査面などを経営上監督する立場にあり、いわばAホールディングス社とB社グループが相まって一つの事業を営んでいる実態にあるような場合には、両者の事業は密接な関係を有していると認められ、Aホールディングス社の合併事業とB社の被合併事業は相互に関連する」

　事業関連性の有無の判定に関し、法人税法施行規則3条（事業関連性の判定）においては、合併直前に、次のi及びiiのいずれの要件にも該当している場合には、被合併事業と合併事業が相互に関連するものとされている。

　i　次の全ての要件を満たしていること

　（i）　事務所、店舗、工場等の固定施設を所有し、又は賃借していること

　（ii）　従業者（役員の場合には、その法人の業務に専ら従事するものに限る。）

　（iii）　自己の名義をもって、かつ、自己の計算(注13)により、商品販売、広告宣伝、市場調査、許認可の取得等のいずれかの行為を行っていること

（注13）　財務省『平成19年度　税制改正の解説』においては、「自己の計算」について、次のように説明されている。
　　　「「自己の計算」とは、合併後においても、上記ハ［著者注：上記(iii)。以下、同じ。］に該当するかどうかの判定を行う法人自らがその判定を行う際の要件となる商品販売等により収益を獲得することが見込まれる状態にあることをいいます。したがって、上記(イ)から(ト)までに掲げる行為［著者注：市場調査等の行為］が行われていたとしても、それが合併の相手方のために行われるものと認められる場合には、合併後にその判定を行う法人においてその行為により収益を獲得する見込みであるとはいえないため、上記ハの要件に該当しないこととなります。」（283頁）

　ⅱ　次のいずれかの要件を満たしていること
　　（ⅰ）　被合併事業と合併事業とが同種のものであること
　　（ⅱ）　商品、資産若しくは役務又は経営資源（注14）について、被合併事業
　　　　　に係るものと合併事業に係るものが同一又は類似するものであるこ
　　　　　と
　　（ⅲ）　被合併事業と合併事業とが、合併後にその被合併事業・合併事業
　　　　　に係る商品、資産若しくは役務又は経営資源（注14）とを活用して行わ
　　　　　れることが予定されていること
　ただし、法人税法施行規則3条に掲げられているものは、事業関連性要件を
満たすものの例示であり、同条に掲げられているものに該当しないからとい
って、事業関連性要件を満たさないということになるわけではない点に留意
する必要がある。
　なお、この事業関連性要件に関しては、合併事業が主要な事業である必要
がないことから、合併の直前に被合併事業と関連のある事業を始めて要件を
満たすと判定するものが出てくる可能性があるが、そのようなものは、租税
回避とされるおそれがあるため、注意する必要がある。
　　（ハ）　事業規模要件又は特定役員引継要件
　合併が共同事業を行うための適格合併となるためには、事業規模要件又は
特定役員引継要件のいずれかを満たすことが必要となる（法令4の3④二）。
　事業規模が大きく異なる法人間の合併については、多くの場合、共同で事
業を行うためではなく、事業規模の大きい法人が事業規模の小さい法人の事
業を買収するために行われたと見るのが実態に合っていると考えられること
から、合併が共同で事業を行うものか否かということを事業規模の観点から
判定する目的で、事業規模要件が設けられている。
　一方で、特定役員引継要件を満たせば、事業規模が大きく異なっていたと
しても、経営権の観点から見て、共同で事業を行うために合併を行ったと言

───────────────

（注14）　財務省『平成19年度　税制改正の解説』においては、「商品、資産若しくは役務又
　　は経営資源」について、次のように説明されている。
　　　「商品、資産又は役務は、継続して対価を得るためのものであることから、それぞれ
　　　販売され、貸し付けられ、又は提供されるものに限ります。また、経営資源とは、
　　　事業の用に供される設備、事業に関する知的財産権等、生産技術又は従業者の有す
　　　る技能若しくは知識、事業に係る商品の生産若しくは販売の方式又は役務の提供の
　　　方式その他これらに準ずるものをいいます。」（284頁）

い得ると考えられるため、事業規模要件を満たさないものを救済する代替要件として、特定役員引継要件が定められている。

i　事業規模要件

事業規模要件は、合併法人と被合併法人の事業の規模の割合がおおむね5倍を超えないことを求めるものである。

事業規模の判定は、被合併事業と合併事業（被合併事業と関連する事業に限る。）について、次のいずれか一つの指標がおおむね5倍を超えないものとなっているのか否かということを判定することとなる。

（i）　それぞれの売上金額
（ii）　それぞれの従業者の数
（iii）　被合併法人と合併法人の資本金の額又は出資金の額
（iv）　上記に準ずるもの（金融機関における預金量、信用保証会社における保証債務残高など、客観的・外形的にその事業の規模を表すものと認められる指標）

ii　特定役員引継要件

特定役員引継要件は、合併前の被合併法人の特定役員のいずれかと、合併法人の特定役員のいずれかとが、合併後に合併法人の特定役員となることが見込まれていることを求めるものである。

特定役員とは、基本的には、社長、副社長、代表取締役、代表執行役、専務取締役又は常務取締役（以下、「社長等」という。）ということになるが、これらに準ずる者（役員又は役員以外の者で、社長等と同等に法人の経営の中枢に参画している者）で法人の経営に従事しているものも含まれる[注15]。

特定役員に就任してはいるものの、合併を間近に控えた時期に就任していたり、合併の後に短期間で退任したり、職務にふさわしい業務を行っていないことが明らかであったりするような場合には、適格要件を形式的に満たすためだけの就任であって特定役員引継要件の趣旨・目的から判断すると租税

（注15）　合併法人や被合併法人に未処理欠損金額や含み損のある資産がある場合で、支配関係が合併の5年前の日等から継続していないときであっても未処理欠損金額の引継等の制限を課さないことができることとする要件である「みなし共同事業要件」の中の「特定役員引継要件」における特定役員については、合併前に特定役員となっているだけでなく、支配関係発生日前に役員等（役員に準ずる者の場合、支配関係発生日に経営に従事していた者に限られる。）となっていた者でなければならないとされている点に留意する必要がある（（2）③イ（ハ）iii「（v）　特定役員引継要件」（44頁）参照）。

回避に当たるとされるおそれがあるため、注意が必要である。
　なお、国税庁から次の二つの質疑応答事例が示されている。

特定役員引継ぎ要件

【照会要旨】

　当社は、資本関係のないA社を被合併法人とする吸収合併を行うことを検討しています。

　資本関係のない法人間で行う合併については、共同事業要件を満たせば適格合併に該当することとされていますが、その要件の中には、事業規模要件又は特定役員引継ぎ要件があります。当社では、被合併法人であるA社の現社長と合併法人である当社の現社長が合併後にそれぞれ副社長と社長に就任することが予定されているのですが、この場合には、この特定役員引継ぎ要件を満たすものとして考えてよろしいでしょうか。

【回答要旨】

　合併において被合併法人と合併法人との間に50％超の保有関係がない場合に共同事業要件に該当すれば適格合併に該当することとなりますが、この共同事業要件のうちの1つとして、事業規模要件又は特定役員引継ぎ要件が規定されています。この「事業規模要件又は特定役員引継ぎ要件」のうちの特定役員引継ぎ要件は、合併前の被合併法人の特定役員のいずれかと合併法人の特定役員のいずれかとが合併後に合併法人の特定役員となることが見込まれていることと規定されています（令4の3④二）。

　この特定役員とは、社長、副社長、代表取締役、代表執行役、専務取締役若しくは常務取締役又はこれらに準ずる者で法人の経営に従事している者をいうと規定されています（令4の3④二カッコ書）。

　この特定役員引継ぎ要件は、合併時点において、被合併法人の特定役員が合併後の合併法人で特定役員となり、かつ、合併法人の特定役員も合併後に合併法人の特定役員となることが見込まれているのであれば、経営面からみて共同事業が担保されることから、事業規模が5倍を超えているような法人間での合併であっても事業規模要件に代わる要件として認められているものと考えられます。

　したがって、この要件の基本的な考え方としては、被合併法人で経営参画していた者と合併法人で経営参画していた者の双方の者が合併後の合併法人において共同して経営参画することが見込まれることが要求されているものと考えられます。

　ご照会の場合には、被合併法人と合併法人の双方の社長が合併後の合併法人の社長と副社長に就任することが予定されているとのことですのでこの特定役員引継ぎ要件を満たすこととなります。

　なお、極端に短期間で退任したり、特定役員として就任はしたものの、実際にはその職務を遂行していない場合（名目的な特定役員である場合）などには、適格要件を形式的に満たすためだけに就任させたのではないかと見る余地もありますので注意が必要です。

【関係法令通達】

　法人税法施行令第4条の3第4項第2号

　法人税基本通達1-4-7

特定役員引継ぎ要件（みなし役員）の判定

【照会要旨】

　甲社は、資本関係のない乙社を合併法人とする吸収合併を行うことを検討しております。

　資本関係のない法人間の合併に係る適格判定の要件の一つである特定役員引継ぎ要件についてですが、乙社（合併法人）においては、次のとおりD代表取締役等が合併後も引き続き合併法人の役員としてその職務に従事する見込みですが、甲社（被合併法人）においては、A代表取締役及びB取締役が合併に伴い退任し、C事業本部長のみが、合併法人である乙社の経営に従事することが見込まれます。

　なお、C事業本部長は、甲社における会社法上の役員ではありませんが、その経営の中枢に参画しており、また、今後、合併法人（乙社）においても事業本部長として合併法人の経営の中枢に参画する見込みです。

　この場合において、C事業本部長は特定役員に該当し、当該合併は特定役員の引継ぎ要件を満たすと考えてよろしいでしょうか。

＜特定役員の引継状況＞

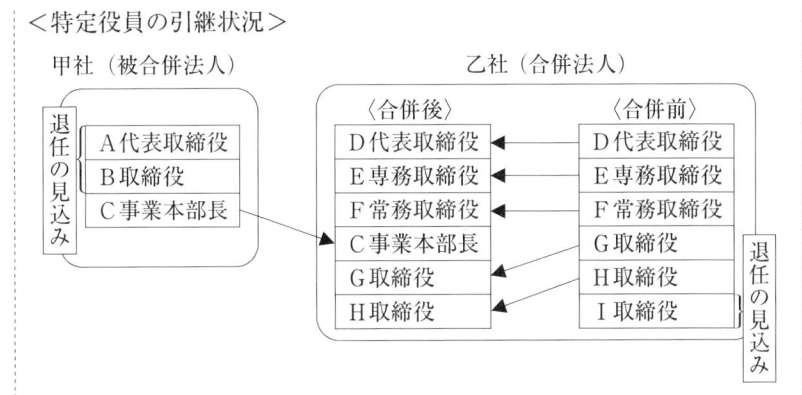

【回答要旨】

　C事業本部長は特定役員に該当しますので、当該合併は特定役員引継ぎ要件を満たします。

（理由）

　資本関係のない法人間で行われる合併が適格合併に該当するかの判定要件の一つとして、事業規模要件又は特定役員引継ぎ要件を満たすこととされていますが、このうち特定役員引継ぎ要件とは、合併前の被合併法人の特定役員のいずれかと合併法人の特定役員のいずれかとが合併後に合併法人の特定役員となることが見込まれていることをいい（令4の3④二）、この特定役員とは、社長、副社長、代表取締役、代表執行役、専務取締役若しくは常務取締役又はこれらに準ずる者で法人の経営に従事している者をいいます（令4の3④二カッコ書）。

　ご照会の場合には、C事業本部長は会社法上の役員ではありませんが、被合併法人である甲社において法人の経営の中枢に参画しており、かつ、合併法人においても経営の中枢に参画することが見込まれていることからすれば、特定役員に該当することとなります。

　また、当該合併においては、合併法人の特定役員（D代表取締役、E専務取締役、F常務取締役、G取締役及びH取締役）が合併後の合併法人においても特定役員となることが見込まれています。

【関係法令通達】

　法人税法施行令第4条の3第4項第2号

　法人税基本通達1-4-7

　　(ニ)　従業者引継要件

　共同事業を行うための適格合併における従業者引継要件は、被合併法人の合併直前の従業者のうち、その総数のおおむね80％以上の者が合併後に合併法人の業務に従事することが見込まれていることを求めるものである（法令4の3④三）。

　従業者引継要件の具体的な内容は、前述の支配関係法人間の適格合併における従業者引継要件と同様であるため、②ロ「(ハ)　従業者引継要件」(20頁)の説明を参照されたい。

　　(ホ)　主要事業継続要件

　共同事業を行うための適格合併における主要事業継続要件は、被合併法人が合併前に行う主要な事業の内のいずれかの事業（合併法人が合併前に行う事業の内のいずれかの事業と関連する事業に限る。）が合併後に合併法人において引き続き行われることが見込まれていることを求めるものである（法令4の3④四）。

　　(ヘ)　株式継続保有要件

　共同事業を行うための適格合併における株式継続保有要件は、平成29年度改正により、その内容が変更されて(注16)、合併の直前に被合併法人の支配株主（合併の直前に被合併法人の50％超の株式を保有する者が存在する場合のその者、そして、その者が株式の50％超を保有する法人で合併法人以外のもの。以下、同じ。）が存在する場合にのみ適用される要件となっている（法令4の3④五）。

　合併によって支配株主に交付される合併法人株式の全部が支配株主により継続して保有されることが見込まれているものは、この株式継続保有要件を満たすこととなる。

　合併後に、合併によって支配株主に交付された合併法人株式が移転することが見込まれているとしても、その移転が支配株主間で行われる場合には、この株式継続保有要件を満たすこととなる。

（注16）　平成29年度改正前は、被合併法人の株主の数が50人未満の場合に株式継続保有要件を課すこととされていた。

ハ 無対価合併

　共同事業を行うための適格合併となり得る無対価合併は、被合併法人の全て又は合併法人が資本又は出資を有しない法人であるものに限ることとされている。

(2) 適格合併における取扱い

① 被合併法人の取扱い

イ 被合併法人の処理の基本的な考え方

　適格合併における被合併法人の取扱いがどのようになるのかということを正しく理解するためには、適格合併における被合併法人の処理の基本的な考え方を正しく理解する必要がある。

　平成13年の組織再編成税制の創設時には、適格合併における被合併法人は、合併法人からその適格合併により移転をした資産・負債の帳簿価額を基礎とした純資産価額（移転簿価純資産価額）によって合併法人株式を取得し、直ちにその合併法人株式を被合併法人の株主に交付したものとするという考え方を採ることとされ、平成22年度改正前までは、そのような考え方に基づき、被合併法人、被合併法人の株主及び合併法人の三者の取扱いが整合的に定められていた。

　これを仕訳で示すと、次のような二段階の処理となる。

　i　合併による資産・負債の移転の処理

　　　負債　　　　×××　　／　　資産　　　　　×××
　　　利益積立金額　×××
　　　合併法人株式　×××

　ii　解散による払込資本の株主への返還の処理

　　　資本金等の額　×××　　／　　合併法人株式　×××

　この処理から分かるとおり、適格合併においては、被合併法人の利益積立金額が合併法人に引き継がれ、被合併法人の資本金等の額が株主に返還されるものとされていたわけである。

　しかし、その後、平成22年度改正において、上記の二段階の処理を行う根拠となっていた旧法人税法62条の2第2項を全改する改正、資本金等の額と利益積立金額の増加額に関する規定において合併法人が被合併法人から資本金等の額の引継ぎを受けたり合併法人において利益積立金額が新たに発生したりするという文言に修正する改正などが行われることとなった。

　その結果、適格合併において被合併法人から合併法人に引き継がれるのは被合併法人の資本金等の額とされ、被合併法人の利益積立金額は消滅し、合併法人において利益積立金額が新たに発生するものとされることとなったわけであるが、このような考え方を採ると、被合併法人の株主にみなし配当が発生しない理由や合併法人に利益積立金額が発生する理由を説明することができなくなってしまう[注17]。

　このように、平成22年度改正以後は、被合併法人の処理を中心とする適格合併の全体の処理の基本的な考え方を理論的に正しく説明することができなくなってしまっているわけである。

　このため、平成22年度改正以後、適格合併における被合併法人の処理の基本的な考え方をどのように理解すればよいのかということが問題とならざるを得ないわけであるが、この問題は、立法の問題であることから、法令の規定を解釈する側の対応策としては、上記のような事情にあることを念頭に置き、理論的に正しく説明できないことを理解しながら、法令の規定を解釈する、ということになるものと考えられる。

ロ　資産・負債の引継ぎ

　適格合併において、被合併法人が合併法人にその有する資産・負債の移転をした場合には、その移転をした資産・負債の最後事業年度終了時の帳簿価額による引継ぎをしたものとされる（法法62の2①）。

　このため、適格合併においては、被合併法人に資産・負債の移転に伴う譲渡損益が計上されることはない。

ハ　最後事業年度の申告等

　被合併法人が、事業年度の中途において合併をした場合には、その事業年度開始の日からその合併の日の前日までの期間を一事業年度（最後事業年度）とみなして、各事業年度の所得に対する法人税を計算することとされている。

　この「合併の日」は、合併の効力が生ずる日（吸収合併の場合には合併契約において定められた効力発生日、新設合併の場合には設立法人の設立登記の日）となる。

（注17）　この平成22年度改正は、適切ではなく、本来は、同改正前のとおりとする必要がある。詳細に関しては、第2編第3章「2　適格合併等における利益積立金額の引継ぎ」（350頁）の説明を参照されたい。

② 合併法人の取扱い

イ 資産・負債の引継ぎ

適格合併の場合には、合併法人は、被合併法人から資産・負債の帳簿価額による引継ぎを受けるものとされている（法令123の3③）。

このため、合併に際して、会計上、合併法人が引継ぎを受けた資産の評価替えをした場合、自然発生借地権や営業権などを評価して受け入れた場合などには、会計上の金額と税法上の金額（税法上の帳簿価額）との差額を申告において調整することとなる。

ロ 資本金等の額及び利益積立金額の取扱い

（イ） 増加する資本金等の額

ⅰ 増加金額

適格合併により合併法人において増加する資本金等の額は、被合併法人の資本金等の額に相当する金額となる（法令8①五）。

ⅱ 解釈における留意点

この資本金等の額の増加額について定める法人税法施行令8条1項5号の規定は、非適格合併の場合に合併法人において増加する資本金等の額について定めを置き、括弧書きにおいて適格合併の場合において増加する資本金等の額について定める、ということになっているため、やや分かりにくい状態となっている。

法人税法施行令8条1項各号に共通することであるが、これらの各号の金額は、平成18年度改正前の「資本積立金額」の増減額とされていた金額と同じ位置付けのものとなっており、法人の「資本金の額」の増減額ではない部分の金額であるため、同項5号の規定においても、同項の柱書きに定める「資本金の額」が増加することを前提とした上で、その増加する「資本金の額」以外の資本金等の額の増加額について定められている。合併により増加する資本金等の金額は、法人税法施行令8条1項5号の規定上は、同項の柱書きにおいて「法人の資本金の額」と定めることによって自動的に増加することとなる「資本金の額」が増加する処理を行った後の金額と認識されて、その「資本金の額」の増加額が減算金額とされる、ということになっている。

このように法人税法施行令8条1項5号の規定は、分かりにくい定めとなっているため、解釈に当たっては注意が必要となる。

（ロ）　増加する利益積立金額

ⅰ　増加金額

　適格合併により合併法人において増加する利益積立金額は、被合併法人から移転を受けた資産・負債の移転簿価純資産価額から、その適格合併により増加した資本金等の額、被合併法人の株主等に合併親法人株式を交付した場合のその交付した親法人株式の合併直前の帳簿価額、抱合株式がある場合のその抱合株式の合併直前の帳簿価額の合計額を減算した金額となる（法令9①二）。

ⅱ　解釈における留意点

　平成22年度改正前においては、合併法人において増加する利益積立金額は被合併法人の利益積立金額を引き継いだものとされており、合併法人において増加する資本金等の額は合併によって新たに発生するものとされていたが、同改正により、この引継ぎと発生の関係が入れ替えられて、合併法人において増加する資本金等の額が被合併法人から引き継いだものであり、合併法人において増加する利益積立金額は合併によって新たに発生するものとされた。適格合併においては、資産・負債が帳簿価額によって引き継がれるため、合併法人において増加する資本の部の金額も総額では被合併法人における資本の部の金額の総額となり、資本金等の額と利益積立金額のいずれを引き継ぐものとするのかということにより、結果が変わることはないわけであるが、理論的には、大きな違いがある。

　被合併法人から合併法人に引き継がれるものを利益積立金額から資本金等の額に変更した平成22年度改正の問題点に関しては、第2編第3章「2　適格合併等における利益積立金額の引継ぎ」（350頁）の説明を参照されたい。

③　未処理欠損金額の取扱い

　非適格合併の場合には、被合併法人の未処理欠損金額が合併法人に引き継がれることはないが、適格合併の場合には、被合併法人の未処理欠損金額は、基本的には、合併法人に引き継がれて合併法人の未処理欠損金額とみなされることとなる。

　また、合併法人の合併前の未処理欠損金額についても、基本的には、合併後に使用することとなる。

　ただし、両者ともに、一定の場合には、引継ぎと使用が制限される。

　未処理欠損金額の引継ぎと使用の制限は、広義に捉えると組織再編成を利用した租税回避防止の措置であるが、このような措置が講じられているのは、未処理欠損金額が租税回避に使われやすいことによるものであり、この未処理欠損金額の引継ぎと使用の制限の措置に関しては、他の措置より以上に、その潜脱・濫用として法人税法132条の2（組織再編成に係る行為又は計算の否認）により課税を受ける可能性が高いことから、十分、注意する必要がある。

　なお、「特定株主等によって支配された欠損等法人の欠損金の繰越しの不適用」（法法57の2）に関しては、適用例が少ないことから、本書においては触れないこととしている。

イ　被合併法人の未処理欠損金額の引継制限

（イ）　被合併法人の未処理欠損金額の引継ぎ

　適格合併における被合併法人の前9年（平成30年4月1日以後に開始する事業年度については「10年」。以下、同じ。）内事業年度において生じた未処理欠損金額がある場合には、その未処理欠損金額は、基本的には、その適格合併の日の属する合併法人の事業年度以後の各事業年度の所得の金額の計算上、その合併法人の未処理欠損金額とみなされることとなっている（法法57②）。

　したがって、被合併法人の前9年内事業年度において生じた欠損金額の内の未処理欠損金額については、基本的には、合併法人で繰越控除することができる。

　なお、適格合併により引継ぎを受けた被合併法人の未処理欠損金額を合併法人で控除するためには、被合併法人の該当事業年度の帳簿書類を合併法人に引き継いで保存することが要件となる。

（ロ）　被合併法人の未処理欠損金額の合併法人における帰属事業年度

　被合併法人の未処理欠損金額は、その未処理欠損金額の生じた被合併法人の前9年内事業年度開始の日の属する合併法人の各事業年度に生じたものとみなされる。

　ただし、次の図表の左欄に掲げる場合には、それぞれ右欄に掲げる合併法人の事業年度において生じた未処理欠損金額とみなされる。

合併法人の適格合併の日の属する事業年度開始の日以後に開始した被合併法人の前9年内事業年度の場合	適格合併の日の属する事業年度
合併法人が被合併法人の未処理欠損金額が生じた事業年度開始の日後に設立された場合	合併法人の事業年度の存在しない期間について、被合併法人の前9年内事業年度ごとに区分した各期間に対応するものとした場合における合併法人のそれぞれの事業年度
その適格合併が新設合併である場合	

(ハ) 被合併法人の未処理欠損金額の引継ぎの制限

　適格合併の場合には、上記のように、基本的には、被合併法人の未処理欠損金額が合併法人に引き継がれることとなるが、一定の適格合併においては、その引継ぎが制限される（法法57③）。

　これは、被合併法人の未処理欠損金額の合併法人への引継ぎを無制限に認めると、租税回避を容認することともなってしまうためである。

　被合併法人の未処理欠損金額の合併法人への引継ぎが制限されるのは、税負担を減少させることが容易に行い得ると考えられる企業グループ内の適格合併（完全支配関係法人間の適格合併、支配関係法人間の適格合併）となっており、共同事業を行うための適格合併においては、制限は課されていない。

　被合併法人の未処理欠損金額の合併法人への引継制限がどのように行われるのかということをあらかじめ概要図で示すと、次のとおりとなる。

《被合併法人の未処理欠損金額の合併法人への引継制限の概要》
〔引継制限〕

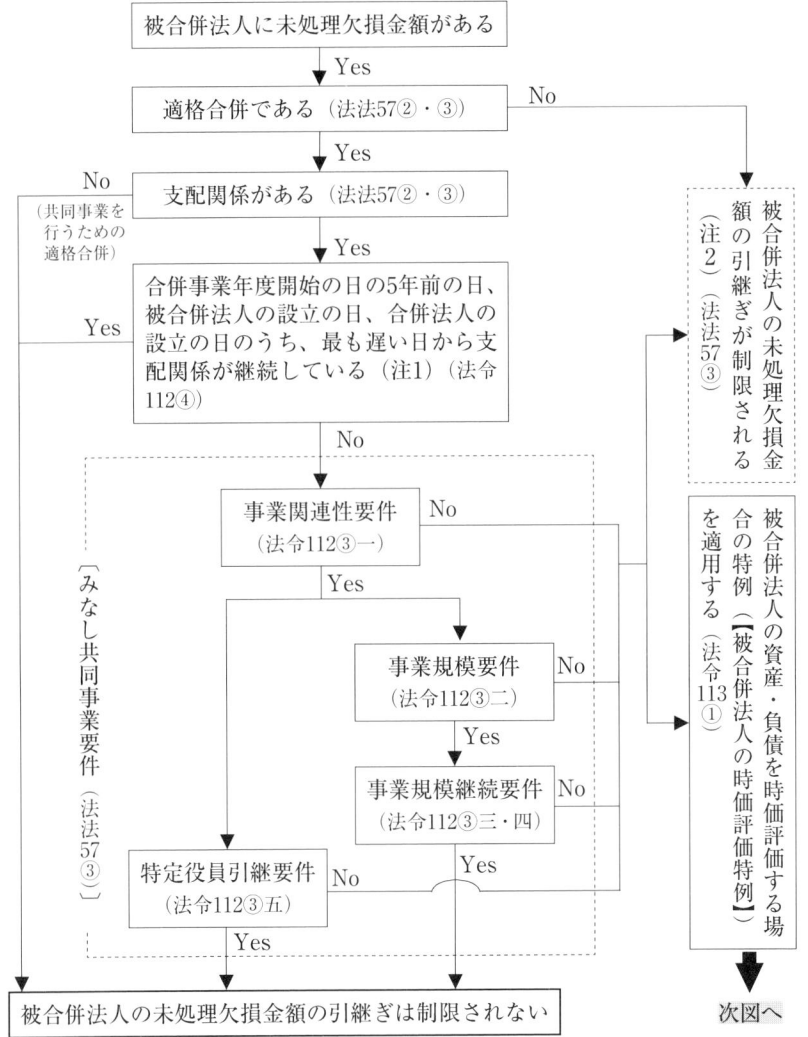

（注1） 合併事業年度開始の日の5年前の日後に、法人を設立している場合には、そ
　　　　の法人を介した租税回避が行われないように、一部のものについては、支配
　　　　関係継続要件を満たさないものとする措置が講じられている（法令112④二イ
　　　　～ハ）。

（注2）　支配関係前未処理欠損金額の全額と支配関係事業年度以後の事業年度の未
　　　　処理欠損金額のうちの特定資産譲渡等損失相当額の引継ぎが制限される（法
　　　　法57③）。
　　　　　　この「特定資産譲渡等損失相当額」については、その計算方法が法人税法施
　　　　行令112条5項に定められており、被合併法人が支配関係発生日に有する資産
　　　　について法人税法62条の7第1項（特定資産に係る譲渡等損失額の損金不算入）
　　　　の規定を適用した場合に同項に規定する特定資産譲渡等損失額となる金額と
　　　　されている。
　　　　　　この「特定資産譲渡等損失相当額」については、租税回避防止の観点から、
　　　　適格合併の日以前2年以内に、被合併法人が関連法人から特定適格組織再編成
　　　　等によって移転を受けた資産があった場合と引継ぎを受けた未処理欠損金額
　　　　があった場合の取扱いが定められている。この取扱いは、適格合併の日以前2
　　　　年以内に、被合併法人を合併法人等（合併法人、分割承継法人、被現物出資法
　　　　人、被現物分配法人）とし特定支配関係法人を被合併法人等（被合併法人、分
　　　　割法人、現物出資法人、現物分配法人）とする特定適格組織再編成等が行われ
　　　　ていた場合には、その特定適格組織再編成等により被合併法人が有すること
　　　　となった資産は、被合併法人が支配関係日に有するものとみなして上記の法
　　　　人税法施行令112条5項の「特定資産譲渡等損失額」の計算を行うもの（法令
　　　　112⑥）、そして、当該2年以内に、被合併法人を合併法人とする適格合併が行
　　　　われていた場合等において、その適格合併において被合併法人となった法人
　　　　等の未処理欠損金額に特定資産譲渡等損失相当額（「特定資産譲渡等損失相当
　　　　欠損金額」）があったときは、その特定資産譲渡等損失相当額を「特定資産譲
　　　　渡等損失相当額」に加算するもの（法令112⑦）である。
　　　　　　なお、この後者の法人税法施行令112条7項の取扱いについては、同令113条
　　　　8項から10項までにおいて、関連法人と合併法人及び被合併法人との間に支配
　　　　関係が発生した日の属する関連法人の事業年度の前事業年度終了の時に関連
　　　　法人の資産・負債を時価評価して含み損がなければ、その関連法人の特定資
　　　　産譲渡等損失相当額はないものとすることができる等の特例措置が講じられ
　　　　ている。

【被合併法人の時価評価特例】

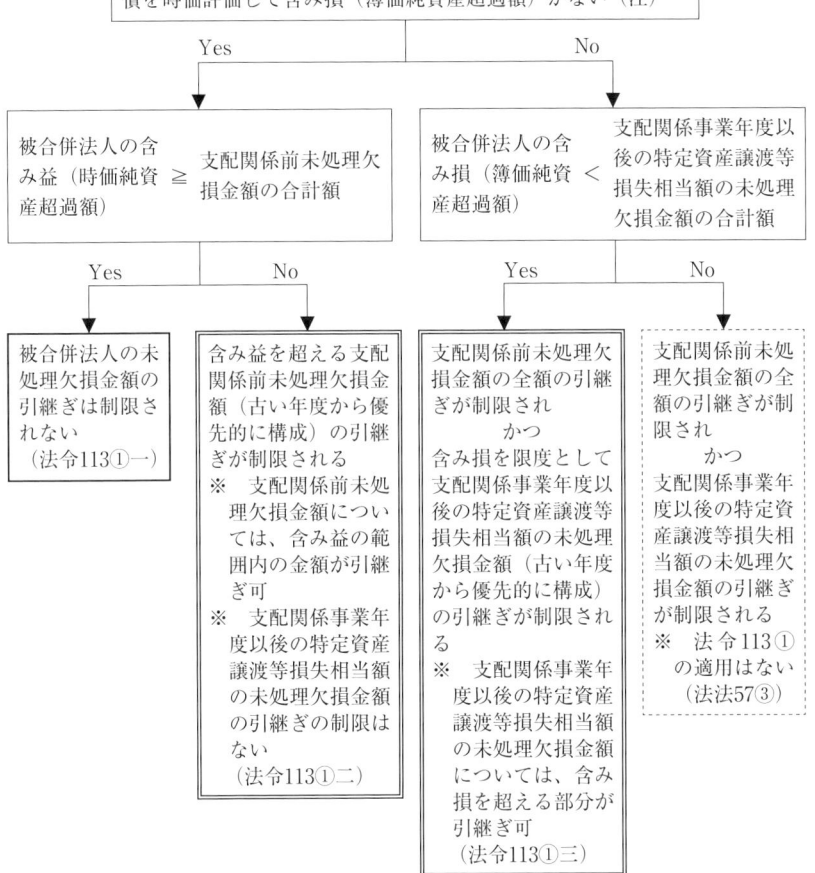

(注) 被合併法人の支配関係事業年度の前事業年度終了時の資産・負債の「含み損（簿価純資産超過額)」は、簿価純資産価額（被合併法人の支配関係事業年度の前事業年度終了の時における資産の帳簿価額から負債の帳簿価額を減算した金額）が時価純資産価額（被合併法人の支配関係事業年度の前事業年度終了の時における資産の時価から負債の時価を減算した金額）を超える場合のその超える部分の金額であり、同じく「含み益（時価純資産超過額)」は、時価純資産価額が簿価純資産価額を超える場合のその超える部分の金額である。

　　　i　被合併法人の未処理欠損金額の引継ぎが制限される一定の適
　　　　格合併

　被合併法人の未処理欠損金額の引継ぎが制限される一定の適格合併とは、
被合併法人と合併法人との間に支配関係がある場合の適格合併で、次のいず
れにも該当しないものとされている。

（ⅰ）　合併法人の適格合併の日の属する事業年度開始の日の5年前の日、
　　　　被合併法人の設立の日又は合併法人の設立の日のうち、最も遅い日か
　　　　ら継続して支配関係があること（以下、（ニ）までにおいて「支配関係
　　　　継続要件」という。）

（ⅱ）　適格合併が共同事業を行うための適格合併に該当すること（以下、
　　　　（ニ）までにおいて「みなし共同事業要件」という。）

　　　ⅱ　支配関係継続要件

　上記ⅰ（ⅰ）により、基本的には、「合併法人の適格合併の日の属する事業年
度開始の日の5年前の日から継続して支配関係がある場合(注18)又は被合併法
人の設立の日若しくは合併法人の設立の日のいずれか遅い日から継続して支
配関係がある場合には、被合併法人の未処理欠損金額の引継制限は課されな
いこととなる。

　被合併法人の未処理欠損金額の引継制限の判定は、支配関係が継続してい
るのか否かによることになるため、この支配関係の継続の有無の判断が重要
となる。

　支配関係とは、法人税法2条12号の7の5において「一の者が法人の発行済株

（注18）　長年にわたって支配関係がある中で事業を行ってきた法人に関しては、全ての課
　　　税関係（未処理欠損金額の引継ぎを含む全ての課税関係）をそのまま引き継がせるのが
　　　実態に合った取扱いであるという考え方が基本にあり、その考え方に基づき、5年間も支
　　　配関係がある中で事業を行ってきたということであれば、長年にわたって支配関係があ
　　　る中で事業を行ってきた法人と区別しなくてもよい状態となっていると考えてよかろう
　　　という判断により、未処理欠損金額の引継ぎと使用の制限を課さない期間として「5年」
　　　という年数基準を設けたものである。平成13年当時は、未処理欠損金額の繰越期間が5
　　　年となっており、5年が経てば未処理欠損金額が切り捨てられて、合併による未処理欠損
　　　金額の引継ぎと合併等の後の未処理欠損金額の使用ができなくなるということになって
　　　はいたが、未処理欠損金額の繰越期間が5年となっていたことを理由にして「5年」とい
　　　う年数基準が設けられたわけではない。未処理欠損金額の繰越期間が5年となっていた
　　　ことは、組織再編成税制における「5年」という年数基準の妥当性を裏付けるものと捉え
　　　てよいものではあったが、それ以上のものではなかった。

式若しくは出資（中略）の総数若しくは総額の100分の50を超える数若しくは金額の株式若しくは出資を直接若しくは間接に保有する関係として政令で定める関係（以下、この号において「当事者間の支配の関係」という。）又は一の者との間に当事者間の支配の関係がある法人相互の関係」とされており、当事者間の支配関係又は同一者による支配関係のいずれかということになる。

　例えば、兄弟の関係にあった2つの法人が親子関係になった場合には、兄弟関係の形態は変わってしまうが、その法人間に支配関係があること自体は変わらず、支配関係は継続している、ということになる。また、兄弟の関係にある2つの法人について、その株主である「一の者」に変更があったとしても、その2つの法人の兄弟関係が継続している場合には、その法人間の支配関係は継続しているものとされる[注19]。

　また、「最後に支配関係があることとなった日（時）」も、同様に、判定の上で重要となる。

　法人税基本通達12-1-5においては、「最後に支配関係があることとなった日」についての解釈を示しており、この通達によれば、適格合併の日の直前まで継続して支配関係がある場合には、その支配関係があることとなった日が「最後に支配関係があることとなった日」に該当することとなる。前述の兄弟会社の例からも分かるように、この通達の「継続して支配関係がある場合のその支配関係があることとなった日」とは、その「継続している支配関係が最初に生じた日」となるものと考えられる。

　ただし、適格組織再編成等により設立する法人を受皿法人とし、その受皿法人へ適格組織再編成等を利用して支配関係が5年未満の被合併法人の含み益のある資産を移転させることにより、迂回して合併法人の未処理欠損金額

（注19）　完全支配関係と支配関係の捉え方は、平成22年度改正によって変更されて、上記のような捉え方となっている。この平成22年度改正により、完全支配関係と支配関係は、「グループの支配関係」というよりも、「法人間の相互関係」という性格を強くすることとなっている。

　　　この平成22年度改正の支配関係と資本関係の捉え方の課題の詳細に関しては、拙著『グループ法人税制【第二版】』（法令出版、平成27年3月）の問11から14までの解説を参照されたい。

　　　なお、この平成22年度改正における支配関係の解釈は、納税者にとっては、基本的には、有利な解釈となっており、歓迎してよいものである。

と相殺することは可能となってしまうことから、その設立が適格新設合併によるものである場合など一定の場合については、実際に含み益のある資産の移転があったかどうかにかかわらず、「継続して支配関係があるとき」に該当しないこととされ、未処理欠損金額の使用に制限が課されることとなっている（法令112④ニイ～ハ）。

ところで、毎年、未処理欠損金額を有する法人の株式を取得し続け、5年経過後に残った未処理欠損金額等を使って税負担を減少させるというようなことを繰り返すというような例を想定すると分かるとおり、上記の「5年」という年数基準を満たしたとしても、租税回避として法人税法132条の2の規定によって課税を受けるということが有り得るため、「5年」という年数基準を満たせば租税回避とされることはないという誤解をすることがないように注意する必要がある。

また、合併後に、合併法人が被合併法人の名称に商号変更を行うという例も見受けられるが、逆さ合併を行って税負担を減少させたというようなことであれば、租税回避として課税を受けるということも有り得るため、注意が必要である。

ⅲ　みなし共同事業要件

合併法人の適格合併の日の属する事業年度開始の日の5年前の日、被合併法人の設立の日又は合併法人の設立の日のうち、最も遅い日から継続して支配関係がある場合に該当しないときであっても、その適格合併が「共同事業を行うための適格合併」に該当していれば、被合併法人の未処理欠損金額の引継制限はないこととなる。

この「共同事業を行うための適格合併」とは、次の（ⅰ）から（ⅳ）までの要件の全てを満たす合併又は（ⅰ）及び（ⅴ）の要件を満たす合併とされている。

（ⅰ）　事業関連性要件
（ⅱ）　事業規模要件
（ⅲ）　被合併事業規模継続要件
（ⅳ）　合併事業規模継続要件
（ⅴ）　特定役員引継要件

（ⅰ）　事業関連性要件

事業関連性要件は、被合併法人の被合併事業と合併法人の合併事業とが相互に関連するものであることを求めるものである。

被合併事業とは、被合併法人が合併前に行う主要な事業のうちのいずれか
の事業をいい、合併事業とは、合併法人が合併前に行う事業のうちのいずれ
かの事業をいう。

事業関連性の有無の判定に関しては、法人税法施行規則3条に事業関連性
要件を満たすものが例示されているが、これに該当しないからといって、必
ずしも事業関連性要件を満たさないと判断されるわけではない。

詳細については、上記(1)③ロ「(ロ) 事業関連性要件」(23頁)の説明を
参照されたい。

(ii) 事業規模要件

事業規模要件は、被合併法人の被合併事業と合併法人の合併事業(被合併
事業と関連する事業に限る。)の規模の割合がおおむね5倍を超えないことを
求めるものであり、判定は、次のいずれかの指標がおおむね5倍を超えないこ
ととなっているのか否かにより行うものとされている。

a それぞれの売上金額
b それぞれの従業者の数
c 被合併法人と合併法人の資本金の額又は出資金の額
d 上記に準ずるものの規模(金融機関における預金量、信用保証会社に
　おける保証債務残高など、客観的・外形的にその事業の規模を表すもの
　と認められる指標)

(iii) 被合併事業規模継続要件

被合併事業規模継続要件は、被合併事業が被合併法人と合併法人との間に、
最後に支配関係があることとなった時からその適格合併の直前の時まで継続
して営まれており、かつ、その最後に支配関係があることとなった時とその
適格合併の直前の時におけるその被合併事業の規模の割合が、おおむね2倍
を超えないことを求めるものである。

被合併法人がその最後に支配関係があることとなった時から適格合併の直
前までの間にその被合併法人を合併法人、分割承継法人又は被現物出資法人
とする適格合併、適格分割又は適格現物出資(以下「適格合併等」という。)
により被合併事業の全部又は一部の移転を受けている場合には、この要件の
判定については、被合併事業がその適格合併等の時からその適格合併の直前
の時まで継続して行われており、かつ、その適格合併等の時とその適格合併
の直前の時におけるその被合併事業の規模の割合がおおむね2倍を超えない

ことが求められる。

　この割合を比較する規模の基となる指標は、上記(ⅱ)の事業規模要件の判定に用いた指標に限られる。

(ⅳ)　合併事業規模継続要件

　合併事業規模継続要件は、合併事業が被合併法人と合併法人との間に、最後に支配関係があることとなった時からその適格合併の直前の時まで継続して行われており、かつ、その最後に支配関係があることとなった時とその適格合併の直前の時におけるその合併事業の規模の割合が、おおむね2倍を超えないことを求めるものである。

　上記(ⅲ)と同様に、合併法人がその最後に支配関係があることとなった時から適格合併の直前までの間にその合併法人を合併法人、分割承継法人又は被現物出資法人とする適格合併等により合併事業の全部又は一部の移転を受けている場合には、この要件の判定については、合併事業がその適格合併等の時からその適格合併の直前の時まで継続して行われており、かつ、その適格合併等の時とその適格合併の直前の時におけるその合併事業の規模の割合がおおむね2倍を超えないことが求められる。

　この割合を比較する規模の基となる指標は、上記(ⅲ)の被合併事業規模継続要件の判定に用いた指標に限られるため、事実上、上記(ⅱ)の事業規模要件の判定に用いた指標に限られることとなる。

(ⅴ)　特定役員引継要件

　特定役員引継要件は、被合併法人の適格合併の前における特定役員である者のいずれかの者と合併法人の適格合併の前における特定役員である者のいずかの者とが、適格合併の後に合併法人の特定役員となることが見込まれていることを求めるものである。

　詳細については、(1)③ロ(ハ)「ⅱ　特定役員引継要件」(26頁)の説明を参照されたい。

　ところで、ヤフー事件において、合併の約3月前に、合併法人の社長が被合併法人の副社長に就任し、合併においてその合併法人の社長で被合併法人の副社長を兼務している者が合併後の合併法人の社長となることから、特定役員引継要件を満たすとして被合併法人の未処理欠損金額を合併法人に引き継いだことに対して、税務当局が法人税法132条の2を適用して租税回避として否認したことから、「どのくらい前であれば否認されないのかということが

重要である」「3月より短ければ否認されるため、少なくとも1期くらいの期間が必要である」というようなことを述べるものが見受けられるが、ヤフー事件における特定役員引継要件に関する教訓は、被合併法人の役員に就任していた期間が短すぎると否認されるということではなく、被合併法人の役員にふさわしい業務を行っていなければ否認されるということであると解す必要がある。

iv　被合併法人の未処理欠損金額の引継ぎが制限される金額

被合併法人の前9年内事業年度において生じた未処理欠損金額のうち、合併法人への引継ぎが制限される金額は、次の金額とされている（法法57③）。

（ⅰ）　被合併法人の支配関係事業年度（合併法人と被合併法人との間に最後に支配関係が生じた日の属する事業年度をいう。）前に生じた未処理欠損金額

（ⅱ）　被合併法人の支配関係事業年度以後に生じた未処理欠損金額のうち、特定資産譲渡等損失額に相当する金額から成る部分の金額

このように、引継制限が課されている金額は、前9年内事業年度の未処理欠損金額のうち「支配関係事業年度前に生じたもの」及び「支配関係事業年度以後の事業年度で生じたもののうち特定資産譲渡等損失額に相当する金額から成る部分の金額」とされているわけである[注20]。

これらの二つを引継制限の対象としているのは、未処理欠損金額や資産の含み損を持つ法人を支配下に置くことによって税負担を減少させようとすることが行われることがある、と考えているためである。

この特定資産譲渡等損失額に相当する金額とは、被合併法人の対象事業年度ごとに次の（ⅰ）に掲げる金額から（ⅱ）に掲げる金額を控除した金額とされている（法令112⑤）。

（ⅰ）　その対象事業年度に生じた欠損金額（青色欠損金額に限り、過去の適格合併等により、過去に合併法人等であったその被合併法人の欠損金額とみなされたもの及び法人税法57条4項、5項又は9項の規定によりないものとされたものを含む。（ⅱ）において同じ。）のう

（注20）　被合併法人の支配関係事業年度以後の事業年度において生じた未処理欠損金額で、通常の事業活動から生じた部分の金額（特定資産譲渡等損失額に相当する金額から成る部分の金額ではない金額）は、合併法人への引継制限の対象とはならない。

ち、その対象事業年度を仮に特定資産譲渡等損失額の損金不算入の規定が適用される事業年度として、最後に支配関係が生じた日の属する事業年度開始の日前から有していた資産（同日を法人税法62条の7第1項に規定する特定適格組織再編成等の日とみなした場合に、法人税法施行令123条の8第3項1号から5号までに掲げる資産（※）に該当するものを除く。）につき、その規定を適用した場合に、特定資産譲渡等損失額となる金額に達するまでの金額（以下、「特定資産譲渡等損失額」という。）

（※）この法人税法施行令123条の8第3項1号から5号までに掲げる資産とは、棚卸資産（1号）、短期売買商品（2号）、売買目的有価証券（3号）、法人税法62条の7第1項に規定する特定適格組織再編成等の日（特定保有資産の場合には、特定適格組織再編成等の日の属する事業年度開始の日（法令123の8⑭））における帳簿価額又は取得価額が1千万円に満たない資産（4号）、支配関係発生日の属する事業年度開始の日以後に有することとなった資産及び同日における価額が同日における帳簿価額を下回っていない資産（5号）であり、これらの譲渡による損失の額から成る未処理欠損金額は、合併法人への引継制限の対象とはならない。

　　また、支配関係発生日の属する事業年度開始の日以後に取得した資産についても、適格合併等の日以前2年以内の期間に特定適格組織再編成等により移転があった資産で被合併法人が有するものとみなされる資産（法令112⑥）を除き、その譲渡による損失の額から成る未処理欠損金額は、合併法人への引継制限の対象とはならない。

（ⅱ）　その対象事業年度に生じた欠損金額のうち、その被合併法人において前9年内事業年度の損金の額に算入されたもの及び欠損金の繰戻還付の規定により還付を受けるべき金額の計算の基礎となったもの並びに過去の適格合併等によりないものとされたもの

　　（ニ）　被合併法人の未処理欠損金額の引継制限の特例

　被合併法人の未処理欠損金額に関して引継制限があることは上述のとおりであるが、被合併法人の支配関係事業年度の前事業年度終了の時において有する資産・負債について時価評価を行う場合には、その未処理欠損金額のう

ち制限を受ける金額は、《被合併法人の未処理欠損金額の合併法人への引継制限の概要》の【被合併法人の時価評価特例】（39頁）に記載したとおりとすることができるものとされている。

　このような特例が設けられているのは、被合併法人の資産・負債の含み益（時価純資産超過額）があるということであれば、支配関係の発生後に含み損のある資産の譲渡等損失額が生じたとしても、いずれかの時期にその譲渡等損失額よりも大きな利益が計上されることとなるはずであるから、租税回避と見る必要はなく、また、その含み益が支配関係事業年度の前事業年度終了時の未処理欠損金額よりも大きいという場合には、いずれかの時期にその未処理欠損金額よりも大きな利益が計上されることとなるはずであるから、租税回避と見る必要はない、と考えているためである。このような考え方を採るとすれば、おのずと、被合併法人の資産・負債の含み損（簿価純資産超過額）が小さい場合には、支配関係事業年度以後の特定資産譲渡等損失相当額の未処理欠損金額については、その含み損の範囲内で引継ぎを制限すればよいはずだ、ということになる。

　なお、この制限の特例計算の適用を受けるためには、合併法人の合併事業年度の確定申告書、修正申告書又は更正請求書に明細書の添付があり、かつ、財務省令で定める書類を保存しなければならないこととされている（法令113②）。

ロ　合併法人の未処理欠損金額の使用制限

　上記イの被合併法人の未処理欠損金額の引継制限は、被合併法人の未処理欠損金額を合併法人に持ってきて税負担を減少させようとするものを防止するというものであったが、適格合併においては、課税関係がそのまま引き継がれることから、被合併法人を吸収合併して税負担を減少させることができるという場合には、被合併法人と合併法人とが反対となり、合併法人が被合併法人に吸収される適格合併を行っても、税負担が減少することとなるはずである。

　このため、合併法人の未処理欠損金額に関しても、被合併法人の未処理欠損金額の引継制限と同様の使用制限を課すこととされている。

　また、非適格合併でも、法人税法61条の13第1項の規定の適用があるもの（以下、「完全支配関係法人間の非適格合併」という。）に関しては、合併法人が被合併法人の資産を合併直前の帳簿価額により取得することとなるため、合

　併法人の未処理欠損金額の使用を制限しなければ、租税回避に利用されるおそれがあり、完全支配関係法人間の適格合併及び支配関係法人間の適格合併と併せて制限の対象とするものとされている（法法57④）。

　ただし、法人税法61条の13第1項による譲渡損益調整資産の譲渡損益の計上の繰延べと適格合併による資産・負債の帳簿価額による引継ぎとは、本来、性質の異なるものであり、帳簿価額で資産が移転するという共通点があるとしても、両者を同様に捉えて制限措置を講ずることには疑問があるものと考えられる。個別の資産の移転と組織再編成による資産の移転とは、本来、性質が異なる、という認識が前提にあれば、両者を同様に捉えて制限措置を講ずるのではなく、後者が適用される場合には前者を適用しないという常識的かつ簡素な措置が講じられることになるものと考えられる。この非適格合併における法人税法61条の13第1項による譲渡損益調整資産の譲渡損益の計上の繰延べの処理に関しては、被合併法人において譲渡損益調整勘定を計上してそのまま合併法人に引き継ぐという本来の簡素かつ理論的な処理をすることで済むにもかかわらず、譲渡損益勘定を計上させずに帳簿価額で合併法人に引き継ぐという適格合併の処理と同様の処理をさせるものとなっており、その処理の仕方にも、疑問がある。この処理の仕方に関する疑問の詳細に関しては、拙著『グループ法人税制【第二版】』（法令出版、平成27年3月）の「10　譲渡損益調整勘定の合併法人への引継ぎの可否」の（参考）（228頁）の記述を参照されたい。

　なお、この合併法人の未処理欠損金額の使用制限の内容は、基本的に、被合併法人の未処理欠損金額の引継制限と同様であるため、説明を省略し、次の図表のみとする。

《合併法人の未処理欠損金額の使用制限の概要》

〔使用制限〕

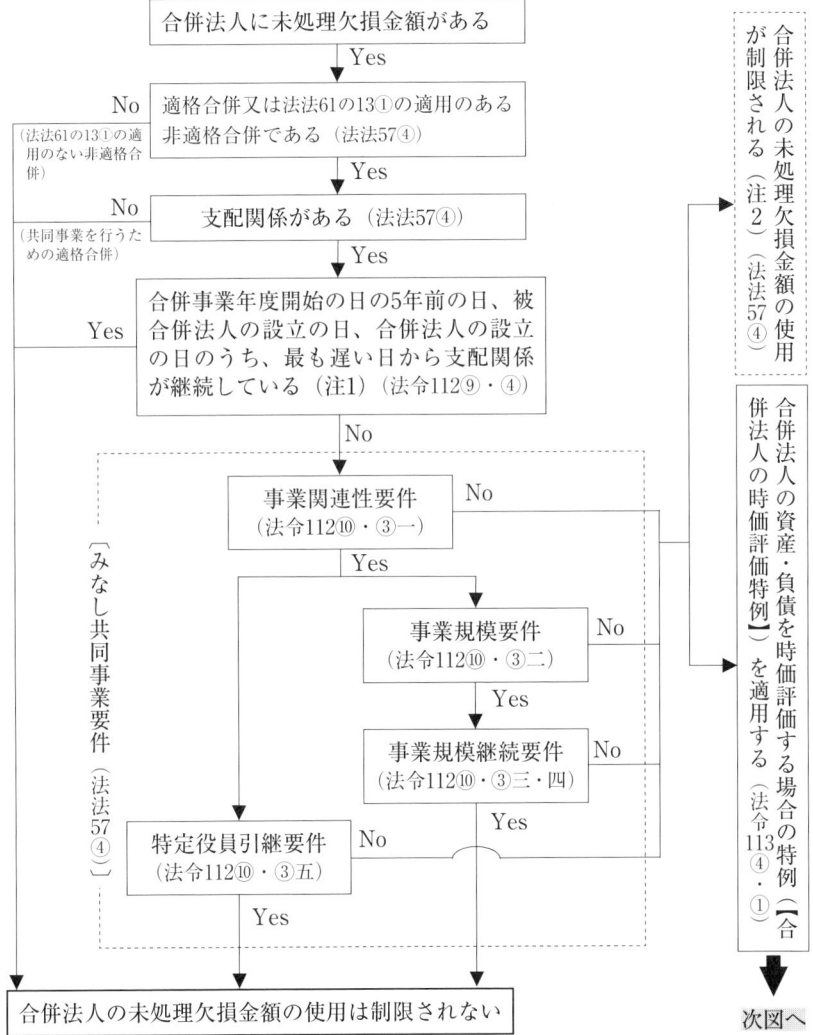

(注1)　合併事業年度開始の日の5年前の日後に、法人を設立している場合には、その法人を介した租税回避が行われないように、一部のものについては、支配関係継続要件を満たさないものとする措置が講じられている（法令112④二イ～ハ）。

（注2）　支配関係前未処理欠損金額の全額と支配関係事業年度以後の事業年度の未処理欠損金額のうちの特定資産譲渡等損失相当額の使用が制限される（法法57④）。

　　　この「特定資産譲渡等損失相当額」については、その計算方法と、適格合併の日以前2年以内に合併法人を合併法人等とし特定支配関係法人を被合併法人等とする特定適格組織再編成等が行われていた場合等の取扱いは、基本的に、《被合併法人の未処理欠損金額の合併法人への引継制限の概要》の（注2）（38頁）において述べたものと同様となっている（法令112⑪・⑤〜⑧・113⑪・⑧〜⑩）。

【合併法人の時価評価特例】

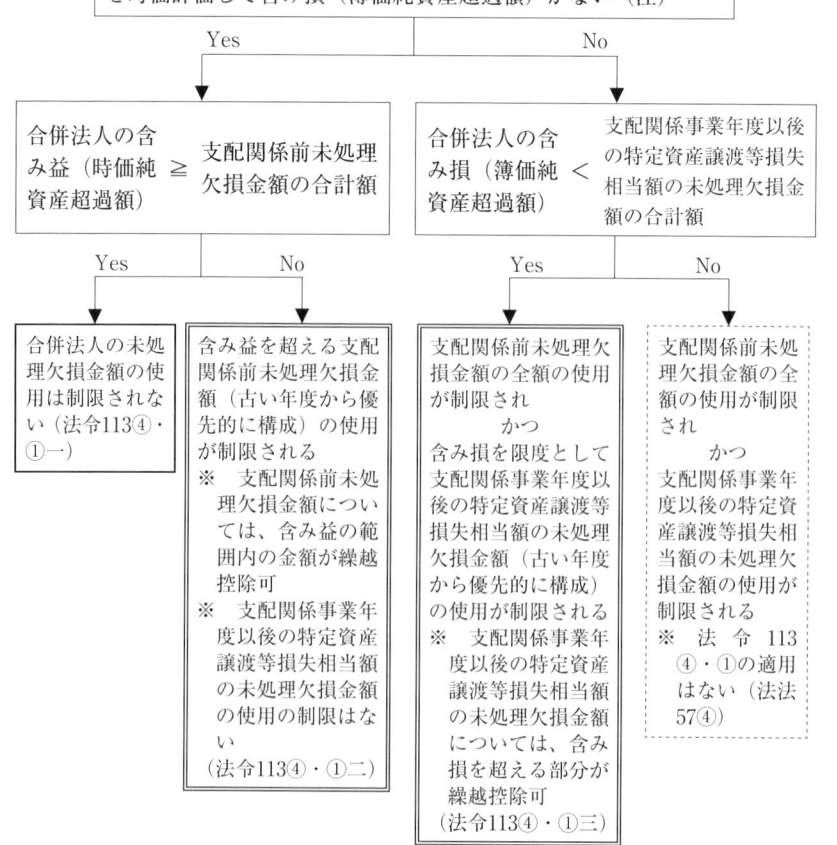

（注） 合併法人の支配関係事業年度の前事業年度終了時の資産・負債の「含み損（簿価純資産超過額）」は、簿価純資産価額（合併法人の支配関係事業年度の前事業年度終了の時における資産の帳簿価額から負債の帳簿価額を減算した金額）が時価純資産価額（合併法人の支配関係事業年度の前事業年度終了の時における資産の時価から負債の時価を減算した金額）を超える場合のその超える部分の金額であり、同じく「含み益（時価純資産超過額）」は、時価純資産価額が簿価純資産価額を超える場合のその超える部分の金額である。

④ 特定資産に係る譲渡等損失額の損金不算入

イ 制度の趣旨

適格合併においては、被合併法人の有する資産・負債を被合併法人の最後事業年度の帳簿価額により引き継ぐこととされている。

このため、例えば、被合併法人から合併法人に含み損のある資産を帳簿価額により移転した上で合併後に合併法人においてその資産の譲渡を行って譲渡損を計上する等により、合併法人の税負担を減少させる、ということが行われる可能性がある。

完全支配関係法人間の非適格合併においても、譲渡損益調整資産を被合併法人の最後事業年度の帳簿価額により取得することとなることから、上記の適格合併と同じようなことが行われる可能性がある。

このような事情に鑑み、適格合併の要件が緩やかな完全支配関係法人間の適格合併及び支配関係法人間の適格合併や完全支配関係法人間の非適格合併について、その支配関係発生後の一定期間内に特定適格組織再編成等（みなし共同事業要件を満たさない適格合併等をいう。以下、同じ。）に該当する適格合併が行われた場合には、その適格合併後の一定期間内に行われた特定資産の譲渡等による損失の額を損金不算入とする制限が設けられている（法法62の7）。

この譲渡等による損失の額が損金不算入とされる特定資産は、被合併法人から合併法人に帳簿価額で引き継がれる特定引継資産と合併法人自身が保有していた特定保有資産の双方とされており、それらの取扱いは、基本的に同じものとなっている。

最初にこれらの特定資産の取扱いの概要を示しておくと、次の表のとおりである。

《合併法人における特定引継資産（被合併法人から引継ぎを受けた資産）に
係る特定資産譲渡等損失額の損金不算入の概要》

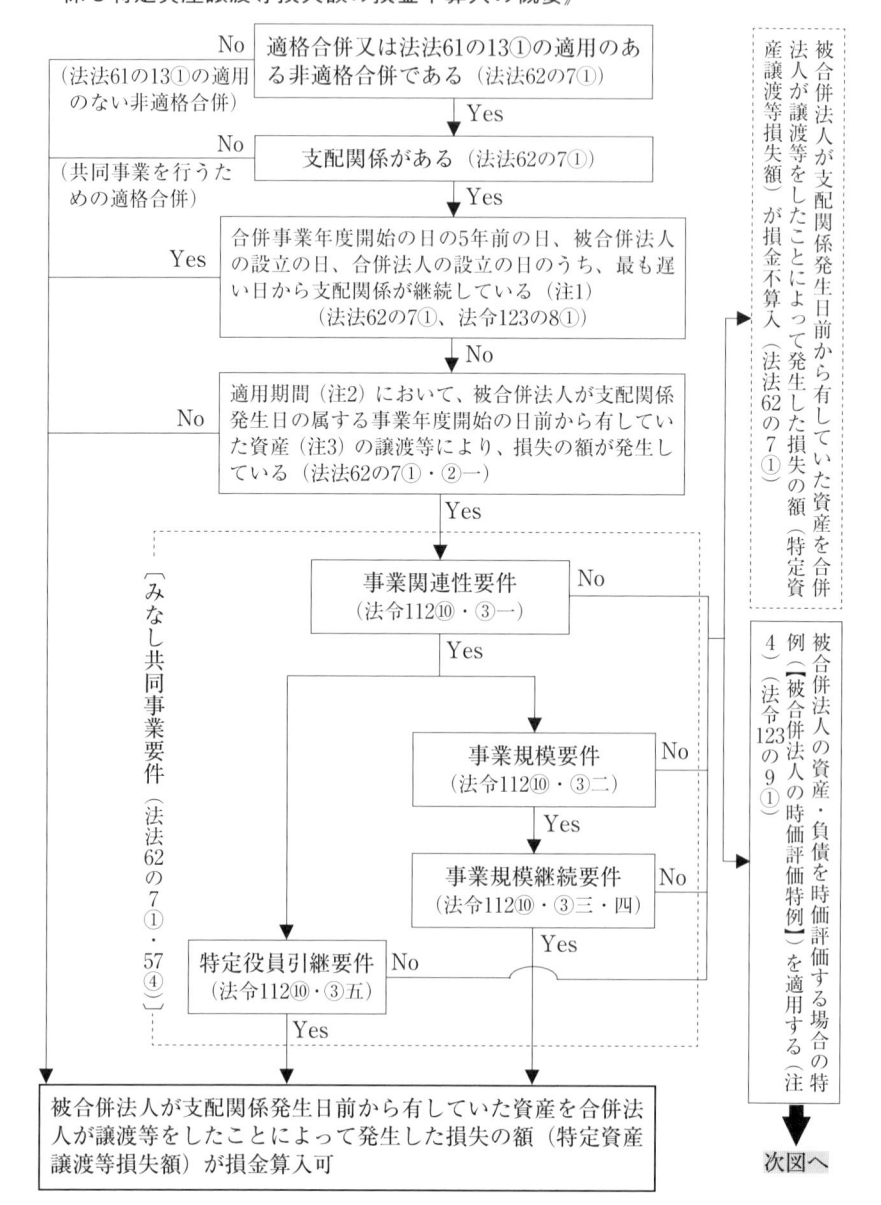

【被合併法人の時価評価特例】

> 被合併法人の支配関係事業年度の前事業年度終了の時の資産・負債を時価評価して含み損（簿価純資産超過額）がない

Yes　　　　　　　　　　　　　　　　No

> 被合併法人が支配関係発生日前から有していた資産を合併法人が譲渡等をしたことによって発生した損失の額（特定資産譲渡等損失額）が損金算入可
>
> （法令123の9①一）

> 適用期間において、被合併法人が支配関係発生日前から有していた資産を合併法人が譲渡等をしたことによって発生した損失の額（特定資産譲渡等損失額）のうち、含み損（簿価純資産超過額）から特定資産譲渡等損失相当額（注5）を控除した金額に達するまでの金額（古い年度から優先的に構成）が損金不算入
>
> （法令123の9①二）

(注1)　合併事業年度開始の日の5年前の日後に、法人を設立している場合には、その法人を介した租税回避が行われないように、一部のものについては、支配関係継続要件を満たさないものとする措置が講じられている（法令112④二イ〜ハ）。

(注2)　「適用期間」とは、合併事業年度開始の日から3年を経過する日（その日が支配関係発生日以後5年を経過する日の後になる場合には、その5年を経過する日）までの期間をいう（法法62の7①）。

(注3)　「みなし特定引継資産」（合併の日以前2年以内に行われた適格合併等により関連法人（合併法人及び被合併法人と支配関係がある法人で、当該適格合併等において被合併法人等であった法人）から被合併法人に移転があった資産で、関連法人が合併法人及び被合併法人との間に支配関係が発生した日前から有していたもの）を含む（法令123の8⑫）。

　　この「適格合併等」とは、法人税法62条の7第1項の適格組織再編成等であり、具体的には、適格合併、非適格合併で法人税法61条の13第1項（完全支配関係法人間の譲渡等の損益の繰延べ）の適用を受けるもの、適格分割、適格現物出資、適格現物分配のうち、みなし共同事業要件を満たさないものである（法法62の7①）。

（注4）　「みなし特定引継資産」がある場合には、その「みなし特定引継資産」に関
　　　　　しては、関連法人と合併法人及び被合併法人との間に支配関係が発生した日
　　　　　の属する関連法人の事業年度の前事業年度終了の時において、関連法人の資
　　　　　産・負債を時価評価して含み損がなければ、その譲渡等による損失の額及び
　　　　　利益の額はないものとする（みなし特定引継資産に係る特定資産譲渡等損失
　　　　　額の損金不算入はないものとする）ことができる等の措置（法令123の9④・⑤・
　　　　　②・③）が講じられている。

（注5）　「特定資産譲渡等損失相当額」とは、法人税法施行令113条1項3号の適用を
　　　　　受けた同号ロの金額であり（法令123の9①二イ）、この金額は、被合併法人にお
　　　　　いて発生した資産の譲渡等による損失の額が被合併法人の未処理欠損金額の
　　　　　引継制限という形で損金算入制限の対象となったものであって、被合併法人
　　　　　の含み損のうち、この金額に相当する部分は、合併法人において損金不算入
　　　　　とする必要がない。

　　　　　　ところで、被合併法人の含み損（簿価純資産超過額）が被合併法人の支配関
　　　　　係事業年度以後の特定資産譲渡等損失相当額の未処理欠損金額の合計額より
　　　　　も大きいために法人税法施行令113条1項の適用がなかった場合（《被合併法人
　　　　　の未処理欠損金額の合併法人への引継制限の概要》の【被合併法人の時価評
　　　　　価特例】（39頁参照））には、法人税法施行令123条の9第1項2号イの「第113条
　　　　　第1項（引継対象外未処理欠損金額の計算に係る特例）の規定の適用を受けた
　　　　　場合」という文言を文字どおりに読んでしまうと、この「特定資産譲渡等損失
　　　　　相当額」がないこととなり、被合併法人において発生した資産の譲渡等によ
　　　　　る損失の額が被合併法人の未処理欠損金額の引継制限という形で損金算入制
　　　　　限の対象となるとともに特定資産譲渡等損失額の損金不算入という形で損金
　　　　　算入制限の対象となってしまうこととなる。しかし、被合併法人の含み損（簿
　　　　　価純資産超過額）について、二重に損金不算入の処理を行わせることに合理
　　　　　性がないことは明らかであり、法人税法施行令123条の9第1項2号イの金額に
　　　　　は、実際に法人税法施行令113条1項の適用を受けた場合の「特定資産譲渡等
　　　　　損失相当額」だけでなく、同項の適用を受けずに未処理欠損金額の引継制限
　　　　　の対象となった損失の額に相当する金額を含むと解するのが適当と考えられ
　　　　　る（詳細に関しては、拙稿「被合併法人の繰越欠損金の引継ぎ否認金額と合併
　　　　　法人の特定資産譲渡等損失額の関係」（T＆Amaster（ロータス21）2016・9・
　　　　　19　No.659。日本税制研究所ＨＰ掲載）を参照のこと）。

《合併法人における特定保有資産（合併法人が保有していた資産）に係る特定資産譲渡等損失額の損金不算入の概要》

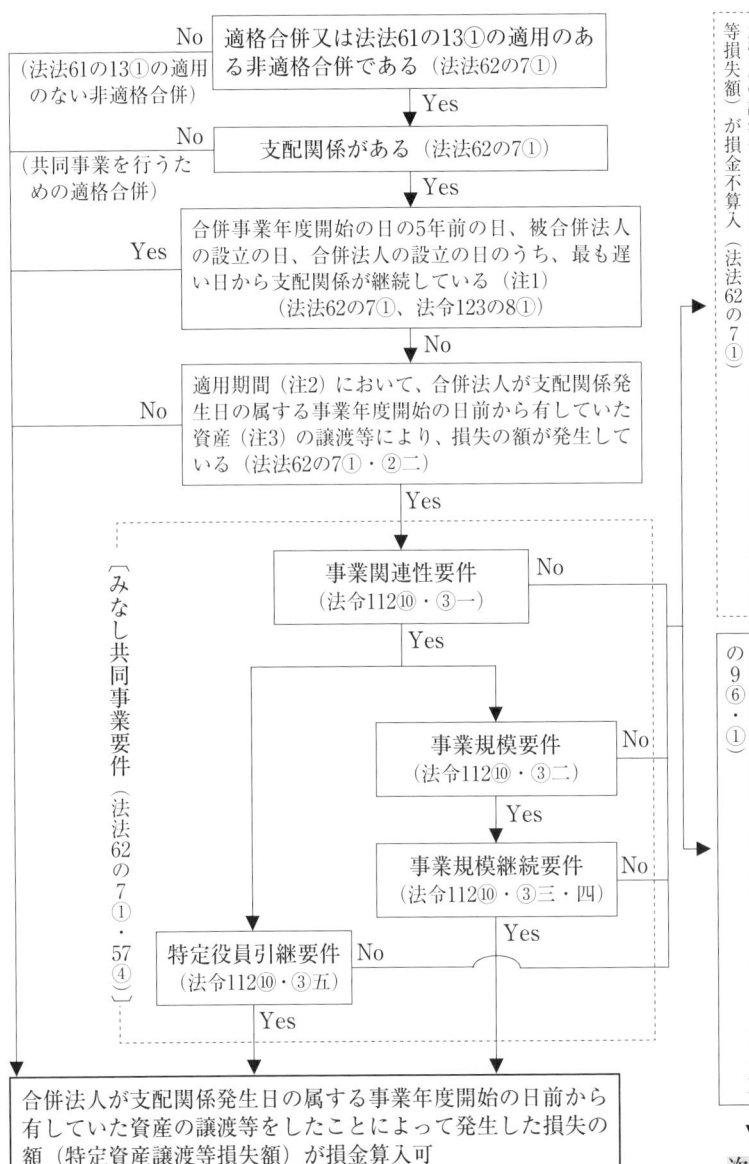

次図へ

【合併法人の時価評価特例】

合併法人の支配関係事業年度の前事業年度終了の時の資産・負債を時価評価して含み損（簿価純資産超過額）がない

Yes　　　　　　　　　　　　　　　　　　　　No

合併法人が支配関係発生日の属する事業年度開始の日前から有していた資産の譲渡等をしたことによって発生した損失の額（特定資産譲渡等損失額）の全額が損金算入可 （法令123の9⑥・①一）	適用期間において、合併法人が支配関係発生日の属する事業年度開始の日前から有していた資産の譲渡等をしたことによって発生した損失の額（特定資産譲渡等損失額）のうち、含み損（簿価純資産超過額）から特定資産譲渡等損失相当額（注5）を控除した金額に達するまでの金額（古い年度から優先的に構成）が損金不算入（法令123の9⑥・①二）

（注1）　合併事業年度開始の日の5年前の日後に、法人を設立している場合には、その法人を介した租税回避が行われないように、一部のものについては、支配関係継続要件を満たさないものとする措置が講じられている（法令112④ニイ～ハ）。

（注2）　「適用期間」とは、合併事業年度開始の日から3年を経過する日（その日が支配関係発生日以後5年を経過する日の後になる場合には、その5年を経過する日）までの期間をいう（法法62の7①）。

（注3）　「みなし特定保有資産」（合併の日以前2年以内に行われた適格合併等により関連法人（合併法人及び被合併法人と支配関係がある法人で、当該適格合併等において被合併法人等であった法人）から合併法人に移転があった資産で、関連法人が合併法人及び被合併法人との間に支配関係が発生した日の属する事業年度開始の日前から有していたもの）を含む（法令123の8⑮・⑫）。

　　　この「適格合併等」とは、法人税法62条の7第1項の適格組織再編成等であり、具体的には、適格合併、非適格合併で法人税法61条の13第1項（完全支配関係法人間の譲渡等の損益の繰延べ）の適用を受けるもの、適格分割、適格現物出資、適格現物分配のうち、みなし共同事業要件を満たさないものである（法法62の7①）。

(注4)　「みなし特定保有資産」がある場合には、その「みなし特定保有資産」に関
　　　しては、関連法人と合併法人及び被合併法人との間に支配関係が発生した日
　　　の属する関連法人の事業年度の前事業年度終了の時において、関連法人の資
　　　産・負債を時価評価して含み損がなければ、その譲渡等による損失の額及び
　　　利益の額はないものとする（みなし特定保有資産に係る特定資産譲渡等損失
　　　額の損金不算入はないものとする）ことができる等の措置（法令123の9⑥・④・
　　　⑤・②・③）が講じられている。

(注5)　「特定資産譲渡等損失相当額」とは、法人税法施行令113条4項において準用
　　　する同条1項3号の適用を受けた同号ロの金額であり（法令123の9①二イ）、この
　　　金額は、合併法人において発生した資産の譲渡等による損失の額が合併法人
　　　の未処理欠損金額の繰越控除制限という形で損金算入制限の対象となったも
　　　のであって、合併法人の含み損のうち、この金額に相当する部分は、損金不算
　　　入とする必要がない。

　　　　なお、この「特定資産譲渡等損失相当額」に関しては、法人税法施行令123
　　　条の9第6項において準用する同条1項2号イの解釈について、《合併法人にお
　　　ける特定引継資産（被合併法人から引継ぎを受けた資産）に係る特定資産譲
　　　渡等損失額の損金不算入の概要》の【被合併法人の時価評価特例】の（注5）
　　　（54頁）で説明した問題と同じ問題が存在するため、この説明を参照された
　　　い。

　　ロ　制度の内容

　　　（イ）　特定資産譲渡等損失額が損金不算入となる適格合併等

　合併法人と被合併法人（合併法人との間に支配関係がある法人に限る。以
下、④において同じ。）との間で、特定適格組織再編成等（本章においては、
適格合併と法人税法61条の13第1項（完全支配関係がある法人の間の取引の
損益）の規定の適用がある非適格合併で、みなし共同事業要件を満たさない
ものをいう。）が行われた場合において、合併事業年度開始の日の5年前の日、
被合併法人の設立の日又は合併法人の設立の日のうち、最も遅い日から継続
して支配関係があるときに該当しないときは、特定資産の譲渡等損失額は、
損金不算入とされる（法法62の7①）。

　この損金不算入とされるものは、適用期間において生じた特定資産に係る
譲渡等損失額に限定されている。

　この適用期間とは、特定適格組織再編成等の日の属する事業年度開始の日
から同日以後3年を経過する日（その経過する日が、当該合併法人と被合併法

人との間に最後に支配関係があることとなった日以後5年を経過する日後となる場合には、支配関係があることとなった日からその5年を経過する日）までの期間となる。

なお、この規定の適用がある場合は、未処理欠損金額の引継制限や使用制限がある場合とほぼ同様となっている。

　　（ロ）　特定資産の範囲
　　　ⅰ　特定引継資産

合併においては、特定引継資産とは、合併法人が被合併法人から特定適格組織再編成等により移転を受けた資産で、被合併法人が合併法人との間に最後に支配関係があることとなった日の属する事業年度開始の日前から有していた資産のうち、一定の資産を除いたものということになる。

　　　ⅱ　特定保有資産

合併においては、特定保有資産とは、合併法人が被合併法人との間に最後に支配関係があることとなった日の属する事業年度開始の日前から有していた資産のうち、一定の資産を除いたものということになる。

　　　ⅲ　特定引継資産・特定保有資産とみなされる資産
　　　（ⅰ）　みなし特定引継資産

合併法人が被合併法人から特定適格組織再編成等により移転を受けた資産のうちに、特定適格組織再編成等の日以前2年以内の期間（支配関係発生日以後の期間に限る。以下、「前2年以内期間」という。）内に、関連法人（合併法人及び被合併法人の両方との間に支配関係がある法人をいう。）を被合併法人、分割法人、現物出資法人又は現物分配法人とする1又は2以上の特定適格組織再編成等（法人税法62条の7第1項の特定適格組織再編成等）により移転があった資産で、関連法人のいずれかが関連法人支配関係発生日（当該関連法人と当該合併法人及び被合併法人の両方との間に最後に支配関係があることとなった日をいう。以下、同じ。）前から有していた資産がある場合には、その資産は、被合併法人が支配関係発生日（当該被合併法人が当該合併法人との間に最後に支配関係を有することとなった日）前から有していたものとみなされ、特定引継資産に該当することになる（法令123の8⑫）。

　　　（ⅱ）　みなし特定保有資産

合併法人が特定適格組織再編成等の直前において有する資産のうちに、前2年以内期間内に行われた関連法人を被合併法人、分割法人、現物出資法人又

は現物分配法人とする1又は2以上の特定適格組織再編成等により移転があっ
た資産で、関連法人のいずれかが関連法人支配関係発生日前から有していた
資産がある場合には、その資産は、当該合併法人が支配関係発生日（当該合
併法人が当該被合併法人との間に最後に支配関係を有することとなった日）
前から有していたものとみなされ、特定保有資産に該当することになる（法
令123の8⑮・⑫）。

　　　　（ⅲ）　除外される資産
　次に掲げる資産については、上記（ⅰ）のみなし特定引継資産及び上記（ⅱ）
のみなし特定保有資産には該当しないこととされている。
　a　前2年以内期間に行われた適格組織再編成等で特定適格組織再編成等
　　に該当しないものにより移転があった資産
　b　前2年以内期間に行われた適格合併に該当しない合併により移転があ
　　った資産で譲渡損益調整資産以外のもの
　c　上記以外で次に掲げるもの
　　（a）　資産を法人税法施行規則27条の15第1項（特定資産に係る譲渡等損
　　　　失額の損金不算入）の規定で定める単位に区分した後のそれぞれの
　　　　資産の当該関連法人支配関係発生日の属する事業年度開始の日にお
　　　　ける帳簿価額又は取得価額が1000万円に満たない資産
　　（b）　当該関連法人支配関係発生日の属する事業年度開始の日以後に有
　　　　することとなった資産及び同日における価額が同日における帳簿価
　　　　額を下回っていない資産
　　　ⅳ　特定資産から除かれる資産
　上記のⅰの特定引継資産及びⅱの特定保有資産から除かれるものは、次の
資産とされている（法令123の8③・⑭）。
　（ⅰ）　棚卸資産（土地等を除く。）
　（ⅱ）　短期売買商品
　（ⅲ）　売買目的有価証券
　（ⅳ）　特定適格組織再編成等の日（特定保有資産の場合には、特定適格組
　　　　織再編成等の日の属する事業年度開始の日（法令123の8⑭））における帳
　　　　簿価額又は取得価額が1000万円に満たない資産
　（ⅴ）　支配関係発生日の属する事業年度開始の日以後に有することとなっ
　　　　た資産及び同日における価額が同日における帳簿価額を下回っていな

　い資産
（ⅵ）　適格合併に該当しない合併により移転を受けた資産で譲渡損益調整
　　　資産以外のもの
　上記（ⅴ）に掲げた資産について、特定資産から除くためには、資産の移転
を受けた法人の特定適格組織再編成等の日の属する事業年度の確定申告書、
修正申告書又は更正請求書に明細書の添付があり、かつ、財務省令で定める
書類を保存しなければならないこととされている（法令123の8③五）。
　上記（ⅴ）の適用を受けた資産については、特定引継資産又は特定保有資産
から除外されることから、その資産の譲渡等特定事由により利益が生じた場
合であっても同年の特定引継資産又は特定保有資産の譲渡等特定事由により
生じた損失額からその利益の額を控除することはできないこととなる。この
ため、適用に当たっては、将来、時価が帳簿価額を下回らないと見込まれる
のであれば、（ⅴ）の適用をしない方が法人にとって有利になることもあるた
め、十分な検討を行うことが必要である。

　　ハ　損金不算入額
　　（イ）　損金不算入額の計算
　損金不算入となる特定資産譲渡等損失額は、次の金額の合計額とされてい
る（法法62の7②）。
ⅰ　特定引継資産の譲渡、評価換え、除却等（以下、「譲渡等特定事由」と
　　いう。）による損失の額の合計額から特定引継資産の譲渡等特定事由に
　　よる利益の額の合計額を控除した金額
ⅱ　特定保有資産の譲渡等特定事由による損失の額の合計額から特定保有
　　資産の譲渡等特定事由による利益の額の合計額を控除した金額
　上記のとおり、特定引継資産又は特定保有資産の譲渡等特定事由により損
失が生じた場合であっても、同一事業年度内に特定引継資産又は特定保有資
産の譲渡等特定事由により生じた利益の額がその損失の額以上であれば、そ
の損失の額については制限がなく、損金の額に算入できる。
　ただし、特定引継資産の譲渡等特定事由による損益と、特定保有資産の譲
渡等特定事由による損益を通算することはできないこととされている。
　この損金不算入とされた金額については、申告調整において、社外流出項
目として処理されることとなる。

　(ロ)　譲渡等特定事由の範囲
　　　i　損失の額の発生の基因となる譲渡等特定事由に含まれるもの
　次のものは、損失の額の発生の基因となる譲渡等特定事由に含まれること
とされている（法令123の8⑤・⑮）。
（ i ）　法人税法施行令122条の3第1項の規定の適用により、事業年度終了
　　　時において有する外貨建資産等について、外国為替市場が著しく変動
　　　したことによりその外貨建取引をその事業年度終了時において行った
　　　ものとみなした場合のその外貨建取引（その評価換え後の帳簿価額が
　　　その直前の帳簿価額を下回ることとなるものに限る。）
（ ii ）　連結納税の開始等に伴う時価評価資産の益金又は損金算入規定の適
　　　用を受ける場合のその評価損の計上
（iii）　合併法人が譲渡損益調整資産に係る譲渡損失額につき、グループ法
　　　人間の譲渡損益の繰延べの規定の適用を受け、かつ、譲渡損益調整勘
　　　定の戻入れ事由が生じたこと
（iv）　資産調整勘定の金額を有する合併法人が、当該合併法人を被合併法
　　　人とする非適格合併を行った場合又は当該合併法人の残余財産が確定
　　　した場合において、その非適格合併の日の前日又はその残余財産の確
　　　定の日の属する事業年度においてその資産調整勘定の金額を減額すべ
　　　きこととなったこと（その減額すべき金額がその事業年度が合併の日
　　　の前日又は残余財産の確定の日の属する事業年度でなかったとした場
　　　合に、減額すべきこととなる金額に満たない場合を除く。）
　　　ii　損失の額の発生の基因となる譲渡等特定事由に含まれないも
　　　　の
　次のものは、損失の額の発生の基因となる譲渡等特定事由に含まれないこ
ととされている（法令123の8④・⑮）。
（ i ）　災害による資産の滅失又は損壊
（ ii ）　更生手続開始の決定があった場合において、会社更生法又は金融機
　　　関等の更生手続の特例等に関する法律に規定する更生会社又は更生協
　　　同組織金融機関の当該更生手続開始の決定時から当該更生手続開始の
　　　決定に係る更生手続終了時までの間に生じた資産の譲渡等特定事由
　　　（以下、「更生期間資産譲渡等」という。）

（ⅲ） 評価換対象資産（※1）につき行った評価換えで法人税法33条2項に規定する評価損の損金算入の規定の適用があるもの（※2）

（ⅳ） 再生手続開始の決定があった場合において、民事再生法に規定する再生債務者である合併法人の当該再生手続開始の決定時から当該再生手続開始の決定に係る再生手続終了時までの間に生じた資産の譲渡等特定事由（以下、「再生等期間資産譲渡等」という。）

（ⅴ） 減価償却資産（※3）の除却

（ⅵ） 譲渡損益調整資産の譲渡でグループ法人間の譲渡損益の繰延べの規定の適用があるもの

（ⅶ） 収用等による資産の譲渡又は換地処分等による資産の譲渡

（ⅷ） 転廃業助成金等に係る課税の特例に規定する法令の制定等があったことに伴い、その行う事業の廃止又は転換をしなければならないこととなった法人のその廃止又は転換をする事業の用に供していた資産の譲渡、除却その他の処分

（※1） 固定資産（土地等を除く。）又は繰延資産をいう。

（※2） 特定適格組織再編成等の日前にその評価損を計上できる事実が生じており、かつ、その事実によりその資産の価額が帳簿価額を下回っていることが明らかである場合には、その評価損の計上は譲渡等特定事由に含まれる。

（※3） その減価償却資産のその事業年度開始の日における帳簿価額が、特定適格組織再編成等に係る被合併法人の取得の日から特定適格組織再編成等の日の属する事業年度において採用している償却の方法により償却を行ったものとした場合に計算される帳簿価額に相当する金額のおおむね2倍を超える場合におけるその減価償却資産を除く。

ⅲ 利益の額の発生の基因となる譲渡等特定事由に含まれるもの

次のものは、利益の額の発生の基因となる譲渡等特定事由に含まれることとされている（法令123の8⑨・⑮）。

（ⅰ） 法人税法施行令122条の3第1項の規定の適用により、事業年度終了時において有する外貨建資産等について、外国為替市場が著しく変動したことによりその外貨建取引をその事業年度終了時において行ったものとみなした場合のその外貨建取引（その評価換え後の帳簿価額がその直前の帳簿価額を超えることとなるものに限る。）

（ⅱ）　連結納税の開始等に伴う時価評価資産の益金又は損金算入規定の適用を受ける場合のその評価益の計上
（ⅲ）　合併法人が譲渡損益調整資産に係る譲渡利益額につき、グループ法人間の譲渡損益の繰延べの規定の適用を受け、かつ、譲渡損益調整勘定の戻入れ事由が生じたこと
（ⅳ）　特定資産の収用等による譲渡等により設けられた圧縮特別勘定の金額が連結納税の開始等により益金の額に算入されること

　　　　ⅳ　利益の額の発生の基因となる譲渡等特定事由に含まれないもの

次のものは、利益の額の発生の基因となる譲渡等特定事由に含まれないこととされている（法令123の8⑧・⑮）。
（ⅰ）　更生期間資産譲渡等
（ⅱ）　再生等期間資産譲渡等
（ⅲ）　交換の場合の圧縮記帳の適用を受けた譲渡資産の交換による譲渡
（ⅳ）　譲渡損益調整資産の譲渡でグループ法人間の譲渡損益の計上の繰延べの規定の適用があるもの

　　（ハ）　損失の額の算定方法
特定資産譲渡等損失額の損金不算入規定における損失の額とは、次の区分に応じたそれぞれの金額をいう（法令123の8⑥・⑮）。
　ⅰ　譲渡その他の移転による損失
　　その譲渡等の直前の帳簿価額がその譲渡等の対価の額を超える場合のその超える部分の金額
　ⅱ　資産の評価換えによる損失
　　その評価換え等の直前の帳簿価額がその評価換え等の直後の帳簿価額を超える場合におけるその超える部分の金額

　　（ニ）　利益の額の算定方法
特定資産譲渡等損失額の損金不算入規定における利益の額とは、次の区分に応じたそれぞれの金額をいう（法令123の8⑩・⑮）。
　ⅰ　譲渡その他の移転による利益
　　その譲渡等の対価の額がその譲渡等の直前の帳簿価額を超える場合のその超える部分の金額
　ⅱ　資産の評価換えによる利益
　　その評価換え等の直後の帳簿価額がその評価換え等の直前の帳簿価額を超える場合におけるその超える部分の金額

　　ニ　資産・負債の時価評価を行う場合の損金不算入の特例
　　（イ）　特定引継資産に係るもの
　特定資産譲渡等損失額の計算に当たり、合併法人が被合併法人の支配関係
事業年度の前事業年度終了の時に有する資産・負債の時価評価を行う場合に
は、《合併法人における**特定引継資産（被合併法人から引継ぎを受けた資産）
に係る特定資産譲渡等損失額の損金不算入の概要**》の【**被合併法人の時価評
価特例**】（53頁）に記載したとおり、その時価評価の状況に応じて、特定引継
資産に係る譲渡等損失額を計算することができるものとされている（法令123
の9①）。
　この特例の適用を受けるためには、合併法人の特定適格組織再編成等の日
の属する事業年度の確定申告書、修正申告書又は更正請求書に明細書の添付
があり、かつ、時価純資産価額の算定の基礎となる事項を記載した書類その
他の財務省令で定める書類を保存しなければならないこととされている（法
令123の9②）。
　　（ロ）　特定保有資産に係るもの
　特定資産譲渡等損失額の計算に当たり、合併法人が自己の支配関係事業年
度の前事業年度終了時に有する資産・負債の時価評価を行う場合には、その
時価評価の状況に応じて、特定保有資産に係る譲渡等損失額を計算すること
ができるものとされている（法令123の9⑥・①）。
　その取扱いは、上記（イ）の場合と同様で、《合併法人における**特定保有資産
（合併法人が保有していた資産）に係る特定資産譲渡等損失額の損金不算入
の概要**》の【**合併法人の時価評価特例**】（56頁）に記載したとおりである。

3　非適格合併の取扱い

　被合併法人が非適格合併により合併法人に資産・負債の移転をした場合に
は、その被合併法人は、その資産・負債を合併の時の価額により譲渡したも
のとして、被合併法人の最後事業年度（被合併法人の合併の日の前日の属す
る事業年度をいう。）の所得の金額を計算することとされている（法法62）。
　この場合、被合併法人（資本又は出資を有しないものを除く。）は、合併法
人から合併法人株式等を合併時の価額により取得し、直ちにその合併法人株
式等を被合併法人の株主に交付したものとすることとされている。
　（1）　資産・負債の時価譲渡
　非適格合併の場合には、被合併法人は、資産・負債の譲渡利益額又は譲渡

損失額を計上して最後事業年度の益金の額又は損金の額に算入しなければならないが、この譲渡利益額とは譲渡対価の額が譲渡原価の額を超える場合のその超える部分の金額とされており、譲渡損失額とは譲渡原価の額が譲渡対価の額を超える場合のその超える部分の金額とされている。

　非適格合併の場合の被合併法人における資産・負債の譲渡利益額又は譲渡損失額を計算する場合の譲渡対価の額とは、合併により合併法人が交付する合併法人株式等の価額となる。

　合併をする場合、通常、評価の専門家が合併法人及び被合併法人の価値を適正に評価した上で合併比率を算定し、被合併法人の株式1株に対する合併法人株式の割当数が決まるため、合併法人株式等の価額は、その専門家の算定書等により確認することができる[注21]。

　非適格合併の場合の被合併法人における資産・負債の譲渡利益額又は譲渡損失額を計算する場合の譲渡原価の額とは、移転する資産・負債の簿価純資産価額（資産の帳簿価額の合計額から負債の帳簿価額の合計額を減算した金額）となる。

　最後事業年度の未納法人税等（法人税、地方法人税及び道府県民税・市民税）は、譲渡原価の額に含まれることとなるが、最後事業年度の未払事業税は、合併の時点では債務が確定しないため、譲渡原価の額には含まれない。

(2)　合併法人における資産調整勘定・負債調整勘定等の計上

　非適格合併において、合併法人が合併対価として交付した資産の価額の合計額（以下、(2)において「合併対価額」という。）と被合併法人から移転を受けた資産・負債の時価純資産価額（以下、(2)において「移転時価純資産価額」という。）に差額がある場合には、合併法人に、資産調整勘定の金額、資産等超過差額、退職給与負債調整勘定の金額、短期重要負債調整勘定の金額や差額負債調整勘定の金額が生ずることとなる（法法62の8）。

（注21）　事業価値の評価に当たって、事業の含み益に対する税の負担額を控除するべきか否かということが話題となることがあるが、いずれの時期に実際にこの税の負担が生ずるのかという時期の問題はあるにしても、含み益に対して税が課されることとなることは自明のことであって、第三者間では、事業の含み益の額のみを考慮して税の負担額を考慮せずに事業価値が認識されるということは考えにくいことであり、適正な事業価値ということになると、この税の負担額を考慮するのが原則と考えてよいものと思われる。
　　また、適格合併となるのか、あるいは、非適格合併となるのかにより、被合併法人や合併法人において税負担額が違ってくることから、被合併法人の事業価値は、これらの税負担の相違まで考慮した価額とすることとなるものと考えられる。

　資産調整勘定の金額とは、合併対価額が移転時価純資産価額を超える場合のその超える部分の金額のうちの資産等超過差額に相当する金額以外の金額とされており、5年間で均等に損金の額に算入されることとなる。

　資産等超過差額とは、合併対価額の交付時価額が約定時価額の2倍を超えることとなる事態が生じた場合のその超える部分の金額等と、実質的に被合併法人の欠損金相当額と認められる金額とされており、損金の額に算入することは認められていない（法令123の10④、法規27の16）。

　退職給与負債調整勘定の金額とは、従業者の退職給付引当金の額に相当する金額とされており、非適格合併の後、当該従業者に退職給与を支給する場合に順次減額して益金の額に算入することとなる。

　短期重要負債調整勘定の金額とは、非適格合併からおおむね3年以内に履行することが見込まれる債務で事業利益に重大な影響を与えるものに相当する金額とされており、非適格合併の後、当該債務に係る損失が生じたり3年が経過したりしたときに損金の額に算入することとなる。

　差額負債調整勘定の金額とは、合併対価額が移転純資産価額に満たない場合のその満たない部分の金額が、退職給与負債調整勘定の金額と短期重要負債調整勘定の金額の合計額を超える場合におけるその超える部分の金額とされており、5年間で均等に益金の額に算入されることとなる。

(3)　合併法人の資本の部の金額の取扱い

　非適格合併の場合、合併法人は、資産・負債を時価で取得し、その対価として合併法人株式等を交付することとなるが、合併法人において増加させる資本金等の額は、被合併法人の株主に交付した合併法人株式等の価額の合計額となる。

　合併法人が保有する被合併法人株式がある場合又は被合併法人が保有する合併法人株式がある場合には、非適格合併によって増加する資本金等の額は、次の場合の区分に応じ、それぞれに記載した金額となる。

　i　合併法人が保有する被合併法人株式がある場合

$$増加資本金等の額 = \begin{pmatrix} 被合併法人の株主等に \\ 交付した新株等の価額 \\ の合計額 \end{pmatrix} - \begin{pmatrix} 被合併法人株式の合 \\ 併直前の帳簿価額 + み \\ なし配当額 \end{pmatrix}$$

　合併法人が有する抱合株式（被合併法人株式）については、非適格合併の

場合でも、譲渡利益額又は譲渡損失額は生じないが、みなし配当は計上することとなる。この処理を仕訳で示すと、次のとおりとなる。

資本金等の額　×××　　　被合併法人株式　×××
　　　　　　　　　　　　みなし配当　　　×××

ii　被合併法人が保有する合併法人株式がある場合

$$増加資本金等の額 = 交付した新株等の価額 \begin{array}{c} 被合併法人の株主等に \\ の合計額 \end{array} - \begin{array}{c} 合併法人株式の価額 \\ （※） \end{array}$$

（※）合併法人と被合併法人との間に、完全支配関係がある場合において、合併法人株式が譲渡損益調整資産に該当するときは、その被合併法人の合併直前の合併法人株式の帳簿価額とする。

(4)　完全支配関係法人間の非適格合併の取扱い

完全支配関係法人間で行われる非適格合併においては、被合併法人が譲渡損益調整資産を有する場合の取扱いと合併法人が被合併法人株式（抱合株式）を有する場合の取扱いが問題となることが多い。

①　被合併法人が譲渡損益調整資産を有する場合の取扱い

イ　被合併法人の処理（譲渡損益調整資産の譲渡損益の繰延べ）

被合併法人が非適格合併によりその有する譲渡損益調整資産を完全支配関係がある合併法人に移転した場合には、その譲渡損益調整資産に係る譲渡利益額又は譲渡損失額に相当する金額は、被合併法人の最後事業年度の損金の額又は益金の額に算入される。つまり、被合併法人においては、その譲渡損益調整資産を合併直前の帳簿価額で譲渡した場合と同じ結果となるわけである[注22]。

ロ　合併法人の処理

非適格合併により合併法人が移転を受けた上記イの譲渡損益調整資産につ

（注22）　本来は、被合併法人において譲渡損益調整勘定を計上してその譲渡損益勘定を資産・負債と同じように引き継ぐこととするのが適当と考えられるが、法令の規定はそのようにはなっておらず、被合併法人においては、譲渡損益調整勘定を計上し、取り崩しが行われないまま、被合併法人の最後事業年度が終了することとなっている。

　いては、通常の取得価額から上記イにおける譲渡利益額に相当する金額を減
算し又は譲渡損失額に相当する金額を加算した金額（合併直前の被合併法人
における帳簿価額）をもって、取得価額とみなすこととされている（法法61の
13⑦、法令32③・54④・119①二十六）。

　この場合、その譲渡損益調整資産の時価と帳簿価額との差額相当額につい
ては、合併法人の自らの利益積立金額を減少させ又は増加させて調整を行う
こととなる(注23)。

　なお、非適格合併により譲渡損益調整資産が合併法人に移転する場合には、
事実上、その譲渡損益調整資産は帳簿価額で移転することとなり、その譲渡
損益調整資産の含み損益が合併に引き継がれることになるため、適格合併と
同様に、合併法人の未処理欠損金額の使用制限と特定資産譲渡等損失額の損
金不算入の規定が適用されることとなる(注24)。

　②　合併法人が被合併法人株式（抱合株式）を有する場合の取扱い

　完全支配関係法人間で非適格合併が行われた場合に、合併法人が被合併法
人株式（抱合株式）を有するときは、合併法人においては、その抱合株式の
譲渡損益は計上しないこととなり、合併により増加する資本金等の額から、
抱合株式の合併直前の帳簿価額とその抱合株式に対する配当とみなされる金
額を減算することとなる。

（注23）　本来は、時価で譲渡損益調整資産を計上した上で、被合併法人において計上した
　　　譲渡損益調整勘定について、相手勘定を利益積立金額としてそのまま引き継がせること
　　　とするのが適当と考えられるが、法令の規定はそのようにはなっておらず、その本来は
　　　譲渡損益調整勘定を計上すべき部分に譲渡損益調整資産の帳簿価額を計上して譲渡損益
　　　調整資産の帳簿価額の貸借価額を相殺することにより、合併法人における譲渡損益調整
　　　資産の帳簿価額を被合併法人における帳簿価額と同額とし、その相殺に用いた譲渡損益
　　　調整資産の帳簿価額の相手勘定を利益積立金額とすることとされている。
　　　　つまり、譲渡損益調整資産の取引を時価による取引とした上で、被合併法人において
　　　計上させた譲渡損益調整勘定を合併法人に引き継がせる処理をすれば、被合併法人と合
　　　併法人の処理の整合性が図られることとなるにもかかわらず、被合併法人では譲渡損益
　　　調整資産を時価で譲渡して譲渡損益調整勘定を計上するという処理をさせながら、合併
　　　法人においては、譲渡損益調整資産を一旦時価で取得する処理を行いながら直ちにその
　　　取得価額を増減させ、その帳簿価額を被合併法人における帳簿価額に修正するという処
　　　理を行わせることとなっているわけである。この譲渡損益調整資産の取引自体は、時価
　　　によって行われているわけであり、合併法人においてこの譲渡損益調整資産の帳簿価額
　　　を時価としない処理を行わせることの正当性を理論的に説明することは困難である。
（注24）　非適格合併の場合には、被合併法人の未処理欠損金額が合併法人に引き継がれる
　　　ことがないため、被合併法人の未処理欠損金額の引継制限の問題は生じない。

4 被合併法人の法人株主の取扱い

合併においては、被合併法人の株主(注25)に、被合併法人株式の譲渡の処理をどのように行うのかという問題とみなし配当を計上するのか否かという問題とが生ずることとなる。

合併においては、被合併法人が全ての資産・負債を合併法人に移転して解散することから、被合併法人の株主においては、被合併法人株式が消滅するが、その代りに合併法人株式等の交付を受けることとなる。

この被合併法人の株主の状態は、被合併法人株式を譲渡し、対価として合併法人株式等を取得した状態と見ることができるため、法人税法においては、合併における被合併法人の株主は、原則として、被合併法人株式を譲渡したものとして取り扱うこととなっている。つまり、合併における被合併法人の株主は、合併に際し、原則として、被合併法人株式の譲渡利益額又は譲渡損失額を計上することになるわけである。

しかし、合併によって被合併法人株式が消滅しその対価として合併法人株式等の交付を受けるという行為は、その実態に眼を向けると、通常の株式の売却と全く同じとは言えず、被合併法人の株主は、合併により、被合併法人株式の対価として合併法人株式等の交付を受けているとしても、被合併法人に投資を行っていた状態が実質的に続いていると見ることができるケースがあるはずである。

そのようなケースがどのようなケースであるのかということを考えてみると、合併によって被合併法人株式の対価として合併法人株式のみが交付されるケースということになるものと考えられる。

このような事情から、合併における被合併法人の株主に関しては、合併法人株式のみの交付を受ける場合には、従前の投資が実質的に継続しているものと見て、被合併法人株式の譲渡利益額又は譲渡損失額の計上を繰り延べるものとされている。

いわゆる株主適格の場合には、このような処理が理論的にも正しく、実態にも合っている、ということになるものと考えられる。

(注25) 以下、4においては、「株主」は法人であるものとして解説を行っている。

　また、配当に関しては、投資の継続という観点からその計上の要否を判断することができるものではないため、そのような観点から計上の要否を判断することとはされておらず、被合併法人が利益積立金額を減少させて株主に利益の分配を行ったと見ることができるのか否かという観点から、その計上の要否を判断するものとされている。すなわち、被合併法人と合併法人との間で、被合併法人の利益積立金額が合併法人に引き継がれたという処理をする適格合併の場合には、被合併法人の株主に利益の分配が行われたとする処理は行わず、被合併法人の利益積立金額が合併法人に引き継がれたという処理をしない非適格合併の場合には、被合併法人の株主に利益の分配が行われたとする処理をすることとされている。被合併法人の利益積立金額が合併法人に引き継がれない場合には、合併時に、被合併法人の株主において配当を受けたものとするということでなければ、被合併法人がその株主に利益積立金額を減少させて合併対価を交付したという処理を行いながらその株主は利益の配当を受け取らなかったという処理をせざるを得ず、また、将来、被合併法人が稼得した利益に相当する金額の受益があったときに利益の配当が行われたものとする処理を行い得なくなってしまうこととともならざるを得ないわけであり、法人の処理と株主の処理とが理論的に説明できないものとなってしまうわけである。

　なお、上記の被合併法人株式の譲渡の処理と配当（みなし配当）の処理は、後者の処理を先に行い、前者の処理を後で行うものとされているため、被合併法人に利益積立金額があれば配当が生じ、その配当の額だけ被合併法人株式の譲渡対価の額が少なくなることとなる。

(1)　非適格合併におけるみなし配当の取扱い

　既に述べたとおり、非適格合併においては、被合併法人の株主にみなし配当が生ずることとなる[(注26)]。

（注26）　平成29年度改正により、被合併法人の少数株主に合併対価として金銭等を交付する合併が適格合併となることとなったが、このような合併についても、適格合併である限り、被合併法人の利益積立金額が少数株主に分配されたという処理がなされるわけではなく、被合併法人の少数株主にみなし配当が生ずることはない（法法24①一）。

　なお、このような合併においては、被合併法人の少数株主は、被合併法人株式を帳簿価額によって譲渡したとする処理は行い得ず、被合併法人株式の含み益又は含み損を譲渡利益額又は譲渡損失額として計上することとなる（法法61の2①）。

このみなし配当の具体的な処理は、次の①から④までに述べるとおりである。

①　**非適格合併における被合併法人の処理**

非適格合併の場合の被合併法人の処理例を仕訳の形態で示すと、次のようになる。

ⅰ　非適格合併による資産・負債の移転の処理

　　負債　　　　　　　×××　／　資産　　　　　　　×××
　　合併法人株式等　　×××

ⅱ　解散による払込資本と留保利益の株主への交付の処理

　　資本金等の額　　×××　／　合併法人株式等　×××
　　利益積立金額　　×××

非適格合併の場合には、被合併法人が合併法人に資産・負債の移転を行ったことにより、その含み益又は含み損が譲渡利益額又は譲渡損失額となり、それが被合併法人の利益積立金額を増加させ又は減少させることとなる。

そして、資本金等の額とともにその増加し又は減少した金額を含む利益積立金額が合併法人株式等という形で、被合併法人の株主に交付される。

②　**みなし配当の額の計算**

みなし配当の額は、次のとおり、株主が交付を受ける合併対価の額が被合併法人の資本金等の額を超える場合におけるその超える部分の金額となる。

みなし配当の金額＝A－B

A：株主が合併により交付を受ける合併対価の額（時価）

B：被合併法人の資本金等の額で株主が有していた旧株に対応する部分の金額＝a×（b／c）

　　a：被合併法人の最後事業年度終了時の資本金等の額

　　b：株主が合併の直前に有していた被合併法人の株式の数

　　c：被合併法人の最後事業年度終了時の発行済株式（自己株式を除く。）の総数

このように、みなし配当の額とされるのは、上記①において示した仕訳における利益積立金額の減少額のうち、株主が合併の直前に有していた被合併法人株式に対応する部分の金額となるわけである。

なお、上記の計算式は、被合併法人が種類株式を発行している場合であっ

ても、特に異なる取扱いとはなっていない。

③　受取配当等の益金不算入

被合併法人の株主のみなし配当については、受取配当等の益金不算入の規定の適用を受けることができる。

みなし配当の支払の効力が生ずる日の前日において、株主と被合併法人との間に完全支配関係があれば、そのみなし配当の額については、株式の保有期間とは関係なく、負債利子を控除せず、その全額を益金不算入とすることができる（法令22の2①括弧書き）。

④　源泉所得税等

みなし配当課税が行われる場合には、みなし配当の額の20%の源泉所得税とその源泉所得税の額の2.1%の復興特別所得税の額の合計額（以下「源泉所得税等」という。）が課される。

合併法人が合併対価として合併法人株式以外の資産（交付金銭等）を交付する場合には、合併法人は、その交付金銭等から源泉所得税等に相当する金額を控除して預り金とし、その預り金を源泉所得税等として納付することとなる。

しかし、合併対価が合併法人株式のみである場合には、そのような処理をすることは容易ではなく、また、被合併法人の株主が多数存在するときには、株主から源泉所得税等に相当する金銭を別途預かって源泉所得税等の納付に充てる、という処理をすることも、現実には、難しい。

このため、被合併法人の株主が多数存在する場合の合併においては、合併対価として源泉所得税等に相当する金銭を交付し、これを合併法人が預り金として源泉所得税等の納付に充てるということが多く行われるものと考えられる。

もっとも、このような処理を行う場合には、金銭等交付合併（非適格合併）となるため、被合併法人の株主は、被合併法人株式の譲渡利益額又は譲渡損失額の計上が必要となる。

税務調査等で、適格合併として申告を行っていたものが非適格合併であると認定された場合には、当然のことながら、被合併法人における資産・負債の合併法人への移転は、時価による譲渡とされて課税を受けることとなり、同時に、被合併法人の株主へのみなし配当に対する源泉所得税等の課税もれが生ずる可能性があることとなる。このため、実務においては、被合併法人の株主の課税関係にも影響が及ぶ可能性があることについても、十分に検討

を行っておく必要がある。

　また、非適格合併において、みなし配当課税が生ずることとなる場合に、被合併法人の株主から源泉所得税等相当額の金銭の徴収を失念していたときには、被合併法人の株主に対してその金銭の額に相当する合併対価が交付されたものとされて、被合併法人の株主に株式の譲渡益課税が行われないとも限らないため、みなし配当課税が生ずることとなる場合には、このようなリスクも考慮しておく必要がある。

(2)　被合併法人株式の譲渡の取扱い

　被合併法人の株主は、原則として、被合併法人株式の譲渡を行ったものとして、その含み益又は含み損を譲渡利益額又は譲渡損失額として益金の額又は損金の額に算入することとなる。

　ただし、合併対価が合併法人株式のみである場合には、特例として、被合併法人株式を帳簿価額により譲渡したものとされ、その譲渡利益額又は譲渡損失額の計上は、繰り延べられる。

　非適格合併であっても、合併法人株式以外の資産が交付されない場合には、被合併法人株式を帳簿価額により譲渡したこととされ、その譲渡利益額又は譲渡損失額は計上されないこととなる。

　なお、次に掲げるものは、上記の「合併法人株式以外の資産」から除かれており、これらを被合併法人の株主に交付しても、被合併法人株式の譲渡利益額又は譲渡損失額を計上することとはならない。

　ⅰ　剰余金の配当等として交付される金銭等
　ⅱ　合併に反対する株主に対するその買取請求に基づく対価として交付される金銭等
　ⅲ　合併に際して、被合併法人の株主に交付すべき合併法人株式に1株未満の端数が生じた場合に、その1株未満の株式の合計額に相当する数の株式を他に譲渡し又は買い取った代金として交付される金銭[注27]

（注27）　法人税基本通達1-4-2（合併等に際し1株未満の株式の譲渡代金を被合併法人等の株主等に交付した場合の適格合併等の判定）においては、このⅲに掲げるものが交付されても、合併法人株式が交付されたものと捉えられることから、合併対価要件を満たすこととなるとされているが、被合併法人の株主においても、同様に、「合併法人株式以外の資産」が交付されたものとされることとはならない。
　　ただし、被合併法人の株主においては、合併法人株式の1株未満の端数に相当する被合併法人株式については、その譲渡利益額又は譲渡損失額を計上することとなる。

① 合併法人株式以外の資産が交付される場合の取扱い（原則：株主非適格）

被合併法人の株主は、合併対価に合併法人株式以外の資産が含まれる場合には、次の計算式により算出された被合併法人株式の譲渡利益額又は譲渡損失額を計上して益金の額又は損金の額に算入することとなる（法法61の2①）。

被合併法人株式の譲渡利益額又は譲渡損失額
＝譲渡対価の額（※1）－譲渡原価の額（※2）
（※1）合併法人株式等の時価－みなし配当の額
（※2）被合併法人株式の帳簿価額

被合併法人の株主に合併対価として合併法人株式と他の資産とが交付される場合には、被合併法人の株主においては、合併法人株式の取得価額を時価とすることになる（法令119①二十七）。

② 合併法人株式のみが交付される場合の取扱い（特例：株主適格）

被合併法人の株主は、合併対価が合併法人株式のみである場合には、被合併法人株式を帳簿価額により譲渡したものとすることとされている（法法61の2②）。

このため、被合併法人の株主は、合併法人株式の取得価額を被合併法人株式の帳簿価額とすることとなり、被合併法人株式の譲渡利益額及び譲渡損失額は計上されずに繰り延べられることとなる。

ただし、非適格合併の場合には、みなし配当の額とされる部分を被合併法人の株式の帳簿価額に加算して合併法人株式の取得価額（その取得のために要した費用がある場合には、その費用の額を加算した金額）とすることとされている（法令119①五括弧書き）。

③ 完全支配関係法人間の非適格合併における株主の被合併法人株式の譲渡の取扱いに関する留意点

被合併法人の株主における被合併法人株式の譲渡利益額又は譲渡損失額は、本来、益金の額又は損金の額に算入しなければならないわけであるが、平成22年度改正において、被合併法人の株主が、完全支配関係にある他の内国法人を被合併法人とする非適格合併により金銭等の交付を受けた場合には、被合併法人株式を帳簿価額によって譲渡したものとすることとされた（法

法61の2⑯）。

　これにより、被合併法人の株主に合併対価として合併法人株式以外の資産が交付される場合であっても、その株主と被合併法人との間に完全支配関係があるときは、被合併法人株式の譲渡利益額又は譲渡損失額は計上されないこととなっている。

　なお、交付を受けた合併対価と被合併法人株式の帳簿価額との差額で、被合併法人株式の譲渡利益額又は譲渡損失額に相当する部分の金額は、資本金等の額の増加額又は減少額として処理するものとされている[注28]。

附記　消費税の取扱い

　消費税法は、会社法と同様の観点に立ち、合併について、被合併法人から合併法人に包括的に資産及び負債が承継されるものと捉え、この包括承継は、合併が適格か非適格かということとは関係なく、消費税が課税される資産の譲渡等には当たらない、としている。

　また、消費税法は、被合併法人の株主における被合併法人株式の消滅と合併法人株式の取得に関しても、有価証券の譲渡が行われたものとするわけではない。

　このように、消費税においては、合併を行っても合併法人と被合併法人には課税関係が生ずることはない。

　ただし、合併法人の合併事業年度における消費税の納税義務の有無の判定は、基準期間に対応する期間の被合併法人の課税売上高も考慮して行うこととされており、合併法人の基準期間の課税売上高と被合併法人の当該期間の課税売上高のいずれかが1000万円を超える場合には、納税義務が免除されないこととなっている（消法11①）。

　合併事業年度の翌事業年度及び翌々事業年度の合併法人の納税義務の判定

[注28]　このように、完全支配関係法人間で行われる非適格合併などのみなし配当事由によって株式の譲渡の処理を行う場合に、株式の譲渡損失額や譲渡利益額を計上させずに資本金等の額を減少させたり増加させたりする取扱いは、平成22年度改正によって設けられたものであるが、この取扱いは、理論的に疑問があると言わざるを得ない。詳細に関しては、第2編第2章「5　みなし配当事由による株式の譲渡における譲渡損益の不計上」（322頁）の解説を参照されたい。

は、合併法人の基準期間における課税売上高と基準期間に対応する期間の被合併法人の課税売上高を合計して行うこととされており、この合計額が1000万円を超える場合には、納税義務が免除されないこととなる（消法11②・④）。

　また、被合併法人が提出した簡易課税制度選択届出書の効力は、合併法人には引き継がれないこととなっているため、合併法人が簡易課税制度の適用を受けようとする場合には、新たに簡易課税制度選択届出書を提出する必要があるが、簡易課税制度を選択していた被合併法人の事業を合併法人が承継した場合には、合併事業年度中に簡易課税制度選択届出書を提出することで簡易課税制度の適用を受けることができることとされている（消令56①三）。合併法人が簡易課税制度を選択できるのか否かは、合併法人の基準期間における課税売上高によって判定することとなるが、基準期間がない場合には、被合併法人から大規模な事業を承継している場合であっても簡易課税制度を選択することができる。

第2章　分　割

1　概　要

法人税法においては、法人の「分割」を部分合併という性格を有する「分割型分割」と現物出資に類似する「分社型分割」とに分けて捉えることとしている。

分割型分割も分社型分割も、分割法人から資産等が分割承継法人に移転することに変わりはないが、分割型分割においては、分割法人の株主が分割承継法人株式等の交付を受けることとなり、分社型分割においては、分割法人が分割承継法人株式等の交付を受けることとなる。

分割型分割については、合併と同様に、基本的には、次のような取引から成るものと構成した上で課税関係を定めている、と考えてよい。

　i　分割法人から分割承継法人に一部の資産等[注29]が移転する

　ii　分割承継法人から分割法人に分割承継法人株式等が交付される

　iii　分割法人から分割法人の株主に分割承継法人株式等が交付される

分社型分割においては、現物出資と同様に、基本的には、分割法人が分割承継法人に一部の資産等を移転し、分割承継法人が分割法人に分割承継法人株式等を交付するものと捉えて課税関係を定めていると考えてよい。

法人税法においては、分割により、分割法人が資産等を分割承継法人に移転した場合には、原則として、通常の譲渡と同様に、分割法人から分割承継法人に分割時の時価によって資産等の譲渡があったものとして取り扱われる。この原則の取扱いの対象となる分割は、「非適格分割」と呼ばれる。

このように、分割は、原則として「非適格分割」として取り扱われることとなるわけであるが、その分割の前後で分割により移転する資産等に対する支配が継続していると判断してよい一定の要件を満たす場合には、分割法人から分割承継法人に分割時の帳簿価額によって資産等を引き継いだり譲渡したりしたものとして取り扱うことにより、それらの譲渡損益の計上を繰り延

（注29）　分割においては、資産と負債が移転するものもあれば、資産だけが移転するものもあるため、本章においては、分割によって移転するものは、「資産」又は「資産・負債」と表示するのが適切であるという事情がある場合を除き、「資産等」と表示するものとする。

べる等の特例が設けられている。この特例の取扱いの対象となる分割は、「適格分割」と定義されている。

　分割型分割は、部分合併という性格を有するものであることから、合併と同じ考え方により、適格分割に該当する場合（「適格分割型分割」の場合）には、分割法人から分割承継法人に資産等を引き継ぐものとされており、分社型分割は、現物出資に類似するものであることから、現物出資と同じ考え方により、適格分割に該当する場合（「適格分社型分割」の場合）には、分割法人から分割承継法人に資産等を帳簿価額によって譲渡するものとされている(注30)。

　非適格分割型分割においては、分割法人の資本の部の資本金等の額と利益積立金額の一部について、分割法人の株主に分割承継法人株式等を交付することにより、払戻しと分配が行われるものとされている。

　適格分割型分割においては、分割法人の資本の部の資本金等の額と利益積立金額の一部について、分割法人の資産等とともに、いずれも同額で分割承継法人に引き継がれた状態となり(注31)、分割法人の株主が投資先を分割法人

（注30）　分割型分割も分社型分割も同じく「適格分割」でありながら、何故、適格分割型分割においては資産等の引継ぎとされ、適格分社型分割においては資産等の簿価譲渡とされるのか、という疑問が湧いてくることがあるものと思われる。この疑問は、適格合併における資産・負債の取扱いと適格現物出資における資産等の取扱いとが何故違うのかというものでもあるわけであるが、このような異なる取扱いとしたのは、両者の性質の違いによる。

　　　合併と分割も、法人による移転資産に対する支配が継続していると言えるのか否かということによって「適格」か否かということが判定されるわけであるが、「適格」と判定された合併と分割型分割については、法人の株主の段階から法人の段階までの事業の全体について、その全部又は一部をそのまま動かすものと評価してよいものであり、資産・負債だけではなく株主の出資の状況を示す資本の部の金額まで含めてそれらの全部又は一部をそのまま移転させる処理を行うのが適切であると考えられるため、そのような譲渡損益を計上すること自体がそもそも必要ではない移転を示す用語が必要となり、それに最もふさわしいと考えられる「引継ぎ」という用語を用いることとし、他方、「適格」と判定された現物出資と分社型分割は、法人が資産等を手放して対価として株式等を受け取るということになるものであるため「譲渡」という枠組みは変えられないものの、その資産等をそのまま移転させる処理のみを行うのが適切であると考えられるため、その移転を「簿価譲渡（帳簿価額による譲渡）」としたものである。

（注31）　平成22年度改正により、適格分割型分割において、分割法人から分割承継法人に引き継がれるものが利益積立金額から資本金等の額に変更されているが、この変更の改正が正しくないことに関しては、第1章2(2)①イ　被合併法人の処理の基本的な考え方」（31頁）において述べたとおりである。

から分割法人と分割承継法人の二つの法人に変更しただけであるとされている。

　非適格分社型分割においては、分割法人の資本の部の金額は何ら変わることはなく、分割承継法人において、移転資産等の時価に相当する資本金等の額が増加するのみとなる。

　適格分社型分割においても、分割法人の資本の部の金額は何ら変わることはなく、分割承継法人において、移転資産等の帳簿価額に相当する資本金等の額が増加するのみとなる。

　分割型分割においては、分割法人の株主の取扱いも問題となるが、この分割法人の株主に関しては、合併における被合併法人の株主と同様に、法人段階における非適格又は適格という基準とは別に金銭等の交付を受けたのか否かという基準が設けられており、金銭等の交付を受けた場合には、分割法人株式に生じた含み損益のうちの移転資産等に対応する部分の金額を譲渡損益として計上するが、金銭等の交付を受けなかった場合には、その譲渡損益の計上を繰り延べることとされている(注32)。

　また、非適格分割型分割においては、分割法人の株主にみなし配当が生ずることとなる。

　この非適格分割型分割における分割法人の株主のみなし配当に関しては、基本的には、非適格合併における被合併法人の株主のみなし配当と同様であるため、合併に関して記述した第1章「1　概要」(11頁) の解説を参照されたい。

2　分割型分割と分社型分割

　法人税法における分割型分割と分社型分割は、次のように、それぞれ分割対価があるものとないものとに分けて定義されている (法法2十二の九・十二の十)。

　i　分割型分割
　　(i)　分割により分割法人が交付を受ける分割対価資産 (分割により分

（注32）　分割においても、合併の場合と同様に、この基準により、分割法人株式の譲渡損益の計上を行うものを「株主非適格」と呼び、分割法人株式の譲渡損益の計上を繰り延べるものを「株主適格」と呼ぶことがある。

割承継法人によって交付される分割承継法人の株式（出資を含む。以下同じ。）その他の資産をいう。以下同じ。）の全てが分割の日において分割法人の株主等に交付される場合又は分割により分割対価資産の全てが分割法人の株主等に直接に交付される場合のこれらの分割

（ⅱ）　分割対価資産がない分割（以下、「無対価分割」という。）で、その分割の直前において、分割承継法人が分割法人の発行済株式等の全部を保有している場合又は分割法人が分割承継法人の株式を保有していない場合の当該無対価分割

ⅱ　分社型分割

（ⅰ）　分割により分割法人が交付を受ける分割対価資産が当該分割の日において当該分割法人の株主等に交付されない場合の当該分割（無対価分割を除く。）

（ⅱ）　無対価分割で、その分割の直前において分割法人が分割承継法人の株式を保有している場合（分割承継法人が分割法人の発行済株式等の全部を保有している場合を除く。）の当該無対価分割

3　適格分割の取扱い

(1)　適格分割の定義

　法人税法においては、適格分割を分割法人と分割承継法人の関係に着目して次の三つに区分した上で、それぞれについて要件を定めている（法法2十二の十一イ～ハ）。

ⅰ　完全支配関係法人間の適格分割
ⅱ　支配関係法人間の適格分割
ⅲ　共同事業を行うための適格分割

①　完全支配関係法人間の適格分割

　完全支配関係法人間の適格分割とは、次のいずれかの分割で、適格要件を満たすものとされている（法法2十二の十一イ）。

ⅰ　分割法人と分割承継法人との間にいずれか一方の法人による完全支配関係（当事者間の完全支配関係）がある場合の分割

ⅱ　分割法人と分割承継法人との間に同一の者による完全支配関係（同一者による完全支配関係）がある場合の分割

イ　適格要件

　完全支配関係法人間の適格分割とは、次の二つの要件のいずれをも満たす分割とされている。

（イ）　分割対価要件（金銭等不交付要件）

（ロ）　完全支配関係継続要件

ロ　各適格要件の内容

（イ）　分割対価要件（金銭等不交付要件）

　分割対価要件は、分割法人の株主等に分割承継法人株式以外のものが交付されないことを求めるものである（法法2十二の十一）。

　この分割対価要件に関しては、完全支配関係法人間の適格分割、支配関係法人間の適格分割及び共同事業を行うための適格分割という、適格分割の全体に共通する要件として定められており、この分割対価要件を満たさなければ、どのように、完全支配関係法人間の適格分割、支配関係法人間の適格分割及び共同事業を行うための適格分割の各要件を満たすということであったとしても、適格分割となることはない、という点に留意する必要がある。

　この分割対価要件に関しては、例外があり、一定の資産に関しては、分割法人の株主に交付していたとしても、分割対価要件を満たすものとされるが、この一定の資産とは、第1章2(1)①ロ「（イ）　合併対価要件」（14頁）において記載したⅰからⅳまでの資産のうちのⅳの資産を除いたものと同じものとなっている。

　なお、第1章2(1)①ロ「（イ）　合併対価要件」において記載した租税回避等の懸念と同様のものがある点にも留意する必要がある。

（ロ）　完全支配関係継続要件

　完全支配関係継続要件は、当事者間の完全支配関係又は同一の者による完全支配関係がある場合に、次のⅰ又はⅱに掲げる場合の区分に応じ、それぞれに記載した関係があることを求めるものである（法令4の3⑥）。

ⅰ　当事者間の完全支配関係がある場合（分割前（単独新設分割の場合には、分割後）に当事者間の完全支配関係がある場合）

　　次の（ⅰ）から（ⅳ）までに掲げる分割に応じ、それぞれに記載した関係

〔吸収分割〕

（ⅰ）　吸収分割型分割のうち、分割前に、分割承継法人と分割法人との間に分割承継法人による完全支配関係があるもの：当該完全支配関

係

…この関係は、親法人が100％子法人から資産等の移転を受ける吸
収分割型分割におけるもので、適格現物分配における被現物分配
法人と現物分配法人の関係と同じものであり、当該吸収分割型分
割後に分割承継法人と分割法人との間の関係がどのようなものと
なるのかということは問われていない。

(ⅱ)　吸収分割（上記(ⅰ)に掲げる吸収分割型分割を除く。）のうち、分
割前に、分割法人と分割承継法人との間にいずれか一方の法人によ
る完全支配関係があるもの：分割後に、当該分割法人と分割承継法
人との間に当該いずれか一方の法人による完全支配関係が継続する
ことが見込まれている場合における当該分割法人と分割承継法人と
の間の関係

…分割前に当事者間の完全支配関係がある場合の吸収分割に関して
は、(ⅰ)に掲げる分割型分割を除き、この関係があるのか否かと
いうことで完全支配関係継続要件を満たすのか否かということが
判定されることとなる。

　　「いずれか一方の法人による完全支配関係」に関しては、分割
の前後で完全支配関係が逆転しないことが求められている。

〔新設分割〕

(ⅲ)　単独新設分割のうち、分割後に、分割法人と分割承継法人との間
に当該分割法人による完全支配関係があるもの（すなわち、分割法
人が単独で分社型分割によって完全子法人を新設するもの）：分割
後に、当該完全支配関係が継続すること（当該単独新設分割後に当
該分割承継法人を完全子法人とする適格株式分配を行うことが見込
まれている場合には、当該単独新設分割の時から当該適格株式分配
の直前の時まで当該完全支配関係が継続すること）が見込まれてい
る場合における当該分割法人と分割承継法人との間の関係

…分社型分割によって単独で親法人が完全子法人を設立する場合に
は、その親法人による完全支配関係が分割後に継続することが見
込まれている場合にのみ、完全支配関係継続要件を満たすものと
判定されることとなる。

　　ただし、平成29年度改正により、スピンオフ（事業の一部を独
立させて別会社とすること）を非課税で行い得るようにするため

の措置として単独新設分割型分割に新たな適格分割が設けられ、これに伴って、一旦、単独新設分社型分割又は単独新設現物出資を行って完全子法人を設立し、その後、当該完全子法人株式を適格株式分配によって分割法人又は現物出資法人の株主に交付するものが新たな適格分割と同じ効果があるとして、非課税で行い得るようにするべく、単独新設分社型分割と単独新設現物出資の適格の要件の内の完全支配関係継続要件に、措置が講じられた。この単独新設分社型分割に講じられた措置が上記の「（当該単独新設分割後に当該分割承継法人を完全子法人とする適格株式分配を行うことが見込まれている場合には、当該単独新設分割の時から当該適格株式分配の直前の時まで当該完全支配関係が継続すること。）」という括弧書きである。この括弧書きにより、分割法人が完全子法人株式を継続保有する期間が短縮され、単独新設分社型分割の後に適格株式分配が行われて子法人株式を継続保有することがない場合にも、当該単独新設分社型分割が完全支配関係継続要件を満たして適格分割となり得るようになった。

　　この平成29年度改正によるスピンオフを非課税で行い得るようにする措置の概要等に関しては、「④　独立事業を行うための適格分割」（95頁）の説明を参照されたい。

(iv)　複数新設分割のうち、分割前に、分割法人と他の分割法人との間にいずれか一方の法人による完全支配関係があるもの：次に掲げる場合の区分に応じ、それぞれに記載した要件を満たすことが見込まれている場合における、当該分割法人及び他の分割法人と分割承継法人との間の関係

　　イ　他方の法人（当該分割法人及び他の分割法人のうち、完全支配をする法人以外の法人をいう。）が法人税法62条の6第2項第1号に掲げる法人（当該分割により交付を受けた分割対価資産の全部をその株主に交付した法人）である場合：分割後に、当該完全支配をする法人と当該分割承継法人との間に当該完全支配をする法人による完全支配関係が継続すること

　　ロ　イに掲げる場合以外の場合：分割後に、他方の法人（当該分割法人及び他の分割法人のうち、完全支配をする法人以外の法人をいう。）と当該分割承継法人との間に当該完全支配をする法人に

　　　　　よる完全支配関係が継続すること

　　　…複数新設分割は、利用例が極めて少ないものと思われるが、他
　　　　方の法人（完全支配をする法人以外の法人）が法人税法62条の
　　　　6第2項第1号に掲げる法人（当該分割により交付を受けた分割
　　　　対価資産の全部をその株主に交付した法人）に該当するのか否
　　　　かということにより、完全支配関係継続要件を満たすのか否か
　　　　という判定の基準が異なっている点に留意する必要がある。

ⅱ　同一の者による完全支配関係がある場合（分割前（単独新設分割の場
　　合には、分割後）に分割法人と分割承継法人との間に同一の者による完
　　全支配関係がある場合）

　　　次の（ⅰ）から（ⅳ）までに掲げる分割に応じ、それぞれに記載した関係

　〔吸収分割〕

　（ⅰ）　吸収分割型分割のうち、分割前に、分割法人と分割承継法人との
　　　　間に同一の者による完全支配関係があるもの：分割後に、当該同一
　　　　の者と分割承継法人との間に当該同一の者による完全支配関係が継
　　　　続することが見込まれている場合における当該分割法人と分割承継
　　　　法人との間の関係

　　　…この関係に関しては、分割後に、当該同一の者と分割法人との間
　　　　に当該同一の者による完全支配関係が継続することが見込まれて
　　　　いる必要がないという点に留意する必要がある（注33）。つまり、他

（注33）　平成29年度改正により、分割型分割において、分割後に、同一の者と分割法人と
　　の間の関係の継続を求めないこととされたわけであるが、その理由は、次のような考え
　　方によるものと考えられる。
　　　「移転資産に対する支配の継続という観点では分割型分割に係る分割法人との間の関
　　係の継続を求める理由に乏しい」（財務省『平成29年度　税制改正の解説』334頁（注3））
　　　この説明は、組織再編成税制において、「法人による移転資産に対する支配の継続」が
　　あるのか否かという判断が必要となるのは、企業グループの頂点の者ではなく、資産を
　　移転した元の法人（分割法人）である、ということを理解していないものとなっている
　　（同一の者と分割法人との間に完全支配関係がなくなれば、資産を移転した元の法人（分
　　割法人）とその資産との関係は完全に無くなってしまう。）。
　　　この改正の問題点に関しては、第2編第4章1(1)③「「法人による移転資産に対する支配
　　の継続」の「支配」と完全支配関係・支配関係の「支配」とは同じ用語でもそれが用い
　　られる場面と内容が異なること」（362頁）において述べるとおりである。
　　　しかし、納税者としては、この改正は、適格分割型分割の要件を緩和するものである
　　ことから、歓迎すべきものであり、大いに活用してよいものである。

　　に譲渡等をする予定の資産等を分割法人に残し、他に譲渡等をし
　　ない予定の資産等を分割承継法人に分割で移転しても、当該同一
　　の者と当該分割承継法人との間に当該同一の者による完全支配関
　　係が継続することが見込まれていれば、完全支配関係継続要件を
　　満たす、ということである。

（ⅱ）　吸収分割（（ⅰ）に掲げる分割型分割を除く。）のうち、分割前に、
　　分割法人と分割承継法人との間に同一の者による完全支配関係があ
　　るもの：分割後に、当該分割法人と分割承継法人との間に当該同一
　　の者による完全支配関係が継続することが見込まれている場合にお
　　ける当該分割法人と分割承継法人との間の関係

　　　…分社型分割の場合には、分割型分割の場合とは異なり、分割後に、
　　　当該同一の者による完全支配関係が継続することが見込まれてい
　　　るという要件が分割法人と分割承継法人のいずれにも求められて
　　　いるという点に留意する必要がある。

〔新設分割〕

（ⅲ）　単独新設分割のうち、分割後に、分割法人と分割承継法人との間
　　に同一の者による完全支配関係があるもの：次に掲げる場合の区分
　　に応じ、それぞれに記載した要件を満たすことが見込まれている場
　　合における当該分割法人と分割承継法人との間の関係

　　イ　単独新設分割が分割型分割に該当する場合：分割後に、当該同
　　　一の者と当該分割承継法人との間に当該同一の者による完全支配
　　　関係が継続すること

　　ロ　上記イに掲げる場合以外の場合：分割後に、当該分割法人と分
　　　割承継法人との間に当該同一の者による完全支配関係が継続する
　　　こと

　　　…上記（ⅰ）と同様に、分割型分割の場合には、分社型分割とは異
　　　なり、当該同一の者と分割法人との間に当該同一の者による完
　　　全支配関係が継続することが見込まれている必要がないという
　　　点に留意する必要がある。上記イの単独新設分割型分割は、個
　　　人株主が法人の発行済株式の100％を保有している場合に、そ
　　　の法人が事業の一部を他に譲渡したり、その法人の事業を兄弟

　　で分けたりするというときに、他に譲渡する事業や他の兄弟に
　　分ける事業を分割法人に残す単独新設分割型分割を行って当該
　　分割法人の株式を他に譲渡したり他の兄弟に分けたりするとい
　　うことにすれば、低率の申告分離課税で済んだり負債を残すこ
　　とで譲渡利益額を圧縮したりすることができることから、法人
　　の事業の一部を他に譲渡したり法人の事業を兄弟で分けたりす
　　るケースで多く利用されることになるものと思われる。

（ⅳ）　複数新設分割のうち、分割前に、分割法人と他の分割法人との間
　　　に同一の者による完全支配関係があるもの：分割後に、当該分割法
　　　人及び他の分割法人並びに分割承継法人と当該同一の者との間に当
　　　該同一の者による完全支配関係が継続することが見込まれている場
　　　合における、当該分割法人及び他の分割法人と当該分割承継法人と
　　　の間の関係
　　　…複数新設分割の場合には、当該分割法人、当該他の分割法人及び
　　　　当該分割承継法人の全てについて、当該同一の者による完全支配
　　　　関係が継続することが見込まれていなければならないという点に
　　　　留意する必要がある。

　　ハ　無対価分割
　完全支配関係がある法人間で行われる無対価分割のうち、適格分割とされ
るものは、吸収分割のみで、株式の保有割合が100％の親子法人間で行われる
分割又は同一の者により直接に100％の株式を保有されている子法人同士の
分割に限られる。
　これらについては、対価の交付がなくとも、対価の交付が省略されたと考
えることができるという理由により、限定的に適格分割とされている。
　具体的には、無対価分割が完全支配関係法人間の適格分割とされるのは、
次のいずれかの場合である。
　ⅰ　吸収分割型分割において、分割前に、分割承継法人が分割法人の発行
　　済株式等の全部を保有する関係がある場合（法令4の3⑥一イ括弧書き）
　ⅱ　吸収分社型分割において、分割前に、分割法人が分割承継法人の発行
　　済株式等の全部を保有する関係があり、かつ、分割後に、分割法人が分
　　割承継法人の発行済株式の全部を保有する関係が継続することが見込ま

れている場合（法令4の3⑥一ロ括弧書き）

iii　吸収分割型分割において、分割前に、分割法人と分割承継法人との間に同一の者による完全支配関係と次に掲げるいずれかの関係とがあって、かつ、分割後に、当該同一の者と分割承継法人との間に当該同一の者による完全支配関係が継続することが見込まれている場合（法令4の3⑥二イ括弧書き）

（ⅰ）　分割承継法人が分割法人の発行済株式等の全部を保有する関係

（ⅱ）　一の者が分割法人及び分割承継法人の発行済株式等の全部を保有する関係

（ⅲ）　分割承継法人及び当該分割承継法人の発行済株式等の全部を保有する者が分割法人の発行済株式等の全部を保有する関係

iv　吸収分社型分割において、分割前に、分割法人と分割承継法人との間に同一の者による完全支配関係と分割法人が分割承継法人の発行済株式等の全部を保有する関係とがあって、かつ、分割後に、当該分割法人と分割承継法人との間に当該同一の者による完全支配関係が継続することが見込まれている場合（法令4の3⑥二ロ括弧書き）

　　　上記iii（ⅱ）の「一の者」は、一人の個人又は法人であって、同族関係者の範囲に規定する親族等の特殊の関係のある個人を含まず、従業員持株会等に発行済株式を保有されている場合等も、上記iii（ⅱ）に該当しない点に留意する必要がある。

②　支配関係法人間の適格分割

支配関係法人間の適格分割とは、次のいずれかの分割で、適格要件を満たすものとされている（法法2二の十一ロ、法令4の3⑦）。

i　分割法人と分割承継法人との間にいずれか一方の法人による支配関係（当事者間の支配関係）がある場合の分割

ii　分割法人と分割承継法人との間に同一の者による支配関係（同一者による支配関係）がある場合の分割

　イ　適格要件

支配関係法人間の適格分割となるためには、次の五つの要件の全てに該当する必要がある。

（イ）　分割対価要件（金銭等不交付要件）

（ロ）　支配関係継続要件

（ハ）　主要資産負債引継要件

（ニ）　従業者引継要件

（ホ）　事業継続要件

　　ロ　各適格要件の内容

　　（イ）　分割対価要件（金銭等不交付要件）

　分割対価要件は、分割に際して分割承継法人株式以外のものが交付されないことを求めるものである。

　具体的な内容は、前述の完全支配関係がある場合の適格要件における分割対価要件と同様であるため、①ロ「（イ）　分割対価要件（金銭等不交付要件）」（81頁）の説明を参照されたい。

　　（ロ）　支配関係継続要件

　支配関係継続要件は、当事者間の支配関係又は同一の者による支配関係がある場合に、次のi又はiiに掲げる場合の区分に応じ、それぞれに記載した関係があることを求めるものである（法令4の3⑦）。

　「支配関係」は、50％超の資本関係を有する関係であり、「完全支配関係」を包含する概念であることから、分割前に資本関係を有する者が分割後に100％の資本関係となり「完全支配関係」を有することになった場合であっても、分割前の「支配関係」が継続しているものと判定される。また、分割前に同一の者による「完全支配関係」がある場合で、分割後にその同一の者が分割法人株式や分割承継法人株式の一部を譲渡し、「支配関係」となる場合も、分割の前後で「支配関係」が継続していることになる。

　なお、次のi又はiiの中のそれぞれの関係の内容等に関しては、上記①ロ「（ロ）　完全支配関係継続要件」（81頁）のi又はiiの中のそれぞれの関係に関する説明を参照されたい。

　i　当事者間の支配関係がある場合（分割前（単独新設分割の場合には、分割後）に当事者間の支配関係がある場合）

　　　次の（i）から（iv）までに掲げる分割に応じ、それぞれに記載した関係

〔吸収分割〕

（i）　吸収分割型分割のうち、分割前に、分割法人と分割承継法人との間に分割承継法人による支配関係があるもの：当該支配関係

（ⅱ）　吸収分割（上記（ⅰ）に掲げる分割型分割を除く。）のうち、分割前に、分割法人と分割承継法人との間にいずれか一方の法人による支配関係があるもの：分割後に、当該分割法人と分割承継法人との間に当該いずれか一方の法人による支配関係が継続することが見込まれている場合における当該分割法人と分割承継法人との間の関係

〔新設分割〕

（ⅲ）　単独新設分割のうち、分割後に、分割法人と分割承継法人との間に当該分割法人による支配関係があるもの：分割後に、当該支配関係が継続することが見込まれている場合における当該分割法人と分割承継法人との間の関係

（ⅳ）　複数新設分割のうち、分割前に、分割法人と他の分割法人との間にいずれか一方の法人による支配関係があるもの：次に掲げる場合の区分に応じ、それぞれに記載した要件を満たすことが見込まれている場合における当該分割法人及び他の分割法人と分割承継法人との間の関係

　　イ　他方の法人（当該分割法人及び他の分割法人のうち、支配をする法人以外の法人をいう。）が法人税法62条の6第2項1号に掲げる法人（当該分割による交付を受けた分割対価資産の全部をその株主に交付した法人）である場合：分割後に、当該支配をする法人と当該分割承継法人との間に当該支配をする法人による支配関係が継続すること

　　ロ　イに掲げる場合以外の場合：分割後に、他方の法人（当該分割法人及び他の分割法人のうち、支配をする法人以外の法人をいう。）と当該分割承継法人との間に当該支配をする法人による支配関係が継続すること

ⅱ　同一の者による支配関係がある場合（分割前（単独新設分割の場合には、分割後）に分割法人と分割承継法人との間に同一の者による支配関係がある場合）

　　次の（ⅰ）から（ⅳ）までに掲げる分割に応じ、それぞれに記載した関係

〔吸収分割〕

（ⅰ）　吸収分割型分割のうち、分割前に、分割法人と分割承継法人との間に同一の者による支配関係があるもの：分割後に、当該同一の者

と当該分割承継法人との間に当該同一の者による支配関係が継続することが見込まれている場合における当該分割法人と分割承継法人との間の関係

（ⅱ）　吸収分割（（ⅰ）に掲げる分割型分割を除く。）のうち、分割前に、分割法人と分割承継法人との間に同一の者による支配関係が継続することが見込まれている場合における当該分割法人と分割承継法人との間の関係

〔新設分割〕

（ⅲ）　単独新設分割のうち、分割後に、分割法人と分割承継法人との間に同一の者による支配関係があるもの：次に掲げる場合の区分に応じ、それぞれに記載した要件を満たすことが見込まれている場合における当該分割法人と分割承継法人との間の関係

　　イ　単独新設分割が分割型分割に該当する場合：分割後に、当該同一の者と当該分割承継法人との間に当該同一の者による支配関係が継続すること

　　ロ　上記イに掲げる場合以外の場合：分割後に、当該分割法人と分割承継法人との間に当該同一の者による支配関係が継続すること

（ⅳ）　複数新設分割のうち、分割前に、分割法人と他の分割法人との間に同一の者による支配関係があるもの：分割後に、当該分割法人及び他の分割法人並びに分割承継法人と当該同一の者との間に当該同一の者による支配関係が継続することが見込まれている場合における、当該分割法人及び他の分割法人と当該分割承継法人との間の関係

（ハ）　主要資産負債引継要件

　主要資産負債引継要件は、分割事業（分割法人の分割前に行う事業(注34)のうち、分割により分割承継法人において行われることとなる事業をいう。以下同じ。）に係る主要な資産・負債が分割承継法人に移転していることを求めるものである（法法22の十一ロ(1)）。

　この主要資産負債引継要件は、分割事業に係る主要な資産・負債の全てを移転しているのか否かということではなく、分割事業を継続するに足る資

―――――――――――――

(注34)　この事業は、主要な事業である必要はない。

産・負債を移転しているのか否かということを判定することとなる。

（ニ）　従業者引継要件

従業者引継要件は、分割直前の分割事業に係る従業者の総数のおおむね80％以上に相当する数の者が、分割後に分割承継法人の業務に引き続き従事することが見込まれていることを求めるものである（法法2十二の十一ロ(2)）。

この従業者引継要件は、次の事業継続要件とともに、分割によって事業の態様が大きく異なることとならないのかということを判断するものである。

この「従業者」の範囲に関しては、第1章2(1)②イ「（ハ）　従業者引継要件」（19頁）に記載したとおりである。

（ホ）　事業継続要件

事業継続要件は、分割に係る分割事業が分割後に分割承継法人において引き続き行われることが見込まれていることを求めるものである（法法2十二の十一ロ(3)）。

完全支配関係法人間の分割は、事業移転を伴わない分割についても適格要件を満たせば適格となるが、支配関係法人間の分割は、分割法人の事業が分割承継法人において継続して引き続き行われることが見込まれていなければ適格とはならない。

例えば、分割前に分割法人が分割承継法人の所有する不動産を賃貸する事業を行っていた場合に、分割により、その不動産賃貸事業を分割承継法人に移転したときは、分割後はその不動産賃貸業が消滅するため、事業継続要件を満たさないこととなる。

ハ　無対価分割

支配関係法人間の無対価分割に関しては、分割時には発行済株式の全部を保有する関係があるが、無対価分割後に保有株式の売却等により発行済株式の一部を保有しなくなることが見込まれているという場合にも、無対価分割後に支配関係があることが見込まれていれば支配関係法人間の適格分割の要件を満たすものとする、という観点から適格要件が定められている。

具体的には、無対価分割については、次のいずれかの場合に限り、支配関係法人間の適格分割となるものとされている。ただし、ここで判定をするものは、完全支配関係法人間の適格分割とならなかったものであり、また、主要な資産・負債の移転等の他の適格要件を満たさなければ適格分割とはならないことに留意する必要がある。

i　吸収分割型分割において、分割前に、分割承継法人及び当該分割承継法人の発行済株式等の全部を保有する者が分割法人の発行済株式等の全部を保有する関係がある場合（法令4の3⑦一イ括弧書き）

ii　吸収分割において、分割前に、分割法人が分割承継法人の発行済株式等の全部を保有する関係があり、かつ、分割後に、当該分割法人と分割承継法人との間にいずれか一方の法人による支配関係が継続することが見込まれている場合（法令4の3⑦一ロ括弧書き）

iii　吸収分割型分割において、分割前に、分割法人と分割承継法人との間における同一の者による支配関係と次に掲げるいずれかの関係とがあって、かつ、分割後に、当該同一の者と分割承継法人との間に当該同一の者による支配関係が継続することが見込まれている場合（法令4の3⑦二・⑥二イ括弧書き）

（ⅰ）　分割承継法人が分割法人の発行済株式等の全部を保有する関係

（ⅱ）　一の者が分割法人及び分割承継法人の発行済株式等の全部を保有する関係

（ⅲ）　分割承継法人及び当該分割承継法人の発行済株式等の全部を保有する者が分割法人の発行済株式等の全部を保有する関係

iv　吸収分割において、分割前に、分割法人と分割承継法人との間に同一の者による支配関係と分割法人が分割承継法人の発行済株式等の全部を保有する関係とがあって、かつ、分割後に、当該分割法人と分割承継法人との間に当該同一の者による支配関係が継続することが見込まれている場合（法令4の3⑦二・⑥二ロ括弧書き）

なお、上記のⅲ（ⅱ）の「一の者」については、上記①「ハ　無対価分割」（86頁）において述べたとおりである。

　③　共同事業を行うための適格分割

　共同事業を行うための適格分割とは、分割法人と分割承継法人とが共同で事業を行うための分割とされる適格要件を満たす分割とされている（法法二十二の十一ハ）。

　　イ　適格要件

　共同事業を行うための適格分割とは、次の（イ）から（ト）までの全ての要件を満たす分割とされている。

　ただし、分割型分割で分割の直前に分割法人の全てについて他の者との間

に当該他の者による支配関係がないものについては、(ト)株式継続保有要件
は課されない。

(イ)　分割対価要件（金銭等不交付要件）

(ロ)　事業関連性要件

(ハ)　事業規模要件又は特定役員引継要件

(ニ)　主要資産負債引継要件

(ホ)　従業者引継要件

(ヘ)　事業継続要件

(ト)　株式継続保有要件

ロ　各適格要件の内容

(イ)　分割対価要件（金銭等不交付要件）

分割対価要件は、分割法人の株主に分割承継法人株式以外のものが交付さ
れないことを求めるものである。

具体的な内容は、前述の完全支配関係法人間の適格分割における分割対価
要件と同様であるため、①ロ「(イ)　分割対価要件（金銭等不交付要件）」(81
頁)の説明を参照されたい。

(ロ)　事業関連性要件

事業関連性要件は、分割法人の分割事業と分割承継法人の分割承継事業(分
割承継法人が分割前に行う事業(注35)のうちのいずれかの事業をいい、複数新
設分割の場合には、他の分割法人の分割事業をいう。以下同じ。)とが相互に
関連するものであることを求めるものである（法令4の3⑧一）。

分割により分割承継法人に移転する事業（分割事業）と分割承継法人が分
割前に行う事業（分割承継事業）のいずれかとが相互に関連するものであれ
ば、この要件を満たすこととなる。

なお、共同事業を行うための適格分割の事業関連性要件の内容は、基本的
には、共同事業を行うための適格合併の事業関連性要件の内容と同様である
ため、第1章2(1)③ロ「(ロ)　事業関連性要件」(23頁)の説明を参照された
い。

(ハ)　事業規模要件又は特定役員引継要件

分割が共同事業を行うための適格分割となるためには、事業規模要件又は

(注35)　この事業についても、分割事業と同様に、主要な事業である必要はない。

特定役員引継要件のいずれかを満たす必要がある（法令4の3⑧二）。

　分割事業と分割承継事業の事業規模が大きく異なる分割については、共同で事業を行うためではなく、事業規模の大きい法人が小さい法人の事業を買収するために行われたと見るのが実態に合っていると考えられることから、分割が共同で事業を行うものか否かということを事業規模の観点から判定する目的で、事業規模要件が設けられている。

　一方で、特定役員引継要件を満たせば、事業規模が大きく異なっていたとしても、経営権の観点から見て、共同で事業を行うために分割を行ったと言い得ると考えられるため、事業規模要件を満たさないものを救済する代替要件として、特定役員引継要件が定められている。

ｉ　事業規模要件

　事業規模要件は、分割事業と分割承継事業の規模の割合がおおむね5倍を超えないものとなっていることを求めるものである。

　この判定は、売上金額、従業者の数、これらに準ずるもののいずれかにより行うこととされている。

　なお、共同事業を行うための適格分割の事業規模要件の内容は、基本的には、共同事業を行うための適格合併の事業規模要件の内容と同様であるため、第1章2(1)③ロ(ハ)「ｉ　事業規模要件」（26頁）の説明を参照されたい。

ⅱ　特定役員引継要件

　特定役員引継要件は、分割前の分割法人の役員等（役員、及び特定役員に準ずる者で法人の経営に従事している者をいう。）のいずれかと分割承継法人の特定役員のいずれかとが、分割後に分割承継法人の特定役員となることが見込まれていることを求めるものである。

　分割承継法人の特定役員となる分割法人の役員は、分割法人の特定役員である必要はなく、単なる取締役であっても、分割承継法人の特定役員に就任することが見込まれていれば、この要件を満たすこととなる。

　なお、共同事業を行うための適格分割の特定役員引継要件の内容は、基本的には、共同事業を行うための適格合併の特定役員引継要件の内容と同様であるため、第1章2(1)③ロ(ハ)「ⅱ　特定役員引継要件」（26頁）の説明を参照されたい。

（ニ）　主要資産負債引継要件、従業者引継要件及び事業継続要件

　主要資産負債引継要件、従業者引継要件及び事業継続要件（法令4の3⑧三〜

五) は、上記の支配関係法人間の適格分割における「(ハ)　主要資産負債引継
要件」(90頁)、「(ニ)　従業者引継要件」(91頁) 及び「(ホ)　事業継続要件」
(91頁) と同様である。

(ホ)　株式継続保有要件

　株式継続保有要件は、平成29年度改正により、その内容が変更されて、分
割の直前に分割法人のいずれかに支配株主が存在する場合にのみ適用される
要件(注36)となっている (法令4の3⑧六)。

　分割によって支配株主に交付される分割承継法人株式の全部が支配株主
(分割型分割の場合) 又は分割法人 (分社型分割の場合) により継続して保
有されることが見込まれているものは、この株式継続保有要件を満たすこと
となる。

　分割後に、分割によって支配株主に交付された分割承継法人株式が移転す
ることが見込まれているとしても、その移転が支配株主間で行われる場合に
は、この株式継続保有要件を満たすこととなる。

　この株式継続保有要件は、分割により取得した分割承継法人株式に関する
要件であり、分割法人株式に関しては、このような要件は設けられていない。

ハ　無対価分割

　共同事業を行うための適格分割となり得る無対価分割は、分割法人の全て
が資本又は出資を有しない法人である分割型分割に限ることとされている。

　なお、改めて言うまでもないが、共同事業を行うための適格分割となるの
は、他の適格要件も満たす分割のみである。

④　独立事業を行うための適格分割

　平成29年度改正により、単独新設分割型分割の中に、独立して事業を行う
ための分割という適格分割が設けられている (法法2二の十一二)。

　以下、この新たな適格分割を「独立事業を行うための適格分割」と呼ぶこ
ととする。

　平成29年度改正においては、組織再編成税制の中でスピンオフ (事業の一

(注36)　共同事業を行うための適格分割となるのは、分割の前後で完全支配関係や支配関
　　係にないという法人間の分割がほとんどであり、分割前は完全支配関係や支配関係があ
　　るが分割後には支配関係がなくなるというケースはまれであるため、平成29年度改正は、
　　共同事業を行うための適格分割における株式継続保有要件を廃止したに等しいと言って
　　も過言ではない。

部を独立させて別会社とすること）に課税を行わないようにする措置が講じられた。

　この措置は、支配株主がいない法人のスピンオフを非課税で行い得るようにするためのもので、単独新設分割型分割を「適格」とする取扱いを基本型とした三つの措置で構成されている。

　この支配株主がいない法人の単独新設分割型分割を「適格」とする取扱いは、アメリカの組織再編成税制におけるスピンオフの特例の取扱いと同じ取扱いを我が国の組織再編成税制にも入れるべきであるという要望に対応し、アメリカの組織再編成税制におけるスピンオフの特例の取扱いのうち、支配株主がいない場合のスピンオフの取扱い(注37)について、「適格」としたものと捉えてよい。

　他の二つの措置は、支配株主がいない法人の単独新設分割型分割と同様の効果があると考えられる二つを「適格」とするものであり、一つは、「株式分配」という新たな組織再編成を設けて株式分配によるスピンオフのその株式分配を「適格」とするもの（第4章「3　株式分配」（149頁））、そして、もう一つは、単独新設分社型分割又は単独新設現物出資によって完全子法人を作った後に適格株式分配によってスピンオフを行うものについてその単独新設分社型分割又は単独新設現物出資における株式継続保有要件を緩和して「適格」とするもの（①ロ(ロ) i 〔新設分割〕（iii）（82頁））である。

　なお、この新たな独立事業を行うための適格分割に存在する課題に関しては、第2編第4章1「(1)　支配株主がいない法人の単独新設分割型分割を「適格」とすることは組織再編成税制の理論では説明できない【立法の課題】」（359頁）の記述を参照されたい。

　　イ　適格要件
　単独新設分割型分割が独立事業を行うための適格分割となるのは、次の掲

（注37）　アメリカの組織再編成税制におけるスピンオフの特例の取扱いのうち、支配株主がいる法人の単独新設分割型分割については、既に、我が国の組織再編成税制の中のグループ内の適格組織再編成によっておおむね対応済みという状態となっている。もちろん、これは、我が国の組織再編成税制がアメリカの組織再編成税制と同じ考え方で創られているということを意味するわけではなく、結果的に、アメリカの組織再編成税制におけるスピンオフの特例の取扱いのうちの一部が我が国の組織再編成税制において「適格」とされて両者が同じような取扱いになっていた、ということである。

げる要件の全てを満たす場合である。

（イ）　非支配継続要件

（ロ）　特定役員引継要件

（ハ）　主要資産負債引継要件

（ニ）　従業者引継要件

（ホ）　事業継続要件

　　　ロ　各適格要件の内容

　　　（イ）　非支配継続要件

非支配継続要件とは、分割前に他の者が分割法人を支配する関係がなく、かつ、分割後に他の者が分割承継法人を支配する関係があることとなることが見込まれていないことを求めるものである（法令4の3⑨一）。

　この「他の者」に関しては、その者が個人である場合には、親族等を含むとともに、一定の組合契約を結んでいる他の者も含むものとされている。

　　　（ロ）　特定役員引継要件

特定役員引継要件は、分割法人の役員又は重要な使用人が分割承継法人の特定役員となることが見込まれていることを求めるものである（法令4の3⑨二）。

　この「重要な使用人」とは、分割法人の分割事業に係る業務に従事している使用人でなければならず、役員に該当しない“工場長”などがこれに該当することとなる。

　　　（ハ）　主要資産負債引継要件、従業者引継要件及び事業継続要件

主要資産負債引継要件、従業者引継要件及び事業継続要件（法令4の3⑨三～五）は、既述の支配関係法人間の適格分割における「（ハ）　主要資産負債引継要件」（90頁）、「（ニ）　従業者引継要件」（91頁）及び「（ホ）　事業継続要件」（91頁）と同様である。

　　　ハ　無対価分割

独立事業を行うための適格分割の要件を定める法人税法施行令4条の3第9項には、他の適格分割の要件の規定とは異なり、無対価分割に関する定めが置かれていないが、このように、他の適格分割の要件には無対価分割の取扱いに関する定めを設けながら、独立事業を行うための適格分割の要件の規定に無対価分割に関する定めを置くことを失念するなどということは、有り得ないことであり、同項に無対価分割に関する定めを置かなかったのは、その

　ような定めを置かずとも、同項の規定をそのまま当てはめれば、適格となるのか否かということを判定することができる、という判断によるものと考えられる。

　要するに、無対価分割であっても、分割対価があるものと同様に、法人税法施行令4条の3第9項の要件を満たすものは、独立事業を行うための適格分割となり、同項の要件を満たさないものは、非適格分割となる、と考えられる。

　具体的には、分割法人が資本又は出資を有しない法人である場合に、無対価分割が独立事業を行うための適格分割と成り得るものと考えられる。

(2)　適格分割型分割における取扱い

①　分割法人の取扱い

イ　分割法人の処理の基本的な考え方

　適格分割型分割においては、分割法人は、資産・負債の一部を帳簿価額により分割承継法人に引き継ぎ、その対価として分割承継法人株式をその移転する資産等の簿価純資産価額に相当する金額により取得し、その対価として取得した分割承継法人株式を株主にその簿価純資産価額に相当する金額により交付したものとすることとなる。

　この処理は、適格合併における被合併法人の処理が部分的に行われる状態と考えてよいものである。

　この処理の基本的な考え方は、適格合併における被合併法人の処理の基本的な考え方と同様であるため、第1章2(2)①「イ　被合併法人の処理の基本的な考え方」(31頁)の説明も併せて参照されたい。

ロ　資産・負債の引継ぎ

　適格分割型分割により、分割法人が分割承継法人にその有する資産・負債の移転をした場合には、移転をした資産・負債のその適格分割型分割の直前の帳簿価額による引継ぎをしたものとすることとされており、分割法人において譲渡益又は譲渡損が計上されることはない(法法62の2②)。

ハ　減少する資本金等の額及び利益積立金額の取扱い

　適格分割型分割においては、分割法人において資本の部の金額が減少し、分割承継法人において資本の部の金額が増加することとなるわけであるが、この資本の部の金額の減少と増加をどのように考えるのかということが問題となる。

　これに関しては、平成22年度改正において、分割型分割におけるみなし事業年度を廃止したことを契機として、従来の考え方とは逆に、分割法人の資本金等の額が分割承継法人に引き継がれ、分割法人において利益積立金額が消滅するとともに分割承継法人において利益積立金額が発生する、という考え方が採られている。

　適格分割型分割においては、分割法人の資産・負債が帳簿価額によって分割承継法人に引き継がれるため、分割承継法人において増加する資本の部の金額も総額では分割法人において減少する資本の部の金額の総額と同額となり、資本金等の額と利益積立金額のいずれを引き継ぐものとするのかということにより、結果が変わることはないわけであるが、理論的には、大きな違いがある。適格合併における資本の部の金額の取扱いにも同様の問題があるため、第1章2(2)②ロ(ロ)「ii　解釈における留意点」（34頁）においてもこの問題について説明を行っているが、分割法人から分割承継法人に引き継がれるものを利益積立金額から資本金等の額に変更した平成22年度改正は、適切でない、と言わざるを得ない。その詳細に関しては、第2編第3章「2　適格合併等における利益積立金額の引継ぎ」（350頁）の説明を参照されたい。

　なお、分割型分割における資本金等の額及び利益積立金額の増減について、非適格分割型分割の場合も含めて、あらかじめ概要を示しておくと、次の表のとおりとなる。

【参考】分割型分割における資本金等の額及び利益積立金額の増減（注）

		資本金等の額	利益積立金額
	適格分割	分割法人の分割型分割の直前の資本金等の額×移転純資産割合	移転資産の帳簿価額－移転負債の帳簿価額－増加資本金等の額
	三角適格分割	分割法人の分割型分割の直前の資本金等の額×移転純資産割合	移転資産の帳簿価額－移転負債の帳簿価額－増加資本金等の額

				加算（法令9①三）	
分割承継法人	分割承継法人が分割法人株式を有する場合の適格無対価分割（法令4の3⑥二イ（1）又は（3）の関係に限る。）	加算（法令8①六）	－分割承継親法人株式の帳簿価額		－分割承継親法人株式の帳簿価額
			分割法人の分割型分割の直前の資本金等の額×移転純資産割合－分割法人株式の分割純資産対応帳簿価額		移転資産の帳簿価額－移転負債の帳簿価額－増加資本金等の額－分割法人株式の分割純資産対応帳簿価額
	非適格分割		交付する分割承継法人株式等の価額－交付金銭等	変動せず	
	非適格分割（法法62の8非該当）		移転純資産価額－交付金銭等		
分	適格分割	減算	分割型分割の直	減算（法令9①十）	移転資産帳簿価額－移転負債帳簿価額－左の金額

割法人	非適格分割	（法令8①十五）	前の資本金等の額×移転純資産割合	減算（法令9①九）	交付資産等（交付金銭等及び交付分割承継法人株式等）の価額－左の金額

(注)　朝長英樹他『会社分割実務必携』（法令出版、平成26年10月）の333頁の図
　　　から作成

（イ）　減少する資本金等の額

　分割法人は、その有する資産・負債を適格分割型分割により分割承継法人
に移転した場合には、その移転をした資産・負債を適格分割型分割の直前の
帳簿価額によって引き継いだものとするとともに、分割法人の資本金等の額
を減少させることとされている。

　適格分割型分割により、分割法人において減少させる資本金等の額は、次
の算式のとおり、分割直前の資本金等の額に移転純資産割合を乗じた金額と
なる（法令8①十五）。

$$\text{減少資本金等の額（※1）} = \text{資本金等の額} \times \frac{\text{移転資産の帳簿価額} - \text{移転負債の帳簿価額（※2）}}{\text{分割前事業年度終了時の資産の帳簿価額} - \text{分割前事業年度終了時の負債の帳簿価額（※3）}}$$

(※1)　適格分割型分割の直前の分割法人の資本金等の額に、移転純資産割合（上
　　　記算式の分数の部分）を乗じて計算する。この移転純資産割合は、直前の
　　　資本金等の額がゼロ以下である場合にはゼロとし、直前の資本金等の額及
　　　び分子の金額がゼロを超え、かつ、分母の金額がゼロ以下である場合には1
　　　とし、小数点以下3位未満の端数があるときはこれを切り上げる。

(※2)　移転資産と移転負債の帳簿価額は、いずれも分割法人の適格分割型分割
　　　の直前の帳簿価額とし、分子の金額が分母の金額を超える場合には、分子
　　　の金額を分母の金額と同額として、移転純資産割合を1とする。

(※3)　分割法人の適格分割型分割の日の属する事業年度の前事業年度終了の時
　　　の資産の帳簿価額から負債の帳簿価額を減算した金額とする。

　　　（ロ）　減少する利益積立金額

　適格分割型分割により、分割法人において減少させる利益積立金額は、分割承継法人に移転をした資産の当該適格分割型分割の直前の帳簿価額から、当該適格分割型分割により当該分割承継法人に移転をした負債の当該直前の帳簿価額と上記(イ)の減少資本金等の額との合計額を減算した金額とされている（法令9①十）。

　②　分割承継法人の取扱い

　イ　資産・負債の引継ぎ

　適格分割型分割の場合には、分割承継法人は、分割法人におけるその適格分割型分割の直前の帳簿価額により資産・負債の引継ぎを受けることとなる。

　ロ　増加する資本金等の額及び利益積立金額の取扱い

　　（イ）　増加する資本金等の額

　適格分割型分割により、分割法人から資産・負債の移転を受けた分割承継法人は、上記①ハ(イ)において計算した分割法人の資本金等の額の減少額と同額の資本金等の額を増加させることとなる（法令8①六）。

　　（ロ）　増加する利益積立金額

　適格分割型分割により、分割法人において増加させる利益積立金額は、上記①ハ(ロ)において計算した分割法人の利益積立金額の減少額と同額となる（法令9①三）。

　(3)　適格分社型分割における取扱い

　①　分割法人の取扱い

　イ　分割法人の処理の基本的な考え方

　適格分社型分割においては、分割法人は、資産・負債の一部を帳簿価額により分割承継法人に譲渡し、その対価として分割承継法人株式をその譲渡する資産・負債の簿価純資産価額に相当する金額により取得することとなる。

　この処理は、適格現物出資における現物出資法人の処理と同様と考えてよい。

　ロ　資産・負債の簿価譲渡

　適格分社型分割により、分割法人が分割承継法人にその有する資産・負債の移転をした場合には、その移転した資産・負債の適格分社型分割の直前の帳簿価額による譲渡をしたものとすることとされており、分割法人において

譲渡益や譲渡損が計上されることはない（法法62の3）。

　分割法人が適格分社型分割により交付を受けた分割承継法人株式の取得価額は、その移転する資産・負債の適格分社型分割の直前の簿価純資産価額に相当する金額となる。また、その分割承継法人株式の交付を受けるために要した費用がある場合には、その費用の額を加算した金額を取得価額とすることとされている。

　適格分社型分割によって移転する資産・負債の簿価純資産価額がマイナスの場合には、分割承継法人株式の帳簿価額はマイナスの金額となる。

　その他、減価償却資産に関する期中損金経理額の損金算入（法法31②）、金銭債権に関する期中個別貸倒引当金の損金算入（法法52⑤）や期中一括貸倒引当金の損金算入（法法52⑥）などの特別な取扱いが存在することに留意する必要がある。

　②　分割承継法人の取扱い
　　イ　資産・負債の簿価取得
　適格分社型分割の場合には、分割承継法人は、適格現物出資における被現物出資法人と同様に、分割法人からその適格分社型分割の直前の帳簿価額による譲渡により資産・負債を取得することとなる。

　　ロ　増加する資本金等の額
　適格分社型分割においては、分割承継法人は、適格現物出資における被現物出資法人と同様に、分割法人における移転資産の帳簿価額から移転負債の帳簿価額を減算した金額に相当する金額の資本金等の額を増加させることとなる（法令8①七）。

　なお、分社型分割においては、分割承継法人の利益積立金額が変動することはない。

　(4)　適格分割における分割承継法人の未処理欠損金額の使用制限
　分割においては、合併とは異なり、その分割が適格分割であったとしても、分割法人の未処理欠損金額が分割承継法人に引き継がれることはないため、未処理欠損金額の取扱いについて注意が必要となるのは、適格分割を行った分割承継法人の未処理欠損金額の使用の場面である。

　分割承継法人の未処理欠損金額の使用制限の概要を示しておくと、次の図のとおりである。

《分割承継法人の未処理欠損金額の使用制限の概要》

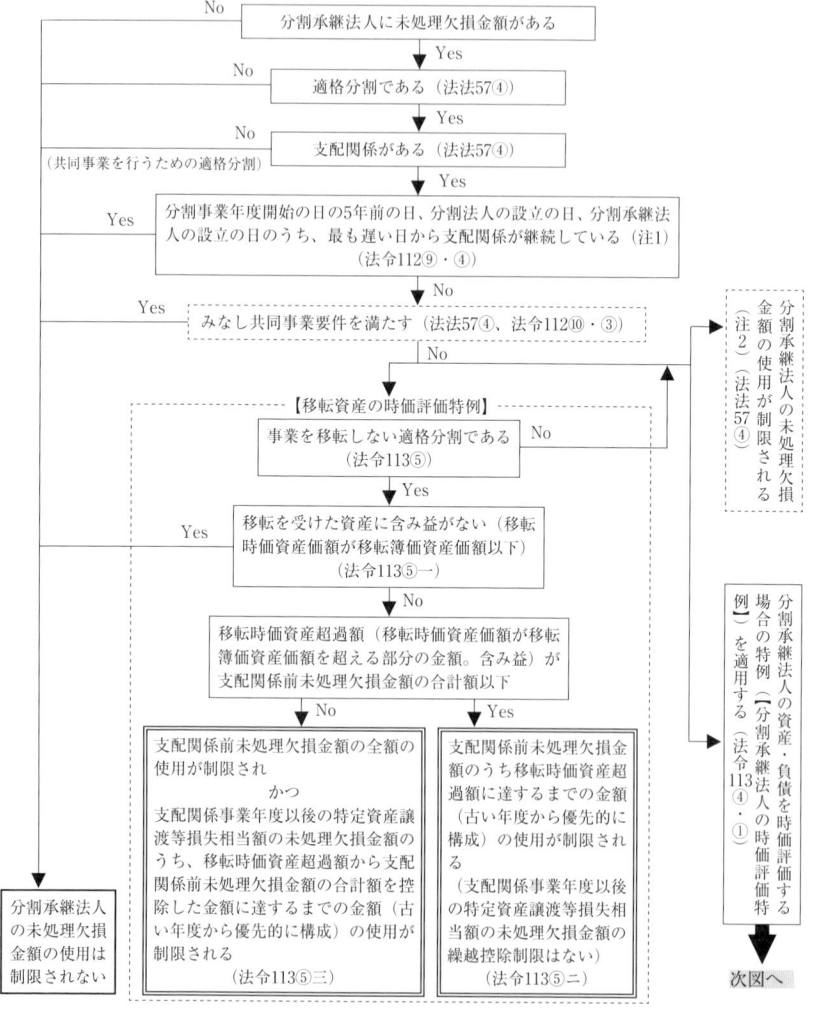

（注1）　分割事業年度開始の日の5年前の日後に、法人を設立している場合には、その法人を介した租税回避が行われないように、一部のものについては、支配関係継続要件を満たさないものとする措置が講じられている（法令112④二イ〜ハ）。

（注2）　支配関係前未処理欠損金額の全額と支配関係事業年度以後の事業年度の未

処理欠損金額のうちの特定資産譲渡等損失相当額の使用が制限される（法法57④）。

この「特定資産譲渡等損失相当額」については、その計算方法と、適格分割の日以前2年以内に分割承継法人を合併法人等とし特定支配関係法人を被合併法人等とする特定適格組織再編成等が行われていた場合等の取扱いは、基本的に、《合併法人の未処理欠損金額の使用制限の概要》の（注2）（50頁）において述べたものと同様となっている（法令112⑪・⑤～⑧・113⑪・⑧～⑩）。

【分割承継法人の時価評価特例】

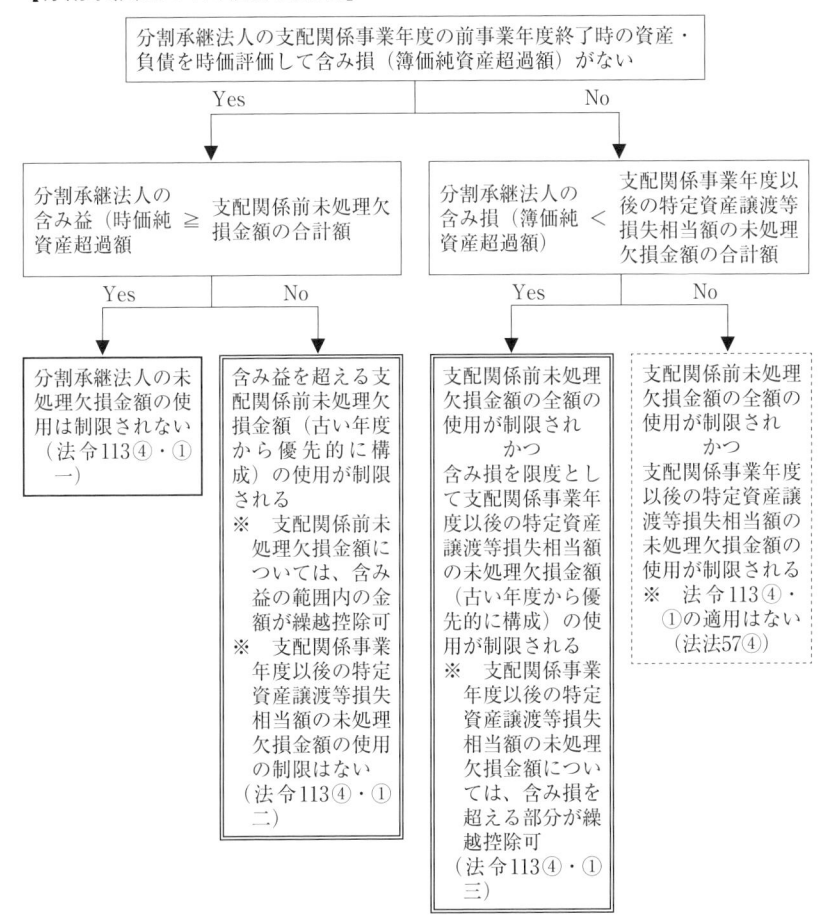

①　未処理欠損金額の使用制限

イ　未処理欠損金額の使用が制限される一定の適格分割

分割承継法人の未処理欠損金額の使用が制限される適格分割とは、次のいずれにも該当しない適格分割とされている（法法57④）。

- i　分割承継法人の適格分割の日の属する事業年度開始の日の5年前の日、分割承継法人の設立の日又は支配関係法人（分割承継法人と支配関係にある分割法人。以下、同じ。）の設立の日のうち、最も遅い日から継続して支配関係があること（以下、「支配関係継続要件」という。）
- ii　適格分割が共同で事業を行うための適格分割に該当すること（以下、「みなし共同事業要件」という。）

つまり、基本的には、「分割承継法人の適格分割の日の属する事業年度開始の日の5年前の日（以下、「5年前の日」という。）」又は「分割承継法人又は支配関係法人が5年前の日以後に設立されている場合で、その分割承継法人の設立の日若しくは支配関係法人の設立の日のいずれか遅い日」から継続して支配関係があるときは、分割承継法人の未処理欠損金額の使用制限は課されないこととなる。

ロ　支配関係継続要件

未処理欠損金額の使用制限の有無の判定は、支配関係が継続しているのか否かによることになるため、この支配関係の継続の有無の判断が重要となる。

支配関係とは、法人税法2条12号の7の5において「一の者が法人の発行済株式若しくは出資（省略）の総数若しくは総額の100分の50を超える数若しくは金額の株式若しくは出資を直接若しくは間接に保有する関係として政令で定める関係（以下、この号において「当事者間の支配の関係」という。）又は一の者との間に当事者間の支配の関係がある法人相互の関係」とされている。

例えば、兄弟の関係にあった二つの法人が親子関係になった場合には、兄弟関係の形態は変わってしまうが、その法人間に支配関係があることに変わりはないと解されており、また、兄弟の関係にある二つの法人について、その株主である「一の者」に変更があったとしても、その二つの法人に兄弟関係があることに変わりはないと解されている(注38)。

(注38)　このような解釈は、「支配」が継続していると言い得るのか否かという点に疑問があり、法令の「○○○と□□□との間の関係」という部分を棒読みした感があるが、納税者にとっては、有利な解釈となっている。

　なお、この解釈に関しては、第1章2(2)③イ(ハ)「ⅱ　支配関係継続要件」の平成22年度改正に関する(注19)（41頁）も併せて参照されたい。

　また、「最後に支配関係があることとなった日（時）」も、同様に、判定の上で重要となる。

　法人税基本通達12-1-5においては、「最後に支配関係があることとなった日」についての解釈を示しており、この通達によれば、適格分割の日の直前まで継続して支配関係がある場合には、その支配関係があることとなった日が「最後に支配関係があることとなった日」に該当することとなる。前述の兄弟会社の例からも分かるように、この通達の「継続して支配関係がある場合のその支配関係があることとなった日」とは、その「継続している支配関係が最初に生じた日」となるものと考えられる。

　ただし、適格組織再編成等により設立する法人を受皿法人とし、その受皿法人へ適格組織再編成等を利用して支配関係が5年未満の分割法人の含み益のある資産を移転させることにより、迂回して分割承継法人の未処理欠損金額と相殺することは可能となってしまうことから、その設立が適格新設分割によるものである場合など一定の場合については、実際に含み益のある資産の移転があったかどうかにかかわらず、「継続して支配関係があるとき」に該当しないこととされ、未処理欠損金額の使用に制限が課されることとなっている（法令112④二イ～ハ）。

　　ハ　みなし共同事業要件

　分割承継法人の適格分割の日の属する事業年度開始の日の5年前の日、分割承継法人の設立の日又は支配関係法人の設立の日のうち、最も遅い日から継続して支配関係がある場合に該当しないときであっても、その適格分割が「共同で事業を行うための分割」に該当していれば、未処理欠損金額の使用の制限はないこととなる。

　この「共同で事業を行うための適格分割」とは、次の（イ）から（ニ）までの要件の全てを満たす分割又は（イ）及び（ホ）の要件を満たす分割とされている。

　（イ）　事業関連性要件
　（ロ）　事業規模要件
　（ハ）　分割事業規模継続要件
　（ニ）　分割承継事業規模継続要件
　（ホ）　特定役員引継要件

　　（イ）　事業関連性要件

　事業関連性要件は、適格分割に係る分割法人の分割事業とその適格分割に

係る分割承継法人の分割直前に行う事業（以下、「分割承継法人の事業」という。）とが相互に関連するものであることを求めるものである。

　詳細に関しては、(1)③ロ「(ロ)　事業関連性要件」(93頁) の説明を参照されたい。

　　　　(ロ)　事業規模要件

　事業規模要件は、分割事業と分割承継事業（その分割事業と関連する事業に限る。）の規模の割合がおおむね5倍を超えないことを求めるものである。

　具体的には、分割事業と分割承継事業のそれぞれの売上金額、従業者の数、金融機関における預金量等、客観的・外形的にその事業の規模を表すものと認められるもののうち、いずれか一つの指標により事業規模の判断を行うこととされている

　　　　(ハ)　分割事業規模継続要件

　分割事業規模継続要件は、分割事業が、分割承継法人と分割法人との間に最後に支配関係があることとなった時から適格分割の直前の時まで継続して行われており、かつ、その最後に支配関係があることとなった時とその適格分割の直前の時におけるその分割事業の規模の割合が、おおむね2倍を超えないことを求めるものである。

　分割法人がその最後に支配関係があることとなった時から適格分割の直前までの間に、その分割法人を合併法人、分割承継法人又は被現物出資法人とする適格合併、適格分割又は適格現物出資（以下、「適格合併等」という。）により分割事業の全部又は一部を受け入れている場合には、この要件の判定については、分割事業がその適格合併等の時からその適格分割の直前の時まで継続して行われており、かつ、その適格合併等の時とその適格分割の直前の時におけるその分割事業の規模の割合がおおむね2倍を超えないことが求められる。

　この割合を比較する規模の基となる指標は、上記(ロ)の事業規模要件の判定に用いた指標に限られる。支配関係が分割法人の設立により生じている場合には、その設立された分割法人の最後に支配関係があることとなった時における売上金額はゼロであり、また、従業員数、金融機関の預金量等も僅少なものであることが多いため、実務上は資本金規模による判定を行うことが多いようである。

　　　　(ニ)　分割承継事業規模継続要件

　分割承継法人の事業規模継続要件は、分割承継法人の事業（分割事業に関

連する事業に限る。）がその適格分割に係る分割法人と分割承継法人との間に最後に支配関係があることとなったときからその適格分割の直前の時まで継続して行われており、かつ、その最後に支配関係があることとなった時とその適格分割の直前の時におけるその分割承継法人の事業の規模の割合が、おおむね2倍を超えないことを求めるものである。

上記(ハ)と同様に、分割承継法人がその最後に支配関係があることとなった時から適格分割の直前までの間に、適格合併等を行っている場合には、この要件の判定においては、分割承継事業がその適格合併等の時からその適格分割の直前の時まで継続して行われており、かつ、その適格合併等の時とその適格分割の直前の時におけるその分割承継事業の規模の割合がおおむね2倍を超えないことが求められる。

また、この割合を比較する規模の基となる指標は、上記(ハ)の分割事業規模継続要件の判定に用いた指標に限られるため、実質的に、上記(ロ)の事業規模要件の判定に用いた指標に限られることとなる。支配関係が分割承継法人の設立により生じている場合に選択される指標は、上記(ハ)の分割事業規模継続要件と同様の理由により、資本金規模による判定が多いようである。

(ホ) 特定役員引継要件

特定役員引継要件は、適格分割に係る分割法人の適格分割の前における特定役員である者のいずれかの者と、分割承継法人の適格分割の前における特定役員である者のいずれかの者とが、適格分割の後に分割承継法人の特定役員となることが見込まれていることを求めるものである。

この要件については、特定役員が分割に伴って退任するものではないことも必要であるが、例えば、その特定役員の任期が切れる間際に分割があり、分割後まもなく任期切れにより退任する場合などについては、分割による退任ではないため、特定役員引継要件を満たしていることになる。

なお、特定役員とは、社長、副社長、代表取締役、代表執行役、専務取締役若しくは常務取締役（以下、「社長等」という。）又はこれらに準ずる者（役員又は役員以外の者で、社長等と同等に法人の経営の中枢に参画している者）で法人の経営に従事しているものをいい、この要件の判定に当たっては、最後に支配関係があることとなった日前において、分割法人又は分割承継法人の役員等であった者に限られる。最後に支配関係があることとなった日前に特定役員であることが求められているが、その支配関係が、分割法人又は分割承継法人の設立により生じたものである場合には、最後に支配関係がある

こととなった日前にその法人が存在しないため、法人の設立日（最後に支配関係があることとなった日）に役員等であることが要件となる。

　ニ　未処理欠損金額の使用が制限される金額

　分割承継法人の前９年（平成30年４月１日以後に開始する事業年度については「10年」。以下、同じ。）内事業年度の未処理欠損金額のうち、分割承継法人で使用が制限される金額は、次の金額とされている（法法57④）。

ⅰ　分割承継法人の支配関係事業年度（分割承継法人と分割法人との間に最後に支配関係があることとなった事業年度）前の各事業年度で前９年内事業年度に該当する事業年度において生じた欠損金額（既に損金の額に算入されたもの及び欠損金の繰越しによる還付の計算の基礎となったものを除く。）

ⅱ　分割承継法人の支配関係事業年度以後の未処理欠損金額のうち、特定資産譲渡等損失額に相当する金額から成る部分の金額

　つまり、使用制限が課されている金額は、前９年内事業年度の未処理欠損金額のうち「支配関係事業年度前に生じたもの」と「支配関係事業年度開始の日以後における資産の含み損に起因して生じた欠損金額」に限られる。

　特定資産譲渡等損失額に相当する金額とは、分割承継法人の対象事業年度ごとに次の（ⅰ）に掲げる金額から（ⅱ）に掲げる金額を控除した金額とされている。

（ⅰ）　対象事業年度に生じた欠損金額（青色欠損金額に限り、過去の適格合併等により、その分割承継法人の未処理欠損金額とみなされたもの及び法人税法57条４項、５項又は９項の規定によりないものとされたものを含む。（ⅱ）において同じ。）のうち、その対象事業年度を仮に特定資産譲渡等損失額の損金不算入の規定が適用される事業年度として、最後に支配関係が生じた日において有する資産（同日に属する事業年度開始の日を法人税法62条の７第１項に規定する特定適格組織再編成等の日とみなした場合に、特定資産に該当するものを除く。）（※）につき、その規定を適用した場合に、特定資産譲渡等損失額となる金額に達するまでの金額（以下、「特定資産譲渡等損失額」という。）

（※）　被合併法人及び合併法人において引継ぎ及び使用が制限される資産と同様であるため、詳細に関しては、合併に関して記述している第１章２(2)③イ(ハ)「ⅳ　被合併法人の未処理

欠損金額の引継ぎが制限される金額」（45頁）の説明を参照されたい。

（ⅱ）　対象事業年度に生じた欠損金額のうち、その分割承継法人において前9年内事業年度の損金の額に算入されたもの及び欠損金の繰戻還付の規定により還付の計算の基礎となったもの並びに過去の適格合併等によりないものとされたもの

上記の「対象事業年度」とは、分割承継法人の支配関係事業年度以後の事業年度のうち、特定資産に係る譲渡等損失額の損金不算入規定の適用を受ける場合の適用期間又は欠損等法人の資産の譲渡等損失額の損金不算入の規定を受ける場合の適用期間内の日の属する事業年度を除いた事業年度をいう。

②　未処理欠損金額の使用制限の特例

適格分割における分割承継法人の未処理欠損金額の使用制限は、本来は、分割法人から含み損のある資産・負債を帳簿価額で分割承継法人に移転して分割承継法人の税負担を減少させようとするものに対処するという観点、そして、分割法人から含み益のある資産・負債を帳簿価額で分割承継法人に移転して分割法人の税負担を減少させようとするものに対処するという観点から設けられるべきものである。

この前者への対処として必要となるのは、分割法人から分割承継法人に移転した資産・負債の含み損が分割承継法人において譲渡等により譲渡損等となったものを損金の額に算入しないこととする措置であり、この後者への対処として必要となるのは、分割法人から分割承継法人に移転した資産・負債の含み益が分割承継法人において譲渡等により譲渡益等となったものを相殺する分割承継法人の未処理欠損金額や事業損失等を損金の額に算入しないこととする措置である。

しかし、現実には、このような措置が講じられているわけではなく、上記①で説明した包括的な未処理欠損金額の使用制限措置と次の(5)②で説明する包括的な資産の譲渡損等の損金不算入措置を講じた上で、次のイ及びロで説明する未処理欠損金額の使用制限の特例と次の(5)④で説明する資産の譲渡損等の損金不算入措置の特例を講ずることにより、結果として、妥当性のある取扱いとなるようにする、という対応がなされている。

しかし、これらの対応は、結果的におおむね妥当な取扱いとなっていると評価してよいが、各措置及び特例の基本的な考え方に疑問があるものがあり、一部、取扱いに課題も見受けられる。

　例えば、移転する資産・負債を時価評価するのではなく分割承継法人の全体の資産・負債を時価評価して含み損がなければ分割承継法人の未処理欠損金額の使用制限を行わず特定保有資産の譲渡等による損失の額の損金不算入措置も適用しないとされているため、分割承継法人の全体の資産・負債を時価評価して含み損がなければ、含み損のある資産・負債を移転したり含み益のある資産・負債を移転したりして税負担を減少させることが可能となっている。また、事業を移転しない適格分割によって含み損のある資産・負債を移転しても分割承継法人の未処理欠損金額の使用制限を行わず特定保有資産の譲渡等による損失の額の損金不算入措置も適用しないこととされているため、事業を移転しない適格分割によって含み損のある資産・負債を移転して税負担を減少させることが可能となっている。この分割承継法人の全体の資産・負債の時価評価や事業を移転しない適格分割の特例に関しては、その特例を設ける理由を色々と説明することも可能ではあるが、本来は、移転する資産・負債を時価評価し、また、事業を移転しない分割による資産・負債の移転は個別の資産・負債の譲渡による移転と実質的に同様であるため分割を非適格とする、ということで対応するのが適当と考えられる。

　なお、納税者の側からすれば、分割承継法人の未処理欠損金額の使用制限や特定資産の譲渡等損失額の損金不算入措置が本来のあり方とは異なるとしても、現に定められた法制度において税負担を減少させることが可能な取扱いが存在する限り、その恩恵を最大限に享受することに何ら問題はない、ということを付言しておくこととする。

　　イ　事業を移転しない適格分割の場合の未処理欠損金額の使用制限の
　　　　特例

　事業を移転しない適格分割の場合には[注39]、移転資産の含み益の状態に応じて未処理欠損金額の使用制限が緩和されている（法令113⑤）。

（注39）　支配関係法人間の適格分割と共同事業を行うための適格分割においては、分割法人から分割承継法人に移転する分割事業が継続することが要件として求められているため、結果的には、事業を移転しない分割が適格分割となるのは、完全支配関係法人間の適格分割となるものと考えられる。
　　なお、事業を移転しない適格現物出資と適格現物分配に関しても、同様の取扱いとなっている。

　この特例は、平成22年度改正で新たに追加されたものであるが^(注40)、その理由は、次のように説明されている。

「これは、適格組織再編成等が単なる資産の移転であれば、その移転を受けた資産の含み益に対応する部分の欠損金額（上記iiiの場合には、キャピタルロスの実現分による欠損金額）を制限すれば十分目的を達するとの考えによるものです。」（財務省『平成22年度　税制改正の解説』294頁）

　事業を移転しない適格分割が行われた場合の未処理欠損金額の使用制限の特例は、《分割承継法人の未処理欠損金額の使用制限の概要》（104頁）に記載したとおりとされている。

　この記載から分かるとおり、移転を受けるものが含み損のある資産である場合には使用制限はなく、含み益のある資産である場合に含み益の範囲内で使用制限が課されて古い未処理欠損金額から切り捨てられることとなる。

　この特例を適用しようとする場合には、どのような資産を移転した場合に「事業を移転しない」ということになるのかということが問題となるわけであるが、実務上は、特に、株式のみを移転した場合に、「事業を移転しない」ということになるのか否かということが問題となる。つまり、株式は、その所有を通じて株式の発行法人の事業を行っていると見る余地があり、また、その所有自体を事業と見ることもできるため、株式の移転が「事業を移転しない」という要件に該当するのか否かという疑問が生じてくるわけである。

　これに関しては、分割法人が保有していた株式のみを分割承継法人に移転する適格分割等も事業を移転しない適格分割等に該当するという国税庁の解釈（法基通12-1-6（事業を移転しない適格分割等））が示されている。

　この特例の適用を受けるためには、分割法人の適格分割事業年度の確定申告書、修正申告書又は更正請求書に欠損金額の計算に関する明細を記載した

（注40）　この特例の創設の直接の契機となったのは、「適格現物分配」の創設であると考えられる。

　　すなわち、事業の移転を前提としていない「現物分配」を適格とするということになると、このような特例を設けない限り、被現物分配法人において、未処理欠損金額の使用制限が課され、特定保有資産に係る特定資産譲渡等損失額が損金不算入とされてしまうこととなるわけである。

　　この特例は、「適格現物分配」だけでなく、適格分割と適格現物出資にも適用されるわけであるが、この特例が適切であるという前提に立てば、従来、適格分割と適格現物分配においては、過剰に未処理欠損金額や特定資産譲渡等損失額の制限が行われていた、ということになる。

書類の添付があり、かつ、移転時価資産価額の算定の基礎となる事項を記載した書類その他の財務省令で定める書類を保存しなければならないこととされている（法令113⑥）。

なお、この特例を適用する場合には、次のロの特例の適用はないこととされている。

　　ロ　分割承継法人の資産・負債の時価評価を行う場合の未処理欠損金
　　　額の使用制限の特例

分割承継法人が支配関係事業年度の前事業年度終了の時において有する資産・負債について時価評価を行う場合には、【分割承継法人の時価評価特例】（105頁）に記載したとおり、その未処理欠損金額のうち制限を受ける金額をその時価評価の状況に応じて計算をすることができるものとされている（法令113④・①）。

この特例の適用を受けるためには、分割承継法人の分割事業年度の確定申告書、修正申告書又は更正請求書に明細書の添付があり、かつ、時価純資産価額の算定の基礎となる事項を記載した書類その他の財務省令で定める書類を保存しなければならないこととされている（法令113④・②）。

　(5)　適格分割における分割承継法人の特定資産に係る譲渡等損失額の損
　　　金不算入

　　①　制度の趣旨

適格分割型分割においては、分割法人の資産・負債が分割時の帳簿価額により分割承継法人に引き継がれ、適格分社型分割においては、分割承継法人の移転資産・負債の取得価額が分割法人における帳簿価額相当額とされる。

このため、適格分割においては、分割法人から分割承継法人に含み損のある資産を帳簿価額により移転した上で分割後に分割承継法人においてその資産の譲渡を行って譲渡損を計上する等により、分割承継法人の税負担を減少させる、ということが行われる可能性がある。

このような事情に鑑み、適格分割の要件の緩やかな支配関係にある法人間において、その支配関係発生後の一定期間内に特定適格組織再編成等に該当する適格分割が行われた場合には、その適格分割以後の一定期間内に行われた特定資産の譲渡等による損失額を損金不算入とする制限が設けられている（法法62の7）。

分割承継法人における特定資産に係る特定資産譲渡等損失額の損金不算入の概要を特定引継資産及び特定保有資産ごとに示しておくと、次の図のとおりである。

《分割承継法人における特定引継資産（分割法人が保有していた資産）に係る特定資産譲渡等損失額の損金不算入の概要》

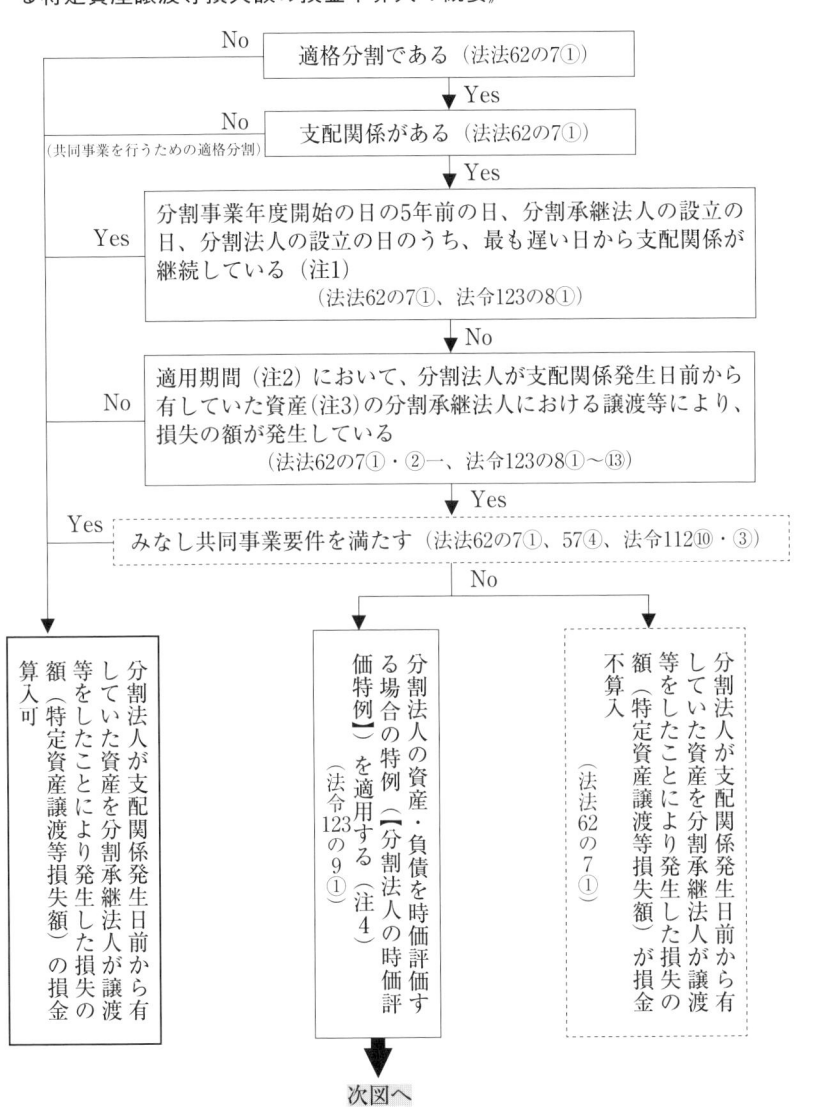

次図へ

【分割法人の時価評価特例】

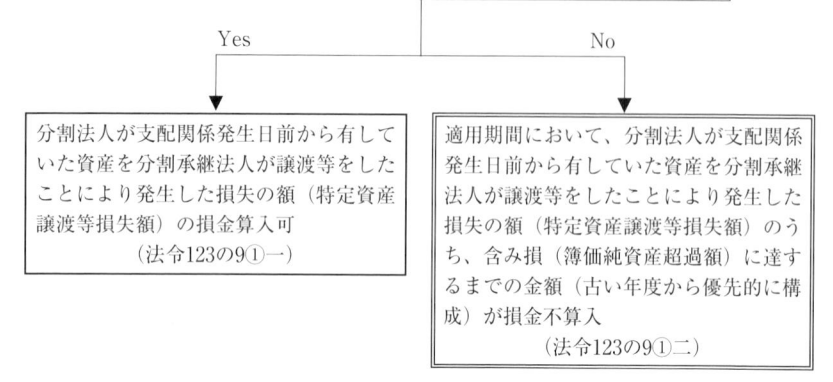

分割法人の支配関係事業年度の前事業年度終了の時の資産・負債（注5）を時価評価して含み損（簿価純資産超過額）がない

Yes

No

分割法人が支配関係発生日前から有していた資産を分割承継法人が譲渡等をしたことにより発生した損失の額（特定資産譲渡等損失額）の損金算入可
（法令123の9①一）

適用期間において、分割法人が支配関係発生日前から有していた資産を分割承継法人が譲渡等をしたことにより発生した損失の額（特定資産譲渡等損失額）のうち、含み損（簿価純資産超過額）に達するまでの金額（古い年度から優先的に構成）が損金不算入
（法令123の9①二）

（注1）　分割事業年度開始の日の5年前の日後に、法人を設立している場合には、その法人を介した租税回避が行われないように、一部のものについては、支配関係継続要件を満たさないものとする措置が講じられている（法令112④二イ〜ハ）。

（注2）　「適用期間」とは、分割事業年度開始の日から3年を経過する日（その日が支配関係発生日以後5年を経過する日の後になる場合には、その5年を経過する日）までの期間をいう（法法62の7①）。

（注3）　「みなし特定引継資産」（分割の日以前2年以内に行われた適格合併等により関連法人（分割承継法人及び分割法人と支配関係がある法人で、当該適格合併等において被合併法人等であった法人）から分割法人に移転があった資産で、関連法人が分割承継法人及び分割法人との間に最後に支配関係があることとなった日前から有していたもの）を含む（法令123の8⑫）。

　　　　この「適格合併等」とは、法人税法62条の7第1項の適格組織再編成等であり、具体的には、適格合併、非適格合併で法人税法61条の13第1項（完全支配関係法人間の譲渡等の損益の繰延べ）の適用を受けるもの、適格分割、適格現物出資、適格現物分配のうち、みなし共同事業要件を満たさないものである（法法62の7①）。

（注4）　「みなし特定引継資産」がある場合には、その「みなし特定引継資産」に関しては、関連法人と分割承継法人及び分割法人との間に支配関係が発生した

日の属する関連法人の事業年度の前事業年度終了の時において、関連法人の資産・負債を時価評価して含み損がなければ、その譲渡等による損失の額及び利益の額はないものとする（みなし特定引継資産に係る特定資産譲渡等損失額の損金不算入はないものとする）ことができる等の措置（法令123の9④・⑤・②・③）が講じられている。

(注5)　適格分割によって分割法人から分割承継法人に含み損のある資産・負債を帳簿価額で移転して税負担を減少させるという租税回避を防止するということであれば、本来は、移転する資産・負債を時価評価するのが適当であるが、現行制度上は、分割法人の全体の資産・負債を時価評価することとされている。つまり、分割法人の全体の資産・負債に含み損がない場合には、含み損のある資産・負債を帳簿価額で移転して分割承継法人で譲渡等により損失の額を計上しても、その損失の額は損金不算入とはされない、ということである。

《分割承継法人における特定保有資産（分割承継法人が保有していた資産）に係る特定資産譲渡等損失額の損金不算入の概要》

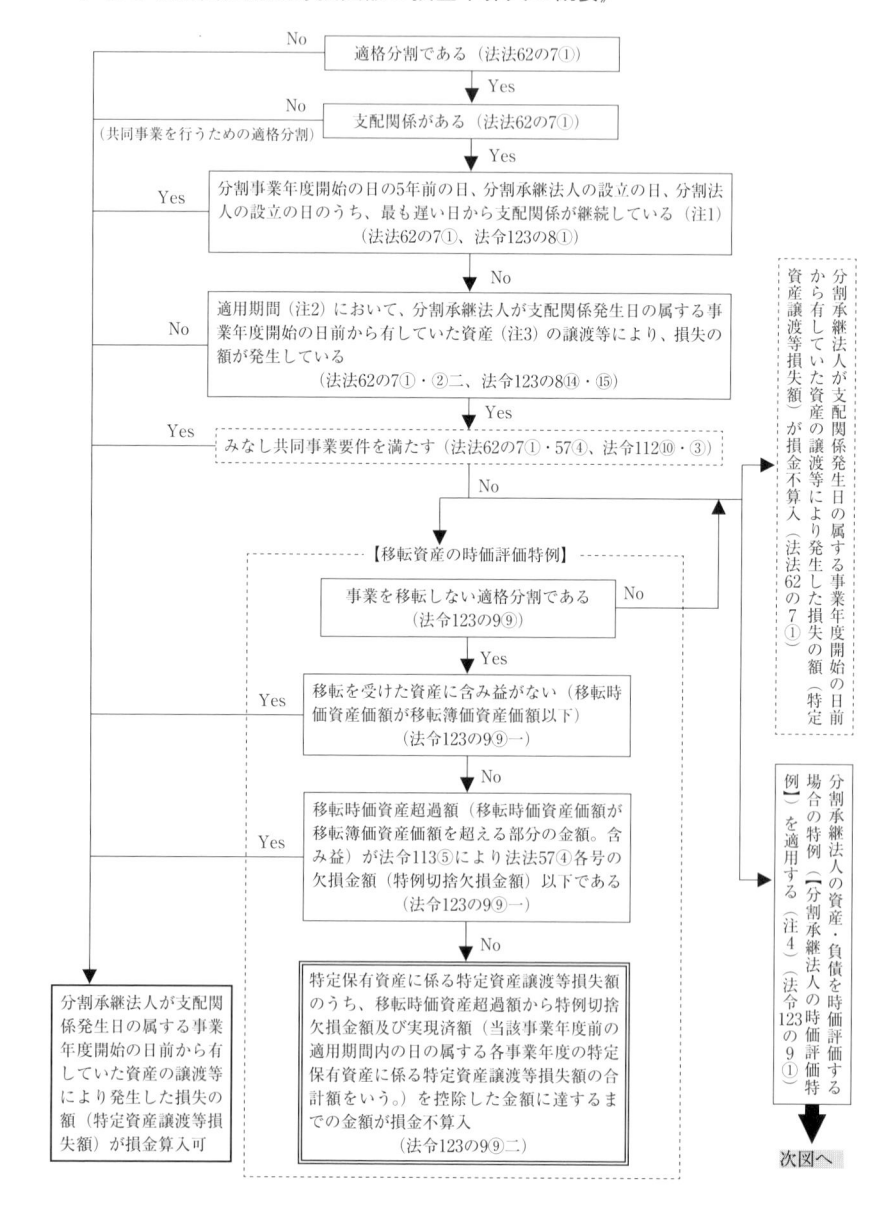

【分割承継法人の時価評価特例】

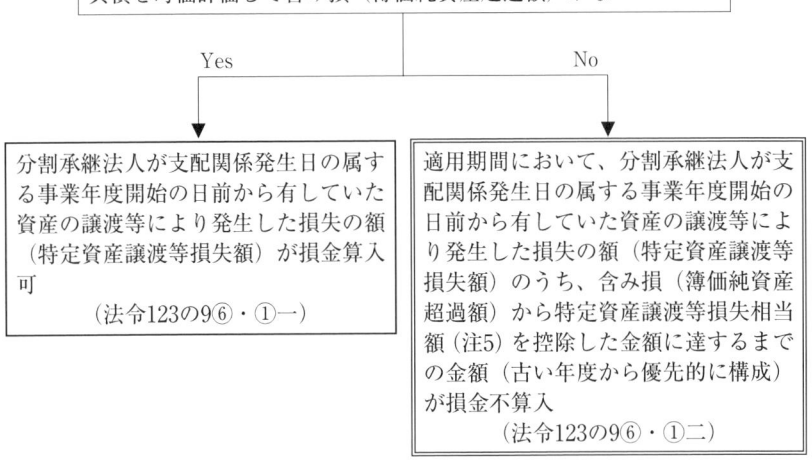

分割承継法人の支配関係事業年度の前事業年度終了の時の資産・負債を時価評価して含み損（簿価純資産超過額）がない

Yes　　　　　　　　　　No

分割承継法人が支配関係発生日の属する事業年度開始の日前から有していた資産の譲渡等により発生した損失の額（特定資産譲渡等損失額）が損金算入可

（法令123の9⑥・①一）

適用期間において、分割承継法人が支配関係発生日の属する事業年度開始の日前から有していた資産の譲渡等により発生した損失の額（特定資産譲渡等損失額）のうち、含み損（簿価純資産超過額）から特定資産譲渡等損失相当額（注5）を控除した金額に達するまでの金額（古い年度から優先的に構成）が損金不算入

（法令123の9⑥・①二）

(注1)　分割事業年度開始の日の5年前の日後に、法人を設立している場合には、その法人を介した租税回避が行われないように、一部のものについては、支配関係継続要件を満たさないものとする措置が講じられている（法令112④二イ～ハ）。

(注2)　「適用期間」とは、分割事業年度開始の日から3年を経過する日（その日が支配関係発生日以後5年を経過する日の後になる場合には、その5年を経過する日）までの期間をいう（法法62の7①）。

(注3)　「みなし特定保有資産」（分割の日以前2年以内に行われた適格合併等により関連法人（分割承継法人及び分割法人と支配関係がある法人で、当該適格合併等において被合併法人等であった法人）から分割承継法人に移転があった資産で、関連法人が分割承継法人及び分割法人との間に支配関係が発生した日の属する事業年度開始の日前から有していたもの）を含む（法令123の8⑮・⑫）。

　　　この「適格合併等」とは、法人税法62条の7第1項の適格組織再編成等であり、具体的には、適格合併、非適格合併で法人税法61条の13第1項（完全支配関係法人間の譲渡等の損益の繰延べ）の適用を受けるもの、適格分割、適格現物出資、適格現物分配のうち、みなし共同事業要件を満たさないものである（法法62の7①）。

(注4)　「みなし特定保有資産」がある場合には、その「みなし特定保有資産」に関

しては、関連法人と分割承継法人及び分割法人との間に支配関係が発生した
日の属する関連法人の事業年度の前事業年度終了の時において、関連法人の
資産・負債を時価評価して含み損がなければ、その譲渡等による損失の額及
び利益の額はないものとする（みなし特定保有資産に係る特定資産譲渡等損
失額の損金不算入はないものとする）ことができる等の措置（法令123の9⑥・
④・⑤・②・③）が講じられている。

(注5)　「特定資産譲渡等損失相当額」とは、法人税法施行令113条4項において準用
する同条1項3号の適用を受けた同号ロの金額であり（法令123の9①二イ）、この
金額は、分割承継法人において発生した資産の譲渡等による損失の額が分割
承継法人の未処理欠損金額の繰越控除制限という形で損金算入制限の対象と
なったものであって、分割承継法人の含み損のうち、この金額に相当する部
分は、損金不算入とする必要がない。

　　　なお、この「特定資産譲渡等損失相当額」に関しては、法人税法施行令123
条の9第1項2号イの解釈について、《合併法人における特定引継資産（被合併
法人から引継ぎを受けた資産）に係る特定資産譲渡等損失額の損金不算入の
概要》の【被合併法人の時価評価特例】の（注5）（54頁）で説明した問題と同
じ問題が存在するため、この説明を参照されたい。

②　制度の内容

　イ　特定資産譲渡等損失額が損金不算入となる適格組織再編成等

　分割承継法人と分割法人（分割承継法人との間に支配関係がある法人に限
る。以下、(5)において同じ。）との間で、特定適格組織再編成等（本章にお
いては、適格分割でみなし共同事業要件を満たさないものをいう。）が行われ
た場合において、分割事業年度開始の日の5年前の日、分割法人の設立の日又
は分割承継法人の設立の日のうち、最も遅い日から継続して支配関係がある
という要件に該当しないときは、特定資産の譲渡等損失額は、損金不算入と
される。

　この損金不算入とされるものは、適用期間において生じた特定資産に係る
譲渡等損失額に限定される。

　この適用期間とは、特定適格組織再編成等の日の属する事業年度開始の日
から同日以後3年を経過する日（その経過する日が、当該分割承継法人と分割
法人との間に最後に支配関係があることとなった日以後5年を経過する日後
となる場合には、支配関係があることとなった日からその5年を経過する日）
までの期間となる。

　なお、この規定の適用がある場合は、未処理欠損金額の使用制限がある場

合とほぼ同様となっている。

　　　ロ　特定資産の範囲

　分割承継法人において「特定資産」とされるものは、合併法人において「特定資産」とされるものと同様であるため、「特定資産の範囲」については、合併の場合の取扱いについて述べた第1章2(2)④ロ「(ロ)　特定資産の範囲」(58頁) の説明を参照されたい。

　　③　損金不算入額

　分割承継法人において損金不算入となる特定資産譲渡等損失額は、基本的には、合併法人において損金不算入となる特定資産譲渡等損失額と同様であるため、「損金不算入額」については、合併の場合の取扱いについて述べた第1章2(2)④「ハ　損金不算入額」(60頁) の説明を参照されたい。

　　④　損金不算入の特例

　　　イ　事業を移転しない適格分割の場合の特定保有資産に係る損金不算入の特例

　事業を移転しない適格分割の場合には、移転資産の含み益の状態に応じて特定保有資産に係る特定資産譲渡等損失額の損金不算入の制限が緩和されている (法令123の9⑨)。

　この事業を移転しない適格分割が行われた場合の特定保有資産に係る特定資産譲渡等損失額の損金不算入の特例は、《分割承継法人における特定保有資産 (分割承継法人が保有していた資産) に係る特定資産譲渡等損失額の損金不算入の概要》(118頁) に記載したとおりとされている。

　この特例の適用を受けるためには、分割承継法人の特定適格組織再編成等の日の属する事業年度の確定申告書、修正申告書又は更正の請求書に特定資産譲渡等損失額の計算に関する明細を記載した書類の添付があり、かつ、移転時価資産価額の算定の基礎となる事項を記載した書類その他の財務省令で定める書類を保存しなければならないこととされている (法令123の9⑩)。

　なお、この特例を適用する場合には、特定保有資産に係る次のロの特例計算は適用されない。

　　　ロ　分割法人の資産・負債の時価評価を行う場合の特定引継資産に係る損金不算入及び分割承継法人の資産・負債の時価評価を行う場合の特定保有資産に係る損金不算入の特例

　特定資産譲渡等損失額の計算に当たり、分割法人の支配関係事業年度の前事業年度終了の時における資産・負債の時価評価を行う場合には、《分割承継

法人における特定引継資産（分割法人が保有していた資産）に係る特定資産譲渡等損失額の損金不算入の概要》の【分割法人の時価評価特例】（116頁）に記載したとおり、その時価評価の状況に応じて、特定引継資産に係る特定資産譲渡等損失額を計算することができることとされている（法令123の9）。

また、分割承継法人の支配関係事業年度の前事業年度終了の時における資産・負債の時価評価を行う場合にも、《分割承継法人における特定保有資産（分割承継法人が保有していた資産）に係る特定資産譲渡等損失額の損金不算入の概要》の【分割承継法人の時価評価特例】（119頁）に記載したとおり、その時価評価の状況に応じて、特定保有資産に係る特定資産譲渡等損失額を計算することができることとされている（法令123の9⑥・①）。

4　非適格分割の取扱い

分割法人が非適格分割（非適格分割型分割又は非適格分社型分割）により分割承継法人に資産・負債の移転をした場合には、当該分割法人は、その資産・負債を分割の時の価額により譲渡したものとされ（法法62）、分割承継法人は、その資産・分割の時の価額により取得したものとされることとなる。

分割対価が分割法人を介さずに分割法人の株主に直接交付される分割型分割の場合には、合併の場合と同じく、一旦、合併対価が分割法人に交付され、直ちに、分割法人がその合併対価を株主に交付したものとすることとされている。

また、非適格分割型分割の場合には、分割法人の株主等において、みなし配当が生ずることがある。

(1)　資産・負債の時価譲渡

非適格分割の場合、分割法人においては、その有する資産・負債をその非適格分割時の価額で分割承継法人に譲渡したものとされる（法法62①）。

一方、分割承継法人における資産・負債の取得の処理は、その非適格分割時の時価で購入した場合の資産・負債の処理と同様となり、資産については中古資産の取得となる。

(2)　資産調整勘定・負債調整勘定等の計上

非適格分割（注41）において、分割承継法人が分割対価として交付した資産の

（注41）　非適格現物出資に関しても、同様に取り扱うこととされている。

価額の合計額（以下、(2)において「分割対価額」という。）と分割法人から移転を受けた資産・負債の時価純資産価額（以下、(2)において「移転時価純資産価額」という。）に差額がある場合には、分割承継法人に、資産調整勘定の金額、資産等超過差額、退職給与負債調整勘定の金額、短期重要負債調整勘定の金額や差額負債調整勘定の金額が生ずることとなる（法法62の8）。

　資産調整勘定の金額とは、分割対価額が移転時価純資産価額を超える場合のその超える部分の金額のうちの資産等超過差額に相当する金額以外の金額とされており、5年間で均等に損金の額に算入されることとなる。

　この資産等超過差額とは、分割対価資産の交付時価額が約定時価額の2倍を超えることとなる事態が生じた場合のその超える部分の金額等とされており、損金の額に算入することは認められていない（法令123の10④、法規27の16）。

　退職給与負債調整勘定の金額とは、従業者の退職給付引当金の額に相当する金額とされており、非適格分割の後、当該従業者に退職給与を支給する場合に順次減額して益金の額に算入することとなる。

　短期重要負債調整勘定の金額とは、非適格分割からおおむね3年以内に履行することが見込まれる債務で事業利益に重大な影響を与えるものに相当する金額とされており、非適格分割の後、当該債務に係る損失が生じたり3年が経過したりしたときに損金の額に算入することとなる。

　差額負債調整勘定の金額とは、分割対価額が移転純資産価額に満たない場合のその満たない部分の金額が、退職給与負債調整勘定の金額と短期重要負債調整勘定の金額の合計額を超える場合におけるその超える部分の金額とされており、5年間で均等に益金の額に算入されることとなる。

(3)　資本の部の金額の取扱い

①　非適格分割型分割の取扱い

非適格分割型分割の場合には、適格分割型分割の場合とは異なり、分割法人の資本金等の額が分割承継法人に引き継がれるという考え方は採られておらず、分割法人においては資本金等の額と利益積立金額が減少し、分割承継法人においては資本金等の額が増加するということになる。

　分割法人及び分割承継法人における資本金等の額と利益積立金額の変動額は、次のイ及びロに記載したとおりである。

イ　分割法人の取扱い

（イ）　減少する資本金等の額

　非適格分割型分割の場合、分割法人において減少する資本金等の額は、分割直前の資本金等の額に移転純資産割合を乗じた金額となる（法令8①十五）。

　この金額は、基本的には、3(2)①ハ「（イ）　減少する資本金等の額」（101頁）において述べた適格分割型分割において減少する資本金等の額と同様に計算することとなるが、分割対価資産の時価が限度となる点が適格分割型分割の場合とは異なる（法令8①十五括弧書き）。

（ロ）　減少する利益積立金額

　非適格分割型分割により、分割法人において減少する利益積立金額は、分割対価資産の時価から上記(イ)の減少資本金等の額を減算した金額となる（法令9①九）。

　この分割法人において減少する利益積立金額は、分割承継法人に引き継がれることはなく、分割法人の株主に還元されたものとされてみなし配当となる。

ロ　分割承継法人の取扱い

（イ）　増加する資本金等の額

　非適格分割型分割の場合には、分割承継法人は、次の計算式により算出した金額に相当する資本金等の額が増加するものとされている（法令8①六）。

$$\text{増加資本金等の額} = \text{交付する分割承継法人株式等の価額（※）} - （\text{交付する株式以外の資産の価額} + \text{交付金銭の額}）$$

（※）交付する分割承継法人株式その他の資産の非適格分割型分割の時の時価であり、交付金銭等の額を含む。

（ロ）　利益積立金額

　非適格分割型分割の場合、分割承継法人においては、利益積立金額が分割法人から引き継がれることもなく、また、分割によって自己の利益積立金額が増加することもないため、利益積立金額の変動は生じない。

②　非適格分社型分割の取扱い

イ　分割法人の取扱い

　分割法人は、資産・負債を移転し、分割対価として分割承継法人株式等を取得することとなり、資本金等の額及び利益積立金額については、変動がない。

　　ロ　分割承継法人の取扱い

　分割承継法人は、交付する分割承継法人株式等の価額（交付金銭等がある場合にはその交付金銭等の額を減算した金額）に相当する資本金等の額を増加させることとなる（法令8①七）。

　非適格分社型分割においては、分割承継法人の利益積立金額が変動することはない。

(4)　完全支配関係法人間の非適格分割の取扱い

　完全支配関係法人間で行われる非適格分割においては、譲渡損益調整資産の取扱いに注意が必要となる。

　分割法人が非適格分割型分割又は非適格分社型分割によりその有する譲渡損益調整資産を分割承継法人に移転した場合には、分割法人においては、その譲渡損益調整資産の譲渡利益額又は譲渡損失額を計上して益金の額又は損金の額に算入するとともに、その譲渡利益額に相当する金額又は譲渡損失額に相当する金額を譲渡損益調整勘定の金額として損金の額又は益金の額に算入することとなる。これにより、事実上、その譲渡損益調整資産の譲渡利益額又は譲渡損失額の計上が繰り延べられることとなる。

　この繰り延べられた譲渡損益調整勘定の金額は、分割承継法人においてその譲渡損益調整資産の譲渡、償却、評価換え、貸倒れ、除却などの事由が生じた場合又は分割法人が分割承継法人との間に完全支配関係を有しないこととなった場合（分割法人の適格合併による解散等、一定の場合を除く。）に、分割法人において、申告書上、取り崩されて益金の額又は損金の額に算入されることとなる。

5　分割型分割における分割法人の株主の取扱い

　分割型分割においては、分割法人の株主(注42)に、分割法人株式の譲渡の処理をどのように行うのかという問題とみなし配当を計上するのか否かという問題が生ずることとなる。

　これらの問題については、合併に関して記述した第1章「4　被合併法人の法人株主の取扱い」（69頁）において述べた理由と同じ理由により、分割承継法人株式のみの交付を受ける場合には、従前の投資が実質的に継続している

（注42）　以下、5においては、「株主」は法人であるものとして解説を行っている。

ものと見て、分割法人株式の譲渡利益額や譲渡損失額の計上を繰り延べるものとされ、また、分割法人の利益積立金額が分割承継法人に引き継がれたという処理をする適格分割型分割の場合には、分割法人の株主に利益の分配が行われたとする処理は行わず、分割法人の利益積立金額が分割承継法人に引き継がれたという処理をしない非適格分割型分割の場合には、分割法人の株主に利益の分配が行われたとする処理を行うこととされている。

　(1)　非適格分割型分割におけるみなし配当の取扱い

　　①　非適格分割型分割における分割法人の処理

　非適格分割型分割の場合には、分割法人が分割承継法人に資産・負債の移転を行ったことにより、その含み益又は含み損が譲渡利益額又は譲渡損失額として実現し、それが分割法人の利益積立金額を増加させ又は減少させることになる。

　そして、払込資本である資本金等の額とともに利益積立金額が分割対価という形で分割法人の株主に交付され、みなし配当課税が生ずることとなる。

　この分割法人の処理は、第1章4(1)「①　非適格合併における被合併法人の処理」(71頁)において記載している被合併法人の処理と同様である。

　　②　みなし配当の額の計算

　みなし配当の額は、次のとおり、分割法人の株主が受ける分割対価が分割法人の資本金等の額で旧株に対応する部分の金額を超える場合におけるその超える部分の金額となる。

> みなし配当の額＝A－B
> A：株主が分割型分割により交付を受ける分割対価の額〔時価〕
>
> B：分割法人の資本金等の額で株主が有していた旧株に対応する
> 　　部分の金額＝a×移転純資産割合×（b／c）
> a：分割法人の分割型分割の直前の資本金等の額
> 　　移転純資産割合：分割法人の分割型分割の直前の移転資産の
> 　　帳簿価額から移転負債の帳簿価額を控除した金額÷分割法人
> 　　の前期期末時の資産の帳簿価額から負債の帳簿価額を減算し
> 　　た金額
> b：株主が分割型分割の直前に有していた分割法人の株式の数

> c：分割型分割の直前の分割法人の発行済株式（自己株式を除く。）の総数

③　受取配当等の益金不算入

分割法人の株主のみなし配当については、受取配当等の益金不算入の規定の適用を受けることができる。

④　源泉所得税等

みなし配当課税が行われる場合には、みなし配当の額の20％の源泉所得税とその源泉所得税の額の2.1％の復興特別所得税が課される。

この源泉所得税等の取扱い等に関しては、合併における被合併法人の株主の取扱い等と同様であるため、合併に関して記述した第1章4(1)「④　源泉所得税等」（72頁）の説明を参照されたい。

(2)　分割法人株式の譲渡の取扱い

分割型分割における分割法人の株主は、原則として、分割法人株式の一部の譲渡を行ったものとして、その含み益又は含み損を譲渡利益額又は譲渡損失額として益金の額又は損金の額に算入することとなる。

ただし、分割対価が分割承継法人株式のみである場合には、特例として、分割法人株式を帳簿価額により譲渡したものとされ、その譲渡利益額又は譲渡損失額の計上は、繰り延べられる。

非適格分割型分割であっても、分割承継法人株式以外の資産が交付されない場合には、分割法人株式の一部を帳簿価額により譲渡したこととされ、その譲渡利益額又は譲渡損失額は計上されないこととなる。

なお、上記の「分割承継法人株式以外の資産」からは、剰余金の配当等として交付される金銭等が除かれることとなるが、この除かれるものに関しては、合併における被合併法人の株主の場合と同様であるため、第1章4「(2) 被合併法人株式の譲渡の取扱い」（73頁）のなお書きを参照されたい。

①　分割承継法人株式以外の資産が交付される場合の取扱い（原則：株主非適格）

分割法人の株主は、分割対価に分割承継法人株式以外の資産が含まれる場合には、次の計算式により算出された分割法人株式の譲渡利益額又は譲渡損失額を計上して益金の額又は損金の額に算入することとなる（法法61の2①④、法令119の8）。

> 分割法人株式の譲渡利益額又は譲渡損失額
> ＝譲渡対価の額（※1）－譲渡原価の額（※2）
> （※1）株主が分割型分割により交付を受ける分割対価の額〔時価〕－みなし配当の額〔上記(1)②参照〕
> （※2）分割法人株式の帳簿価額×移転純資産割合〔上記(1)②参照〕

　この場合、分割対価として交付される資産は、時価によって取得価額が付されることとなる。

　　②　分割承継法人株式のみが交付される場合の取扱い（特例：株主適格）

　分割法人の株主は、分割対価が株式のみである場合には、分割法人株式を分割純資産対応帳簿価額（上記①の計算式の（※2）の「譲渡原価の額」）により譲渡したものとして処理をするものとされているため、譲渡利益額及び譲渡損失額は計上されずに繰り延べられることとなる（法法61の2④）。

　分割が非適格分割型分割である場合には、分割法人の株主にみなし配当の額が計上されることとなるが、このときの分割承継法人株式の取得価額は、分割純資産対応帳簿価額にみなし配当の額を加算した金額に相当する金額となる。

　　③　完全支配関係法人間の非適格分割型分割における株主の分割法人株式の譲渡の取扱いに関する留意点

　完全支配関係法人間の分割型分割における分割法人の株主における分割法人株式の譲渡利益額又は譲渡損失額の取扱いに関しては、完全支配関係法人間の非適格合併における被合併法人の株主の被合併法人株式の譲渡利益額又は譲渡損失額の取扱いと同様の留意点があるため、第1章4(2)「③　完全支配関係法人間の非適格合併における株主の被合併法人株式の譲渡の取扱いに関する留意点」（74頁）の説明を参照されたい。

附記　消費税の取扱い

　分割においては、分割法人から分割承継法人に資産・負債が移転し、その対価として分割承継法人株式や金銭等が交付されるため、一見すると、分割は、対価性のある資産の譲渡等として消費税の課税対象となるようにも見え

る。

　しかし、消費税法は、合併の場合と同様に、分割法人から分割承継法人に包括的に資産・負債が承継される分割による移転は、消費税の課税対象となる資産の譲渡等とは捉えていない。

　この取扱いは、分割が適格であっても非適格であっても、同様である。

　また、消費税法は、分割型分割における分割法人の株主における分割法人株式の価値の減少と分割承継法人株式等の取得に関しても、有価証券の譲渡が行われたものとするわけではない。

　なお、分割が新設分割である場合には、消費税の納税義務の免除の判定や簡易課税制度の選択の可否に関して特別な取扱い（消法12・37）が定められているため、注意が必要である。

第３章　現物出資

1　概　要

　会社の設立と増資は、通常、現金を出資することにより行われるが、現金の代わりに株式や不動産などの現物資産を出資して会社を設立したり増資したりすることもできる。これは、「現物出資」と呼ばれており、現在、法人税法においては、合併や分割と同じように、組織再編成と位置付けられている(注43)。

　現物出資をされた資産等(注44)については、原則として、その現物出資による移転時の時価により譲渡があったものとして取り扱われることとなるが、そのような現物出資は、「非適格現物出資」と呼ばれる。

　一方、その移転する資産等に対する支配が継続していると考えてよい一定の要件を満たしている場合には、他の組織再編成と同様に、特例として、移転資産の譲渡利益額又は譲渡損失額の計上を繰り延べることとなるが、そのような現物出資は、「適格現物出資」と定義されている。

　現物出資においては、分社型分割の場合と同様に、現物出資法人において資産等が被現物出資法人株式に変わるという資産等の形態変化が生ずるだけとなるため、適格現物出資も、法人間の資産等の譲渡が帳簿価額によって行われるものとされている。

（注43）　現物出資は、通常は金銭で行うこととなる会社の設立や増資を金銭以外の資産等で行うだけのものであって、本来は、金銭出資と同じように、資本等取引でしかない。
　　　このため、平成13年度改正の際には、現物出資に関しては、資本等取引として課税の特例を設けずに取扱いを整備することが検討されたが、我が国においては、従来、分割法制が導入されていなかったことから、その代替手段として現物出資と事後設立を利用するという実務が長年にわたって続いてきていたため、同改正においては、実務に配慮し、取りあえず、これらを「組織再編成」の中に含めておくこととされた。
（注44）　現物出資においては、資産だけが移転するものもあれば、資産と負債が移転するものもあるため、本章においては、現物出資資産等によって移転するものは、「資産」又は「資産・負債」と表示するのが適切であるという事情がある場合を除き、「資産等」と表示するものとする。

2　適格現物出資の取扱い

(1)　適格現物出資の定義

　法人税法においては、適格現物出資を現物出資法人（現物出資によりその有する資産の移転を行い又はこれと併せてその有する負債の移転を行った法人）と被現物出資法人（現物出資により現物出資法人から資産の移転を受け又はこれと併せて負債の移転を受けた法人）との関係に着目して、次の三つに区分した上で、それぞれについて要件を定めている（法法2十二の十四イ～ハ）。

① 　完全支配関係法人間の適格現物出資

② 　支配関係法人間の適格現物出資

③ 　共同事業を行うための適格現物出資

　なお、適格現物出資の要件は、適格分社型分割の要件とほぼ同じものとなっている。

　　① 　完全支配関係法人間の適格現物出資

　完全支配関係がある場合の現物出資とは、次のいずれかの現物出資で、適格要件を満たすものとされている（法法2十二の十四イ）。

　i 　現物出資法人と被現物出資法人との間にいずれか一方の法人による完全支配関係（当事者間の完全支配関係）がある場合の現物出資

　ii 　現物出資法人と被現物出資法人との間に同一の者による完全支配関係（同一者による完全支配関係）がある場合の現物出資

　　イ 　適格要件

　完全支配関係法人間の適格現物出資となるためには、次の二つの要件に該当することが必要となる。

　（イ）　対価要件（金銭等不交付要件）

　（ロ）　完全支配関係継続要件

　　ロ 　各適格要件の内容

　　　（イ）　対価要件（金銭等不交付要件）

　対価要件は、現物出資に際して、現物出資法人に被現物出資法人株式以外のものが交付されないことを求めるものである（法法2十二の十四）。

　この対価要件は、適格分割における分割対価要件と同様であるため、第2章3(1)①ロ「（イ）　分割対価要件（金銭等不交付要件)」（81頁）の説明を参照されたい。

　　（ロ）　完全支配関係継続要件

　完全支配関係継続要件は、次のⅰ又はⅱに掲げる場合の区分に応じ、それぞれに記載した関係があることを求めるものである（法令4の3⑬）。

ⅰ　当事者間の完全支配関係がある場合（現物出資前（単独現物出資の場合には、現物出資後）に当事者間の完全支配関係がある場合）

　次の（ⅰ）から（ⅲ）までに掲げる現物出資に応じ、それぞれに記載した関係

　（ⅰ）　吸収現物出資のうち、現物出資前に、現物出資法人と被現物出資法人との間にいずれか一方の法人による完全支配関係があるもの：現物出資後に、当該現物出資法人と被現物出資法人との間に当該いずれか一方の法人による完全支配関係が継続することが見込まれている場合における当該現物出資法人と被現物出資法人との間の関係

　（ⅱ）　単独新設現物出資のうち、単独新設現物出資後に、現物出資法人と被現物出資法人との間に当該現物出資法人による完全支配関係があるもの：単独新設現物出資後に、当該完全支配関係が継続することが見込まれている場合における当該現物出資法人と被現物出資法人との間の関係

　（ⅲ）　複数新設現物出資（複数の法人が行う新設現物出資をいう。以下、同じ。）のうち、複数新設現物出資前に、現物出資法人と他の現物出資法人との間にいずれか一方の法人による完全支配関係があるもの：複数新設現物出資後に、他方の法人（当該現物出資法人及び他の現物出資法人のうち、当該いずれか一方の法人以外の法人をいう。）と被現物出資法人との間に当該いずれか一方の法人による完全支配関係が継続することが見込まれている場合における当該現物出資法人及び他の現物出資法人と当該被現物出資法人との間の関係

ⅱ　同一の者による完全支配関係がある場合（現物出資前（単独新設現物出資の場合には、現物出資後）に同一の者による完全支配関係がある場合）

　次の（ⅰ）から（ⅲ）までに掲げる現物出資に応じ、それぞれに記載した関係

　（ⅰ）　吸収現物出資のうち、現物出資前に、現物出資法人と被現物出資法人との間に同一の者による完全支配関係があるもの：現物出資後に、当該現物出資法人と被現物出資法人との間に当該同一の者による完全支配関係が継続することが見込まれている場合における当該現物出資法人と被現物出資法人との間の関係

（ⅱ）　単独新設現物出資のうち、単独新設現物出資後に、現物出資法人と被現物出資法人との間に同一の者による完全支配関係があるもの：単独新設現物出資後に、当該完全支配関係が継続することが見込まれている場合における当該現物出資法人と被現物出資法人との間の関係

（ⅲ）　複数新設現物出資のうち、複数新設現物出資前に、現物出資法人と他の現物出資法人との間に同一の者による完全支配関係があるもの：複数新設現物出資後に、当該現物出資法人、当該他の現物出資法人及び被現物出資法人と当該同一の者との間に当該同一の者による完全支配関係が継続することが見込まれている場合における当該現物出資法人及び他の現物出資法人と当該被現物出資法人との間の関係

②　支配関係法人間の適格現物出資

支配関係法人間の適格現物出資とは、次のいずれかの現物出資で、適格要件を満たすものとされている（法法2十二の十四ロ）。

ⅰ　現物出資法人と被現物出資法人との間にいずれか一方の法人による支配関係（当事者間の支配関係）がある場合の現物出資

ⅱ　現物出資法人と被現物出資法人との間に同一の者による支配関係（同一者による支配関係）がある場合の現物出資

イ　適格要件

支配関係法人間の適格現物出資となるためには、次の五つの要件の全てに該当する必要がある。

（イ）　対価要件（金銭等不交付要件）

（ロ）　支配関係継続要件

（ハ）　主要資産負債引継要件

（ニ）　従業者引継要件

（ホ）　事業継続要件

ロ　各適格要件の内容

（イ）　対価要件（金銭等不交付要件）

対価要件は、現物出資に際して、現物出資法人に被現物出資法人株式以外のものが交付されないことを求めるものである。

この対価要件の内容に関しては、①ロ「（イ）　対価要件（金銭等不交付要件）」（131頁）の解説を参照されたい。

（ロ）　支配関係継続要件

　支配関係継続要件は、当事者間の支配関係又は同一者による支配関係がある場合に、次のi又はiiに掲げる場合の区分に応じ、それぞれに記載した関係があることを求めるものである（法令4の3⑭）。

　i　上記①ロ（ロ）i（132頁）の「完全支配関係」を「支配関係」と読み替えた場合の同iの関係

　ii　上記①ロ（ロ）ii（132頁）の「完全支配関係」を「支配関係」と読み替えた場合の同iiの関係

（ハ）　主要資産負債引継要件

　主要資産負債引継要件は、現物出資事業（現物出資法人が現物出資前に行っていた事業のうち、現物出資により被現物出資法人において行われることとなる事業[注45]をいう。以下、同じ。）に係る主要な資産等が被現物出資法人に移転することを求めるものである（法法22の十四ロ(1)）。

　現物出資事業に係る主要な資産及び負債の全ての移転が求められているわけではなく、現物出資事業に係る主要な資産のみを移転することでもよいものとされている。

（ニ）　従業者引継要件

　従業者引継要件は、現物出資の直前の現物出資事業に係る従業者のうち、その総数のおおむね80％以上に相当する数の者が、現物出資後に被現物出資法人の業務に従事することが見込まれていることを求めるものである（法法22の十四ロ(2)）。

　この「従業者」の範囲に関しては、第1章2(1)②ロ「（ハ）　従業者引継要件」（20頁）に記載したとおりである。

（ホ）　事業継続要件

　事業継続要件は、現物出資に係る現物出資事業が、現物出資後に被現物出資法人において引き続き行われることが見込まれていることを求めるものである（法法22の十四ロ(3)）。

　この事業継続要件も、適格分割の場合と同様であるため、第2章3(1)②ロ「（ホ）　事業継続要件」（91頁）の説明を参照されたい。

（注45）　この事業については、主要な事業である必要はない。

③　共同事業を行うための適格現物出資

　共同事業を行うための現物出資とは、現物出資法人と被現物出資法人とが共同で事業を行うための現物出資とされる適格要件（法令4の3⑮）に該当する現物出資とされている（法法2十二の十四ハ）。

　イ　適格要件

　現物出資が共同で事業を行うための適格現物出資となるためには、次の（イ）から（ト）までの全ての要件を満たす必要がある。

（イ）　対価要件（金銭等不交付要件）

（ロ）　事業関連性要件

（ハ）　事業規模要件又は特定役員引継要件

（ニ）　主要資産負債引継要件

（ホ）　従業者引継要件

（ヘ）　事業継続要件

（ト）　株式継続保有要件

　これらの要件の内容は、基本的には、共同事業を行うための適格分社型分割の要件と同様であるため、次の説明に加えて、適宜、共同事業を行うための適格分社型分割の要件の説明を参照されたい。

　ロ　各適格要件の内容

　（イ）　対価要件（金銭等不交付要件）

　対価要件は、現物出資に際して、現物出資法人に被現物出資法人株式以外のものが交付されないことを求めるものである。

　この対価要件の内容に関しては、①ロ「（イ）　対価要件（金銭等不交付要件）」（131頁）の解説を参照されたい。

　（ロ）　事業関連性要件

　事業関連性要件は、現物出資事業と被現物出資事業（被現物出資法人が現物出資前に行っていた事業(注46)のうちのいずれかの事業をいい、複数新設現物出資の場合には他の現物出資法人の現物出資事業をいう。）とが相互に関連するものであることを要求するものである（法令4の3⑮一）。

　この事業関連性要件は、適格分割における事業関連性要件と同様であるため、第2章3(1)③ロ「（ロ）　事業関連性要件」（93頁）の解説を参照されたい。

(注46)　この事業についても、現物出資事業と同様に、主要な事業である必要はない。

　　　（ハ）　事業規模要件又は特定役員引継要件

　現物出資が共同で事業を行う適格現物出資となるためには、次の事業規模要件又は特定役員引継要件いずれかを満たすことが必要とされている（法令4の3⑮二）。

　この事業規模要件又は特定役員引継要件も、適格分割における事業規模要件又は特定役員引継要件と同様であるため、詳細に関しては、第2章3(1)③ロ「（ハ）　事業規模要件又は特定役員引継要件」(93頁)の解説を参照されたい。

　　　　ⅰ　事業規模要件

　事業規模要件は、現物出資事業と被現物出資法人の事業（現物出資事業と関連する事業に限る。）の規模の割合が、おおむね5倍を超えないことを求めるものである。

　この判定は、売上金額、従業者の数、これらに準ずるもののいずれかにより行うこととされている。

　　　　ⅱ　特定役員引継要件

　特定役員引継要件は、現物出資前の現物出資法人の役員等（役員及び役員以外の者で法人の経営に従事している者をいう。）のいずれかと被現物出資法人の役員等のいずれかとが、現物出資後に被現物出資法人の特定役員となることが見込まれていることを求めるものである。

　現物出資が複数新設現物出資の場合には、現物出資法人の役員等のいずれかと他の現物出資法人の役員等のいずれかとが、現物出資後の被現物出資法人の特定役員になることが見込まれていなければならない。

　　　（ニ）　主要資産負債引継要件、従業者引継要件及び事業継続要件

　主要資産負債引継要件、従業者引継要件及び事業継続要件（法令4の3⑮三～五）は、前述の支配関係法人間の適格現物出資の適格要件である「（ハ）　主要資産負債引継要件」(134頁)「（ニ）　従業者引継要件」(134頁)及び「（ホ）事業継続要件」(134頁)と同様である。

　　　（ホ）　株式継続保有要件

　株式継続保有要件は、現物出資法人が現物出資により交付を受ける被現物出資法人株式の全部を継続して保有することが見込まれていることを求めるものである（法令4の3⑮六）。

　(2)　適格現物出資の取扱い

　　①　現物出資法人の取扱い

　　　イ　現物出資法人の処理の基本的な考え方

　適格現物出資においては、現物出資法人は、資産等を帳簿価額により被現物出資法人に譲渡し、その対価として被現物出資法人株式をその譲渡する資産等の簿価純資産価額に相当する金額により取得するという処理をすることとなる。

　この処理は、適格分社型分割における分割法人の処理と同様と考えてよい。

　　ロ　資産等の簿価譲渡

　適格現物出資により、現物出資法人が被現物出資法人にその有する資産等を移転した場合には、その移転した資産等の適格現物出資の直前の帳簿価額による譲渡をしたものとすることとされており、現物出資法人において譲渡益又は譲渡損が計上されることはない（法法62の4）。

　現物出資法人が適格現物出資により交付を受けた被現物出資法人株式の取得価額は、その移転する資産等の適格現物出資の直前の簿価純資産価額に相当する金額となる。また、その被現物出資法人株式の交付を受けるために要した費用がある場合には、その費用の額を加算した金額を取得価額とすることとされている。

　適格現物出資によって移転する資産等の簿価純資産価額がマイナスの場合には、被現物出資法人株式の帳簿価額はマイナスの金額となる。

　その他、適格分社型分割の場合と同様に、減価償却資産に関する期中損金経理額の損金算入（法法31②）、金銭債権に関する期中個別貸倒引当金の損金算入（法法52⑤）や期中一括貸倒引当金の損金算入（法法52⑥）などの特別な取扱いが存在することに留意しておく必要がある。

　②　被現物出資法人の取扱い

　　イ　資産等の簿価取得

　適格現物出資の場合には、被現物出資法人は、適格分社型分割における分割承継法人と同様に、現物出資法人からその適格現物出資の直前の帳簿価額による譲渡により資産等を取得するという処理をすることとなる（法令123の5）。

　　ロ　増加する資本金等の額

　適格現物出資においては、被現物出資法人は、適格分社型分割における分割承継法人と同様に、現物出資法人における移転資産の帳簿価額から移転負債の帳簿価額を減算した金額に相当する金額の資本金等の額を増加させることとなる（法令8①八）。

　なお、現物出資においては、被現物出資法人の利益積立金額が増減するこ

とはない。

（3）　被現物出資法人の未処理欠損金額の使用制限

適格現物出資により、現物出資法人が有する資産等を被現物分配法人に移転する場合には、その移転する資産等は、移転直前の帳簿価額により譲渡が行われたものとされるため、被現物出資法人の繰越欠損金を利用して税負担を減少させることが可能となる。

このような課税上の弊害がある事態が生ずることを防ぐために、適格現物出資が行われた場合で、一定の要件を満たさないときは、被現物出資法人の未処理欠損金額の損金算入に制限を課すこととされている（法法57④）。

この被現物出資法人の未処理欠損金額の使用制限の内容は、基本的に、適格分社型分割における分割承継法人の未処理欠損金額の使用制限の内容と同様であるため、第2章3「（4）　適格分割における分割承継法人の未処理欠損金額の使用制限」（103頁）の解説を参照されたい。

（4）　特定資産に係る譲渡等損失額の損金不算入

適格現物出資においては、被現物出資法人の移転資産等の取得価額が現物出資法人における帳簿価額相当額とされる。

このため、適格現物出資においては、現物出資法人から被現物出資法人に含み損のある資産を帳簿価額により移転した上で現物出資後に被現物出資法人においてその資産の譲渡を行って譲渡損を計上する等により、被現物出資法人の税負担を減少させることが行われる可能性がある。

このような事情に鑑み、適格現物出資の要件の緩やかな支配関係にある法人間において、その支配関係発生後の一定期間内に特定適格組織再編成等に該当する適格現物出資が行われた場合には、その適格現物出資以後の一定期間内に行われた特定資産の譲渡等による損失額を損金不算入とする制限が設けられている（法法62の7）。

この被現物出資法人の特定資産の譲渡等による損失を損金不算入とする措置の内容は、基本的に、適格分社型分割における分割承継法人の特定資産の譲渡等による損失を損金不算入とする措置の内容と同様であるため、第2章3「（5）　適格分割における分割承継法人の特定資産に係る譲渡等損失額の損金不算入」（114頁）の解説を参照されたい。

3　非適格現物出資の取扱い

(1)　資産等の時価譲渡

現物出資法人が非適格現物出資により被現物出資法人に資産等の移転をした場合には、当該現物出資法人は、その資産等を現物出資の時の時価により譲渡したものとされる（法法22②）。

現物出資法人が非適格現物出資をしたことにより交付を受けた被現物出資法人株式の取得価額は、その時価に相当する金額となる。

非適格現物出資によって資産等の移転を受けた被現物出資法人は、その移転を受けた資産等の時価を取得価額とすることとなる。

また、被現物出資法人においては、非適格現物出資によって移転を受けた資産等の時価純資産価額に相当する金額の資本金等の額が増加することとされている。

なお、被現物出資法人においては、利益積立金額が増減することはない。

(2)　被現物出資法人における資産調整勘定・負債調整勘定等の計上

非適格現物出資において、被現物出資法人が現物出資法人に交付した被現物出資法人株式等の価額の合計額と現物出資法人から移転を受けた資産等の時価純資産価額に差額がある場合には、被現物出資法人に、資産調整勘定の金額、資産等超過差額、退職給与負債調整勘定の金額、短期重要負債調整勘定の金額や差額負債調整勘定の金額が生ずることとなる（法法62の8）。

この取扱いは、非適格分割の場合の取扱いと同様であるため、第2章4「(2)　分割承継法人における資産調整勘定・負債調整勘定等の計上」（122頁）の説明を参照されたい。

(3)　完全支配関係法人間の非適格現物出資の取扱い

現物出資法人と被現物出資法人の間に完全支配関係がある場合の非適格現物出資における譲渡損益調整資産に関する取扱いは、現物出資法人と被現物出資法人の間に完全支配関係がある場合の非適格分社型分割における譲渡損益調整資産に関する取扱いと同様であるため、第2章4「(4)　完全支配関係法人間の非適格分割の取扱い」（125頁）の説明を参照されたい。

附記　消費税の取扱い

消費税に関しては、金銭以外の資産の出資は、法人税法における適格・非適格にかかわらず、資産の譲渡等に含まれる（消法2①八）。

　法人税法上、適格現物出資として、現物出資法人から被現物出資法人に対して帳簿価額による譲渡があったものとされる場合であっても、消費税法上は、時価譲渡があったものとして、消費税額の計算をすることになる。この譲渡等の対価の額は、交付される株式等の価額となる（消令45②三）。

　現物出資があった場合の課税対象取引又は非課税対象取引となる資産の判定は、通常の取引の場合と同様である。

第4章　現物分配

1　現物分配

(1)　概　要

「現物分配」という概念は、税法独自の概念であり、平成22年度改正において新たに設けられたものである。

法人税法2条12号の6の「現物分配法人」の定義の中で括弧書きにより、「(法人（公益法人等及び人格のない社団等を除く。）がその株主等に対し当該法人の次に掲げる事由により金銭以外の資産の交付をすることをいう。次号及び第12号の15において同じ。)」とされている。

この括弧書きの中の「次に掲げる事由」とは、剰余金の配当、利益の配当、剰余金の分配、解散による残余財産の分配、自己の株式又は出資の取得、出資の消却、出資の払戻し、組織変更など、配当及びみなし配当の事由とされている。

このように、平成22年度改正により「現物分配」という税法独自の新たな概念が設けられたわけであるが、「現物分配」の取扱い自体は、法人税法22条2項及び3項により、資産が移転する場合にはその資産の譲渡利益額又は譲渡損失額を益金の額又は損金の額に算入するというものであって、従来と何ら変わってはいない。このため、本書においても、「現物分配」の取扱いには言及しないこととする。

平成22年度改正においては、「現物分配」のうち、一定の要件に該当するものを「適格現物分配」と定義し、特別な取扱いを定めている。

この「適格現物分配」の取扱いは、完全支配関係にある内国法人間で、配当又はみなし配当を金銭以外の資産で行った場合、その資産を帳簿価額により譲渡したものとして譲渡利益額又は譲渡損失額を計上しなくてもよいとするものである。

平成22年度改正の解説においては、この「適格現物分配」に関して、組織再編成の一形態として位置付けたと説明されており、そのような改正を行った理由は、次のように説明されている。

「子法人から親法人への現物資産の移転については、合併、分割という

> 方法を用いれば簿価引継ぎとなる一方、配当、残余財産の分配という方法を用いれば譲渡損益課税が行われ、手段によって課税上の取扱いが異なることとなっていたところです。今回の改正の共通項であるグループ法人の実質的な一体性に着目すれば、グループ法人間の現物分配の場合にも、資産の譲渡損益はいまだ実現していないものと考えられることから、現物分配による資産の譲渡損益課税の繰延制度が措置されたものです。」（財務省『平成22年度　税制改正の解説』210頁）

　この「適格現物分配」に関しては、第2編第3章「1　現物分配」（335頁）において述べるとおり、理論と実態のいずれからしても、本来は、廃止するべきであると考えられるが、しかし、納税者の立場からすれば、課税を受けずに資産を移転する選択肢[注47]が増えた状態になっているため、基本的には、歓迎するべきものであり、積極的な活用を検討してよい。

　また、平成29年度改正においては、スピンオフ（事業の一部を独立させて別会社とすること）を非課税で行い得るようにするための措置の一環として、現物分配によって完全子法人株式を分配するものを「株式分配」と定義して特別な取扱いが定められている。

　このように、現物分配に関しては、他の組織再編成と比べて取扱いに大きな違いがあり、また、現物分配の中でも残余財産の分配及び株式分配と他の現物分配とでは取扱いに大きな違いがあるという特異な状態にあるわけであるが、本章では、分かりやすさを優先し、残余財産の分配と株式分配に関しては、他の現物分配と分けて、別途、2及び3において説明を行うこととする。

（2）　適格現物分配の取扱い

①　適格現物分配の定義

　適格現物分配には、他の組織再編成とは異なり、支配関係法人間の適格組織再編成と共同で事業を行うための適格組織再編成のいずれの枠組みも存在せず、適格現物分配となるのは、完全支配関係法人間の適格組織再編成（完全支配関係法人間の適格現物分配）のみとなっている。

（注47）　「適格現物分配」は、他の適格組織再編成とは異なり、法人の資産の含み益に課税を受けることなく株主に利益を分配できるものとなっており、課税の繰延べ措置ではなく、非課税措置であるため、大きなメリットがある選択肢ということになる。

この適格現物分配とは、次に掲げる要件の全てを満たす現物分配とされている（法法二十二の五の二括弧書き・十二の十五）。

i　配当又はみなし配当事由により株主に資産を交付するものであること

ii　金銭以外の資産を交付するものであること

iii　内国法人を現物分配法人とする現物分配であること

iv　現物分配の直前に、被現物分配法人と現物分配法人との間に完全支配関係があること

v　被現物分配法人が内国法人（普通法人又は協同組合等に限る。）のみであること

適格現物分配に関しては、他の適格組織再編成とは異なり、適格現物分配後の現物分配法人と被現物分配法人との間の完全支配関係が継続することは求められていない。

金銭と金銭以外の資産を同時に交付したときには、金銭の分配と現物の分配を別々の取引として捉え、現物の分配のみを現物配当として取り扱うことにより、その現物分配が適格現物分配となり得るとされている。

なお、現物分配で負債や事業を移すことができるのか否かということに関しては、第2編第3章1(2)「④　事業の移転を「適格現物分配」で行い得るのか否かということを明らかにする必要がある【解釈の課題】」（347頁）の記述を参照されたい。

　　②　適格現物分配における現物分配法人の取扱い

適格現物分配においては、現物分配法人は、その有する資産を現物分配の直前の帳簿価額で被現物分配法人に譲渡をしたものとし、資産の譲渡損益を計上しないこととなる（法法62の5③）。

現物分配法人は、この資産の簿価譲渡の処理に当たり、現物分配の発生事由とされている配当又はみなし配当の内容に応じ、剰余金の配当・利益の配当・剰余金の分配であれば利益積立金額のみを減算し、資本の払戻しであれば資本金等の額と利益積立金額の双方を減算するなど（法令8①十八～二十二、9①十二～十四）、利益積立金額と資本金等の額の減算の処理を行うこととなる。

なお、この適格現物分配による配当又はみなし配当の額に相当する金額については、所得税法24条1項において配当所得から適格現物分配によるものを除くこととされているため、配当に係る源泉徴収や支払調書制度等の所得税の関係法令上の課税関係等が生じないこととなる。

③　適格現物分配における被現物分配法人の取扱い

適格現物分配においては、被現物分配法人は、現物分配法人から資産を現物分配の直前の帳簿価額で譲渡されたものとし、その資産の取得価額を現物分配法人における帳簿価額に相当する金額とすることとなる（法令123の6）。

被現物分配法人は、適格現物分配により、配当収入又はみなし配当収入を計上することとなるが、これらの収益の額は、法人税法23条1項（受取配当の益金不算入）の規定ではなく、62条の5第4項（適格現物分配による収益の額の益金不算入）の規定により、その全額が益金不算入とされる。

被現物分配法人は、適格現物分配によって資産の交付を受けると、配当又はみなし配当が生ずることにより利益積立金額が増加することとなる。また、被現物分配法人は、適格現物分配の事由が資本の払戻し等である場合には、みなし配当が生じて利益積立金額を増加させるだけでなく、現物分配法人株式の譲渡の処理を行うことが必要となって譲渡利益額に相当する金額又は譲渡損失額に相当する金額が発生し、この金額について、資本金等の額を増加させ又は減少させることが必要となる。

④　被現物分配法人の未処理欠損金額の使用制限

次の2において述べる残余財産の分配を除けば、現物分配法人の未処理欠損金額が被現物分配法人に引き継がれるということはないため、適格現物分配においては、被現物分配法人における未処理欠損金額の使用制限と次の⑤において述べる特定資産譲渡等損失額の損金不算入のみを考慮することで済むこととなる。

適格現物分配により、現物分配法人が有する資産を被現物分配法人に移転する場合には、その移転資産は移転直前の帳簿価額により譲渡が行われたものとされることは、既に説明したとおりである。この場合には、他の適格組織再編成の場合と同様に、被現物分配法人の繰越欠損金を利用して税負担を減少させるということが行われる可能性がある。

このため、一定の場合には、被現物分配法人の未処理欠損金額の使用が制限されている。

事業を移転しない適格分割と同様に、移転資産に含み損がある場合には未処理欠損金額の使用が制限されることはなく、移転資産に含み益がある場合にも未処理欠損金額の使用が制限される金額をその含み益相当額に止める等の特例（法令113⑤）が設けられている。

　また、適格分割と同様に、被現物分配法人の資産・負債の時価評価を行う場合には、時価純資産超過額が支配関係前未処理欠損金額以上であれば未処理欠損金額の使用を制限しないこととする等の特例（法令113④・①）も設けられている。

　このように、基本的には、適格現物分配における被現物分配法人の未処理欠損金額の取扱いは、適格分割における分割承継法人の未処理欠損金額の取扱いと同様となっているため、詳細に関しては、第2章3「(4)　適格分割における分割承継法人の未処理欠損金額の使用制限」（103頁）の説明を参照されたい。

　ただし、適格現物分配における被現物分配法人の未処理欠損金額の取扱いにおいては、事業を移転することが前提とはなっていないことから、みなし共同事業要件による使用制限の緩和措置が講じられていないという点に留意する必要がある。

　　⑤　被現物分配法人における特定資産に係る譲渡等損失額の損金不算入
　適格現物分配における被現物分配法人の特定資産譲渡等損失額の損金不算入に関しても、上記④の未処理欠損金額の使用制限と同様に、基本的には、適格分割における分割承継法人の特定資産譲渡等損失額の損金不算入と同様となっている（法法62の7）。

　このため、適格現物分配における被現物分配法人の特定資産譲渡等損失額の損金不算入の取扱いの詳細に関しては、第2章3「(5)　適格分割における分割承継法人の特定資産に係る譲渡等損失額の損金不算入」（114頁）の説明を参照されたい。

　ただし、上記④の未処理欠損金額の使用制限と同様に、適格現物分配における被現物分配法人の特定資産譲渡等損失額の損金不算入の取扱いにおいては、事業を移転することが前提とはなっていないことから、みなし共同事業要件による使用制限の緩和措置が講じられていないという点に留意する必要がある。

附記　消費税の取扱い
　消費税法においては、課税対象となる「資産の譲渡等」を「事業として対価を得て行われる資産の譲渡及び貸付け並びに役務の提供（代物弁済による資産の譲渡その他対価を得て行われる資産の譲渡若しくは貸付け又は役務の提供に類する行為として政令で定めるものを含む。）をいう。」（消法2①八）と

しており、現物分配は、株主の地位に基づく剰余金の配当等として分配される
ものであるため、消費税法上の資産の譲渡等には該当しない。

　また、現物分配に含まれる残余財産の分配についても、対価性があるとは
いえないため、消費税の課税対象とはならない。

　このように、現物分配及び適格現物分配は、消費税法上は課税対象取引に
は該当せず、不課税取引となる。

2　残余財産の確定・残余財産の分配

(1)　残余財産がないと見込まれるときの期限切れ欠損金額の控除に伴う青色欠損金額の切捨て

　内国法人が解散して残余財産がないと見込まれるときは、期限切れ欠損金
額を損金の額に算入することができるものとされている（法法59③）（注48）。

　そして、期限切れ欠損金額を損金の額に算入する場合には、期限切れ欠損
金額と青色欠損金額を二重に損金の額としないようにするために（注49）、その
損金の額に算入する期限切れ欠損金額のうち、青色欠損金額から成る部分の
金額を青色欠損金額から切り捨てることとされている（法法57⑤）。

　この切り捨てられた青色欠損金額は、残余財産の確定（残余財産がない場

（注48）　残余財産がないと見込まれるかどうかの判定は、清算中に終了する各事業年度終
　　了の時の現況によるものとされており（法基通12-3-7）、期限切れ欠損金額を損金の額に
　　算入した後に、状況が変わって当初の見込みと異なることとなっても、過去において行
　　った期限切れ欠損金額の損金の額への算入を遡って修正する必要はない、とされている。
　　　また、債務超過の状態にある場合でも、債務免除が行われて期限切れ欠損金額を損金
　　の額に算入すると、最後に残余財産が残って分配が行われることとなるということも考
　　えられるが、各事業年度終了の時において債務超過の状態にあるときは「残余財産がな
　　いと見込まれるとき」に該当するものとされている（法基通12-3-8）。
　　　なお、期限切れ欠損金額を損金の額に算入するためには、確定申告書等に残余財産が
　　ないと見込まれることを説明する書類等の添付が必要とされているため（法法59④、法
　　規26の6、法基通12-3-9）、注意が必要である。
（注49）　青色欠損金額は、期限切れ欠損金額よりも先に使用することとされているため（法
　　法59③、法令118）、青色欠損金額の全額を控除できる場合には、青色欠損金額と期限切
　　れ欠損金額を二重に損金の額に算入するという問題は生じないが、平成27年度改正によ
　　って一事業年度では青色欠損金額の一定割合のみしか損金の額に算入することができ
　　ず、損金の額に算入することができない青色欠損金額が残ることとなったことから、残
　　った青色欠損金額が後の事業年度において損金の額に算入されることによって二重に損
　　金の額となるという問題が生ずることとなった。

合には、残余財産がないことの確定）によって株主に引き継ぐ未処理欠損金額に含まれないため、注意が必要である。

(2)　残余財産が確定した内国法人の未処理欠損金額の株主である内国法
　　人への引継ぎと引継制限

　残余財産が確定した内国法人と株主である他の内国法人が完全支配関係にある場合には、合併の場合と同様に、その残余財産が確定した内国法人の未処理欠損金額を株主である他の内国法人に引き継ぐことができるものとされている（法法57②）。

　具体的には、法人税法57条2項において、内国法人が他の内国法人との間に当該内国法人による完全支配関係又は同一者による完全支配関係があり、当該内国法人が当該他の内国法人の発行済株式の全部又は一部を有している場合で、当該他の内国法人の残余財産が確定したとき(注50)に、当該他の内国法人に未処理欠損金額があれば、その未処理欠損金額は、当該内国法人に引き継ぐことができることとされている。

　この内国法人と他の内国法人との間の完全支配関係とは、当該内国法人による完全支配関係か又は同一者による完全支配関係とされているため、企業グループの頂点の内国法人の株式の一部を企業グループ内の子法人が有していた場合に、その頂点の内国法人の残余財産が確定しても、その頂点の内国法人からその株主である子法人に未処理欠損金額が引き継がれることはない。

　また、残余財産が確定した内国法人の株主である他の内国法人が複数である場合には、持株割合に応じて未処理欠損金額が引き継がれることとなる。

　税法上の未処理欠損金額があるという状態においては、株主に分配する残

(注50)　残余財産を分配する法人の未処理欠損金額を株主に引き継ぐということであれば、本来は、残余財産が確定したときではなく、残余財産を分配するときに、持株割合に応じて残余財産とともに引き継ぐこととするべきである。残余財産を分配する法人の残余財産が確定したとしても、各株主にどのように残余財産が分配されるのかということが確定するわけではなく、各株主に分配される残余財産が確定しない中にあっても未処理欠損金額だけを先に株主に引き継がなければならない理由は、見当たらない。
　なお、残余財産を分配したときではなく残余財産が確定したときに現物分配法人の未処理欠損金額を株主である被現物分配法人に引き継ぐこととしたのは、残余財産が確定すれば各株主に分配される残余財産が確定すると誤解して残余財産の確定の日以後の期間の事業年度を設けなかったことに起因するものと考えられる。

余財産がないということもあり得るが、残余財産がないことが確定したという場合にも、その未処理欠損金額を株主である他の内国法人に引き継ぐことができる。

　この残余財産が確定した場合の内国法人の未処理欠損金額の株主である他の内国法人への引継ぎは、基本的には、適格合併の場合の被合併法人の未処理欠損金額の合併法人への引継ぎと同様であるため、詳細に関しては、第1章2(2)③「イ　被合併法人の未処理欠損金額の引継制限」（35頁）の記述における「合併」を「残余財産の確定」と読み替える等により確認されたい。

　ただし、残余財産が確定した場合の内国法人の未処理欠損金額の株主である他の内国法人への引継ぎと適格合併における被合併法人の未処理欠損金額の合併法人への引継ぎには、未処理欠損金額の帰属事業年度に一部相違があること、前者にはみなし共同事業要件による緩和措置がないことなどの相違点もあるため、注意が必要である。

(3)　適格現物分配に該当する残余財産の分配が行われた場合の株主（被現物分配法人）の未処理欠損金額の使用制限

　適格現物分配に該当する残余財産の分配が行われた場合には、株主である被現物分配法人において、未処理欠損金額の使用が制限されることとなっている(注51)。

　この取扱いは、みなし共同事業要件による緩和措置がないという点を除けば、適格分割の場合の分割承継法人の未処理欠損金額の使用制限と同様であるため、詳細に関しては、第2章3「(4)　適格分割における分割承継法人の未処理欠損金額の使用制限」（103頁）の説明を参照されたい。

(4)　適格現物分配に該当する残余財産の分配が行われた場合の株主（被現物分配法人）における特定資産に係る譲渡等損失額の損金不算入

　適格現物分配に該当する残余財産の分配が行われた場合には、株主である

（注51）　適格合併における被合併法人の未処理欠損金額の引継制限と合併法人の未処理欠損金額の使用制限は同じ考え方に基づく整合的な制限となっているが、上記(2)の内国法人の未処理欠損金額の引継制限は、被合併法人の未処理欠損金額の引継制限とは全く異なる考え方で設けられており、上記(2)の内国法人の未処理欠損金額の引継制限と(3)の株主の未処理欠損金額の使用制限は、適格合併における被合併法人の未処理欠損金額の引継制限と合併法人の使用制限のような関係とはなっていない、という点に留意されたい。

被現物分配法人において、特定資産に係る譲渡等損失額が損金不算入とされることとなっている。

この取扱いは、みなし共同事業要件による緩和措置がないという点を除けば、適格分割の場合の分割承継法人における特定資産に係る譲渡等損失額の損金不算入と同様であるため、詳細に関しては、第2章3「(5)　適格分割における分割承継法人の特定資産に係る譲渡等損失額の損金不算入」(114頁)の説明を参照されたい。

3　株式分配

(1)　概　要

株式分配は、平成29年度改正において新たに組織再編成と位置付けられたものである。

平成29年度改正においては、スピンオフ(事業の一部を独立させて別会社とすること)を非課税で行い得るようにするために、三つの措置が講じられた。一つは、単独新設分割型分割を適格分割とする措置(第2章3(1)「④　独立事業を行うための適格分割」(95頁))で、もう一つは、単独新設分社型分割又は単独新設現物出資によって完全子法人を作った後に適格株式分配によってスピンオフを行うものについてその単独新設分社型分割又は単独新設現物出資における株式継続保有要件を緩和して「適格」とする措置(第2章3(1)①ロ(ロ) i〔新設分割〕(iii)(82頁))で、三つ目が既存の完全子法人の株式を現物分配によって株主に分配する行為について「株式分配」という新たな概念を設けて組織再編成と位置付けた上で「適格株式分配」という概念を設けてその完全子法人の株式を帳簿価額で株主に譲渡したものとする措置である(注52)。

この一つ目の「独立事業を行うための適格分割」は、分割法人の内部で行っていた事業を外部に出して独立させるものであるが、この三つ目の「適格株式分配」は、既に完全子法人として外部で独立して行われていた事業につ

(注52)　このように、特定の取扱いを実現するために新たな組織再編成を創り出すということは、平成22年度改正による「現物分配」と「適格現物分配」の創出から始まったものであるが、"政策の法"ではなく、"理論の法"である法人税法の中に、特定の取扱いを実現するために、次々に新たな「組織再編成」を創り出すことの適否に関しては、検討の余地がある。

いて、その完全子法人の株式を現物分配によって株主に分配するというものであり、その結果として生ずる状態は、いずれも不特定多数の株主が二つの法人の株式を保有するというものであり、同じ状態ということになる。

　以下、3では、この三つ目の措置について説明を行う。

　なお、株式分配及び適格株式分配に存在する課題に関しては、第2編第4章1「(3)　「同様の効果がある」ということが「組織再編成」を創る理由になるわけではない【立法の課題】」(371頁)の記述を参照されたい。

　(2)　株式分配の定義

　「株式分配」とは、現物分配(剰余金の配当又は利益の配当に限る。)のうち、その現物分配の直前において現物分配法人により発行済株式の全部を保有されていた法人(完全子法人)のその発行済株式等の全部が株主に移転するものをいうこととされている(法法2十二の十五の二)。

　この株式分配が適格株式分配となった場合に適格現物分配と重複することを避けるために、株式分配の定義の段階から、現物分配により完全子法人の発行済株式等の移転を受ける者がその現物分配の直前においてその現物分配法人との間に完全支配関係がある者のみである場合におけるその現物分配を除くこととされている(法法2十二の十五の二括弧書き)。

　(3)　株式分配の取扱い

　　①　株式分配によって完全子法人株式等の交付を行う法人(現物分配法人)の取扱い

　株式分配を行う現物分配法人における取扱いの原則は、非適格株式分配の取扱いということになるが、非適格株式分配においては、現物分配法人は、非適格株式分配により交付した完全子法人株式その他の資産の時価による譲渡を行ったものとして、その譲渡利益額又は譲渡損失額を計上することとなる。

　そして、株式分配が「剰余金の配当又は利益の配当に限る」(法法2十二の十五の二括弧書き)とされていることから、本来は、現物分配法人は利益積立金額のみを減少させることとなるはずであるが、現物分配法人の株式分配の取扱いは、平成29年度改正で新たに創設された法人税法施行令8条1項17号により、株式分配の直前の資本金等の額に、株式分配の直前の簿価純資産価額(資産の帳簿価額から負債の帳簿価額を減算した金額)のうちに完全子法人株式

の帳簿価額の占める割合を乗じて算出した金額の資本金等の額を減少させ、株主に交付した完全子法人株式等の時価からその減少させる資本金等の額を減算した金額だけ利益積立金額を減少させるものとされている。

　このように、非適格株式分配を行った現物分配法人は、資本金等の額と利益積立金額の双方を減少させることとされたわけであるが^(注53)、この取扱いは、分割型分割や資本の払戻しなどと類似するものであり、「剰余金の配当又は利益の配当」について、従来、存在しなかった"みなし非配当"の制度を創ったものと見ることができる。

　②　株式分配によって完全子法人株式の交付を受ける株主（被現物分配法人）の取扱い

　　イ　完全子法人株式以外の資産の交付を受けた場合

　株式分配を行う現物分配法人の株主である被現物分配法人は、現物分配により現物分配法人から完全子法人株式その他の資産の交付を受けた場合には、その交付を受けた資産の価額の合計額が現物分配法人の資本金等の額のうちその被現物分配法人が有する現物分配法人株式に対応する部分の金額（株式分配の直前の現物分配法人の資本金等の額に、株式分配の直前の現物分配法人の簿価純資産価額のうちに現物分配法人が有する完全子法人株式の帳簿価額の占める割合を乗じて算出した金額に基づいて計算した金額）を超える部分の金額^(注54)は、配当の額とみなすこととされている（法法24①三）。

　そして、被現物分配法人は現物分配法人株式のうちその完全子法人株式に対応する部分の譲渡を行ったものとみなされることとなっている（法法61の2⑧）。この譲渡対価の額は、交付を受けた完全子法人株式その他の資産の時価となり、この譲渡原価の額は、現物分配法人株式の帳簿価額に、株式分配の直前の現物分配法人の簿価純資産価額のうちに現物分配法人が有する完全子法人株式の帳簿価額の占める割合を乗じて算出した金額となる（法令119の8

（注53）　適格株式分配においては、資本金等の額のみを減少させ、利益積立金額は減少させないこととされている（（5）「①　適格株式分配によって完全子法人株式の交付を行う法人（現物分配法人）の取扱い」（153頁）の説明を参照のこと。）。
（注54）　この金額は、被現物分配法人が保有する現物分配法人株式に対応する資本金等の額を計算し、その資本金等の額を超える部分の金額を算出することによって求めるものとされているが（法令23①三）、その計算構造が現物分配法人において減少する利益積立金額の計算構造と同じものとなっているため、その利益積立金額の減少額と同額となる。

の2①)。

このため、被現物分配法人が現物分配により現物分配法人から完全子法人株式その他の資産の交付を受けた場合には、被現物分配法人に、みなし配当の額と現物分配法人株式の譲渡利益額又は譲渡損失額が計上されることとなる。

　　ロ　完全子法人株式のみの交付を受けた場合

現物分配法人の株主である被現物分配法人が現物分配により現物分配法人から完全子法人株式のみの交付を受けた場合には、その現物分配が非適格現物分配であるためみなし配当の額は生ずることとなるが、現物分配法人株式に関しては、簿価譲渡とされるため(法法61の2⑧後段)、現物分配法人株式の帳簿価額に、株式分配の直前の現物分配法人の簿価純資産価額のうちに現物分配法人が有する完全子法人株式の帳簿価額の占める割合を乗じて算出した金額に相当する金額だけ、現物分配法人株式の帳簿価額を減額し(法令119の8の2①)、この金額にみなし配当の額を加算した金額で完全子法人株式を取得したという処理を行うこととなる(法令119①八)。

完全子法人株式のみの交付を受けた場合には、株式分配が非適格株式分配とされてみなし配当が生ずる部分を別にすれば、被現物分配法人においては、現物分配法人株式の一部の含み損益が完全子法人株式の含み損益に姿を変えて引き継がれる状態となる。

なお、筆者としては、株式分配・適格株式分配には看過できない課題があると考えているが、詳細に関しては、第2編第4章1「(3)　「同様の効果がある」ということが「組織再編成」を創る理由になるわけではない【立法の課題】」(371頁)及び同「(5)　完全子法人への投資の処理を強制終了させる「株式分配」「適格株式分配」はその正当性の理論的な説明が困難である【立法の課題】」(373頁)の記述を参照されたい。

　(4)　適格株式分配の定義

「適格株式分配」とは、完全子法人の株式のみが移転する株式分配のうち、完全子法人と現物分配法人とが独立して事業を行うための株式分配をいうものとされている(法法2十二の十五の三)。

この「適格株式分配」には、完全支配関係法人間の適格組織再編成や支配関係法人間の適格組織再編成という枠組みは存在せず、支配株主が存在しない場合にのみ株式分配が適格株式分配となり得ることとなっている。

　具体的には、次の要件を満たす株式分配ということになる（法令4の3⑯）。

ⅰ　対価要件（金銭等不交付要件）

ⅱ　非支配継続要件

ⅲ　特定役員引継要件

ⅳ　従業者引継要件

ⅴ　事業継続要件

　適格株式分配は、「独立して事業を行うための株式分配」を想定しているものであるため、当初の株式分配の後に適格合併が行われることが見込まれている場合の要件の緩和等の措置は講じられていない。

　なお、適格株式分配に関しては、適格現物分配のような被現物分配法人の未処理欠損金額の使用制限や被現物分配法人における特定資産に係る譲渡等損失額の損金不算入の措置は講じられていない。

　①　対価要件（金銭等不交付要件）

　対価要件は、完全子法人株式のみが移転する株式分配であり、かつ、現物分配法人の株主の保有株式数の割合に応じて完全子法人株式が交付されることを求めるものである（法法2十二の十五の三）。

　②　非支配継続要件

　非支配継続要件は、株式分配の直前に他の者が現物分配法人を支配する関係がなく、かつ、株式分配後に他の者が完全子法人を支配する関係があることとなることが見込まれていないことを求めるものである（法令4の3⑯一）。

　この要件は、独立事業を行うための適格分割における非支配継続要件と同様であるため、第2章3(1)④ロ「(イ)　非支配継続要件」（97頁）の説明を参照されたい。

　③　特定役員引継要件、従業者引継要件及び事業継続要件

　特定役員引継要件は、「共同事業を行うための適格分割」における特定役員引継要件と同様であるため、第2章3(1)③ロ(ハ)「ⅱ　特定役員引継要件」（94頁）の説明を、従業者引継要件及び事業継続要件は、支配関係法人間の適格分割における従業者引継要件及び事業継続要件と同様であるため、第2章3(1)②ロ「(ニ)　従業者引継要件」（91頁）及び「(ホ)　事業継続要件」（91頁）の説明を参照されたい。

(5)　適格株式分配の取扱い

　①　適格株式分配によって完全子法人株式の交付を行う法人（現物分

　法人）の取扱い

　適格株式分配においては、現物分配法人は、被現物分配法人に移転した完全子法人株式を適格株式分配の直前の帳簿価額で譲渡したものとすることとなる（法法62の5③）。

　また、適格株式分配においては、現物分配法人は、適格株式分配の直前の完全子法人株式の帳簿価額に相当する金額の資本金等の額を減算し、利益積立金額は減算しないものとされている（法令8①十六）。

　なお、適格株式分配の取扱いは、単独新設分割型分割を適格分割とする措置（第2章3(1)「④　独立事業を行うための適格分割」（95頁））、そして、単独新設分社型分割又は単独新設現物出資によって完全子法人を作った後に適格株式分配によってスピンオフを行うものについてその単独新設分社型分割又は単独新設現物出資における株式継続保有要件を緩和して「適格」とする措置（第2章3(1)①ロ(ロ) i〔新設分割〕（ⅲ）（82頁））と同じ結果となるということを理由として措置が講じられたものであるが、確かに、表面的な結果だけを見ると、これらの三つは同じものに見えるわけであるが、適格株式分配の取扱いは、現物分配法人において生じていた完全子法人株式の含み損益を永久に消滅させてしまうという点で、他の二つの取扱いと比べると、その内容に非常に大きな違いがある、ということに留意する必要がある。

　　②　適格株式分配によって完全子法人株式の交付を受ける株主（被現物
　　　分配法人）の取扱い

　現物分配法人の株主である被現物分配法人においては、株式分配が適格株式分配であるのか非適格株式分配であるのかということにより、みなし配当が発生するのか否かということが変わってくるが、その点を除けば、適格株式分配か非適格株式分配かということで取扱いが変わることとはされておらず、完全子法人株式のみを交付されるのか否かということにより、取扱いが変わることとされている。

　この取扱いの内容は、(3)「②　株式分配によって完全子法人株式の交付を受ける株主（被現物分配法人）の取扱い」（151頁）において述べたとおりである。

附記　消費税の取扱い

　消費税法においては、現物分配は、配当と同様に対価性がない取引と捉えており、現物分配によって消費税の課税関係が生ずることはない。

第5章　株式交換等

1　概　要

　平成29年度改正により、スクイーズアウト^(注55)に課税を行わないこととする措置が講じられ、それに伴い、従来の株式交換に、全部取得条項付種類株式の端数処理、株式併合における端数処理、株式売渡請求の三つ（以下、特に個別に言及する必要がある場合を除き、「全部取得条項付種類株式の端数処理等」という。）を加えて、新たに「株式交換等」と呼ぶこととされている。

　平成29年度改正前においては、「株式交換」の定義は設けられておらず^(注56)、「適格株式交換」の定義（旧法法2十二の十六）のみが設けられていたが、同改正により、「株式交換等」の定義（法法2十二の十六）が新設され、「適格株式交換」の定義が「適格株式交換等」の定義（法法2十二の十七）に変更された。

　この「株式交換等」とは、株式交換と全部取得条項付種類株式の端数処理等によって100％子会社化を行うこととされている。

　このように、株式交換と全部取得条項付種類株式の端数処理等を一つにして「株式交換等」としたということは、これらについて、「100％子会社化」（財務省『平成29年度　税制改正の解説』318頁）を行うという同種の行為と捉えた、ということを意味する。

　適格とならない株式交換と全部取得条項付種類株式の端数処理等、すなわち「非適格株式交換等」においては、100％子会社化の対象法人の帳簿価額1000万円以上の資産を時価評価して評価損益を計上することとされている。株式交換に関しては、平成18年度改正により、原則として、株式交換完全子法人の資産の時価評価をすることとされていたわけであるが、平成29年度改正では、この株式交換の取扱いに合わせて、全部取得条項付種類株式の端数処理等の取扱いが変更された。

　そして、「適格株式交換等」に該当するものについては、この時価評価を行

（注55）　スクイーズアウト（Squeeze Out）とは、元々は「閉め出す」という意味であり、M＆Aにおいては、対象法人の少数株主に金銭を交付して株主から排除して対象法人を完全子会社化することをいう。

（注56）　会社法においては、株式交換は「株式会社がその発行済株式の全部を他の株式会社又は合同会社に取得させること」（会法2三十一）とされている。

わなくてもよいこととされた。

　スクイーズアウトの対象法人の資産の時価評価という問題は、平成29年度改正によって新たに生じたものであり、対象法人の資産に含み益がある場合には、株式交換等が「非適格株式交換等」とされることで、税負担が増加し、対象法人の資産に含み損がある場合には、株式交換等が「非適格株式交換等」とされることで、税負担が減少することとなる。

　法人税法における資産の時価評価の基本的な考え方からすると、株式交換完全子法人の資産は、株式交換によって他に移転するわけではないことから、時価評価を行わないのが「原則」であり、時価評価を行うのが「特例」ということになるわけであるが、株式交換は合併と同じ性質の「組織再編成」であると捉えていることから、合併等に合わせて「原則」と「特例」を入れ替えているものである。

　株式交換等が適格となるのか否かにかかわらず、株式交換等により金銭等の交付を受けた少数株主に対しては、株式交換に反対する株主を除き、みなし配当課税が行われず、旧株式の譲渡益に対する課税のみが行われることとなる。

　なお、事前に、平成29年度のスクイーズアウト関係改正の概要と同改正後のスクイーズアウトにおける少数株主の課税関係の概要を示しておくこととする。

【平成29年度のスクイーズアウト関係改正の概要】

手法	適格となり得るもの(注)の株式保有の状況	少数株主への金銭等の交付	組織再編成の取扱い			連結納税における取扱い		
			改正前の取扱い	改正後の取扱い		改正前の取扱い	改正後の取扱い	
				非適格	適　格		非適格	適　格
合　併 (吸収合併)	合併法人が被合併法人の株式等の3分の2以上保有	合併法人以外の被合併法人の株主等に金銭交付	被合併法人の資産・負債の合併法人への時価譲渡 被合併法人の欠損金の切捨て	被合併法人の資産・負債の合併法人への時価譲渡 被合併法人の欠損金の切捨て	被合併法人の資産・負債の合併法人への簿価引継ぎ 一定の要件の下で被合併法人の欠損金の合併法人への引継ぎ	被合併法人の資産・負債の合併法人への時価譲渡 被合併法人の欠損金の切捨て	被合併法人の資産・負債の合併法人への簿価引継ぎ 一定の要件の下で被合併法人の欠損金の合併法人への引継ぎ	
株式交換	株式交換完全親法人が株式交換完全子法人の株式等の3分の2以上保有	株式交換完全親法人が株式交換完全子法人の株主等に金銭交付	完全子法人の時価評価対象資産(※)の時価評価					
全部取得条項付種類株式	最大株主等である法人と対象法人との間に一方の法人による支配関係又は同一の者による支配関係	最大株主等である法人以外の株主等に端数相当の金銭交付	完全子法人等の時価評価対象資産(※)の時価評価	完全子法人等の時価評価対象資産(※)の時価評価の除外(対象法人の処理なし)	加入時に時価評価対象資産(※)の時価評価 欠損金の切捨て	加入時の時価評価対象資産(※)の時価評価の除外 欠損金の持込み(連結子法人の所得の範囲内)		
株式併合								
株式売渡請求	一の株主等である法人及びその完全支配関係法人が対象法人の株式等を保有(我が国の会社法の場合には特別支配株主が90%以上保有)	一の株主等である法人が対象法人の他の株主等に金銭交付	(対象法人の処理なし)					

(※)　帳簿価額1000万円以上の資産(帳簿価額がない自己創設のれん等は、時価評価の対象外となる。)

(注)　支配関係法人間の金銭等交付スクイーズアウトは、スクイーズアウト後にもスクイーズアウト前の支配関係が継続することが見込まれていること(合併の場合には、スクイーズアウト前のみ)、対象法人の従業者の80%以上が業務に引き続き従事することが見込まれていること、対象法人の主要な事業が引き続き行われることが見込まれていること、という3つの要件を満たすものが適格となる。

【平成29年度改正後のスクイーズアウトにおける少数株主の課税関係の概要】

		スクイーズアウトに対する少数株主の立場			
		反対しない		反対する	
合併（吸収合併）	手法	合併法人株式のみ交付	金銭等交付（※）	買取請求（会法785①）	
	譲渡損益	繰延べ	あり		
	みなし配当	適格：なし 非適格：あり	適格：なし 非適格：あり	なし（法令23③八）	
株式交換	手法	株式交換完全親法人株式のみ交付	金銭等交付（※）	買取請求（会法785①）	
	譲渡損益	繰延べ	あり		
	みなし配当	なし		あり	
全部取得条項付種類株式	手法	競売・現金交付（会法234①二）	発行法人が買取（会法234④）	買取請求（会法116①二）	価格決定申立（会法172①）
	譲渡損益	あり			
	みなし配当	なし（自己株式取得等でない）	なし（法令23③九）	なし（法令23③十）	なし（法令23③十一）
株式併合	手法	競売・現金交付（会法235①）	発行法人が買取（会法235②・234④）	買取請求（会法182の4①）	
	譲渡損益	あり			
	みなし配当	なし（自己株式取得等でない）	なし（法令23③九）	なし（法令23③九）	
株式売渡請求	手法	特別支配株主に対する譲渡		価格決定申立（会法179の8）	
	譲渡損益	あり			
	みなし配当	なし（自己株式取得等でない）			

（※） 合併や株式交換に伴い端株が生じた株主に交付される金銭等は、上記の表には記載されていないが、みなし配当とされることはない。

2　非適格株式交換等の取扱い

(1)　非適格株式交換等の定義

　株式交換等とは、次のとおり、株式交換、そして、全部取得条項付種類株式の端数処理等により、対象法人が最大株主等である法人との間に完全支配関係を有することとなること等と定義されている（法法2十二の十六）。

　十二の十六　株式交換等　株式交換及びイからハまでに掲げる行為により対象法人（それぞれイからハまでに規定する法人をいう。）がそれぞれイ若しくはロに規定する最大株主等である法人又はハの一の株主等である法人との間に完全支配関係を有することとなることをいう。

　イ　全部取得条項付種類株式（ある種類の株式について、これを発行した法人が株主総会その他これに類するものの決議（イにおいて「取得決議」という。）によつてその全部の取得をする旨の定めがある場合の当該種類の株式をいう。）に係る取得決議によりその取得の対価として当該法人の最大株主等（当該法人以外の当該法人の株主等のうちその有する当該法人の株式の数が最も多い者をいう。）以外の全ての株主等（当該法人及び当該最大株主等との間に完全支配関係がある者を除く。）に一に満たない端数の株式以外の当該法人の株式が交付されないこととなる場合の当該取得決議

　ロ　株式の併合で、その併合をした法人の最大株主等（当該法人以外の当該法人の株主等のうちその有する当該法人の株式の数が最も多い者をいう。）以外の全ての株主等（当該法人及び当該最大株主等との間に完全支配関係がある者を除く。）の有することとなる当該法人の株式の数が一に満たない端数となるもの

　ハ　株式売渡請求（法人の一の株主等が当該法人の承認を得て当該法人の他の株主等（当該法人及び当該一の株主等との間に完全支配関係がある者を除く。）の全てに対して法令（外国の法令を含む。ハにおいて同じ。）の規定に基づいて行う当該法人の株式の全部を売り渡すことの請求をいう。）に係る当該承認により法令の規定に基づ

> き当該法人の発行済株式等（当該一の株主等又は当該一の株主等との間に完全支配関係がある者が有するものを除く。）の全部が当該一の株主等に取得されることとなる場合の当該承認

(2)　非適格株式交換等の取扱い

①　株式交換等完全子法人の取扱い

　株式交換等完全子法人とは、株式交換完全子法人、そして、株式交換等（株式交換を除く。）の対象法人で完全子法人となった法人をいうものとされている（法法2十二の六の二）。

　また、株式交換等完全親法人とは、株式交換完全親法人、そして、株式交換等（株式交換を除く。）によって株式交換等完全子法人の全ての株式を有することとなった法人をいうものとされている（法法2十二の六の四）。

　平成29年度改正前は、非適格株式交換においては、株式交換完全子法人の時価評価対象資産を時価評価するものとされていたが、同改正以後も、同様に、非適格株式交換等における株式交換等完全子法人の時価評価対象資産を時価評価するものとされている（法法62の9①）。

　法人税法2条12号の16の「株式交換等」の定義は、上記(1)において確認したとおり、株式交換に関しては単に「株式交換」とされているため、基本的には、会社法上、株式交換とされているものの全てが該当することとなるが、全部取得条項付種類株式の端数処理等に関しては、同号に「株式交換等」に該当するものが具体的に定められているため、この定めに該当するのか否かを同号の文言に即して詳細かつ正確に確認する必要がある。「株式交換等完全子法人」の時価評価対象資産を時価評価する必要があるのか否かということで、税負担が大きく変わり、「株式交換等」を実行するのか否かという判断にまで影響を与える、というケースも生じてくる可能性がある。

　この時価評価対象資産は、平成29年度改正前は、圧縮記帳の適用を受けた資産や売買目的有価証券などを除き、含み損益が資本金等の額の2分の1又は1000万円のいずれか少ない金額に満たないものを除いた資産とされていたが、同改正により、この含み損益に係る除外基準が変更され、帳簿価額が1000万円に満たないものを除くこととされている。

　この改正の理由は、次のように説明されており、納税者としては、歓迎し

てよいものである[注57]。

> 「　この改正は、上記(4)⑦〔引用者注：非適格株式交換等に係る株式交換完全子法人等の有する資産の時価評価等〕の改正による時価評価対象の拡大を受けて、事務負担に配慮するため、帳簿価額が少額である資産を一律で対象外とするものです。これにより、未計上の自己創設の営業権は時価評価の対象外となります。」（財務省『平成29年度　税制改正の解説』333頁注記）

　このように、平成29年度改正により、株式交換等完全子法人において時価評価の対象となる資産は少なくなるはずであるが、株式交換等が適格となり

[注57]　平成29年度改正前に、法人税法において資産の時価評価を行う場面で「1000万円」という基準が設けられていたものには、完全支配関係がある法人間の取引において譲渡損益調整資産の譲渡損益の計上を繰り延べる資産について帳簿価額が1000万円に満たないものを除外するもの（法令122の14①三）、非適格株式交換における完全子法人の資産の時価評価において資本金等の額の2分の1又は含み損益が1000万円のいずれか少ない金額に満たないものを除外するもの（法令123の11①四）、連結納税の開始等に伴う資産の時価評価において資本金等の額の2分の1又は含み損益が1000万円のいずれか少ない金額に満たないものを除外するもの（法令122の12①四）などがあったが、同改正により、これらの三つはいずれも帳簿価額1000万円に満たないものを時価評価の対象から除外するものに改正されている。これらは、いずれも事務負担の軽減の観点から設けられていたものであるが、例えば、譲渡損益調整資産に関しては単に譲渡損益の計上時期を後送りするだけのものであるため事務負担の軽減をかなりの程度まで考慮してよいことから帳簿価額基準によることとされたものであり、連結納税の開始等における時価評価に関しては納税単位を異にして課税をすることになるものであるため影響の大きなものに関しては事務負担の軽減を理由として除外することはできないということから含み損益基準によることとされていたものである。
　平成29年度改正においては、上記の三つのいずれも同じく帳簿価額基準によることとされ、非適格株式交換等における完全子法人の時価評価の対象となる資産に関する改正の理由は上記本文において引用したとおり「時価評価対象の拡大を受けて、事務負担に配慮するため」としか説明されておらず、また、連結納税の開始等に伴う時価評価の対象となる資産に関する改正の理由は「また、非適格株式交換等に係る株式交換完全子法人等の有する資産の時価評価についても同様の改正が行われています」（財務省『平成29年度　税制改正の解説』371頁注記）としか説明されていないわけであるが、「1000万円」という基準が事務負担の軽減の観点から設けられていることは当初より自明のことであって、このような改正を行う場合には、本来は、時価評価の意味内容が大きく異なっているにもかかわらず同じ基準で対象資産を除外することが適切であると判断する理由、言い換えると、従来の取扱いが適切でないと判断する理由を明確に説明する必要がある。

得ずに株式交換等完全子法人の資産が時価評価の対象となるということになると、期せずして税負担が大きく変動することが有り得るため、十分、注意する必要がある。

なお、組織再編成においては、いわゆる「適格作り」や「適格外し」が租税回避とされることがあることは周知のとおりであるが、株式の売買取引である全部取得条項付種類株式の端数処理等が「組織再編成」とされたことから、新たに「組織再編成作り」が租税回避とされることも有り得るため、注意が必要である。

②　株式交換等完全子法人の株主の取扱い

株式交換等完全親法人以外の株式交換等完全子法人の株主は、株式交換等により、株式交換等完全子法人の株式の対価として金銭等の交付を受けた場合には、譲渡損益の計上を繰り延べる特別な措置が講じられていないことから、株式交換等完全子法人の株式を時価によって譲渡したものとして処理することとなる（法法61の2①）。

株式交換等完全親法人以外の株式交換等完全子法人の株主の課税関係の概要は、「1　概　要」の最後において【平成29年度改正後のスクイーズアウトにおける少数株主の課税関係の概要】（158頁）として示したとおりである。

株式交換完全親法人以外の株式交換完全子法人の株主は、金銭等の交付が行われない株式交換（金銭等不交付株式交換）により、株式交換完全親法人の株式の交付を受けた場合には、株式交換完全子法人の株式の帳簿価額による譲渡を行ったものとして処理することとされている（法法61の2⑨）。そして、この場合の株式交換完全親法人の株式の取得価額は、金銭等不交付株式交換の直前の株式交換完全子法人の株式の帳簿価額に相当する金額とされている（法令119①九）。

株式交換完全子法人の株主が株式交換によって金銭等の交付を受けたとしても、株式交換による金銭等の交付はみなし配当の発生事由とはされていないことから、株式交換完全子法人にみなし配当が発生することはない。ただし、株式交換完全子法人の株主が株式交換に反対して株式交換完全子法人に株式の買取りを行わせた場合には、株式交換完全子法人による自己の株式の取得ということになり、みなし配当が発生することとなる（法法24①五）。

全部取得条項付種類株式に対して株式交換等完全子法人の株式以外の資産の交付が行われる場合には、株式交換等完全子法人の株主は、株式交換等完全子法人の全部取得条項付種類株式を時価によって譲渡したものとして処理

することとなるため（法法61の2①）、譲渡利益額又は譲渡損失額が計上されることとなる。

全部取得条項付種類株式に対して株式交換等完全子法人の株式以外の資産の交付が行われない場合には、株式交換等完全子法人の株主は、株式交換等完全子法人の全部取得条項付種類株式を帳簿価額によって譲渡したものとして処理することとなるため（法法61の2⑭三）、譲渡損益は計上されないこととなる。

全部取得条項付種類株式を発行した株式交換等完全子法人の株式交換等完全親法人以外の株主のみなし配当に関しては、平成29年度改正により、いずれの場合も、発生しないこととなる。つまり、全部取得条項付種類株式に対して株式交換等完全子法人の株式が交付された場合には、自己の株式の取得等のみなし配当事由に該当せず、金銭等が交付された場合には、端数の買取り等についてみなし配当事由に該当しない旨を定める法人税法施行令23条3項9号の規定に該当し、全部取得条項付種類株式の発行等に反対して株式交換等完全子法人の株式の買取請求を行って金銭を取得した場合には、平成29年度改正で新たに創設された同項10号の規定に該当し、その取得の価格の決定の申立てをして金銭を取得した場合には、同項11号の規定に該当して、いずれもみなし配当が生じないこととなる。

株式併合を行う株式交換等完全子法人の株式交換等完全親法人以外の株主のみなし配当に関しても、従来から、発生しないこととなっている。つまり、株式交換等完全子法人の株式の併合が行われて、株式交換等完全子法人の株式が交付された場合には、自己の株式の取得等のみなし配当事由に該当せず、端数の買取りの対価として金銭が交付されたり、株式併合に反対して株式交換等完全子法人の株式の買取請求を行って金銭を取得したりした場合には、法人税法施行令23条3項9号の規定に該当して、いずれもみなし配当が生じないこととなる。

株式売渡請求における株式交換等完全子法人の株式交換等完全親法人以外の株主のみなし配当に関しても、株式売渡請求において金銭等の交付を受ける行為がみなし配当事由に該当しないため、発生しないこととなる。

③　株式交換等完全親法人の取扱い

株式交換においては、株式交換完全親法人は、単に株式交換完全子法人の株式を取得するだけとなることから、株式の譲渡の問題やみなし配当の問題

が生ずることはなく、株式交換完全子法人の株式の取得の処理のみが問題となる。

　株式交換で金銭等不交付株式交換等に該当しないもの（法人税法施行令119条1項10号の規定の適用を受けないもの）により、株式交換完全親法人が株式交換完全子法人の他の株主から株式交換完全親法人の株式を取得した場合には、時価によって取得したものとすることとなる（法令119①二十七）。この場合、株式交換完全親法人は、当該株式の取得価額に相当する金額から交付金銭等を減算した金額だけ資本金等の額を増加させることとなる（法令8①十括弧書き）。

　株式交換で金銭等不交付株式交換等に該当するものにより、株式交換完全親法人が株式交換完全子法人の他の株主から株式交換完全子法人の株式を取得した場合には、次に掲げる場合の区分に応じてそれぞれに記載した金額を取得価額とするものとされている（法令119①十）。

　ⅰ　金銭等不交付株式交換等の直前の株主の数が50人未満である株式交換完全子法人の株式の取得をした場合：株式交換完全子法人の株主が有していた株式交換完全子法人の株式の金銭等不交付株式交換等の直前の帳簿価額に相当する金額の合計額

　ⅱ　金銭等不交付株式交換等の直前の株主の数が50人以上である株式交換完全子法人の株式を取得した場合：株式交換完全子法人の前期期末時の資産の帳簿価額から負債の帳簿価額を減算した金額に相当する金額

　この場合、株式交換完全親法人は、当該株式の取得価額に相当する金額だけ資本金等の額を増加させることとなる（法令8①十）

　全部取得条項付種類株式を株式交換等完全子法人が発行している場合の株式交換等完全親法人の取扱いは、上記②において述べた株式交換等完全親法人以外の株式交換等完全子法人の株主の取扱いと同様である。

　ただし、株式交換等完全親法人が全部取得条項付種類株式の端数の合計数に相当する数の株式の売却先としてこれを取得した場合には、その取得価額は、その株式の時価となる（法令119①二十七）。

　株式併合における株式交換等完全親法人の取扱いも、上記②において述べた株式交換等完全親法人以外の株式交換等完全子法人の株主の取扱いと同様であり、株式交換等完全親法人が端数の合計数に相当する数の株式の売却先としてこれを取得した場合の取扱いも、上記の全部取得条項付種類株式の場合と同様である。

　株式売渡請求の場合には、金銭を支払って株式交換等完全子法人の株式を取得することとなるため、株式交換等完全親法人が取得した株式交換等完全子法人の株式の取得価額は、常に時価となる（法令119①二十七）。

3　適格株式交換等の取扱い

(1)　適格株式交換等の定義

　適格株式交換等も、基本的には、従来の適格株式交換と同様に、完全支配関係法人間の適格株式交換、支配関係法人間の適格株式交換等、共同事業を行うための適格株式交換という三つからなっている。このうち、完全支配関係法人間の適格株式交換と共同事業を行うための適格株式交換となるのは、株式交換のみで、全部取得条項付種類株式の端数処理等は、株式交換とともに支配関係法人間の適格株式交換等に含まれることとなっている。

　適格株式交換等の定義は、次のとおりである。

十二の十七　適格株式交換等　次のいずれかに該当する株式交換等で株式交換等完全子法人の株主等に株式交換等完全親法人の株式又は株式交換完全支配親法人株式（株式交換完全親法人との間に当該株式交換完全親法人の発行済株式等の全部を保有する関係として政令で定める関係がある法人の株式をいう。）のいずれか一方の株式以外の資産（当該株主等に対する剰余金の配当として交付される金銭その他の資産、株式交換等に反対する当該株主等に対するその買取請求に基づく対価として交付される金銭その他の資産、株式交換の直前において株式交換完全親法人が株式交換完全子法人の発行済株式（当該株式交換完全子法人が有する自己の株式を除く。）の総数の3分の2以上に相当する数の株式を有する場合における当該株式交換完全親法人以外の株主に交付される金銭その他の資産、前号イの取得の価格の決定の申立てに基づいて交付される金銭その他の資産及び同号ハの取得の対価として交付される金銭その他の資産を除く。）が交付されないものをいう。
　イ　その株式交換に係る株式交換完全子法人と株式交換完全親法人との間に当該株式交換完全親法人による完全支配関係その他の政令で定める関係がある場合の当該株式交換

　ロ　その株式交換等に係る株式交換等完全子法人と株式交換等完全親
　　法人との間にいずれか一方の法人による支配関係その他の政令で定
　　める関係がある場合の当該株式交換等のうち、次に掲げる要件の全
　　てに該当するもの
　　(1)　当該株式交換等完全子法人の当該株式交換等の直前の従業者
　　　のうち、その総数のおおむね100分の80以上に相当する数の者が
　　　当該株式交換等完全子法人の業務（当該株式交換等後に行われ
　　　る適格合併又は当該株式交換等完全子法人を分割法人若しくは
　　　現物出資法人とする適格分割若しくは適格現物出資（ロにおい
　　　て「適格合併等」という。）により当該株式交換等完全子法人の
　　　当該株式交換等前に行う主要な事業が当該適格合併等に係る合
　　　併法人、分割承継法人又は被現物出資法人（ロにおいて「合併法
　　　人等」という。）に移転することが見込まれている場合には、当
　　　該合併法人等の業務を含む。）に引き続き従事することが見込ま
　　　れていること。
　　(2)　当該株式交換等完全子法人の当該株式交換等前に行う主要な
　　　事業が当該株式交換等完全子法人（当該株式交換等後に行われ
　　　る適格合併等により当該主要な事業が当該適格合併等に係る合
　　　併法人等に移転することが見込まれている場合には、当該合併
　　　法人等を含む。）において引き続き行われることが見込まれてい
　　　ること。
　ハ　その株式交換に係る株式交換完全子法人と株式交換完全親法人と
　　が共同で事業を行うための株式交換として政令で定めるもの

　適格株式交換等が従来の適格株式交換と大きく違うところは、株式交換の
直前に、株式交換完全親法人が株式交換完全子法人の発行済株式の3分の2以
上を有する場合に、株式交換完全親法人以外の株主に金銭等を交付しても支
配関係法人間の適格株式交換等となるということ、そして、全部取得条項付
種類株式の取得の価格の決定の申立てに基づいて交付される金銭等、株式併
合に反対する株式交換等完全子法人の株主に対する買取請求に基づく対価と
して交付される金銭等や株式売渡請求により株式交換等完全子法人の株式の
取得の対価として交付される金銭等があっても支配関係法人間の適格株式交
換等となるということである。

　このように、株式交換等完全親法人以外の株式交換等完全子法人の株主に
金銭等を交付しても適格となるとしたことにより、スクイーズアウトが課税
を受けずに行い得るようになったわけである。

　合併とともに株式交換においては適格要件に「3分の2」以上の株式の保有
という要件を設け、全部取得条項付種類株式の端数処理等においては適格要
件に「3分の2」以上の株式の保有という要件を設けない理由は定かではない
が、50％超3分の2未満の対象法人の株式を保有している場合には、事実上、
「非適格株式交換等」と「適格株式交換等」のいずれとするのかということ
が選択できる状態となっている。

　なお、100％の資本関係にある法人間で全部取得条項付種類株式の端数処
理等が行われるというケースは現実には非常に少ないはずであり、また、制
度の企画立案時に認識されていたかどうかということに関しては疑問がある
が、上記の法人税法2条12号の17ロの「支配関係」は完全支配関係を含むもの
とされていることから、100％の資本関係にある法人間で行われる全部取得
条項付種類株式の端数処理等も、同号ロに掲げるものに該当する可能性があ
る状態となっており、同号ロの要件を満たさなければ「支配関係法人間の適
格株式交換等」に該当することとならないため、注意が必要である。

　①　完全支配関係法人間の適格株式交換
　次のいずれかの株式交換で適格要件を満たすものが完全支配関係法人間の
適格株式交換となる。
　ⅰ　株式交換完全子法人と株式交換完全親法人との間に株式交換完全親法
　　人による完全支配関係（当事者間の完全支配関係）がある場合の株式交
　　換
　ⅱ　株式交換完全子法人と株式交換完全親法人との間に同一の者による完
　　全支配関係（同一者による完全支配関係）がある場合の株式交換
　　イ　適格要件
　株式交換が完全支配関係法人間の適格株式交換となるのは、次の二つの要
件のいずれをも満たす場合である。
（ⅰ）　対価要件
（ⅱ）　完全支配関係継続要件
　　ロ　各適格要件の内容

（イ）　対価要件

完全支配関係法人間の適格株式交換の要件とされている対価要件は、株式交換完全親法人以外の株式交換完全子法人の株主に株式交換完全親法人の株式以外の資産が交付されないことを求めるものであり、第1章2(1)①ロ「（イ）合併対価要件」（14頁）に記載した要件と同様のものである（法法二十二の十七）。

この合併対価要件と同様に、株式交換の直前に株式交換完全親法人が株式交換完全子法人の株式の3分の2以上を有する場合に株式交換完全親法人以外の株主に交付される金銭等があっても、対価要件を満たすこととなる（法法2十二の十七括弧書き）。

（ロ）　完全支配関係継続要件

完全支配関係法人間の適格株式交換の要件とされている完全支配関係継続要件は、株式交換の前に、株式交換完全子法人と株式交換完全親法人との間に株式交換完全親法人による完全支配関係（当事者間の完全支配関係）、又は、株式交換完全子法人と株式交換完全親法人との間に同一の者による完全支配関係（同一者による完全支配関係）があり、かつ、株式交換の後にも、これらの関係が継続することが見込まれていることを求めるものである（法法二十二の十七イ、法令4の3⑱）。

②　支配関係法人間の適格株式交換等

上記①の完全支配関係法人間の適格株式交換と下記③の共同事業を行うための適格株式交換は、株式交換のみが対象となっているが、支配関係法人間の適格株式交換等には、株式交換の他に全部取得条項付種類株式の端数処理、株式併合及び株式売渡請求による完全子法人化も含まれている。

次のいずれかの株式交換等で適格要件を満たすものが支配関係法人間の適格株式交換等となる。

ⅰ　株式交換等完全子法人と株式交換等完全親法人との間にいずれか一方の法人による支配関係（当事者間の支配関係）がある場合の株式交換等

ⅱ　株式交換等完全子法人と株式交換等完全親法人との間に同一の者による支配関係（同一者による支配関係）がある場合の株式交換等

イ　適格要件

株式交換等が支配関係法人間の適格株式交換等となるのは、次の四つの全

ての要件を満たす場合である。

（イ）　対価要件

（ロ）　支配関係継続要件

（ハ）　従業者継続要件

（ニ）　主要事業継続要件

　　　ロ　各適格要件の内容

　　（イ）　対価要件

　支配関係法人間の適格株式交換等における対価要件の具体的な内容は、基本的には、前述の完全支配関係法人間の適格株式交換における対価要件と同様であるため、①ロ「（イ）　対価要件」（168頁）の説明を参照されたい。

　ただし、株式交換の直前に株式交換完全親法人が株式交換完全子法人の株式の3分の2以上を有する場合に株式交換完全親法人以外の株主に交付される金銭等、全部取得条項付種類株式の取得の価格の決定の申立てに基づいて交付される金銭等、株式売渡請求において株式交換等完全子法人の株式の取得の対価として交付される金銭等については、これらを交付しても、対価要件を満たすこととなる。

　　（ロ）　支配関係継続要件

　支配関係法人間の適格株式交換等における支配関係継続要件は、株式交換等の前に、株式交換等完全子法人と株式交換等完全親法人との間にいずれか一方の法人による支配関係（当事者間の支配関係）、又は、株式交換等完全子法人と株式交換等完全親法人との間に同一の者による支配関係（同一者による支配関係）があり、かつ、株式交換等の後にも、これらの関係が継続することが見込まれていることを求めるものである（法法2十二の十七ロ、法令4の3⑲）。

　実務においては、従来、全部取得条項付種類株式の端数処理等によるスクイーズアウトの後に、買収を行った受け皿法人が買収された事業会社に吸収される合併が行われるケースが見受けられるが、このような吸収合併が行われる場合には、支配関係継続要件を満たすことができず、全部取得条項付種類株式の端数処理等が非適格株式交換等とされることになるものと考えられるため、注意する必要がある。

（ハ）　従業者継続要件

　支配関係法人間の適格株式交換等における従業者継続要件は、株式交換等完全子法人の株式交換等の直前の従業者のうち、その総数のおおむね80％以上に相当する数の者が、株式交換等の後にも、株式交換等完全子法人の業務に従事することが見込まれていることを求めるものである（法法二十二の十七ロ(1)）。

　この従業者継続要件は、支配関係法人間の適格合併における従業者引継要件と同様であるため、第1章2(1)②ロ「（ハ）　従業者引継要件」（20頁）の説明を参照されたい。

（ニ）　主要事業継続要件

　支配関係法人間の適格株式交換等における事業継続要件は、株式交換等完全子法人の株式交換等の前の主要な事業が株式交換等完全子法人において引き続き行われることが見込まれていることを求めるものである（法法二十二の十七ロ(2)）。

③　共同事業を行うための適格株式交換

　共同事業を行うための適格株式交換とは、株式交換完全子法人と株式交換完全親法人とが共同で事業を行うための株式交換とされる適格要件を満たす株式交換とされている（法法二十二の十七ハ）。

イ　適格要件

　株式交換が共同事業を行うための適格株式交換となるのは、次の（イ）から（ト）までの全ての要件を満たす場合である。ただし、株式交換の直前に、株式交換完全子法人に他の者による支配関係がない場合には、（ヘ）株式継続保有要件は課されない。

（イ）　対価要件（金銭等不交付要件）

（ロ）　事業関連性要件

（ハ）　事業規模要件又は特定役員非退任要件

（ニ）　従業者継続要件

（ホ）　主要事業継続要件

（ヘ）　株式継続保有要件

（ト）　完全支配関係継続見込要件

　　ロ　各適格要件の内容
　　（イ）　対価要件（金銭等不交付要件）

　共同事業を行うための適格株式交換における対価要件は、株式交換完全親法人以外の株式交換完全子法人の株主に株式交換完全親法人の株式以外の資産が交付されないことを求めるものであり、第1章2⑴③ロ「（イ）　合併対価要件（金銭等不交付要件）」（23頁）に記載した要件と同様である（法法二十二の十七）。

　　（ロ）　事業関連性要件

　共同事業を行うための適格株式交換における事業関連性要件は、株式交換完全子法人が行う主要な事業と株式交換完全親法人が行う事業とが相互に関連するものであることを求めるものであり、第1章2⑴③ロ「（ロ）　事業関連性要件」（23頁）に記載した要件と同様である（法令4の3⑳一）。

　　（ハ）　事業規模要件又は特定役員非退任要件

　株式交換が共同事業を行うための適格株式交換となるためには、事業規模要件又は特定役員非退任要件のいずれかを満たすことが必要となる（法令4の3⑳二）。

　これらの要件に関しては、共同事業を行うための適格合併における事業規模要件又は特定役員引継要件の特定役員の「引継」の部分が「非退任」となっている点を除けば、共同事業を行うための適格合併における事業規模要件又は特定役員引継要件と同様であるため、第1章2⑴③ロ「（ハ）　事業規模要件又は特定役員引継要件」（25頁）の説明を参照されたい。

　　（ニ）　従業者継続要件

　共同事業を行うための適格株式交換における従業者継続要件は、株式交換完全子法人の株式交換の直前の従業者のうち、80％以上の者が株式交換完全子法人の業務に引き続き従事することが見込まれていることを求めるものである（法令4の3⑳三）。

　この従業者継続要件に関しては、共同事業を行うための適格合併における従業者引継要件の「引継」の部分が「継続」となってはいるものの、その内容は共同事業を行うための適格合併における従業者引継要件と同様であるため、第1章2⑴③ロ「（ニ）　従業者引継要件」（30頁）の説明を参照されたい。

（ホ）　主要事業継続要件

　共同事業を行うための適格株式交換における主要事業継続要件は、株式交換完全子法人が株式交換前に行う主要な事業の内のいずれかの事業（株式交換完全親法人が株式交換前に行う事業の内のいずれかの事業と関連する事業に限る。）が株式交換完全子法人において引き続き行われることが見込まれていることを求めるものである（法令4の3⑳四）。

（ヘ）　株式継続保有要件

　共同事業を行うための適格株式交換における株式継続保有要件は、株式交換完全子法人に支配株主（株式交換の直前に株式交換完全子法人の50％超の株式を保有する者が存在する場合のその者、そして、その者が株式の50％超を保有する法人で株式交換完全親法人以外のもの）が存在する場合に、その支配株主に株式交換によって交付される株式交換完全親法人の株式の全部が継続して保有されることが見込まれていることを求めるものである（法令4の3⑳五）。

　この株式継続保有要件に関しては、共同事業を行うための適格合併における株式継続保有要件と同様であるため、第1章2(1)③ロ「（ヘ）　株式継続保有要件」（30頁）の説明を参照されたい。

（ト）　完全支配関係継続見込要件

　共同事業を行うための適格株式交換における主完全支配関係継続要件は、株式交換後に、株式交換完全親法人と株式交換完全子法人との間に株式交換完全親法人による完全支配関係が継続することが見込まれていることを求めるものである（法令4の3⑳六）。

(2)　適格株式交換等の取扱い

①　株式交換等完全子法人の取扱い

イ　株式交換等完全子法人の処理の基本的な考え方

　平成29年度改正前の支配関係法人間の適格株式交換は、企業買収の手段として用いられることのない株式交換、換言すれば、スクイーズアウトの手段として用いられることのない株式交換とされていたと言ってもよい。

　平成13年度改正によって創設された組織再編成税制においては、「買収には課税する」という考え方が採られていた。つまり、「会社を売ったり買ったりするものには特例を講ずる理由がない」と考えていたわけである。

　平成29年度改正は、このような組織再編成税制の考え方を180度変えるものと言っても過言ではない(注58)。

　平成29年度改正の結果、支配関係法人間の適格株式交換には、「買収には課税をする」という考え方に基づくものと「買収にも課税をしない」という考え方に基づくものの双方が含まれる状態となっているわけである。

　全部取得条項付種類株式の端数処理等に関しても、非適格株式交換等において対象法人の資産の時価評価を行うこととし、適格株式交換等においてのみ対象法人の資産の時価評価を行わないこととしていることから、結果的には、原則として「買収には課税をする」こととした上で、特例として「支配の程度が高かった場合の買収には課税をしない」こととした、と見ることができる。

　このような事情からすると、支配関係法人間の適格株式交換等における株式交換等完全子法人の処理の基本的な考え方は、企業買収の手段に用いられない株式交換には課税を行わず、また、支配の程度が高い場合の企業買収の手段に用いられる株式交換等にも課税を行わない、という対極的なものとなっていると考えられる。

　　ロ　資産の時価評価除外等
　支配関係法人間の適格株式交換等においては、株式交換等完全子法人の時価評価対象資産の時価評価をする必要がないものとされている（法法62の9①括弧書き）。

　このため、自己株式の処理が必要となるというような事情がない限り、特別な処理を行う必要はない。

　支配関係法人間の適格株式交換等によって連結子法人となった法人に関しては、連結納税制度の開始及び連結納税制度への加入の際の資産の時価評価を行う必要がなく（法法61の11①・61の12①）、また、未処理欠損金額を切り捨てずに連結納税制度に持ち込むことができることとされたことから（法法81の9②一）、連結納税制度を採用している法人は、適格株式交換等の取扱いが設けられたことにより、大きなメリットを享受することができる状態となってい

(注58)　このような平成29年度改正には、疑問がある。詳細に関しては、第2編第4章2「(4)　組織再編成税制を「買収」には課税をするという制度から「買収」にも課税をしないという制度に変えることには疑問がある【立法の課題】」（380頁）の説明を参照されたい。

る。

　ただし、適格株式交換等によって連結納税に連結子法人を加入させた行為が租税回避とされることのないように、十分、注意する必要がある。

　　②　株式交換等完全子法人の株主の取扱い

　株式交換等完全親法人以外の株式交換等完全子法人の株主の取扱いは、基本的には、金銭等が交付されるのか否かということを基準として定められており、2(2)「②　株式交換等完全子法人の株主の取扱い」(162頁)において述べたとおりである。

　　③　株式交換等完全親法人の取扱い

　株式交換等完全親法人の取扱いも、基本的には、金銭等を交付するのか否かということを基準として定められており、2(2)「③　株式交換等完全親法人の取扱い」(163頁)において述べたとおりである。

附記　消費税の取扱い

　株式交換等は、消費税法上、有価証券の譲渡となるため、譲渡自体は非課税扱いとされているが、株式交換等があった日の属する事業年度の課税売上の計算に影響を与えることになる。

　有価証券の譲渡については、その譲渡対価の5%部分のみが非課税売上として、課税売上割合の計算に影響を与えることとなる。

　株式の譲渡があった場合に株式の譲渡金額が多額になることを理由として、課税売上割合に準ずる割合を採用することは、認められていない。

第6章　株式移転

1　概　要

　法人税法においては、「株式移転」の定義は設けていないが、会社法と同様に、株式移転を「1又は2以上の株式会社がその発行済株式の全部を新たに設立する株式会社に取得させること」（会法2三十二）と捉えていると考えてよい。

　法人税法においては、株式移転について、原則として、株式移転完全子法人の1000万円以上の帳簿価額となっている資産を時価評価して評価損益を計上することとされており、一般に、このような株式移転は、「非適格株式移転」と呼ばれている。

　法人税法においては、株式移転のうち、一定の要件を満たすものについて、特例として、株式移転完全子法人の資産の時価評価を行わないこととしており、このような株式移転を「適格株式移転」と定義している。

　実務においては、株式移転は、そのほとんどが事業会社の上に事業会社の株式の100％を保有する持株会社を創るために用いられているものと想定されるわけであるが、共同株式移転によって企業買収を行うというような用いられ方もある。

2　適格株式移転の取扱い

(1)　適格株式移転の定義

　法人税法においては、「適格株式移転」について、次のいずれかに該当する株式移転で株式移転完全子法人の株主に株式移転完全親法人の株式以外の資産（株式移転に反対する当該株主に対するその買取請求に基づく対価として交付される金銭等を除く。）が交付されないものと定義している（法法2十二の十八）。

　　i　完全支配関係法人間の適格株式移転

　　ii　支配関係法人間の適格株式移転

　　iii　共同事業を行うための適格株式移転

　　①　完全支配関係法人間の適格株式移転

　完全支配関係法人間の適格株式移転とは、次のいずれかの株式移転で、適格要件を満たすものとされている（法法2十二の十八イ）。

　ⅰ　共同株式移転

　株式移転完全子法人と他の株式移転完全子法人との間に、同一の者による完全支配関係がある場合の株式移転

　ⅱ　単独株式移転

　一の法人のみが株式移転完全子法人となる株式移転

イ　適格要件

　完全支配関係法人間の適格株式移転とは、次の要件のいずれをも満たすものとされている。

（イ）　対価要件（金銭等不交付要件）

（ロ）　完全支配関係継続要件

ロ　各適格要件の内容

（イ）　対価要件（金銭等不交付要件）

　対価要件は、株式移転完全子法人の株主に株式移転完全親法人株式以外の資産が交付されないことを求めるものである。

　ただし、次の資産については、完全子法人の株主に対して交付されたとしても、適格判定には影響がないものとされている（法法2二の十八括弧書き、法基通1-4-2）。

　ⅰ　反対株主の買取請求に基づく対価として交付される金銭等

　ⅱ　一株未満の株式の譲渡代金として交付される金銭等

　株式移転における対価要件の例外に、株式交換で認められている「剰余金の配当として交付される金銭等」が含まれていないのは、株式移転における完全親法人は新設法人であり、剰余金の配当を行う余地がないためである。

　また、株式移転においては必然的に株式の交付が発生するため、無対価での株式移転に関する定めは設けられていない。

（ロ）　完全支配関係継続要件

　完全支配関係継続要件は、次の区分に応じて、それぞれに掲げる要件を満たすことを求めるものである（法令4の3㉑・㉒）。

　ⅰ　共同株式移転の場合：株式移転前に、株式移転完全子法人と他の株式移転完全子法人との間に同一の者による完全支配関係があり、かつ、株式移転後に、株式移転完全親法人も含めて、当該同一の者による完全支配関係が継続することが見込まれていること

（※）　例えば、株式移転前にA社（同一の者）による完全支配関係があ

　　るものが、株式移転後に株式移転完全親法人株式を同一グループ内
　　のB社に譲渡したという場合であっても、B社がA社と同一の100％
　　グループ内の法人であれば、同一の者による完全支配関係が継続し
　　ているものとされ、完全支配関係継続要件を満たすことになる。
ⅱ　単独株式移転の場合：株式移転後に、株式移転完全親法人と株式移転
　　完全子法人との間に、株式移転完全親法人による完全支配関係が継続す
　　ることが見込まれていること
（※）　単独株式移転の場合には、株式移転完全子法人と株式移転完全親
　　　　法人との間の完全支配関係の継続が求められているのみで、株式移
　　　　転完全親法人の株主について、支配に関する要件は付されていない
　　　　ため、株式移転後に当該株主が株式移転完全親法人の株式の譲渡が
　　　　見込まれていても、完全支配関係継続要件を満たすこととなる。
②　支配関係法人間の適格株式移転
　支配関係法人間の適格株式移転とは、次のいずれかの株式移転で、適格要
件を満たすものとされている（法法2二の十八ロ）。
ⅰ　株式移転完全子法人と他の株式移転完全子法人との間にいずれか一方
　　の法人による支配関係がある場合の株式移転
ⅱ　株式移転完全子法人と他の株式移転完全子法人との間に同一の者によ
　　る支配関係がある場合の株式移転
　イ　適格要件
　支配関係法人間の適格移転とは、次の要件の全てを満たすものとされてい
る。
（イ）　対価要件（金銭等不交付要件）
（ロ）　支配関係継続要件
（ハ）　従業者継続要件
（ニ）　事業継続要件
　　ロ　各適格要件の内容
　　（イ）　対価要件（金銭等不交付要件）
　支配関係法人間の適格株式移転における対価要件は、完全支配関係法人間
の適格株式移転における対価要件と同様である。
　　（ロ）　支配関係継続要件
　支配関係継続要件は、次の区分に応じて、それぞれに掲げる要件を満たす

ことを求めるものである（法令4の3㉓）。

　i　当事者間の支配関係がある場合：株式移転前に、株式移転完全子法人
　　と他の株式移転完全子法人との間にいずれか一方の法人による支配関係
　　があり、かつ、株式移転後に、株式移転完全子法人と他の株式移転完全
　　子法人との間に、株式移転完全親法人による支配関係が継続することが
　　見込まれていること

　ii　同一の者による支配関係がある株式移転の場合：株式移転前に、株式
　　移転完全子法人と他の株式移転完全子法人との間に同一の者による支配
　　関係があり、かつ、株式移転後に、株式移転完全親法人と株式移転完全
　　子法人及び他の株式移転完全子法人との間に、当該同一の者による支配
　　関係が継続することが見込まれていること

（ハ）　従業者継続要件

　従業者継続要件は、各株式移転完全子法人の株式移転の直前の従業者のうち、その総数のおおむね80％以上に相当する数の者が、株式移転後も各株式移転完全子法人の業務に引き続き従事することが見込まれていることを求めるものである（法法2十二の十八ロ(1)）。

　この従業者継続要件は、支配関係法人間の適格合併における従業者引継要件と同様であるため、第1章2(1)②ロ「（ハ）　従業者引継要件」（20頁）の説明を参照されたい。

（ニ）　主要事業継続要件

　支配関係法人間の適格株式移転における主要事業継続要件は、各株式移転完全子法人が株式移転前に行う主要な事業が、株式移転後に各株式移転完全子法人において引き続き行われることが見込まれていることを求めるものである（法法2十二の十八ロ(2)）。

　株式移転の場合には、合併や分割の場合とは異なり、株式移転を行うことで事業が消滅するということは基本的にはないわけであるが、株式移転を契機に各株式移転完全子法人のうちの一つでも株式移転後に主要事業を引き続き行うことが見込まれていない場合には、この主要事業継続要件を満たさないこととなる点に留意する必要がある。例えば、他の株式移転完全子法人株式を保有して、子会社管理を主要な事業としている場合などには、注意が必要になる。

③　共同事業を行うための適格株式移転

　共同事業を行うための適格株式移転とは、株式移転完全子法人と他の株式

移転子完全法人とが共同で事業を行うための株式移転とされる適格要件を満たす株式移転とされている（法法2十二の十八ハ）。

　イ　適格要件

　株式移転が共同事業を行うための適格株式移転となるのは、次の要件の全てを満たす場合である。ただし、株式移転の直前に株式移転完全子法人の全てについて他の者による支配関係がない場合には、（ヘ）　株式継続保有要件は課されない。

　（イ）　対価要件（金銭等不交付要件）

　（ロ）　事業関連性要件

　（ハ）　事業規模要件又は特定役員非退任要件

　（ニ）　従業者継続要件

　（ホ）　事業継続要件

　（ヘ）　株式継続保有要件

　（ト）　完全支配関係継続見込要件

　　ロ　各適格要件の内容

　　（イ）　対価要件（金銭等不交付要件）

　共同事業を行うための適格株式移転における対価要件は、完全支配関係法人間の適格株式移転における対価要件と同様である。

　　（ロ）　事業関連性要件

　共同事業を行うための適格株式移転における事業関連性要件は、株式移転完全子法人の子法人事業と、他の株式移転完全子法人の他の子法人事業とが相互に関連するものであることを求めるものである（法令4の3㉔一）。

　この「子法人事業」とは、株式移転完全子法人が株式移転前に行う「主要な事業のうちのいずれかの事業」をいい、「他の子法人事業」とは、他の株式移転完全子法人が株式移転前に行う「事業のうちのいずれかの事業」をいうものとされており、他の株式移転完全子法人の事業が主要な事業であることは要求されていない。

　その他の事項に関しては、共同事業を行うための適格合併の事業関連性要件と同様であるため、第1章2(1)③ロ「（ロ）　事業関連性要件」（23頁）の説明を参照されたい。

　　（ハ）　事業規模要件又は特定役員非退任要件

　共同事業を行うための適格株式移転における事業規模要件又は特定役員非

退任要件（法令4の3㉔二）は、株式移転完全子法人の主要な事業の規模と他の株式移転完全子法人の事業の規模とを比較したり各株式移転完全子法人の特定役員の全てが退任するものでないことを求めたりするものであり、共同事業を行うための適格株式交換における事業規模要件又は特定役員非退任要件と同様であるため、第5章3(1)③ロ「(ハ)　事業規模要件又は特定役員非退任要件」（171頁）の説明を参照されたい。

(ニ)　従業者継続要件

共同事業を行うための適格株式移転における従業者継続要件（法令4の3㉔三）は、支配関係法人間の適格株式移転における従業者継続要件と同様である。

(ホ)　事業継続要件

共同事業を行うための適格株式移転における事業継続要件は、株式移転完全子法人の株式移転前に行う主要な事業のいずれかと、その主要な事業に関連する他の株式移転完全子法人の事業とが、株式移転後に引き続き行われることが見込まれていることを求めるものである（法令4の3㉔四）。

共同事業を行うための適格株式移転における事業継続要件は、支配関係法人間の適格株式移転における主要事業継続要件とほとんど同じ内容となっているが、相違点は、支配関係法人間の適格株式移転における主要事業継続要件の場合には、各株式移転完全子法人の主要な事業が引き続き行われることが見込まれていることを求めているのに対して、共同事業を行うための適格株式移転における事業継続要件は、株式移転完全子法人の主要な事業とその主要な事業に関連する他の株式移転完全子法人の事業（「主要な事業」ではなく「事業」）が引き続き行われることが見込まれていることを求めている、という点である。

(ヘ)　株式継続保有要件

共同事業を行うための適格株式移転における株式継続保有要件（法令4の3㉔五）は、共同事業を行うための適格株式交換における株式継続保有要件と同様であるため、第5章3(1)③ロ「(ヘ)　株式継続保有要件」（172頁）の説明を参照されたい。

(ト)　完全支配関係継続見込要件

共同事業を行うための適格株式移転における完全支配関係継続見込要件は、株式移転後に、株式移転完全子法人と他の株式移転完全子法人との間に株式移転完全親法人による完全支配関係が継続することが見込まれているこ

とを求めるものである（法令4の32㉔六）。

(2)　適格株式移転における取扱い

①　株式移転完全子法人の取扱い

　法人税法においては、基本的には、持株会社を創るためのものが適格株式移転となると捉えられていると考えてよい。

　適格株式移転においては、株式移転完全子法人は、時価評価対象資産の時価評価を行う必要がないものとされており（法法62の9①括弧書き）、自己株式の処理が必要となるというような事情がない限り、特別な処理を行う必要はない。

②　株式移転完全子法人の株主の取扱い

　適格株式移転における株式移転完全子法人の株主の取扱いは、適格株式交換における株式交換完全子法人の株主の取扱いと同様であるため、第5章3(2)「②　株式交換等完全子法人の株主の取扱い」（174頁）の中の株式交換完全子法人の株主の取扱いに関する説明を参照されたい。

③　株式移転完全親法人の取扱い

　適格株式移転における株式移転完全親法人の取扱いも、適格株式交換における株式交換完全親法人の取扱いと同様であるため、第5章3(2)「③　株式交換等完全親法人の取扱い」（174頁）の中の株式交換完全親法人の取扱いに関する説明を参照されたい。

3　非適格株式移転の取扱い

　非適格株式移転の取扱いも、基本的に非適格株式交換の取扱いと同様であるため、第5章2「(2)　非適格株式交換等の取扱い」（160頁）の中の非適格株式交換の取扱いに関する説明を参照されたい。

附記　消費税の取扱い

　株式移転における消費税の取扱いも、株式交換における消費税の取扱いと同様であるため、第5章「附記　消費税の取扱い」（174頁）の説明を参照されたい。

第2編

組織再編成税制の課題

184

序　章　基本的な事項に関する課題の検討の必要性

　平成13年度改正によって創設された組織再編成税制は、我が国の法人税法において「法人」をどのように捉えるべきか、我が国において法人と株主との関係がどのような実態にあるのか、我が国の企業に何が求められているのか、我が国において法人税法がどのような役割を果たしているのか、我が国の法人税法はどのようなものであるべきか、そして、従前（平成13年度改正前）の資本等取引や合併等の取扱いにどのような課題があったのかというようなことを検討した上で、企画立案を行ったものである(注59)。この組織再編成税制は、我が国の法人税制の根幹とも言うべき部分の取扱いを抜本的に改めて作られたものであるが、このような改正を行う場合には、通常の個別項目の改正を行う場合とは異なり、法人税制に存在する基本的な諸問題に関する検討を避けて通ることはできない(注60)。

　組織再編成税制が上記のような法人税制の根幹に係る諸問題の検討を基礎

(注59)　我が国の組織再編成税制がアメリカの税制の影響を受けているとして、我が国の組織再編成税制とアメリカの組織再編成税制とが同じ取扱いとなっている部分を挙げて、我が国の組織再編成税制がアメリカの組織再編成税制に近づいたとして評価する見解を述べたり、我が国の組織再編成税制とアメリカの組織再編成税制とが異なる取扱いとなっている部分を挙げて、我が国の組織再編成税制に問題があるという見解を述べたりするものがあるが、税制の適否等は表面的な制度比べなどによって判断することができるわけではなく、これらの見解には、我が国の組織再編成税制の前提となっている事項に関する理解不足という共通点が存在するように見受けられる。

(注60)　拙著『企業組織再編成に係る税制についての講演録集』（日本租税研究協会、平成13年）の「Ⅰ　法人税制の検討課題について−分割・合併等−（平成12年7月3日開催の会員懇談会）」（1〜18頁）の諸外国における取扱い及び当該取扱いに対する評価に関する記載からも分かるとおり、我が国において組織再編成税制を創設するに際しては、ドイツ、フランス、アメリカなどにおける同種の税制における各種の取扱いを参考としたが、上記の諸問題について検討を行った結果、いずれの国の税制とも異なる考え方と理論に基づいて創設するのが適当であるという結論に至り、組織再編成税制の企画立案を進めることとなった。

　このため、当然のことではあるが、我が国の組織再編成税制のあり方を考えるに当たっては、我が国の組織再編成税制における考え方と理論に基づき、検討を進める必要がある。諸外国における税制の考え方や理論そして仕組みなどは、あくまでも、参考に止まるものと考えておく必要がある。

として創られたものであるということは、そのような諸問題に関する検討の結果が変わってくれば、制度の基本的な考え方と仕組みを見直す必要があるということ、そして、制度の基本的な考え方と仕組みを変える場合には、そのような諸問題に関する再検討が必要となるということを意味する。

　以下、第2編においては、上記の点を踏まえて、本書において与えられた「組織再編成税制の現状と課題」というテーマの中の「課題」に関して説明を行うこととするが、組織再編成税制に関しては、平成13年度改正によって創設されて以後、平成18年度改正と平成22年度改正によって理論と仕組みに合理的な説明が困難な部分が少なからず生じてしまっていることから、この「課題」に関しては、大きなもの程、平成18年度改正と平成22年度改正の歪みを是正した上に、あるべき姿を描き、そのあるべき姿に向かう必要がある、という説明とせざるを得ないことをあらかじめ断っておくこととする。

　なお、本書のテーマとして与えられた「組織再編成税制の課題」という場合の「課題」とは、基本的には、立法上の「課題」を意味するものと理解しているが、現実には、立法上の「課題」の以前に、解釈上の「課題」が少なからず存在し、それらの多くが実務に影響を与えるとともに立法上の「課題」にもつながっているという状態にあるため、以下、組織再編成税制に関する法令の規定の解釈上の「課題」にも触れながら、説明を行うこととする。

第1章　組織再編成税制の前提となった諸問題から導かれる課題

　第1章においては、平成13年に組織再編成税制を創設するに当たって事前に検討を行った諸問題について、その概要を確認した上で改めて見直し、そこからどのような課題が浮かび上がってくるのかということを簡記することとする。

1　法人税法における「法人」の捉え方

(1)　法人税法における「法人」の実在性

　我が国の法人税法においては、「法人」は、法人税の納税義務者として現に実在するものと捉えられており、擬制などとは捉えられていない。

　「法人」を擬制と捉えるシャウプ勧告を受けて行われた昭和25年度改正の直後は、法人税法における「法人」は擬制と捉えられていると説明することも可能であったと考えられるが、昭和30年前後の数次の改正を経て、以後は、「法人」を実在するものと捉えて法人税法の改正が行われてきたと言ってよい。

　法人税法における「法人」を実在するものと捉えるのか、それとも、擬制と捉えるのかということにより、資本等取引税制と組織再編成税制のあるべき姿は大きく変わってくることになるわけであるが、法人税法における「法人」が実在するものであるという捉え方は、今後とも変わる可能性はないと考えられるため、この捉え方のいかんによって組織再編成税制に課題が生じてくるということはないはずである。

　このため、ここでは法人税法における「法人」は実在するものと捉えて組織再編成税制が創られたということを確認するに留めることとする。

(2)　法人税法における「法人」の理念型

　「法人」の理念型をどのように捉えるのかということも、組織再編成税制に大きな影響を与えることとなる。

　税法の分野では、従来、「法人」の「理念型」がどのようなものであるのかという議論はなされてきたことがなかったものと思われるが、平成13年に資本等取引に関する従来の取扱いを抜本的に見直すとともに新しく組織再編成

税制を創設するに当たっては、法人税法において理念型となるべき「法人」とはどのような法人であるのかということを検討する必要があった。

その検討の結果は、法人税法における「法人」の理念型は法人税法が従来から「法人」として想定してきた不特定多数の株主が存在するものとすることでよい、というものであった。言い換えると、法人税法における「法人」の理念型を個人事業に類似する少数の株主が存在する「法人」とするのは適当ではない、ということである。

このような不特定多数の株主が存在する「法人」は、当時、商法において「会社」の理念型とされていたものと基本的には同じものである。

ヨーロッパやアメリカの税制においては、少数の株主しか存在しない小規模な法人を想定して仕組みを創るという傾向があるが、平成13年度改正において組織再編成税制を創設するに当たり、我が国の法人税法においては、そのような法人ではなく、不特定多数の株主が存在する大法人を「法人」と捉えて仕組みを創ることを確認したわけである。

我が国においては、中小法人が98％前後を占めており、不特定多数の株主が存在する大法人は2％程度にしか過ぎないが、それでもなお法人税法における「法人」の理念型を不特定多数の株主が存在する大法人とするのは、不特定多数の株主が存在する大法人が「法人」の持つあらゆる要素を備えていることに加えて、「理念型」とは単に数の大小で判断すべき性質のものではなく目指すべきものとして描かれるものであるためである。商法における「会社」の理念型も、同様の観点に立つものであったと考えられる。

法人税法における「法人」が不特定多数の株主が存在する大法人であるという前提に立って組織再編成税制を創るということになると、「法人」は株主とは別の存在であるという認識の下で「法人」と株主に関するそれぞれの取扱いを検討することとなる。現在の我が国の組織再編成税制においては、「法人」の適格の要件と株主の株式譲渡損益の計上の繰延べの要件とが異なっているのは、我が国の法人税法における「法人」の理念型を不特定多数の株主が存在する大法人としたことによるところが大きい。

しかし、法人税法における「法人」の理念型が不特定多数の株主が存在する法人であるとしても、全ての法人に対して常にその「理念型」に基づいて取扱いを示すのが適切であるかどうかということに関しては、一考の余地がある。

　すなわち、現に中小法人が法人数の98%前後を占めるという事実があって、その98%前後の法人にとっては、2%程度にしか過ぎない大法人を想定して設けられた各種の定めが実態に合わないということは十分に有り得ることであり、その中小法人の実態に合わない定めを実態に合うようにするために、「法人」の理念型に中小法人に対応する派生型を設けて、「法人」の理念型を多様化することがあってもよいものと考えられる。

　このような「法人」の理念型の多様化は、本来は、法人税制の全体の課題として検討されるべき性質のものであるが、まずは、組織再編成税制において検討する、ということであっても、何ら問題はない。組織再編成税制において、「中小法人」という理念型（派生型）を設け、仕組みのあり方を検討するということになると、その検討は、組織再編成税制における中小法人特例の検討ということになる。

　本書においては、個別具体的な課題についてまで言及することはしないが、平成13年度改正で創設された組織再編成税制において、中小法人の組織再編成の特質に踏み込んだ取扱いが不足していることは、間違いのないところであり、今後、大法人税制という性格を色濃く持って創られた組織再編成税制において中小法人特例を充実させるということが大きな課題となってくるものと思われる。

　この組織再編成税制における中小法人特例に関しては、中小法人に組織再編成を巡る課税上の問題が生じてから後追いでパッチワークのように作られていくという、アメリカの税制の二の舞になることがないように、早期に、「中小法人」という派生型の理念型を描いた上で体系的かつ包括的な特例が設けられることを望みたい。

2　我が国における法人と株主との関係

　我が国において法人と株主がどのような関係にあると捉えるのかということも、組織再編成税制のあり方を考える上で、非常に重要である。

　我が国においては、組織再編成税制を創設した平成13年頃までは、実際に「法人は誰のものか？」という質問をしてみると、法人の業務に従事している者であっても、「株主のもの」と答える者は少数であり、多くの者が「社長のもの」と答える状況にあった。これは、我が国においては、「法人」は、「法人」が株主のものではなく代表者のものであると判断されるように活動して

いた、ということを意味している。

仮に、上記の質問に対して、「株主のもの」と答える者が多数であったとすれば、我が国においては、「法人」は株主のものであると判断されるように活動していた、と捉えるべきであり、そのような実態があるということであれば、「法人」は株主のものという理解に基づき、「法人」の組織再編成については「株主の投資の継続性」の有無というような観点から取扱いを定めるべきである、ということになる。

要するに、我が国における法人と株主との関係がどのような関係にあるのかという実態に関する認識のいかんにより、組織再編成税制の仕組みは大きく変わることになるわけである。

アメリカの組織再編成に関する税制は、基本的には、組織再編成を行う法人とその株主の双方について、株主における「投資の継続性」の有無という共通の判断基準を用いて取扱いを定めるという構造になっているが、我が国においては、上記のような実態があるため、株主における「投資の継続性」の有無という判断基準によって法人における取扱いを定めるということは適切ではない、ということになり、我が国の組織再編成税制においては、株主における「投資の継続性」は、株主における株式の譲渡損益の計上の繰延べの判断基準としてのみ用いられることとなっている。

このように、我が国の組織再編成税制が我が国における法人と株主との関係の実態を踏まえて創られたものであるということは、その実態が変化すれば、組織再編成税制の基本的な仕組みを変える必要がある、ということを意味している。

それでは、この法人と株主との関係は、平成13年当時と現在とを比べてみて、どのように変わっているのであろうか。

この点に関しては、平成13年当時と現在とを比べてみると、企業会計原則が情報開示に一層重点を置くものとなってきたことを主な背景として、我が国においても、「法人は株主のものである」という認識が広まってきたことは、間違いのないところであると考えられる。

しかし、現時点で判断する限り、平成13年当時の実態認識を根本的に改めなければならないというところまで変化が生じているとは思われない。

このため、当分の間は、平成13年当時の実態認識を変更せず、組織再編成税制における法人と株主の取扱いの判断基準の基本構造を変更する必要はな

い、と考えられる。

　ただし、我が国の法人と株主との関係は、その法人が不特定多数の株主が存在する大法人である場合と少数の株主しか存在しない小規模な法人である場合とでは、その実態において大きな違いがあることも、また、事実である。

　このため、不特定多数の株主が存在する大法人を主な対象とした現在の取扱いを基本として維持しつつも、中小法人を対象として、法人と株主とが一体的な関係にある実態を踏まえた取扱いを新たに定めることを考慮してもよいものと考えられる。

　この法人と株主とが一体的な関係にある中小法人の組織再編成に係る取扱いにおいては、法人の適格判定と個人の株式譲渡損益の計上の繰延べの判定の双方を株主の投資の継続性を判定基準として行うという仕組みが妥当であろう。

3　法人に求められているものと法人税制

　『改正税法のすべて＜平成13年版＞』（大蔵財務協会）における組織再編成税制の創設趣旨の冒頭には、次のように記載されている。

> 「　近年、我が国においては、国際化・情報化の進展等により、企業活動が多様化・複雑化するとともに、いわゆるバブル崩壊後、厳しい経営環境が続くなかで、企業の組織再編成が重要な課題となっています。」（132頁）

　この記載からも分かるとおり、我が国の組織再編成税制は、平成13年当時、我が国の企業に求められているものが組織再編成であるという認識に基づいて設けられたものである。平成13年当時は、商法や企業会計においても、いまだ組織再編成に関する包括的な取扱いは定められていなかったが、我が国の企業には、組織再編成を広く行い得るようにすることが喫緊の課題であり、法人税法において組織再編成に関する包括的な取扱いを定めれば、我が国の企業は必ず広範に組織再編成を行うようになる、と考えられたわけである。平成13年当時、組織再編成を行うことが必要と考えられていたのは、欧米やアジアの企業との競争に曝されていた大法人であり、組織再編成税制は、大法人税制という性格を色濃く持った制度としてスタートすることとなった。

その後、現在まで約15年が経過したわけであるが、平成13年前と現在とを比較すると、組織再編成の件数は大幅に増加しており、組織再編成税制はその果たすべき役割を果たしたと評価してよいものと考えられる。

平成13年当時と同じような観点から、現在の我が国の企業に組織再編成に関する分野において何が求められているのかということを考えてみると、大法人に関しては、組織再編成の個別項目に関するニーズを除けば、特に重要なものは見当たらない。

一方、中小法人に関しては、近年、組織再編成が事業承継の手段として用いられるとともに、組織再編成が相続税・贈与税対策として用いられることも非常に多くなっている。このような状況においては、早期に、事業承継の手段等として容認されるものと租税回避等とせざるを得ないものとを区分する基準を明確化することが必要になると考えられる。

4 我が国において法人税法が果たしている役割

我が国においては、従来から、商法・会社法、企業会計とともに、法人税法が企業活動の重要なインフラとなってきたわけであるが、法人税法が企業活動の重要なインフラとなっているということは、法人税法の仕組みが変われば企業活動が変わる、ということでもある。

このように、法人税法が企業活動の重要なインフラとなっているがゆえに、平成13年度改正によって組織再編成税制が創設され、そして、その組織再編成税制が我が国の企業の競争力の強化に大きく貢献することとなったわけである。

もちろん、現在も、法人税法が企業活動の重要なインフラとなっているということは、何ら疑いのないところである。

この法人税法が企業活動の重要なインフラとなっているということ自体からは、組織再編成税制に関する固有の課題が新たに出てくるということはないわけであるが、現在も変わらず法人税法が企業活動の重要なインフラとなっているということは、他の観点から企業活動に関する何らかの措置等が講じられ、それに伴って組織再編成税制の見直しも必要となるという判断がなされた場合には、速やかに組織再編成税制の見直しを行って必要な措置を講じなければならない、ということを意味している。

5　我が国の法人税法はどのようなものであるべきか

　合併に関する税制は、昭和2年に、大蔵省の通牒によって合併差益に対する課税が始まり、以後、その基本的な仕組みを維持しながら、平成13年度改正前まで続いた。

　現物出資に関する税制は、昭和17年に、臨時租税特別措置法において一部限定的に圧縮記帳方式による課税特例が認められ、昭和21年に、企業再建整備法において、簿価出資方式による特例が認められ、昭和23年に、大蔵省の通牒により、簿価出資方式による課税特例が認められ、その後、昭和40年に、圧縮記帳方式による課税特例が認められて、平成13年度改正前まで続いた。

　みなし配当に関する税制は、大正9年に、株式を消却する株主についてのみみなし配当課税が始まり、その後、昭和26年に、利益積立金の資本組入れなどの資産の交付のないものについてもみなし配当とすることとされ、平成13年度改正前まで続いた。

　平成13年度改正における組織再編成税制を創設する改正は、このように相当に長い歴史を持つ取扱いについての抜本改正であり、従来、税務の現場において、取扱いを変えてはならないものの例えとして“神の領域”とも呼ばれることがあった合併、分割（現物出資）、増減資などの法人税制における最も難解な項目の抜本改正であった。

　平成13年度改正前は、合併や分割（現物出資）は「資本等取引」に含まれるものという認識が一般的であり、「損益取引」と対比して捉えられることが多かったが、これは、合併や分割（現物出資）に資本金の額や資本積立金額の増減が伴うことからすれば、非常に素直な捉え方であった。

　要するに、平成13年度改正前は、資本等取引と組織再編成とを「資本等取引」と捉え、その他の益金の額や損金の額を生じさせる取引を「損益取引」と捉えて、前者に関しては、基本的には取扱いを変えることは適当ではないという意識が根強く存在していたわけである。

　当時、このような状況となっていた理由としては、資本等取引や組織再編成を行う例が非常に少なかったこと、そして、資本等取引や組織再編の税制が非常に難解であったことに加えて、法人税法が「損益取引」の取扱いのみを定める法律と言っても過言ではない構造となっているため、専ら「損益取引」の取扱いのみに焦点が当たる状態となっていたこと、この三つを挙げることができる。

　この三つの理由の内の最初の資本等取引や組織再編成を行う例が非常に少ないということに関しては、いわば"ルール"ともなるこれらの税制を整備することによって対応することが可能であり、税制としては、それ以外の対応策はなく、また、2番目の資本等取引や組織再編成の税制が非常に難解であるということに関しては、極力、簡明かつ合理的な制度を創り上げることで対応するという結論しかなかったわけであるが、最後の理由となっている法人税法の構造の問題に関しては、熟考する必要があった。アメリカにおいては、従来、法人税に関する規定は、我が国の法人税法のように、所得の金額を計算するための損益計算を基本とする構造となっていたが、1940年代に、そのような構造は本来のあり方ではないとして、法人と株主との間の取引を基本とする構造に変更されたと言われており、我が国においても、そのような法人税法の基本構造の見直しが必要ではないかということを考えざるを得なかったわけである。

　この問題に関しては、結論を述べると、我が国においては、「法人」を株主のものと捉えたり、「法人」を擬制と捉えたり、中小法人を「法人」の理念型と捉えたりして法人税法を創るということは適当ではなく、また、法人と株主との間の取引を法人税法の中心に据えるというようなことも適当ではない、ということになった。

　この法人税法が「損益取引」の取扱いのみを定める法律となっているという問題は、一見しただけでは、単に立法技術上の問題に過ぎないと受け止められてしまいかねないものであるが、しかし、実際には、決してそのような軽いものではなく、我が国における「法人」の捉え方を大きく規定し、法人の活動の大きな制約となってきたものと推測された。

　すなわち、法人税法が各事業年度の所得の金額の計算マニュアルという状態になっており、そのために、立法においても、長年にわたって損益に関する取扱いを巡って改正を行うことのみを繰り返し、実務においても、長年にわたって損益に関する取扱いに対してのみが目が向けられるという状況が続いてきた、と考えられるわけである。

　このような認識の下、平成13年度改正においては、貸借取引である資本等取引と組織再編成に関する取扱いの抜本的な見直しと整備が喫緊の重要な課題となっているということを確認して、我が国の企業が損益取引と同等に貸借取引を行うようになる状態を念頭に置き、法人税法における資本等取引と

組織再編成の取扱いを抜本的に見直す、という姿勢で改正に臨むこととなったわけである。

　昭和40年に制定された現在の法人税法を見てみると、基本的には、第1編で「総則」を規定し、第2編で「内国法人の納税義務」、第3編で「外国法人の納税義務」、第4編で「雑則」、第5編で「罰則」を定めることとしており、第2編の「内国法人の納税義務」の中で、第1章に「各事業年度の所得に対する法人税」の定めを設けている。この第1章においては、第1節が「課税標準及びその計算」、第2節が「税額の計算」、第3節が「申告、納付及び還付等」の定めとなっており、この第1節が「所得の金額」の計算について定めるもので最も多くの規定を置くものとなっている。

　この法人税法の構成からもすぐに分かるとおり、法人税法は、損益の額（所得の金額）の計算に関する規定を中心に据えて創られており、貸借の額に関する規定は、「節」の下の「款」のさらに下の「目」にさえもなっていない。昭和40年に制定された法人税法においては、そもそも貸借の額について規定を設けることは、予定されていないわけである。

　しかし、法人税申告書別表4（所得の金額の計算に関する明細書）及び5(1)（利益積立金額及び資本金等の額の計算に関する明細書）とそれらの作成実務を思い起こすとすぐに分かるとおり、法人の所得の金額の計算においては、損益の額と貸借の額の双方が不可分一体の関係にあり、損益の額の取扱いだけを定めればそれで済むということにはならない。

　それでは、法人税法において貸借の額がどのように位置付けられているのかということになるが、法人税法においては、貸借の額を規定せずに無視しているというわけではなく、貸借の額に関する規定自体は設けていないが、貸借の額を純額で示す資本金等の額（平成18年度改正前は、資本の金額又は出資金額と資本積立金額）と利益積立金額に関する定めを設けることにより、間接的に貸借の額を定めることとしている。資産又は負債の増減は必然的に利益積立金額又は資本金等の額の増減となるという理解の下に、資本金等の額と利益積立金額の増減の定めを設けているわけである。このような法人税法の構造は、「変形複式簿記」と呼ぶことができるものと考えている。

　アメリカなど、他の先進諸外国の法人税制においては、所得の金額の増減と資本金等の額及び利益積立金額の増減とを簿記における相手勘定として一体的に捉えるという考え方は採られていないようであり、我が国においては、

法人の所得の金額の計算を企業会計上の利益の額に基づいて行うという仕組みを採ったことにより、企業会計から「複式簿記」という非常に大きな財産を獲得することが出来たわけである。一般に、法人税法と企業会計との関係に関しては、それぞれの取扱いの異同のみが話題となるが、法人税法が「複式簿記」という仕組みを企業会計から学んだことが、両者のいずれにとっても、最も重要な成果であったと考えられる。

このように法人税法の構造を理解するとすれば、第2編以下の規定を適用するために必要な事項を定める第1編の「総則」の中の定義規定（2条）という、本来は税制上の取扱いや計算を定めるべきところではないところに定められることとなってしまってはいるものの、資本金等の額と利益積立金額の増減は、所得の金額の増減と同様に、正確に規定しなければならない、ということになる。資本金等の額と利益積立金額の増減を正しく定めなければ、それらの増減を含む組織再編成の取扱いも、正しく定めることができない。

しかし、平成13年税制改正前は、資本積立金額と利益積立金額の増減の定めは、残念なことに、不足するものや誤っているものが存在する状態となっていた。

このため、平成13年度改正においては、まず、資本積立金額と利益積立金額の増減の規定を正しく見直すこととし、これらの規定は、改正前の約3倍となったわけであるが、この見直しは、組織再編成税制を創設するために必要であったという以前に、我が国の法人税法の変形複式簿記の構造を完全なものにするために必須であったわけである。

本書のテーマである組織再編成税制の課題を考えるに当たっては、昭和40年に制定された現在の法人税法において、平成13年度改正がどのような役割を果たしたのかということをはっきりと理解しておく必要がある。後の第2章及び第3章において述べる資本金等の額と利益積立金額の増減に関係する課題は、上記のような平成13年度改正が果たした役割を理解した上で、是正策を講ずる必要がある、ということである。

ただし、中長期的に見た場合には、法人税法の基本構造に、このようなものに止まらない大きな課題が存在するということにも留意しておく必要がある。

現在の法人税法が中心に据える各事業年度の所得の金額の計算の場面は、法人が設立されてから清算されるまでの一連の流れの中の一場面でしかな

く、法人の税に関する包括的な定めであるべき法人税法が、各事業年度の所得の金額の計算という法人の一時期の一場面の取扱いのみに偏った定めとなっていることは、適切ではない。法人税法においては、本来は、法人の設立から清算まで、すなわち法人が生まれてから死ぬまでの一連の流れの中の各場面においてそれぞれの取扱いを定める、という基本構造に改めるのが適切であると考えられる。そして、その中で、設立、増減資、配当などの資本等取引や組織再編成の取扱い、各事業年度の所得の金額の計算の取扱い、清算の取扱いなどを定めることとするべきである。

　平成13年度改正は、将来の法人税法の全文改正を視野に置いて行う必要があるという認識の下に企画立案を行ったことから、同改正に際しては、上記のような法人税法の基本構造の本来のあるべき姿というものも、ある程度、意識されていたわけであるが、法人税法の全文改正は、現在に至るまで実現しておらず、この法人税法の基本構造の問題は、今後の大きな課題として残されたままとなっている。

　昭和40年前の旧法人税法の構造を同年に創設された法人税法の構造と比べてみると、旧法人税法の方が貸借に関する定めを相対的に多く定めていることが分かる。法人税法の解説書に関しても、同様の傾向を見てとることができる。例えば、昭和24年に国税庁直税部法人税課の松井静郎氏が著した『税務會計の實務』（中央経済社）の構成は、次のとおりとなっていた。

第十二章　更正及び決定並びにこれに對する救済手続

第十三章　加算税、追徴税及び還付加算金

第十四章　第三者通報制

第十五章　罰則

　この解説書においては、第二章において会社の設立に伴う法人税の取扱いが説明されており、第九章において会社の消滅に伴う法人税の取扱いが説明されている。その間に、第三章において各事業年度の所得の金額の計算に関する取扱いが説明されており、第五章と第六章において資本等取引と組織再編成に相当するものの取扱いが説明されているわけである。

　平成13年度改正により、組織再編成税制を創設した際には、当時の法人税法が各事業年度の所得の金額の計算マニュアルと言っても過言ではない状態となっていたため、全く異質のものを無理やり入れ込んだような印象を持った方々も少なくなかったものと思われるが、昭和40年度改正前の法人税法を念頭に置いて見たとすれば、同改正によって設けた定めは、本来、法人税法の中にあるべきものであって、同改正は、あまり違和感を与えるようなものではなかったはずである。

　もっとも、この「昭和40年度改正前の法人税法」も、大きく分けると、シャウプ勧告に基づく改正が行われた昭和25年度改正の前後で分かれることとなる。同改正前は、法人実在説に基づく制度が念頭に置かれており、上記の『税務會計の實務』も、法人が実在するものということを前提として法人税制を説明したものと捉えてよい。同著の序（大蔵大臣　池田勇人）においては、次のように述べられている。

　「法人の活動を設立から清算に至る各段階毎に捉えて、これに對應する法人税の各規定の解説を行うものであつて、これにより法人活動に對應する法人税の意義が明確となり法人税の理論的解明に一歩を進めたものである。多年主税局にあつて法人税の立案實施を専擔し法人税の権威として自他ともに許す松井君を俟つて初めて、此の好著が期待できたと申しても過言ではあるまい。」

　昭和24年に発刊された上記の『税務會計の實務』^(注61)は、法人実在説に基づく法人税の捉え方の到達点と言ってもよいように思われる。

　現在に至っては、法人税制が法人擬制説を採っていると主張する者は居ないものと思われるが、法人実在説に基づく法人税制がどのようなものであるべきかという問題意識を持って考えると、我が国の法人税制は、シャウプ勧告により、理論と仕組みのいずれに関しても、分かり難いものになり、現在もなおその余韻が残る状態となっている、と評価せざるを得ない。

　筆者は、我が国の法人税制のあるべき姿は、昭和25年度改正前の延長線上で、法人が実在するものという前提に立ち、法人の事業利益に対する課税の仕組みとして描く方がよい、と考えている。

　法人税法を法人が生まれてから死ぬまでの一連の流れの中の各場面における取扱いを定める構造とするということになると、法人税に関して立法技術も含む広範な知見が必要となることは間違いないが、この課題は、法人税における膨大な数の取扱いや法人税の細かな実務を知らなければ企画立案が行い得ないという性質のものではないため、昭和40年度改正のような取組みを行いさえすれば、十分、実現できるものである。

　このような改正が法人税法において実現すれば、貸借取引である資本等取引や組織再編成に関する取扱いを、専ら損益取引の取扱いを定めるものの中に窮屈な形で挿入せざるを得ない、という問題も解決することとなる。

6　資本等取引・組織再編成の「認定」

　平成13年度改正において、資本等取引の取扱いの抜本改正を行って組織再編成税制を創設するに当たっては、実務において、資本等取引や合併及び現物出資などの「認定」がほとんど行われなくなっていたことが大きな懸念材料であった。

　諸外国においては、認定出資や認定配当などが少なくないと言われる中で、我が国だけは、寄附金認定が異常に多用される一方、資本等取引として「認定」をするということがほとんど行われていなかった。例えば、親会社が子会社に資金を拠出したものについて、これを「寄附金」と認定するなどとい

---

^(注61)　上記の著作は、「實務」という題名となってはいるが、上記の序にもあるとおり、その内容は、「法人税の理論的解明に一歩を進めたもの」と言ってよいものと考えられる。

うことを行っているのは、おそらく我が国のみであり、諸外国では、「出資」と認定しているはずである。また、我が国においては、資本等取引であれば、有利発行のような場合を除き、現に取引が行われた価額で取引することでよいという捉え方が広く存在し、資本等取引の価額を問題にして否認するということは、ほとんど全く行われていなかった。平成13年度改正を行うに当たっては、資本等取引や組織再編成を適正な時価で行ってもらうことが必要であり、また、外国で行われる資本等取引や組織再編成も適切に我が国の法人税法における資本等取引や組織再編成と「認定」をしてもらうことが必要となるわけであるが、これらの点に大きな懸念があったわけである。

このような状況は、基本的には、法人税法の解釈の問題であって、法人税法の立法の問題ではないため、税法改正によって解決できるものではなかった。

そして、残念ながら、このような状況は、現在もほとんど変っていないと言わざるを得ない。正確に言えば、第2章1において述べるとおり、平成18年度改正によって増資の場合に増加する資本金等の額の増加額を「払い込まれた金銭の額」とする等により、後退してしまった感があるのが現実である。

そういう意味では、現在は、平成13年度改正時より以上に、資本等取引や組織再編成の「認定」の問題が大きな課題となっていると言ってもよいわけである。

この問題を解決するためには、なぜ、資本等取引の「認定」が行われなくなってしまったのかということを知っておかなければならない。

この資本等取引の「認定」に関しては、過去からこのような状況が続いていたわけではなく、かつては、配当、利益処分賞与、出資などという「認定」が行われた例が数多く存在する。このような資本等取引の「認定」の流れは、シャウプ勧告と企業会計の影響を受けて、昭和20年代の後半以降、次第に低調になったように見受けられる。その一方、昭和30年代に入ると、寄附金の「認定」が大きく増加している。このような流れの延長線上で、昭和40年度改正が行われることとなっているわけであるが、同改正は、このような流れを不可逆なものに決定づけたと言ってよい。

それはなぜかというと、昭和40年度改正においては、資本等取引に係る収益の額と損失の額を一括して益金の額と損金の額に算入しないという規定を法人税法22条2項と3項3号に設けて、資本等取引に係る収益の額と損失の額

を全て所得の金額の計算の埒外に置いたからである。これにより、資本等取引において「認定」をする意味が全くなくなってしまった。

　この昭和40年度改正における法人税法22条2項と3項3号の改正は、同改正前に個別に規定されていた額面超過金及び払込剰余金の益金不算入（旧法法9の2）、加入金の益金不算入（旧法法9の3）、減資益金の益金不算入（旧法法9の4）、合併減資益金等の益金不算入（旧法法9の5）、減資払戻超過額の損金不算入（旧法規16）などについて、一括して益金の額と損金の額に算入しないとした点では、意義があったと言ってよい。法定資本を前提に置いて株主からの払込金額を額面金額と額面超過金に分けること等により額面超過金等を益金の額や損金の額とする、ということに妥当性がないことは、明らかである。

　しかし、資本等取引に係る収益の額と損失の額には、時価で資本等取引を行った場合の収益の額や損失の額と時価ではない金額で資本等取引を行った場合の収益の額や損失の額とが含まれるため、前者の収益の額や損失の額に関しては、一括して益金の額や損金の額に算入しないと定めることでよいものの、後者の収益の額や損失の額に関しては、それで済むわけではない。

　要するに、上記の法人税法22条2項と3項3号の改正は、時価ではない金額で資本等取引を行った場合の収益の額や損失の額まで含まれる定め方で、一括して益金の額や損金の額に算入しないと定めたことで、資本等取引の「認定」を全て無意味にしてしまうとともに、本来は益金の額や損金の額に算入すべきであるそのような収益の額や損失の額を益金の額や損金の額から除外してしまうという大きな課題を生じさせることとなっているわけである。

第2章　資本金等の額の増減に関係する課題

1　増資（現物出資を含む）

　増資（現物出資を含む。以下、同じ。）の取扱いには、平成18年度改正により、大きな課題が生じている。以下、1においては、この課題に関して説明を行うこととする。

(1)　法人税法22条の「取引」の捉え方

　資本等取引税制や組織再編成税制における法令の規定を正しく解釈するためには、法人税における「取引」がどのように捉えられているのかということを正しく理解しておく必要がある。

①　法人税法における「取引」の一般的な理解

　法人税法における「取引」をどのように捉えるのかということに関しては、従来からいくつかの見解が述べられてきたが、その中では、金子宏東京大学名誉教授の見解がよく知られているのではないかと思われる。

　金子宏教授は、『所得税・法人税の理論と課題』（日本租税研究協会、平成22年）の中で、次のとおり、「混合取引の法理」の提案をされている。

> 「資本取引と損益取引とは峻別できるものなのか。そうではなく、1つの取引の中に資本取引の要素と損益取引の要素とが混合（在）している場合もあるのではないか。ここで取り上げる3つの取引は混合取引（仮にそういう概念を用いておきます）であると理解すべきではないか。」（136頁）

　金子宏教授は、このように述べた上で、この「混合取引」と捉えられる三つの取引として、「現物配当」、「デット・エクイティー・スワップ」、「自己株式の取得」を挙げておられる。このような「取引」の捉え方は、法人税法において、「現物配当」、「デット・エクイティー・スワップ」、「自己株式の取得」は、全体として一つの「取引」と捉えられている、という理解に基づくものであり、それゆえに、これらを「混合取引」と捉えて、これらが「資本取引」でありながら課税対象となる益金の額が生ずることを説明しようとするものである。

このように、「混合取引」という用語を用いないとしても、法人税法におい
て現物出資などを全体として一つの「取引」と捉える捉え方は、一般に広く
存在する。

②　法人税法22条における「取引」の正しい捉え方

法人税法には、「取引」という用語が数多く用いられており、法人税法22条
においては、2項、3項3号及び5項に「取引」という用語が用いられている。

これらの法人税法22条において用いられている「取引」という用語に関し
ては、同条が創設された昭和40年度の税制改正の解説においては、次のよう
に述べられている。

> 「なお、取引は簿記上の取引を指すものと解されます。」(『改正税法のす
> べて＜昭和40年版＞』大蔵財務協会、102頁)

このように、法人税法22条の「取引」という用語は、「簿記上の取引」を指
すものとされており、同条3項2号括弧書きの「償却費」等が「内部取引」と
呼ばれることからも分かるとおり、同条の「取引」も、基本的には、外部の
者との間で行われるやり取りを指しているものであって、同条の「取引」の
内の「償却費」等の「内部取引」と呼ばれるものに関しては、当該法人の内
部における「簿記上の取引」を指す、ということになっていると解される。

このような点からすると、法人税法22条における「取引」は、一般に法令
用語として用いられる「取引」よりもかなり範囲が広いということになる。
このように、法人税法22条における「取引」の範囲が広くなっているのは、
現在の法人税法が法人の純資産価額を増加させるものを所得の金額と捉える
ことを基本的な考え方としていることによるものである。

ただし、この法人税法22条における「取引」に関しては、その範囲が「簿
記上の取引」と同じようにかなり広いということだけでなく、「取引」の認識
の仕方が「簿記上の取引」と異なる部分があるということも、良く理解して
おく必要がある。

例えば、甲が乙に対して土地（帳簿価額50円）とその土地上の建物（帳簿
価額30円）を100円（時価）で譲渡して現金100円を得たという場合の甲の簿
記上の仕訳を示すと、次のとおりとなる。

現金　　　100円／土地　　　50円

　　　　　　　　建物　　　30円

　　　　　　　　譲渡益　　20円

　この簿記上の仕訳を税法の規定に当てはめてみると、そのままでは適切に当てはまらないことが分かる。その理由は、土地について、譲渡の対価として受け取った現金と譲渡利益の額、そして、建物について、譲渡の対価として受け取った現金と譲渡利益の額の内訳が分からないからである。

　税法においては、土地と建物は別の「資産」であるため、二つの譲渡の処理を一つにまとめて記載したのでは、それに規定を適切に当てはめることができない。上記の土地と建物の譲渡について、税法の規定に適切に当てはまるように適宜の金額を用いて記載するとすれば、次のようになる[注62]。

現金　　　60円／土地　　　50円

　　　　　　　　譲渡益　　10円

現金　　　40円／建物　　　30円

　　　　　　　　譲渡益　　10円

　要するに、法人税法における取扱いを簿記の仕訳の形で示すとすれば、簿記の仕訳で示されるものをさらに税法上の「取引」ごとに分解する必要があり、合計で表示したり相殺して表示したりすることはできないわけである。加えて、法人税法において、寄附金の損金不算入の処理のように、いわゆる社外流出として処理するものに関しては、仕訳の形で示すことができないということも、理解しておく必要がある。

　法人税法の規定を解釈する場合には、簿記の仕訳と同じようなものを念頭に置きながらその規定の解釈を考えることに合理性があるわけであるが、簿記における「取引」の仕訳と税法上の「取引」の仕訳には相違があるということは、正しく理解しておかなければならない。

　次のⅰ及びⅱにおいて、法人税法22条における「取引」がどのようなものであるのかということについて、同条の規定を確認しながら、詳しく述べることとする。

　　　ⅰ　法人税法22条2項（益金の額）及び3項3号（損失の額）の「取引」

　法人税法22条2項（益金の額）と3項3号（損失の額）には、それぞれ次のと

（注62）　消費税等は考慮しないものとする。

おり、「取引」という用語が用いられている。

> 2　内国法人の各事業年度の所得の金額の計算上当該事業年度の益金の額に算入すべき金額は、別段の定めがあるものを除き、資産の販売、有償又は無償による資産の譲渡又は役務の提供、無償による資産の譲受けその他の取引で資本等取引以外のものに係る当該事業年度の収益の額とする。
>
> 3　内国法人の各事業年度の所得の金額の計算上当該事業年度の損金の額に算入すべき金額は、別段の定めがあるものを除き、次に掲げる金額とする。
>
> 　一・二　〔省略〕
>
> 　三　当該事業年度の損失の額で資本等取引以外の取引に係るもの

　法人税法22条2項においては、「取引」という用語は、「その他の取引」という文言の中で用いられているが、その「その他の取引」に続く「資本等取引以外のもの」の「もの」も、「取引」を指している。

　この「その他の」という用語は、その前に掲げられているものが例示となり、その例示と同種のものがその後の用語の意味内容ということになる。「その他」という用語に関しては、その前後にあるものは、様々に異なるものであっても問題ないわけであるが、「その他の」という用語の前後にあるものは、同種のものということになる。このため、法人税法22条2項の「その他の」の後の「取引」は、本来は、「資産の販売、有償又は無償による資産の譲渡又は役務の提供、無償による資産の譲受け」が「例示」と言い得るものということになる[注63]。

[注63]　法人税の実務において益金の額とされているものは、現実には、「資産の販売、有償又は無償による資産の譲渡又は役務の提供、無償による資産の譲受け」を「例示」と捉えることができるそれらと同種のものばかりとは限らない。法人税における益金の額と損金の額に関しては、法人の純資産価額を増加させるものは全て益金の額となり、法人の純資産価額を減少させるものは全て損金の額となるという考え方を基本に据えて所得の金額を算出しようとしていると捉えた方が実態に合っている。
　このような点からすると、法人税法22条2項の「その他の」という規定の仕方には課題があるということになる。

　また、法人税法22条2項においては、「資本等取引以外のものに係る〔中略〕収益の額」とされており、「資本等取引以外のもの」に係る「収益の額」が存在することは、改めて言うまでもないことであるが、「資本等取引」にも「収益の額」が存在することを忘れてはならない。この「資本等取引」に関しては、法人税法22条5項に定義が設けられているわけであるが、「資本等取引」に「収益の額」が存在しないとすれば、「資本等取引以外のものに係る」と規定する理由がない。法人税法22条2項において、「資本等取引以外のものに係る〔中略〕収益の額」と規定しているということは、「資本等取引」に係る「収益の額」が存在するということを意味しており、同項においては、「資本等取引以外のものに係る〔中略〕収益の額」だけを益金の額とし、「資本等取引」に係る「収益の額」は益金の額とはしない、と定めているわけである(注64)。

　法人の所得の金額に関しては、法人税が創設された明治32年に当時の所得税法4条において「法人ノ所得ハ各事業年度ノ總益金ヨリ總損金ヲ控除シタル金額ニ依ル」と規定され、この「総益金」から「総損金」を控除して所得の金額を計算するという定めは、昭和40年度改正によって現在の法人税法21

───────────────

（注64）　本来は、「資本等取引」に係る「収益の額」と「損失の額」に関しても、益金の額と損金の額に含めるべきであると考えられる。法人の所得の金額を純資産価額の増加額と捉える限り、所得の金額の計算から除外する必要があるのは「資本等取引」―法人の資本金等の額の増加又は減少を生ずる取引並びに法人が行う利益又は剰余金の分配―のみであり、「資本等取引」に係る「収益の額」や「損失の額」は、「資本等取引以外の取引」に係る「収益の額」や「損失の額」と全く同様に、所得の金額を増加させたり減少させたりするものであることから、所得の金額の計算から除外する理由はない。この「資本等取引」に係る「収益の額」や「損失の額」が生ずるのは、基本的には、「資本等取引」が時価によって行われなかった場合となるが、「資本等取引」が時価によって行われなかった場合に生ずる「収益の額」や「損失の額」に関しても、益金の額や損金の額に算入するのが実態にも合った取扱いということになる。寄附と受贈に関しても、同様で、一旦、時価で金銭の授受が行われ、その後、時価との差額の授受が行われるという取引を想定するとすぐに分かるとおり、損益取引を時価によって行わずに実質的な寄附と受贈が行われたとしても、また、資本等取引を時価によって行わずに寄附と受贈が行われたとしても、実態は同じである。
　　要するに、資本等取引を益金の額や損金の額に算入しないこととするのは正しいが、資本等取引から生ずる「収益の額」や「損失の額」まで益金の額や損金の額に算入しないこととするのは間違いである、ということである。

条及び22条が創設されるまで続いているわけであるが、同改正前においても、当然、資本等取引から収益の額や損失の額などが生ずることがある、と解されていた。

　また、『改正税法のすべて　昭和40年版』においても、法人税法22条3項3号において「損失の額で資本等取引以外の取引に係るもの」と規定した理由について、「資本取引による損失が生ずる場合があるので、これを除外したものであります」（103・104頁）という記述がなされている。

　このように、法人税法22条においては、資本等取引からも収益の額や損失の額が生ずることは当然であるという理解の下に、資本等取引から生ずる収益の額や損失の額を益金の額や損金の額に算入しないと定められているわけであり、同条のこのような構造は、正しく理解しておく必要がある。

　また、法人税法22条2項の「もの」と「収益の額」との関係、そして、3項3号の「取引」と「損失の額」との関係をよく見てみると、2項においては、「資本等取引以外のものに係る〔中略〕収益の額」とされて「もの」が「収益の額」に係られる関係となっており、3項3号においても、「損失の額で資本等取引以外の取引に係るもの」とされて「取引」が「もの」（＝「損失の額」）に係られる関係となっていることが分かる。

　法人税法22条2項においては、「係る」という用語は、資本等取引以外の取引に「係る」収益の額という用い方となっているわけであるが、この「係る」という用語は、法令用語として用いられる場合には、「つながりがある」という意味で用いられる。この「係る」という用語は、法令用語として用いられる場合にも、現実には、かなり多様に用いられているため、一概には言えないが、「Aに係るB」と用いたとすると、「AにつながりがあるB」と解することとなり、このようなAとBは、基本的には、「つながり」がありつつも、別の物ということになる。

　以上の点を踏まえて、非適格現物出資において、出資資産の譲渡による損失の額が生ずる現物出資法人と当該資産を取得する被現物出資法人の「取引」がどのようなものとなるのかということを図で示すと、次のとおりとなる。

　なお、この図においては、本章2においてＤＥＳの説明をする関係上、ＤＥ

Ｓの説明において用いる例に合わせて、出資資産の帳簿価額は1000円で時価が100円であるものと仮定している。

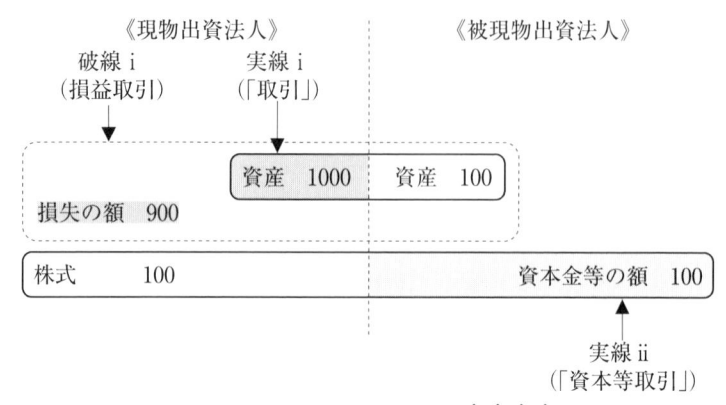

　現物出資法人においては、「損失の額　900」が係られるものは「資産　1000」の減少であり、法人税法22条3項3号の「取引」は、「資産　1000」がなくなることを指すこととなり、それによって「損失の額　900」が生ずる、ということになる。

　被現物出資法人においても、資産の取得は「取引」となるが、上記の図のケースにおいては、被現物出資法人には、この「取引」に係る「収益の額」も「損失の額」も生じない。

　上記の図において、法人税法22条3項3号の「取引」を示すとすれば、「資産　1000」がなくなって被現物出資法人が「資産　100」を取得するという実線ⅰで囲まれた部分となる。法人税法22条3項3号には被現物出資法人のこと（「資産　100」の取得）や相手勘定となるもの（「株式　100」）のことは何も規定されておらず、同号を正しく解釈すれば、現物出資法人においては、この実線ⅰで囲まれた部分を現物出資法人の側から見て「取引」と捉えることとなるわけである。

　少なくとも、昭和40年以後に創設された法人税法の規定は、納税義務者となる法人ごとに、当該法人が行った行為や当該法人に生じた事実などについて、基本的には、法人税法が想定する「仕訳」によって分解して示される各要素を捉えて、その各要素のそれぞれの取扱いを定めることとされていると

考えてよい(注65)。

　上記の図のケースにおいては、実線 i で囲まれた部分を現物出資法人の側から見た「取引」に伴い、現物出資法人に「損失の額　900」が生ずることになるわけであるが、一般に「損益取引」と呼ばれるのは、この「損失の額900」を含む破線 i で囲んだ部分である。

　資産を譲渡した場合には、譲渡益が発生することもあるわけであるが、現物出資法人が資産を譲渡して譲渡益が発生したという状態を想定し、法人税法22条2項を読んでみても、同項には、その現物出資法人における資産の譲渡と譲渡利益の額の発生以外のことについてまで定められてはいないということを確認することができる。

　そもそも、法人税法の各規定においては、相手先のことや相手勘定のことまで定める必要はなく、相手先の取扱いは、別途、その相手先の取扱いとして定め、また、相手勘定の取扱いも、必要に応じて、別途、定めればよいわけである。

　　　ⅱ　法人税法22条5項（資本等取引）の「取引」

　法人税法22条5項においては、次のとおり、「資本等取引」の定義が設けられている。

　5　第2項又は第3項に規定する資本等取引とは、法人の資本金等の額の増加又は減少を生ずる取引並びに法人が行う利益又は剰余金の分配（資産の流動化に関する法律第115条第1項（中間配当）に規定する金銭の分配を含む。）及び残余財産の分配又は引渡しをいう。

（注65）　「当該内国法人が資産を譲渡し、他の内国法人が当該資産を取得した場合には、・・・」、「当該内国法人が資産を譲渡し、当該内国法人にその資産の譲渡に伴って売掛金が発生した場合には、・・・」というように、相手先のことや相手勘定のことまで含めて条文を定めることが不可能ということではないが、そのような定め方をするということになると、場合分けが無数に生ずることとなり、法人税法の規定は膨大で極めて複雑なものとならざるを得ず、その実益よりも弊害の方がはるかに大きいということになる。

　　このような事情は、諸外国においても同様となっているはずである。

　　上記本文において述べたような法人税法22条における「取引」の捉え方は、同条の立法担当者が意図するか否かにかかわらず、条文の性質上、必然的にそのようなものとならざるを得ない、というものである。

　この定義の中の「取引」に関しては、2項や3項3号の「取引」とは異なる捉え方がなされている。法人税法22条5項をよく読んでみると分かるとおり、同項の「取引」は、2項や3項3号の「取引」のように、何かに係られるものとはされておらず、資本金等の額の増加又は減少それ自体が「取引」とされている。

　要するに、法人税法22条5項の資本等取引に関しては、「取引」に係るものを益金の額や損金の額とすることが必要なわけではなく、株主から法人が事業の元手を預かったりするものや法人が株主にその元手を返したり稼得した利益を還元したりするものを益金の額や損金の額とはしないこととすることが必要なわけである。

　上記iの図を見ながら法人税法22条5項を読んでみると、実線iiで囲まれた部分の被現物出資法人における資本金等の額の増加が「取引」となっており、同項においてはこの被現物出資法人における資本金等の額の増加以外のこと―被現物出資法人における資産の取得や現物出資法人における株式の取得など―についてまで定められてはいないということが分かる。

　　③　法人税法22条における「取引」の一般的な捉え方の誤り

　上記②において述べたとおり、現物出資は、法人税法22条においては、上記②iの図の実線i、破線i及び実線iiで示した取引として捉えられており、それが3項3号及び5項の「取引」の正しい捉え方である。

　しかし、一部には、現物出資は、現物出資法人においては「損益取引」であり、被現物出資法人においては「資本等取引」であるとして、上記②iの図で言えば、現物出資法人における法人税法22条2項又は3項3号の「取引」は、借方に「損失の額　900」と「株式　100」が計上され、貸方に「資産　1000」が計上される取引であり、被現物出資法人における5項の「取引」は、借方に「資産　100」が計上され、貸方に「資本金等の額　100」が計上される取引である、と説明するものが見受けられる。

　このような説明は、法人税法上で想定されている「仕訳」と法人税法に規定されている「取引」の違いを理解していない誤ったものである。

　仮に、法人が資本金を減少させて含み益のある資産を株主に交付したというケースを想定してみると、法人税法上で想定されている「仕訳」は、借方に「資本金等の額」と「利益積立金額」が計上され、貸方に「資産」と「譲渡利益」とが計上されることになるが、これらを法人税法22条5項の「資本等

取引」と捉えるということであれば、「譲渡益」を2項の益金の額として課税の対象とすることはできない、ということになってしまう。このようなケースにおいては、法人が含み益のある資産を株主に交付して株主がその資産を取得する部分を当該法人の側から見て法人税法22条2項の「取引」と捉え、また、当該法人が「資本金等の額」を減少させ株主が「株式」を減少させて株式の「譲渡利益」又は「譲渡損失」を計上する部分と当該法人が「利益積立金額」を減少させ株主が「配当収入」を計上する部分とについて、それぞれ当該法人の側から見て5項の「資本等取引」と捉えることとしなければ、同条による取扱いを正しく説明することはできない。

要するに、法人税法上で想定されている「仕訳」は、「取引」を分解してその要素を示すものに止まり、法人税法に規定されている「取引」を指すものではないわけである。

そもそも、上に挙げたような説明が正しいということであれば、法人税法22条の「取引」は、その全てが「内部取引」ということになってしまう。

資本等取引税制や組織再編成税制における法令の規定を正しく解釈するためには、法人税法22条における「取引」を正しく理解しておくことが不可欠であり、現物出資に関しても、上記②で述べたように捉えられているということを正確に理解しておく必要がある。

④ 無償の資本等取引にも「益金の額」や「損金の額」とはならないものの「収益の額」や「損失の額」が存在すること

資本等取引税制や組織再編成税制における法令の規定を正しく解釈するためには、法人税法22条における「収益の額」及び「原価の額」「販管費の額」「損失の額」と「益金の額」及び「損金の額」との関係も正しく理解しておかなければならない。つまり、資本等取引を無償で行ったという場合に、損益取引の場合のように、「収益の額」や「損失の額」が存在するということになっているのか否かということを正しく理解しておかなければならない、ということである。

法人税法22条2項においては、「資産の販売、有償又は無償による資産の譲渡又は役務の提供、無償による資産の譲受け」が「取引」の例示として挙げられており、無償で取引が行われたとしても、税法上は、その取引に時価との差額の受贈益の額や寄附金の額があると認識することとなっているわけであるが、これは、同項が創設された昭和40年前から通達において解釈として

示されていたものである。昭和40年前の低額譲渡の取扱いを説明した解説から資本等取引が低額で行われた場合の取扱いについて述べた部分を抜粋してみると、次のとおりである。

> 「四、配当として低廉譲渡する場合
>
> 　株主に、配当として所有資産（製品等）を低廉譲渡する場合があるが、それが現物配当である限り、当該低廉譲渡による時価との差額はいわゆる配当となる。」（国税庁調査査察部調査課主査　青木　方「資産の低廉譲渡と法人税」税務弘報VOL.6NO.11、17頁、昭和33年）

　この記述からも、利益の分配である配当が交付する資産の時価によって認識され、「配当として低廉譲渡する場合」にも、収益の額が認識されてそれが配当とされる、ということを確認することができる。

　平成18年度改正前は、自己株式も「資産」とされていたことから、交付したり取得したりした自己株式の時価と実際に授受した金額との差額が受贈益の額や寄附金の額とされることとなっていたことは周知のとおりであるが、同改正により、自己株式が「資産」ではないとされたことにより、交付したり取得したりした自己株式の時価と実際に授受した金額との差額が受贈益の額や寄附金の額とされなくなったのかというと、そのように判断すべき事情は、全く存在しない。自己株式の取引が「資産」の取引から資本金等の額の増加や減少を生ずる取引に変更されたとは言っても、それは、自己株式の取引をどのように処理するのかという「処理」の変更であって、「取引」自体が変わるわけではなく、その「処理」の変更に伴って「収益の額」や「損失の額」が益金の額や損金の額に算入されなくなることとはなっても、その「取引」から「収益の額」や「損失の額」がなくなるということとはならない。つまり、平成18年度改正後も、交付したり取得したりした自己株式の時価と実際に授受した金額との差額が受贈益の額や寄附金の額となっていること自体には何ら変わりはなく、それらが「益金の額」や「損金の額」とされることがなくなった、というだけに過ぎないわけである。

　また、増資や減資の一般的なケースを考えてみても、低額で新たな株式を発行したり低額で株式の消却をしたりした場合には、対価が低額である一方、株式は時価に相当する価値を持つという関係となっているため、低額でない

取引が行われた場合と比較するとすぐに分かるとおり、現実に、低額な部分に相当する金額が一方から他方に移転し、一方においては損失の額が生じ、他方においては収益の額が生じた状態となる。つまり、増資や減資を低額で行った場合にも、「収益の額」や「損失の額」は、それらを「益金の額」や「損金の額」とはしないものの、損益取引を低額で行った場合と同様に、現実に発生するわけである。

　以上のように、法人税法22条2項及び3項3号における「収益の額」及び「損失の額」と「益金の額」及び「損金の額」との関係を正しく理解してさえいれば、無償の資本等取引にも、「益金の額」や「損金の額」とはならないものの、「収益の額」や「損失の額」が存在する、ということが容易に分かる(注66)。

(2)　平成18年度改正により増資における資本金等の額の増加額を払込金額に変更したことで増資が時価でない価額で行われた場合に事実に即した正しい処理ができなくなっている【立法の課題】

　①　増資における資本金等の額の増加額に関する平成18年度改正の確認

　平成18年度改正前においては、旧法人税法2条17号イ及びロにおいて、次のとおり、現物出資を受けたり自己の株式を譲渡したりした場合に増加させる資本積立金額の定めが設けられていた(注67)。

> イ　株式（適格現物出資により現物出資法人に発行するものを除く。）の
> 　発行価額のうち資本に組み入れなかつた金額

(注66)　法人税法22条においては、「収益の額」や「原価の額」「販管費の額」「損失の額」を「益金の額」や「損金の額」に算入すると定められているわけであるが、同条は、「益金の額」と「損金の額」の取扱いの原則を定めるとともに、その取扱いの原則を定めるための前提として必要となる「収益の額」や「原価の額」「販管費の額」「損失の額」の計上の原則をも示すものとなっている。

(注67)　上記の旧法人税法2条17号ロにおいて、自己の株式を譲渡した場合に、資本積立金額を増加させることとし、その増加額を自己の株式の「譲渡対価の額」に基づいて算出することとしているのは、自己の株式をその他の資産と同様に捉えてその譲渡利益にも課税を行う従来の取扱いから自己の株式の譲渡と取得を資本等の金額の増加と減少と捉える取扱いへの移行期における過渡的な取扱いとして、一旦、自己の株式の取引において譲渡損益（「譲渡対価の額」から「帳簿価額」を減算した金額）を計上させないこととしておく、という趣旨・目的によるものであった。仮に、このような過渡的な取扱いとせずに直ちに移行するということであったとしたら、自己の株式の譲渡によって増加させる資本積立金額は、株式を発行した場合に増加させる資本積立金額と同様に、交付する自己の株式の価額に基づいて算出することとなったはずである。

> ロ　自己の株式を譲渡した場合（合併、分割又は株式交換により新株を
> 　発行することに代えて自己が有していた自己の株式を交付した場合を
> 　除く。）における譲渡対価の額（新株予約権の行使により新株を発行す
> 　ることに代えて自己が有していた自己の株式を交付した場合には、当
> 　該新株予約権の発行価額に相当する金額を含む。）から当該自己の株
> 　式の当該譲渡の直前の帳簿価額を減算した金額

　上記の旧法人税法2条17号イ及びロは、平成18年度改正により、統合されて
次の法人税法施行令8条1項1号[注68]となっている。

> 一　株式（出資を含む。以下第10号までにおいて同じ。）の発行又は自己
> 　の株式の譲渡をした場合（次に掲げる場合を除く。）に払い込まれた金
> 　銭の額及び給付を受けた金銭以外の資産の価額その他の対価の額に相
> 　当する金額からその発行により増加した資本金の額又は出資金の額
> 　（法人の設立による株式の発行にあつては、その設立の時における資
> 　本金の額又は出資金の額）を減算した金額
> 　イ〜リ　省略

　要するに、平成18年度改正により、同改正前に、株式の「発行価額」（旧法
法2十七イ）と自己の株式の「譲渡対価の額」（旧法法2十七ロ）に基づいて資本積
立金額の増加額を算出することとされていたものが、同改正により、「払い込
まれた金銭の額及び給付を受けた金銭以外の資産の価額その他の対価の額」
（法令8①一）に基づいて資本金等の額の増加額を算出することに改められて
いるわけである。

　この旧法人税法2条17号イとロを法人税法施行令8条1項1号に統合した改正
に関しては、次のような説明が行われている。

（注68）　本書における説明に関する限り、平成18年度改正による改正後の法人税法施行令
　　8条1項1号の規定と本書執筆時の同号の規定とを区別する意義はないことから、本書執
　　筆時の同号の規定を挙げている。

「会社法においては、株式について発行価額という概念がなくなり、株主となる者が会社に対して払込み又は給付をした財産の価額をもって増加する資本金の額及び資本準備金の額とすることとされているところです（会社法445）。また、法人税法においても今回の改正により新株の発行及び自己の株式の譲渡の際に増加する資本金等の額について、払い込まれた金銭の額及び給付を受けた金銭以外の資産の価額その他の対価の額に相当する金額とされたところです（一1(2)②を参照）。」

（財務省『平成18年度　税制改正の解説』287頁）

この説明は、会社法の条文の説明を行い、その上で、法人税法の条文も会社法の条文に合わせて改正を行ったかのようなものとなっているが、必要であるのは、会社法の条文の説明ではなく、法人税法において、従来の取扱いを変えた理由の説明である。つまり、株式の「発行価額」と自己の株式の「譲渡対価の額」を「払い込まれた金銭の額及び給付を受けた金銭以外の資産の価額その他の対価の額」に改める改正を行った理由が何かということを説明しなければならないわけであるが、その理由に関しては、全く何の説明もなされていない。

②　増資が時価でない価額で行われた場合に「収益の額」や「損失の額」が計上できなくなって事実に即した正しい処理ができなくなっていることの確認

②においては、上記①で確認した平成18年度改正により、増資が時価でない価額で行われた場合に、その増資を行った法人において「収益の額」や「損失の額」が計上できなくなってしまっており、それが原因となって、事実に即した正しい処理ができなくなっている、ということを数値を入れたケースで具体的に確認することとする。

まず、②において例として用いるケースを確認しておくこととする。

次の図は、株主が甲で、甲はA社の株式を100株（時価100円）で保有し、A社の純資産価額が100円となっているケースである。

なお、以下のいずれのケースにおいても、株主である甲と乙は法人であるものとする。

【ケースⅰ】

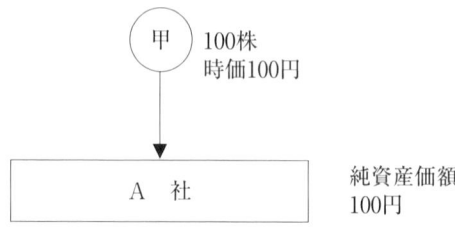

甲　100株
時価100円

Ａ　社

純資産価額
100円

ⅰ　新株・自己株式の価額で資本等の金額の増加額を算出するものとした場合の処理（平成18年度改正前の処理）

　平成18年度改正前に資本積立金額を定義していた法人税法2条17号のイ及びロにおいては、資本等の金額[注69]の増加額は新株及び自己株式の価額（時価。以下、同じ。）に基づいて算出するものとされていたことから、以下、ⅰにおいては、増資において新株の価額（時価。以下、同じ。）に基づいて資本金等の額の増加額が算出されるという前提を置いて、増資が時価で行われなかった場合にどのような処理を行うこととなるのかということを説明するものとする。

　ただし、この処理の説明は、平成18年度改正前に、実際にそのような処理が行われていたということを述べるものではなく、同改正前の法人税法2条17号イ及びロがそのような処理を行うことができる規定となっていたということを述べるものであることに留意されたい。

　【ケースⅰ】において、A社が乙に新株100株を100円で交付することとし、乙が現金100円を払い込んで新株100株を取得したとすれば、【ケースⅰ（ⅰ）】のとおりとなる。

[注69]　平成18年度改正前の「資本等の金額」は、「資本の金額又は出資金額と資本積立金額との合計額」（旧法法2十六）とされていたが、同改正により、「資本積立金額」という概念が廃止されるとともに、「資本等の金額」という名称についても、「資本金等の額」という名称に変更されて、「株主等から出資を受けた金額として政令で定める金額」（法法2十六）とされ、具体的な増減額については、旧法人税法2条16号から法人税法施行令8条に移して規定することとされている。

　このため、以下、平成18年度改正前の取扱いを説明する場合には「資本等の金額」という用語を用いることとする。

【ケースⅰ(ⅰ)】

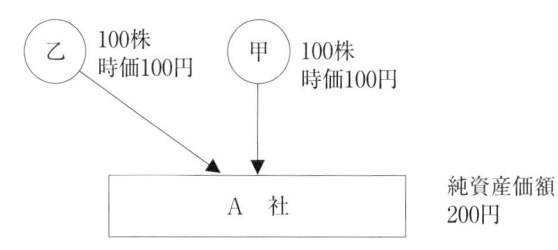

　この【ケースⅰ(ⅰ)】は、Ａ社が新株100株を時価（100円）で乙に交付しており、税制上、何ら問題が生ずることはなく、乙が借方に「株式　100円」と貸方に「現金　100円」を計上する仕訳で示される処理を行い、Ａ社が借方に「現金　100円」と貸方に「資本等の金額　100円」を計上する仕訳で示される処理を行えば済むことになる。

　【ケースⅰ】において、Ａ社が乙に新株100株を10円で交付することとし、乙が現金10円を払い込んで新株100株を取得したとすれば、その結果は、【ケースⅰ(ⅱ)】のとおりとなる。

【ケースⅰ(ⅱ)】

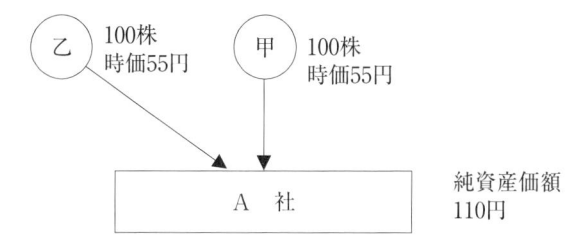

　この【ケースⅰ(ⅱ)】においては、Ａ社は、本来であれば乙から100円の払込みを受けて新株100株を交付すべきところ10円しか払込みを受けずに新株100株を交付していることから、乙に90円の利益を与え、乙は、本来であればＡ社に100円を払い込んで新株100株を取得すべきところ10円しか払い込まずに新株100株を取得していることから、Ａ社から90円の利益を得ている状態となっている。

　このため、この【ケースⅰ(ⅱ)】においては、Ａ社が乙に90円の寄附を行

って乙がＡ社から同額の受贈益を得た、という処理をすることとなる[注70]。

　この処理を仕訳の形で示すと、乙とＡ社の処理は、それぞれ次の【仕訳ⅰ（ⅱ）ア】のとおりとなる。

【仕訳ⅰ（ⅱ）ア】

　この【仕訳ⅰ（ⅱ）ア】は、乙がＡ社に現金10円を払い込んでＡ社から現金10円分の株式の交付を受け、乙が払込みを行わずにＡ社から90円分の株式の交付を受けたということを示している。これに伴い、乙には90円の受贈益が生じ、Ａ社には90円の寄附金が生じている。

　この【仕訳ⅰ（ⅱ）ア】において、法人税法22条の「取引」と「収益の額」及び「損失の額」とがどのような状態となっているのかということを確認してみると、乙とＡ社との間に、「現金　10円」を授受する「取引」、10円分の株式をやり取りする有償の「取引」（Ａ社においては、「資本等の金額　10円」の部分が資本等取引）、そして、90円分の株式をやり取りする無償の「取引」（Ａ社においては、「資本等の金額　90円」の部分が資本等取引）が存在し、乙における「受贈益　90円」とＡ社における「寄附金　90円」は、この90円分の株式をやり取りする無償の「取引」に係る「収益の額」と「損失の額」

（注70）　②は、法人税法施行令8条1項1号の問題点を明らかにするものであるため、②においては、有利発行に係る取扱いは考慮しないものとする。
　　また、資産を無償又は低額で譲渡した場合には、法人税法22条2項において、「収益の額」が発生し、「益金の額」に算入するものとされているが、②においては、この「収益の額」は「受贈益の額」であるものとして説明を行うこととする。
　　なお、有利発行に係る取扱いに関しては、本章3（242頁）を参照されたい。

となっていることが分かる。乙における「受贈益　90円」に関しては、「株式
90円」の取得という「資本等取引以外の取引」に係る「収益の額」となっ
ているため、益金の額となり、他方、A社における「寄附金　90円」に関し
ては、「資本等の金額　90円」の増加という「資本等取引」に係る「損失の額」
となっているため、損金の額とはならないこととなる^(注71)。

　乙における株式が時価の55円とはならず100円（10円＋90円）となっている
ことがどのように説明されるのかということを考えてみると、差額の45円は、
A社において「寄附金　90円」が生じたことによって利益積立金額がマイナ
ス90円となり、その結果、A社の株式（200株）に90円の含み損が生ずること
となって、甲の株式と同様に、乙の株式にも含み損が生ずることとなったも
の、ということになる。つまり、乙においては、受贈益100円と株式の含み損
45円という全く性質の異なるものが同時に発生した結果、株式の時価が55円
となっているわけであり、その両者の性質の違いを無視して「受贈益　55円」
とすることはできない。この点は、A社に「寄附金　90円」が生じたことに
より、乙に生じた株式の含み損45円と同じ性質のものが甲にも生じており、
その甲に生じた株式の含み損45円が増資の時点では損金の額とならないこと
からも、理解できるはずである。

（注71）　このA社における「寄附金　90円」に関しても、それがA社の純資産価額を減少
　　させるものであることに変わりはないため、本来は、損金の額とすべきものと考えられ
　　る。これは、平成18年度改正前からの課題ということになる。
　　　平成18年度改正前から、A社には「資本等の金額　90円」と「寄附金　90円」は存在
　　せず、乙の「受贈益　90円」に対応するものは、A社の純資産の「含み損」や他の株主
　　の株式の「含み損」であるという見解が存在し、むしろそのような見解が多数説であっ
　　たことは、否定できない。しかし、一方の者が現に利益を得ているにもかかわらず、他
　　方の者はいまだ利益を与えていない、という事実認定は、そもそも誤っている、と言わ
　　ざるを得ず、上記の【ケースⅰ（ⅱ）】においても、増資によってA社の寄附が実行され
　　ている、すなわち、A社においては増資時に「寄附金　90円」が実現している、と捉え
　　るべきである。
　　　仮に、増資時に「寄附金　90円」が実現していないということであるとすれば、乙の
　　「受贈益　90円」に対応する「寄附金　90円」はいつの時点で実現することになるのか
　　という問題が残ることとなるが、上記の見解を採る者は、この問題に答を出すことがで
　　きないはずである。
　　　上記の見解は、上記(1)④（211頁）で述べた無償の資本等取引にも「収益の額」や「損
　　失の額」が存在するということを理解していないことが原因となって生じた誤った見解
　　であると考えられる。

　改めて言うまでもないが、これらの株式の含み損45円については、甲や乙が株式の譲渡等を行った時点で損金の額となることになる。

　以上が【ケース i（ii）】の【仕訳 i（ii）ア】の説明ということになるが、以上の説明からも分かるとおり、この【仕訳 i（ii）ア】は、乙とA社との間で行われた取引の実態を正しく示すものとなっている。つまり、A社において、「寄附金　90円」を計上すれば、それが損金の額に算入されないとしても、乙とA社との間で行われた取引を事実に即して正しく認識することができるわけである。

　以下のケースに関しても、法人税法22条においては、「収益の額」や「原価の額」「販管費の額」「損失の額」を計上する必要があるのか否かということと、「益金の額」や「損金の額」に算入する必要があるのか否かということとは、明確に峻別されている、ということをよく念頭に置いて理解する必要がある。

　続けて、【ケース i（ii）】において、甲が乙に株式の価値を上げることによる贈与をするためにA社の増資が行われたという場合の処理を考えてみよう。

　このような事実認定が行われるのであれば、乙とA社における処理のみでは済まず、甲においても寄附を行ったという処理が必要となる。

　ただし、このような事実認定が行われる場合には、【仕訳 i（ii）ア】の場合とは異なり、寄附金の額が現に甲に損失が生じ乙に利益が生じた金額となるという点に留意する必要がある。【仕訳 i（ii）ア】の場合には、乙の受贈益の額は、A社に払い込まなくてよいこととされた90円となったが、甲が乙に贈与をしたという事実認定が行われる場合には、その贈与をしたとされる金額は、現に甲に損失が生じ乙に利益が生じた金額である45円としかなり得ず、90円の贈与をしたという事実認定をすることは、不可能である。仮に、【仕訳 i（ii）ア】の場合のように、甲が90円の寄附を行ったという処理をするということになると、甲の株式は、増資後に、当初の100円から90円を控除した10円の価値しか持たなくなるはずであるが、【ケース i（ii）】に示したとおり、甲の株式は、増資後に、55円の価値を持った状態となっている。

　要するに、増資自体は同じでも、その増資がどのように事実認定されるものかということにより、寄附金の額（受贈益の額）となる金額には違いが出

てくることになるわけである[注72]。

　この点も、正しく理解しておかなければ、資本等取引税制や組織再編成税制の全体を正しく理解することはできない。

　この処理を仕訳の形で示すと、乙、Ａ社と甲の処理は、それぞれ次の【仕訳ⅰ（ⅱ）イ】のとおりとなる。

【仕訳ⅰ（ⅱ）イ】

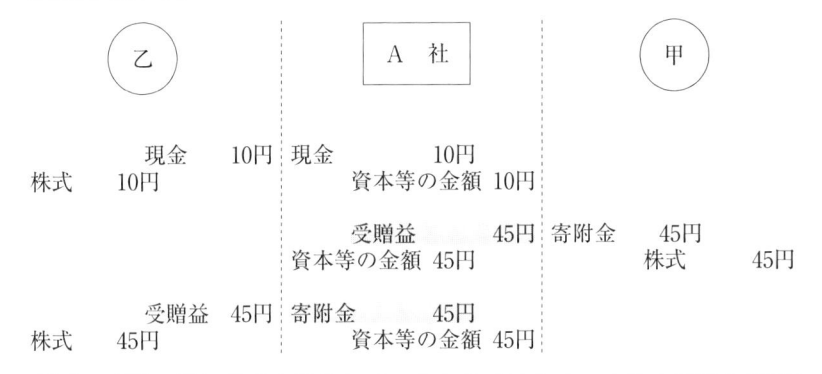

　甲は、直接、乙に株式を贈与しているわけではなく、Ａ社の増資を利用して乙に株式の価値を上げることによる贈与をすることとしていることから、まず、甲がＡ社に45円の株式を寄附するという処理を行い、その後、Ａ社が乙に45円の株式を寄附するという処理を行うこととなる。

　この甲がＡ社に45円の株式を寄附するという処理においては、Ａ社において45円の受贈益の額が計上されることになるわけであるが、これは、法人税法22条2項の無償取引に関する定めによるものである。通常の無償取引においては、税法上、「取引」を認識することとなるのは、その無償取引の当事者間のみとなるが、法人の増資を利用して株主間の株式の贈与が行われるという場合には、税法上、「取引」を認識することとなるのは、株式の贈与を行う株主と法人との間、そして、法人と株式の贈与を受ける株主との間の二つと

（注72）　相続税法基本通達9-2（株式又は出資の価額が増加した場合）においては、同族会社において時価より著しく低い価額で現物出資があった場合（同通達(2)）には、現物出資をした者から他の株主に贈与があったものとして取り扱うこととされているが、この場合の贈与があったとされる金額は当該他の株主の「株式又は出資の価額のうち増加した部分に相当する金額」とされている。

なり、この点が大きな特徴ということになる。甲が乙に株式価値を上げることによる贈与をするという状態は、A社が増資によって交付する株式の価額と乙の払込金額を不等価にすることによってしか創り出すことができないため、甲が乙に株式価値を上げることによる贈与をするという状態にある場合には、常に、A社が乙に株式を贈与するという状態ともなる。

　また、甲がA社に45円の株式を寄附するという処理においては、A社において資本等の金額が45円減少しているが、これは、一旦、資産として自己の株式を時価によって取得し、直ちに消却して、旧法人税法2条17号ナにより、その帳簿価額相当額の資本積立金額を減少させる、という処理を示したものである。

　この甲がA社に45円の株式を寄附するという処理に関しては、事実認定によってこのような行為があったと認定することは、現実には、容易ではないものと考えられる。しかし、【仕訳 i（ii）イ】の場合に、甲がA社に株式を寄附したという処理を行い得ないということにはならない。それはなぜかというと、甲が乙に対してA社の増資を介して株式の贈与を行うという場合には、甲においては、株式の価値が減少することとなることから、必ず、この株式の価値の減少額が誰のところに行ったのかということを説明しなければならず、この【仕訳 i（ii）イ】の場合がA社の増資を介して行う株式の贈与である限り、その株式の価値の減少額は、一旦、甲からA社に移転し、その後、A社から乙に移転したと考えるほかなく、甲とA社がそのような状態となることを認識せずにそのような増資を行うことは、あり得ないからである[注73]。

　また、【仕訳 i（ii）イ】の場合においては、甲とA社との間では、実際に、甲が株式をA社に無償で譲渡し、A社が株式を無償で譲り受けることが可能であり、そのようにしたとしても、【仕訳 i（ii）イ】の処理と全く何の違いもない処理を行うこととなるわけであるが、それは、【仕訳 i（ii）イ】の場合には、甲が株式をA社に贈与したとみてよい実態にある、ということを意味し

[注73]　【仕訳 i（ii）イ】の場合には、甲がA社に45円の株式を贈与したという事実認定を行わずに、甲が乙に45円の株式を贈与したという事実認定で済ますことはできない、という点に留意する必要がある。前者の事実認定が「取引」の事実認定であるのに対して、後者の事実認定は、取引の「効果」や「影響」の事実認定に過ぎないものであって「取引」の事実認定ではない。

ていることにも留意する必要がある。

　この【仕訳ⅰ（ⅱ）イ】は、一見、複雑に見えるが、よく見ると、乙と甲に生じている事実を正しく示しており、A社の処理を見ても、甲から乙への45円の株式の贈与を増資によって橋渡しするということになれば、この【仕訳ⅰ（ⅱ）イ】で示した処理以外の処理は、有り得ない。株主間で、直接、株式の贈与が行われる、ということになれば、株主においてのみ寄附の処理を行うこととなり、法人においては何ら処理をする必要はないが、法人の増資を利用して株主間の株式の贈与が行われるということであれば、法人が株主の間に入って一方の株主からの株式の贈与を他方の株主に橋渡しするという処理が不可欠となるわけである。

　甲においては、「寄附金　45円」が生じているが、これは「株式　45円」の減少という「資本等取引以外の取引」に係るものであるため、原則として損金の額となり、別段の定めによって甲に寄附金の損金算入枠がある場合にのみその損金算入枠内の金額が損金の額となる。A社においては、「受贈益　45円」が生じているが、これは「資本等の金額　45円」の減少という「資本等取引」に係るものであるため、益金の額とはならず、また、「寄附金　45円」が生じているが、これも「資本等の金額　45円」の増加という「資本等取引」に係るものであるため、損金の額とはならない(注74)。また、乙においては、「受贈益　45円」が生じているが、これは「株式　45円」の取得という「資本等取引以外の取引」に係るものであるため、益金の額となる。

　ところで、【仕訳ⅰ（ⅱ）イ】においては、A社と甲との間で、A社による株式の買取りと同じことが行われており、仮に、A社に利益積立金額があったとしたら、A社と甲の処理はどうなるのか、また、甲が保有する株式に含み益があったら甲の処理はどうなるのかという疑問が生じてくるはずである。

　これに関しては、A社に利益積立金額があれば、A社は、資本等の金額を減少させるだけでなく利益積立金額も減少させなければならず、甲は、みな

（注74）　ある者から他の者への寄附の橋渡しをするという場合には、常に、受贈益の額と寄附金の額とが計上されて益金の額と損金の額とが生ずることとなる。法人が増資によって株主間の寄附の橋渡しをするという場合にのみ、益金の額も損金の額も発生させないこととすべき理由はない。このため、本来は、このような受贈益の額と寄附金の額も、益金の額と損金の額に算入する（寄附金に関しては、損失の額として損金の額に算入した上で、損金算入限度額を超える部分について、損金不算入とする）べきである。

し配当を計上することが必要となり、また、甲が保有している株式にみなし配当の額を超える含み益があったということであれば、株式の譲渡利益額を計上することも必要となる、ということになる。つまり、【仕訳ⅰ（ⅱ）イ】は、認定された事実に基づく「取引」を仕訳の形で示したものであって、仮定やみなしなどによって行った仕訳ではないわけである。

　次に、A社が乙に新株100株を1000円で交付することとし、乙が現金1000円を払い込んで新株100株を取得した場合について説明を行うこととする。この場合には、乙、A社、甲の3者は、【ケースⅰ（ⅲ）】で示した状態となる。

【ケースⅰ（ⅲ）】

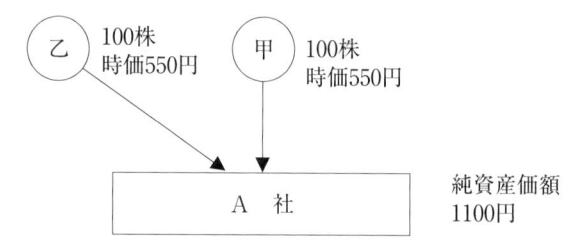

　この【ケースⅰ（ⅲ）】においては、乙が本来は現金100円を払い込めば済むにもかかわらず現金1000円を払い込んでいることから、乙はA社に900円の贈与を行い、A社は乙から900円の贈与を受けた、ということになる。この【ケースⅰ（ⅲ）】の処理は、次の【仕訳ⅰ（ⅲ）ア】のとおりとなる。

【仕訳ⅰ（ⅲ）ア】

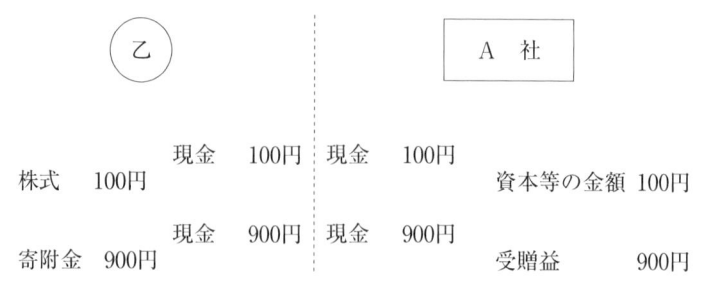

　この【仕訳ⅰ（ⅲ）ア】は、A社が時価100円となっている株式の新株100株を交付していることから資本等の金額が100円増加し、乙がこの新株100株を取得していることから株式100円が増加し、乙がA社に現金900円を贈与したことを示している。

　この【仕訳ⅰ(ⅲ)ア】においては、A社に「受贈益　900円」が生じているが、これは、【仕訳ⅰ(ⅱ)ア】・【仕訳ⅰ(ⅱ)イ】の場合とは異なり、「資本等取引」に係るものではないため、益金の額となる。法人が無償又は低額の増資を行う場合には、受贈益の額や寄附金の額は益金の額や損金の額とはならないが、高額の増資を行う場合には、本来の増資による払込みに加えて寄附金の払込みがあったものとなって、その高額な部分が通常の寄附・受贈と同じ処理がされることとなるわけである。

　続けて、【ケースⅰ(ⅲ)】において、乙が甲に株式の価値を上げることによる贈与をするためにA社の増資が行われているという場合の処理を考えてみよう。

　このような事実認定が行われるのであれば、乙とA社における処理のみでは済まず、甲においても、寄附を受けたという処理をすることが必要となる。

　ただし、このような事実認定が行われる場合には、上記の【仕訳ⅰ(ⅲ)ア】の場合とは異なり、寄附金の額が現に乙に損失が生じ甲に利益が生じた金額となるという点に留意する必要がある。【仕訳ⅰ(ⅲ)ア】の場合には、乙の寄附金の額は、本来、A社に払い込むべき金額を超えて払い込まれた900円となったが、乙が甲に贈与をしたという事実認定がなされる場合には、その贈与をしたとされる金額は、現に乙に損失が生じ甲に利益が生じた金額である450円としかなり得ず、900円の贈与をしたという事実認定を行うことは、不可能である。仮に、【仕訳ⅰ(ⅲ)ア】の場合のように、乙が900円の寄附を行ったという処理をするということになると、乙の株式は、増資後に、払込金額の1000円から900円を控除した100円の価値しか持たなくなるはずであるが、【ケースⅰ(ⅲ)】に示したとおり、乙の株式は、増資後に、550円の価値を持った状態となっている。

　要するに、増資自体は同じでも、その増資がどのように事実認定されるものかということにより、寄附金の額（受贈益の額）となる金額には違いが出てくることになるわけである。この点は、上記の【ケースⅰ(ⅱ)】の場合と同様である。

　この処理を仕訳の形で示すと、乙、A社と甲の処理は、それぞれ次の【仕訳ⅰ(ⅲ)イ】のとおりとなる。

【仕訳 i（ⅲ）イ】

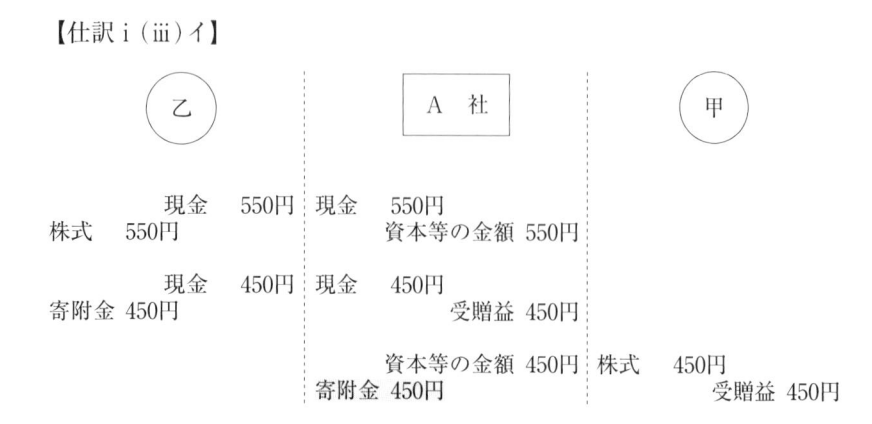

　乙は、直接、甲に株式を贈与しているわけではなく、A社の増資を利用して甲に株式の価値を上げることによる贈与をすることとしていることから、まず、乙がA社に450円の株式を寄附するという処理を行い、その後、A社が甲に450円の株式を寄附するという処理を行うこととなる。このA社が株式を甲に交付するという処理は、旧法人税法2条17号ロにより、A社が自己の株式を甲に無償で譲渡した処理とするのが適切である。【仕訳 i（ⅱ）イ】の場合と同様に、実態から判断すると、それ以外の処理は、あり得ない。この【仕訳 i（ⅲ）イ】の場合は、A社が甲に自己の株式を無償で譲渡することが可能であり、その場合の処理は、【仕訳 i（ⅱ）イ】の場合の処理と全く同じである。

　この【仕訳 i（ⅲ）イ】も、一見、複雑に見えるが、株主間で、直接、株式の贈与が行われる、ということになれば、株主においてのみ寄附・受贈の処理を行うこととなり、法人においては何ら処理をする必要はないわけであるが、法人の増資を利用して株主間で株式の価値を上げることによる贈与が行われるということであれば、法人が株主の間に入って一方の株主の贈与を他方の株主に橋渡しするという処理が不可欠となるわけである。

　A社においては、この橋渡しを行ったことにより、結果的には、乙から払込みを受けた現金1000円が増加するとともに資本等の金額1000円が増加することとなるが、これは、乙から甲への贈与を介在したA社に生じた事実を正しく示すものとなっている。

　この【仕訳ⅰ（ⅲ）イ】においては、A社に「寄附金　450円」が生じているが、これは、「資本等取引」に係るものであるため、損金の額とはならない(注75)。このように、A社は、株主間の寄附を橋渡しするという場合にも、【仕訳ⅰ（ⅲ）ア】の場合と同じように、「受贈益　450円」に対する課税が行われることとなる。

　改めて言うまでもないが、乙に生じている「寄附金　450円」は、損金算入限度額以下の金額が損金の額となり、甲に生じている「受贈益　450円」は、その全額が益金の額となる。

ⅱ　払込金額で資本金等の額の増加額を算出するものとした場合の処理（平成18年度改正以後の処理）

　平成18年度改正以後の法人税法施行令8条1項1号においては、資本金等の額の増加額は実際に払い込まれた金銭の額（「払い込まれた金銭の額及び給付を受けた金銭以外の資産の価額その他の対価の額に相当する金額」(法令8①一）をいう。以下、ⅱにおいて同じ。）に基づいて算出するものとされていることから、以下、ⅱにおいては、増資において実際に払い込まれた金銭の額に基づいて資本金等の額の増加額が算出されるという前提を置いて、増資が時価で行われなかった場合にどのような処理を行うこととなるのかということを説明するものとする。

　A社が乙に時価100円の新株100株を10円で交付することとし、乙が現金10円を払い込んで時価100円の新株100株を取得したとすれば、【ケースⅱ（ⅰ）】のとおりとなる。

【ケースⅱ（ⅰ）】

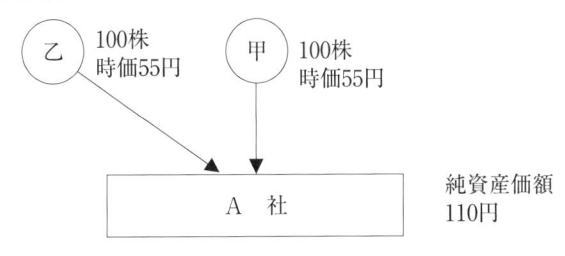

(注75)　この「寄附金　450円」は、本来は、損金の額に算入した上で、寄附金の損金不算入の規定を適用するべきである。

　この【ケースⅱ（ⅰ）】は、先に挙げた【ケースⅰ（ⅱ）】（217頁）と同じ状態である。

　この【ケースⅱ（ⅰ）】において、Ａ社の増資による資本金等の額の増加額を払い込まれた金銭の額に基づいて算出するということになると、次の【仕訳ⅱ（ⅰ）ア】から分かるとおり、Ａ社においては、「寄附金　90円」と「資本金等の額　90円」を計上する処理を正しく行うことができなくなるとともに、Ａ社は資本金等の額を10円しか増加させないにもかかわらず乙においては100円の株式を取得するということととなり、乙とＡ社との間の寄附と株式の発行の処理を正しく説明することができなくなってしまう。

【仕訳ⅱ（ⅰ）ア】

	乙			Ａ　社	
	現金	10円	現金	10円	
株式	10円			資本金等の額	10円
	受贈益	90円	寄附金	90円	
株式	90円			資本金等の額	90円

　要するに、資本金等の額の増加額を払い込まれた金銭の額に基づいて算出するという取扱いは、【仕訳ⅱ（ⅰ）ア】において点線で囲んだ部分が存在しないということでない限り、処理を正しく説明できないわけである。

　Ａ社における資本金等の額の増加額を10円とすることにしたことからＡ社には「寄附金　90円」も存在しないことになるのではないかという意見が出てくることも考えられるが、資本等取引から「益金の額」と「損金の額」は生じないこととなっているが、資本等取引から「収益の額」や「原価の額」「販管費の額」「損失の額」が生ずるものとされていることは、既に確認したとおりであって、「資本等の金額　100円」（平成18年度税制改正前の状態を示した【仕訳ⅰ（ⅱ）ア】（218頁）においては、「資本等の金額　10円」と「資本等の金額　90円」に分けて示されている。）としていたところを「資本金等の額　10円」とすることに改めたとしても、「寄附金　90円」がなくなることはなく、「寄附金　90円」がある状態が事実を正しく示している。

　先に掲げた【仕訳 i（ii）ア】と【仕訳 ii（i）ア】とを比較してみると、増資における資本金等の額の増加額を実際に払い込まれた金銭の額に基づいて算出するという取扱いは、「取引」を事実に基づいて正しく説明することができないものであることが一目瞭然であり、平成18年度改正によって増資の取扱いに大きな課題が生じたことがよく分かる。

　続けて、【ケース ii（i）】において、甲が乙に株式を贈与するためにA社の増資が行われているという場合の処理を確認してみよう。

　このような事実認定が行われるのであれば、乙とA社における処理のみでは済まず、甲においても寄附を行ったという処理が必要となる。

　この処理においても、先に掲げた【仕訳 i（ii）イ】（221頁）の場合と同じく、寄附金の額は45円となるわけであるが、この処理を仕訳の形で示すと、乙、A社と甲の処理は、それぞれ次の【仕訳 ii（i）イ】のとおりとなる。

【仕訳 ii（i）イ】

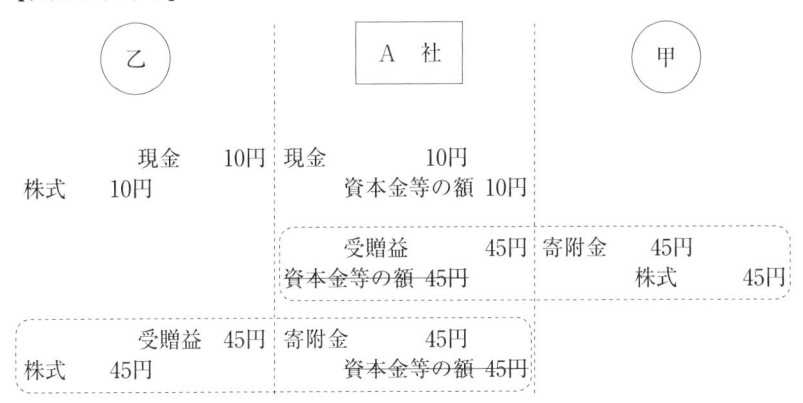

　この【仕訳 ii（i）イ】においても、A社が増資によって甲から乙への株式45円の贈与の橋渡しをしたという事実認定がなされるにもかかわらず、資本金等の額45円の増加と減少の処理が行われないため、その事実関係を正しく反映した処理が行い得ず、「取引」を正しく説明することができない。

　なお、この【仕訳 ii（i）イ】においては、甲がA社に45円の株式を寄附するという処理において、A社で「資本金等の額　45円」を減少させないこととしているが、これは、平成18年度改正によって、旧法人税法2条17号ナが廃止され、法人税法施行令8条1項20号括弧書きに「当該金額が当該自己株式の

取得等により交付した金銭の額及び金銭以外の資産の価額の合計額を超える場合には、その超える部分の金額を減算した金額」とするという定めが設けられたことによるものである。

　続けて、A社が乙に時価100円の新株100株を1000円で交付することとし、乙が現金1000円を払い込んで時価100円の新株100株を取得したというケースの処理について確認を行ってみよう。

　このケースは、次の【ケースⅱ（ⅱ）】のとおりとなるが、これは、先に挙げた【ケースⅰ（ⅲ）】（224頁）と同じ状態である。

【ケースⅱ（ⅱ）】

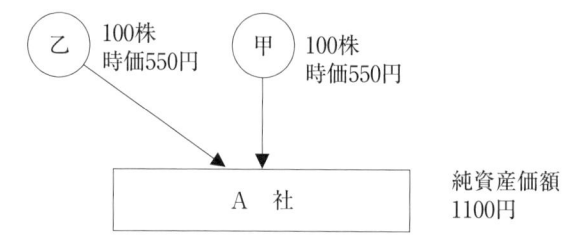

　この【ケースⅱ（ⅱ）】において、A社の増資による資本金等の額の増加額を払い込まれた金銭の額に基づいて算出するということになると、次の【仕訳ⅱ（ⅱ）ア】から分かるとおり、A社においては、本来、払い込むべき100円を超えて払い込まれた900円について、受贈益を計上するのか否かということが不明となってしまう。

【仕訳ⅱ（ⅱ）ア】

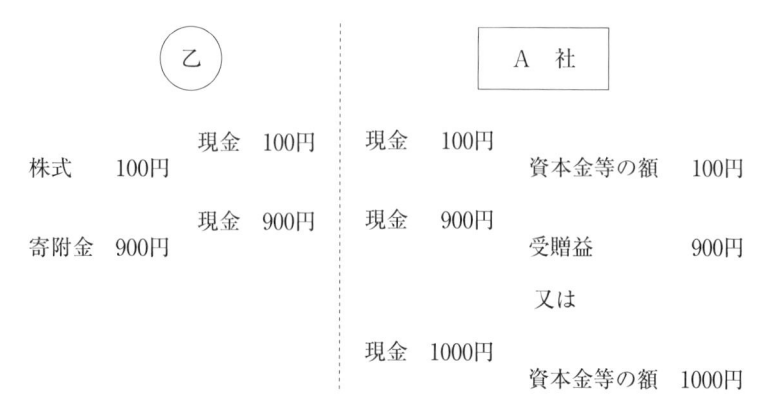

　この900円に関しては、株式の払込金額ではないという事実認定を行い得るものと思われるが、法人税法施行令8条1項1号の「払い込まれた金銭の額」について、無償又は低額で増資が行われた場合に、現実に払い込まれた金銭の額とするという解釈を採るのであれば、高額で増資が行われた場合にも、その金額を資本金等の額の増加額とするべきとの見解もあり得るものと考えられる。

　仮に、資本金等の額の増加額を1000円とするべきであるということになると、A社には、乙が現金900円の寄附を行っているにもかかわらず、受贈益900円を計上する処理が行い得ないということになる。

　要するに、【仕訳ⅱ(ⅱ)ア】の場合の処理が「現金　1000円」と「資本金等の額　1000円」を計上する処理となるということであれば、先に掲げた【仕訳ⅰ(ⅲ)ア】(224頁)と比較してすぐに分かるとおり、その処理は、寄附が行われたという事実を無視したものとならざるを得ず、実際に行われた「取引」を正しく説明するものとはならないわけである。

　続けて、【ケースⅱ(ⅱ)】において、乙が甲に株式の価値を上げることによる贈与をするためにA社の増資が行われているという場合の処理を考えてみよう。

　このような事実認定が行われる場合には、【仕訳ⅱ(ⅱ)ア】の場合とは異なり、寄附金の額が現に乙に損失が生じ甲に利益が生じた金額となるという点に留意する必要がある。【仕訳ⅱ(ⅱ)ア】の場合には、乙の寄附金の額は、本来、A社に払い込むべき金額を超えて払い込まれた900円となったが、乙が甲に贈与をしたという事実認定がなされる場合には、その贈与をしたとされる金額は、現に乙に損失が生じ甲に利益が生じた金額である450円としかなり得ず、900円の贈与をしたという事実認定を行うことは、不可能である。

　この処理を仕訳の形で示すと、乙、A社と甲の処理は、それぞれ次の【仕訳ⅱ(ⅱ)イ】のとおりとなる。

【仕訳ⅱ(ⅱ)イ】

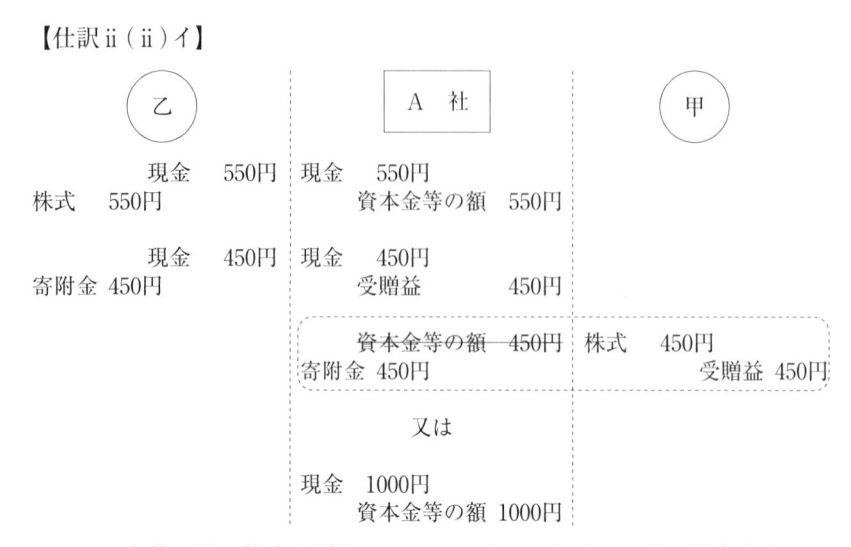

　乙は、直接、甲に株式を贈与しているわけではなく、A社の増資を利用して甲に株式の価値を上げることによる贈与をすることとしていることから、まず、乙がA社に450円の株式を寄附するという処理を行い、その後、A社が甲に450円の株式を寄附するという処理を行うこととなる。

　A社が甲に「株式　450円」を寄附する処理において、「資本金等の額　450円」を抹消しているのは、法人税法施行令8条1項1号の「払い込まれた金銭の額」がないためである。

　この【仕訳ⅱ(ⅱ)イ】の場合に、「現金　1000円」と「資本金等の額　1000円」を計上するべきであるということになると、A社には、乙がA社に現金450円の寄附を行っているにもかかわらず、受贈益450円を計上する処理を行い得ず、また、A社が甲に株式450円の寄附を行っているにもかかわらず、寄附金450円を計上する処理を行い得ない、という問題が生ずることとなる。

　以上のように、増資において資本金等の額の増加額を「払い込まれた金銭の額」によることとした平成18年度改正は、増資が高額で行われた場合の処理に関しても、難しい問題を生じさせることとなっているわけである。

2　DES（Debt Equity Swap）

　DES（Debt Equity Swap）は、「債務の株式化」又は「債務の資本化」というべきものであるが、法人税法においては、債権者が債務者である法人に対して債権の現物出資を行い、債務者である法人が債権者に株式を交付するものと整理している。法人税法においては、この現物出資により、債務者である法人において、自己宛の債権を取得することとなるため、債権と債務が混同によって消滅して債務消滅益が生ずる、とされている。

　このため、DESの課税問題は、基本的には現物出資の課税問題として捉えることとなる(注76)。

(1)　DESの概要

　DESは、債権者からすると、債権を株式に変えるものであり、債務者からすると、債務を資本に変えるものということになる。

　DESにより、債権者は、債務者に対する債権を失う代わりに債務者の株式を取得することになるため、債務者の経営に関与することが可能となり、債権の時価が取得価額よりも低くなっていたとしても、将来、投資の回収の可能性がある状態となる。

　また、債権者が債務者である法人のオーナーであるような場合には、債権者が債権を持つ状態から株式を持つ状態となって、相続時や贈与時の財産の評価額が下がるというメリットが生ずることともなる。

　債務者は、債務が減少して純資産が増加し、支払利子負担も減少するため、財務体質の健全化を図ることができることとなる。

（注76）　DESにおいては、債権者が債務者に対して債権の現物出資を行えば、債務者においては必ず債権と債務が混同によって消滅することになるため、DESは、平成13年度改正前に旧法人税基本通達10-7-1（現物出資に代えて金銭出資の形式により資産を譲渡した場合の圧縮記帳）において圧縮記帳により課税の繰延べが認められていた変態現物出資（金銭出資によって法人を設立し、その後、その法人に資産を譲渡して対価を金銭により受け取るという方法によって実質的に現物出資を行った状態と同じ状態を創り出すもの）より以上に、「債権の株式化（＝債務の資本化）」という一の取引と捉えることも可能と考えられる。ただし、仮にそのように捉えたとしても、原則は、債権者において債権の譲渡損失を計上し債務者において債務消滅益を計上するということになり、特例としてそれらの両方の計上を繰り延べる仕組みを設けない限り、結果的には、債権者による債権の現物出資と債務者における債権債務の混同による消滅と捉えた場合と取扱いに違いはないことになる。

　このように、DESは再建を要する状態となった法人やオーナーが存在する法人にとっては、利用価値のある制度ということになる。

　(2)　DESにおける「取引」の一般的な捉え方

　本章1において述べたとおり、金子宏東京大学名誉教授は、『所得税・法人税の理論と課題』（日本租税研究協会、平成22年）の中で、「現物配当」、「デット・エクイティー・スワップ」と「自己株式の取得」を「混合取引」と捉えることを提案されており、「デット・エクイティー・スワップ」に関しては、次のように述べておられる。

> 「DESは全体として資本取引だと考えれば、仮りに債務免除益が生ずるとしても、それは課税の対象にならないということになります。また混合取引の考え方を取ると、券面額と時価との差額の部分は損益取引の結果生じた利益だから課税対象になるという考え方になります。」
> 　（141頁）

　このようなDESの捉え方は、法人税法においてDESは全体として一つの「取引」と捉えられているという理解に基づくものであり、それ故に、DESを「混合取引」と捉えて、DESが「資本取引」でありながら課税対象となる益金（債務消滅益）が生ずることを説明しようとするものである。

　このように、法人税法においてDESを全体として一つの「取引」と捉える捉え方は、広く存在する。

　例えば、高田正昭公認会計士・税理士は、「純資産の部」の取扱いを詳細かつ的確にまとめておられる「純資産の部を巡る会社法、会計及び法人税（その2）―法人税編―」（租税研究703号41・42頁）という解説の中で、次のように述べて仕訳の例も示しておられる。

> 「　そうしますと、結局、ここで非常に重要な問題を含んでいますのは、先ほどの法人税法22条2項の、収益については資本等取引以外のものについて課税するという有名な条文があるわけですけれども、では資本等取引というのは何なのかという、そういうところにどうしても行きついてしまうのです。
> 　　申し上げましたように、DESは金銭債権の現物出資であり、資本

金等を増加させる取引です。これは資本等取引です（法法22⑤）。それにもかかわらず債務消滅益が税務上発生し、課税対象となります。そうしますと結局、資本等取引には課税されないという法人税法22条2項の規定は、あくまでも等価取引による資本等取引を前提としていると考えざるを得ない。先程のＤＥＳの例でいえば、100の価値の資産を受け入れて増加させる資本金等は100で、これが資本等取引である。残りの900は債務免除取引で資本等取引以外の取引として課税対象となると。このように考えざるを得ないと思います。」

① 現物出資債権の受入れ（非適格現物出資）

　　　（借方）税務上の仕訳（貸方）

| 債権 | 100 | 資本金等 | 100 |

（時価で受入れ）

法令8①一本文及び同号ハ

現物出資（除　適格）の場合、金銭以外の資産の価額（時価）分だけ資本金等が増加する。

法法22②、法令123の5参照

組織再編成税制とも整合性がとれた。

② 混同（注）による債権と債務の消滅仕訳

　　　（借方）税務上の仕訳（貸方）

| 債務 | 1000 | 債権 | 100 | } 課税対象となる。 |
| | | 債務消滅益 | 900 | |

（注）債権の現物出資が債務者に行われると、債権と債務が同一人に帰属することになり混同（民179）により消滅する。

①＋②

| 債務 | 1000 | 資本金等 | 100 | } 期限切れ欠損金の損金算入の対象（法法59） |
| | | 債務消滅益 | 900 | |

　この説明から、ＤＥＳは「資本等取引」となる一つの取引であるという理解がなされていることが分かる。ＤＥＳは一つの「資本等取引」であるとした上で、法人税法22条2項によって債務消滅益に課税が行われるとされていることから、同項において益金の額が生じないとされている「資本等取引」は「等価取引による資本等取引」と考えざるを得ない、とされているわけである。

　この「等価取引による資本等取引」とは、上記の説明図の「①　現物出資債権の受入れ（非適格現物出資）」において（借方）「債権　100」（貸方）「資

本金等　100」と記載されたところであり、同じく「②　混同（注）による債権と債務の消滅仕訳」において（借方）「債務　1000」（貸方）「債権　100」「債務消滅益　900」と記載されたところは、「等価取引による資本等取引」ではなく、同項の益金の額（債務消滅益）が発生する取引ということになる。

　要するに、この説明においては、「①　現物出資債権の受入れ（非適格現物出資）」において仕訳で示されているものと「②　混同（注）による債権と債務の消滅仕訳」において仕訳で示されているものとが「取引」と捉えられており、前者が「資本等取引」で後者が「損益取引」と捉えられているわけである。

　上記のような金子宏教授や高田正昭公認会計士・税理士の捉え方が法人税法における「取引」と「資本等取引」の一般的な捉え方と言ってよかろう。

(3)　東京地裁平成21年判決における「取引」の捉え方は法人税法上で想定されている「仕訳」と法人税法に規定されている「取引」の違いを理解していない誤ったものである【解釈の課題】

　ＤＥＳにおいて債務免除益が法人税法22条2項の「益金の額」になるのか否かが争われた事件の裁判が平成23年3月29日に最高裁の上告不受理によって納税者敗訴で確定しているため、まず、この事件の東京地裁判決（平成21年4月28日。以下「東京地裁平成21年判決」という。）において法人税法22条2項における「取引」がどのようなものと捉えられているのかということを確認することとする。

　この事件は、平成13年度改正によって組織再編成税制が創設されて以後、同税制の中の規定が適用されたものが事件となった最初のケース[注77]でもある。

　この事件においては、まず、法人税法22条2項の「取引」が民商法等の他の法分野における「取引」の概念と同じものであるのか否かということが問題

（注77）　ヤフー事件（平成28年2月29日の国側勝訴の最高裁判決で確定）は、平成13年度改正によって創設された法人税法132条の2（組織再編成に係る行為又は計算の否認）が最初に適用された事件であり、その解釈が争点となったが、東京地裁平成21年判決の事件においては、平成13年度改正によって創設された組織再編成税制の中の規定である旧法人税法2条17号ト（適格現物出資を受けた場合の資本積立金額の増加額）が適用されている。ただし、この事件では、旧法人税法2条17号トの解釈が争点となったわけではない。

となった。

　これに関しては、納税者側は、金子宏教授の『租税法〔第13版〕』（弘文堂、平成20年）を証拠資料として挙げて民商法等の他の法分野で定める「取引」と同義に解さなければならないという統一説[注78]に基づく主張を展開したが、東京地裁平成21年判決は、次のとおり、その主張を明確に否定した。

> 「　原告は、法人税法22条2項にいう取引（損益取引）は、税法上明確な特則が法律によって定められていない限り、民商法等の他の法分野で定める取引と同義に解さなければならず、民商法上、混同は、人の精神作用を要件としない法律事実である事件であって、取引に当たらない旨主張する。しかしながら、法人税法22条2項の規定の性質上、同項の「資産の販売、有償又は無償による資産の譲渡又は役務の提供、無償による資産の譲受け」は「取引」の例示であり、同項の「その他の取引」には、民商法上の取引に限られず、債権の増加又は債務の減少など法人の収益の発生事由として簿記に反映されるものである限り、人の精神作用を要件としない法律事実である混同等の事件も含まれると解するのが相当である。」（第3、2(1)カ）

> 「法秩序の一体性と法的安定性を基礎として、借用概念は原則として私法におけると同義に解すべきである、とする考え方」（4頁）

　要するに、この事件の東京地裁平成21年判決においては、法人税法22条2項の「取引」は「民商法上の取引に限られず」、同項の「取引」には「債権の増加又は債務の減少など法人の収益の発生事由として簿記に反映されるもので

（注78）　金子宏教授は、我が国における税法の解釈論について、「わが国では、この点について見解が対立している（統一説・独立説・目的適合説）」（『租税法〔第22版〕』（弘文堂、平成29年）120頁）というように、統一説、独立説、目的適合説の三つに分類できるという見解を示しておられるが、この「統一説」については、「租税法と私法―借用概念及び租税回避について―」（租税法研究　第6号）において、ドイツの税法学者であるティプケの著作を引用し、次のように要約しておられる。

ある限り、人の精神作用を要件としない法律事実である混同等の事件も含まれると解するのが相当である」とされたわけである。

　法人税法には、「取引」の定義は設けられておらず、一方、民商法等の他の法分野においては、「取引」の概念は異論なく捉えられているものと解されることから[注79]、統一説によれば、法人税法22条2項の「取引」の概念は民商法等の他の法分野における「取引」の概念の「借用概念」ということになるわけであり、納税者側は、そのように主張している。この主張のとおり、法人税法22条2項の「取引」が民商法等の他の法分野における「取引」の概念の「借用概念」ということになれば、ＤＥＳは全体を一つの取引（＝資本等取引）と認識してＤＥＳにおいては益金の額が発生しない、と主張することが可能となる。

　しかし、上記のとおり、東京地裁平成21年判決は、この納税者側の主張を明確に否定し、法人税法22条2項の「取引」とは、「法人の収益の発生事由として簿記に反映されるもの」であり、同項の「取引」の概念は、民商法等の他の法分野における「取引」の概念とは異なる、としたわけである。

　この東京地裁平成21年判決の判決文の中においては、「法人税法22条2項の規定の性質上」という表現が用いられており、「趣旨」や「目的」という用語が用いられているわけではないが、この法人税法22条2項の「取引」の解釈が同項の趣旨・目的から導かれた解釈であることに異論はないはずである。

《参考》

　　『租税法〔第22版〕』（弘文堂、平成29年）においては、「借用概念は、原則として、本来の法分野におけると同じ意義に解すべきであろう」（120頁）として、そのように解したものとして26件の裁判例（120・121頁）が列挙されており、そのように解さなかった裁判例としては、「ただし、最（大）判昭和43年11月13日民集22巻12号2449頁参照」（120頁）として1件のみが挙げられているが、実際には、そのように解さなかった他の裁判例も、当然、存在する。上記の東京地裁平成21年判決は、そのようなものの一つであり、現在、我が国において税法の解釈論の通説とされている統一説が本来は適

（注79）　吉国一郎ほか編『法令用語辞典〔第9次改訂版〕』（学陽書房、平成21年）においては、「「取引」とは「実質的に商に関する法律行為を意味する用語であって、商行為（実質的意味の）と同意義に使われることが多い（中略）。」とされている。

切な解釈論ではないということをうかがわせるものともなっている。税法の解釈論として適切と考えられるのは、金子宏教授が『租税法〔第22版〕』の中で挙げられている三つの説（統一説・独立説・目的適合説）の中では、目的適合説となるが、その論拠等に関しては、「借用概念を巡る学説を検証する」（T&Amaster（ロータス21）No.675・4頁、No.677・13頁、No.678・4頁）を参照されたい。

東京地裁平成21年判決は、法人税法22条2項の「取引」をこのように解釈した上で、この事件で争点となったDESの取引について次のように判示している。

> 「DESによる債務消滅の過程は、〔1〕現物出資による債務者会社への債権（資産）の移転、〔2〕債権及び債務が同一人に帰属したことによる混同による消滅、〔3〕新株発行及び債権者の新株引受けからなる」
> （第3、2(1)キ）(注80)

この判示は、次のような国側の主張を受け容れたものである。

> 「DESによる債権の消滅は、〔1〕債権（資産）の移転と資本金の増加、〔2〕混同による債権（資産）と債務（負債）の消滅という過程を経て生ずるものである」（第2、5(2)イ）

このようなDESにおける取引の捉え方は、上記①で引用した高田正昭公認会計士・税理士の「純資産の部を巡る会社法、会計及び法人税（その2）—法人税編—」（租税研究703号）において法人税法22条における「取引」の捉え方とされているものと同様（高田正昭公認会計士・税理士の示す図の①が〔1〕に、同じく②が〔2〕に対応）である。

このように、東京地裁平成21年判決は、法人税法22条の「取引」の概念は私法上の「取引」の概念の「借用概念」であるのか否かということについて、「借用概念」ではないとした点については的確な判断と評価することができ

(注80)　東京地裁平成21年判決においては、この「〔3〕新株発行及び債権者の新株引受け」は税法上の処理を要するものではないと捉えられているものと思われる。

るわけである。

　しかし、この東京地裁平成21年判決の法人税法22条2項の「取引」の捉え方は、明らかに誤っている。

　東京地裁平成21年判決は、上記引用から分かるとおり、ＤＥＳによる債務消滅の過程について、〔1〕現物出資による債務者会社への債権（資産）の移転、〔2〕債権及び債務が同一人に帰属したことによる混同による消滅、〔3〕新株発行及び債権者の新株引受けからなるとした上で、〔1〕が資本等取引であり、〔2〕が損益取引であるとしている。

　この東京地裁平成21年判決におけるＤＥＳの「取引」の捉え方を上記(2)の図（235頁）のケースに合わせて図示すれば、次のとおりとなる。

【東京地裁平成21年判決のＤＥＳにおける「取引」の捉え方】

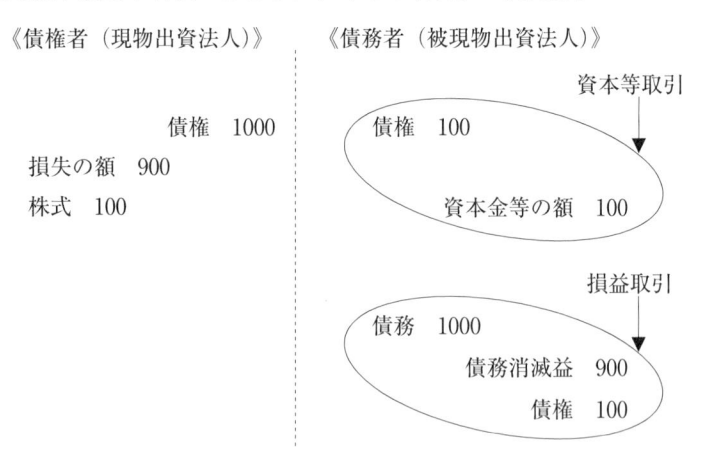

《債権者（現物出資法人）》　　《債務者（被現物出資法人）》

債権　1000

損失の額　900

株式　100

資本等取引

債権　100

資本金等の額　100

損益取引

債務　1000

債務消滅益　900

債権　100

　しかし、法人税法22条において、「取引」がどのように捉えられているのかということに関しては、本章1(1)②（203頁）において、現物出資の図（208頁）を用いた上で、詳しく説明したとおりである。

　この本章1(1)②において説明した法人税法22条における「取引」の正しい解釈を踏まえて、ＤＥＳにおける取引がどのように捉えられるのかということを図示すると、次のとおりとなる。

【ＤＥＳにおける「取引」の捉え方】

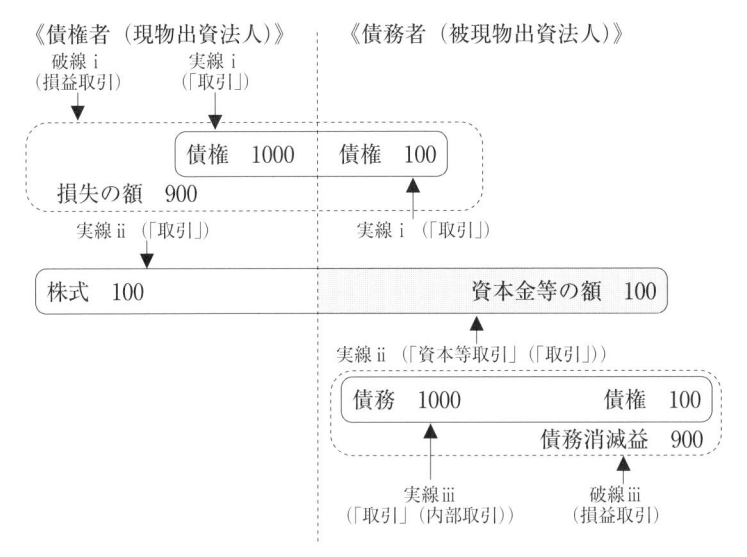

　上記の【東京地裁平成21年判決のＤＥＳにおける「取引」の捉え方】と上記の【ＤＥＳにおける「取引」の捉え方】とを比べてみると、「取引」の捉え方が大きく異なっていることを確認することができるはずである。法人税法22条における「取引」の捉え方は、本章1(1)②において説明したとおりであり、【東京地裁平成21年判決のＤＥＳにおける「取引」の捉え方】のような「取引」の捉え方は、誤っているわけである。本章1(1)②においても述べたとおり、【東京地裁平成21年判決のＤＥＳにおける「取引」の捉え方】のような「取引」の捉え方は、法人税法上で想定されている「仕訳」と法人税法に規定されている「取引」の違いを理解していない誤ったものであり、仮に、そのような捉え方が正しいということになれば、法人税法における「取引」は、全てが「内部取引」ということになってしまう。

　以上の説明からも分かるとおり、ＤＥＳにおいて債務消滅益が発生するか否かという問題は、額面学説か評価額説かという議論や法人税法施行令8条1項1号において「資産の価額」と規定した平成18年度改正を持ち出すまでもなく、法人税法22条における「取引」を正しく解釈しさえすれば、おのずと結論が出る問題である。

3　有利発行

　法人が増資において株主に有利な価額で株式の発行を行った場合には、その株主においてその株式の時価と払込金額との差額が益金の額に算入されることとなっているが、法人が組織再編成において株主に有利な価額で株式の発行を行った場合には、どのような取扱いとなるのかということが明確になっているとは言えない。

　また、増資や組織再編成において、株主に不利な価額で株式の発行が行われた場合には、他の株主が有利な取扱いを受けた状態となるわけであるが、このような状態となったときの取扱いも明確になっているとは言えない。

　さらに、減資等において、株主に有利な価額や不利な価額で払戻し等が行われた場合には、上記と同じく、他の株主が不利な取扱いを受けたり有利な取扱いを受けたりする状態となるわけであるが、このような状態となったときの取扱いも、明確になっているとは言えない。

　本書において、このような取扱いを網羅的に解説することはできないが、本章3においては、単に有利発行税制が増資の場面だけに止まらず資本等取引と組織再編成に共通する重要な問題を含んでいることを踏まえつつ、有利発行税制の課題を詳しく見ておくこととする。

　なお、現在の有利発行税制を正しく理解しその課題を正確に把握するためには、法人税法22条2項、3項及び37条の関係を正しく理解しておくことが不可欠であるが、これらの関係に関しても、従来、必ずしも正しく理解されてきたとは言えないことから、最初に、これらの関係に関して説明を行うこととする。

(1)　法人税法22条2項・3項3号・37条の確認

　法人税法22条2項及び3項3号は、次のとおりである。

　2　内国法人の各事業年度の所得の金額の計算上当該事業年度の益金の額に算入すべき金額は、別段の定めがあるものを除き、資産の販売、有償又は無償による資産の譲渡又は役務の提供、無償による資産の譲受けその他の取引で資本等取引以外のものに係る当該事業年度の収益の額とする。

　3　内国法人の各事業年度の所得の金額の計算上当該事業年度の損金の額に算入すべき金額は、別段の定めがあるものを除き、次に掲げる額とする。

一・二　〔省略〕
三　当該事業年度の損失の額で資本等取引以外の取引に係るもの

　また、法人税法37条1項には「寄附金の額」を原則として損金不算入とする
旨の定めが設けられており、7項には、次のとおり、「寄附金の額」の定義が
設けられている。

7　前各項に規定する寄附金の額は、寄附金、拠出金、見舞金その他いず
　れの名義をもつてするかを問わず、内国法人が金銭その他の資産又は
　経済的な利益の贈与又は無償の供与（広告宣伝及び見本品の費用その
　他これらに類する費用並びに交際費、接待費及び福利厚生費とされる
　べきものを除く。次項において同じ。）をした場合における当該金銭の
　額若しくは金銭以外の資産のその贈与の時における価額又は当該経済
　的な利益のその供与の時における価額によるものとする。

　この法人税法37条7項の定めから、寄附が行われたか否かということが問
題となる場合には、必ず、「贈与又は無償の供与〔中略〕をした」という事実
があるのか否かということを確認しなければならない、ということが分かる。
　この法人税法37条7項の「寄附金の額」に関しては、次のとおり、低い価額
で資産の譲渡又は経済的な利益の供与が行われた場合の寄附金の額の捉え方
について、8項に定めが設けられている。

8　内国法人が資産の譲渡又は経済的な利益の供与をした場合において、
　その譲渡又は供与の対価の額が当該資産のその譲渡の時における価額
　又は当該経済的な利益のその供与の時における価額に比して低いとき
　は、当該対価の額と当該価額との差額のうち実質的に贈与又は無償の
　供与をしたと認められる金額は、前項の寄附金の額に含まれるものと
　する。

　この法人税法37条8項においては、「当該対価の額と当該価額との差額のう
ち実質的に贈与又は無償の供与をしたと認められる金額」が7項の「寄附金の
額」に含まれるとされているわけであるが、8項のこの部分の文言から、「当
該対価の額と当該価額との差額」が全て「寄附金の額」となるわけではない

こと、そして、「贈与又は無償の供与をしたと認められる金額」に該当するか否かは「実質的」な観点から判断しなければならないこと、この二つを明確に確認することができる。

　以下、これらの点を踏まえた上で、法人税法22条2項・3項3号・37条の解釈を確認することとする。

　①　法人税法22条2項の「収益の額」は寄附が行われたという事実認定がなされるのか否かにかかわらず時価との差額があれば必ず計上しなければならない

　法人税法22条2項は、上記のとおり、無償による資産の譲渡又は役務の提供、無償による資産の譲受けにおいても、その「収益の額」を益金の額に算入するものとされている。この法人税法22条2項は、その文言から明らかなとおり、無償による資産の譲渡又は役務の提供、無償による資産の譲受けにおいても「収益の額」が存在するという前提に立ってその「収益の額」を「益金の額」に算入するものとしており、「資産の販売、有償又は無償による資産の譲渡又は役務の提供、無償による資産の譲受けその他の取引で資本等取引以外のもの」があれば適用されることとなるものであって、寄附を行ったり寄附を受けたりした事実があるのか否かということは、その適用の要件とはされていない。

　このため、無償取引を行った場合には、寄附を行ったり寄附を受けたりしたという事実認定が行い得ないときも、法人税法22条2項の無償取引に関する部分の定めが適用されて「収益の額」があるものとされる。

　②　法人税法37条7項の「寄附金の額」は事実認定によってそれがあるとされる場合にのみ計上することとなる

　資産の無償取引が行われた場合において寄附の事実があるというときの処理例について、適宜の金額を用いて示すと、次の仕訳のとおりとなる。

B社		A社	
受贈益　100		寄附金　100	
資産　100		資産　　60	
		譲渡益　　40	

　この例のA社の「譲渡益　40」は、A社が保有していた資産に含み益が生じており、これが無償譲渡において「収益の額」となったものであり、また、この例のB社の「受贈益　100」は無償譲受けによって「収益の額」となった

ものであるため、これらは、法人税法22条2項により、A社とB社においてそれぞれ益金の額となる。

　この例においては、「寄附の事実がある」という前提があるため、A社の「寄附金　100」は、法人税法22条3項3号により「損失の額」となるとともに、同法37条7項の「寄附金の額」に該当し、同条1項等によって損金算入限度額を超える金額が損金の額に算入されないこととなる。

　しかし、「寄附の事実がある」という事実認定が行い得なかったとすると、事情が異なってくる。

　法人税法22条3項3号の「損失の額」に関しては、2項のような無償取引に関する定めは設けられていないことから、無償による取引を行った場合に、常に「損失の額」が生ずるのか否かという疑問が生じてくることとなる。

　この点に関しては、法人税法22条2項においては無償取引においても「収益の額」が存在するという前提に立ってその「収益の額」を「益金の額」に算入することとされていること、法人税法においては「所得の金額」は純資産の増加額と捉えられているため純資産を減少させるものは原則として損金の額と解すべきこと、そして、昭和40年当時の国税当局者の解説においては無償取引において当然に損失の額が発生するという前提に立った説明がなされていることから判断すると、無償取引が行われた場合には、「収益の額」が存在するだけではなく、「損失の額」も存在するという前提に立って22条を解釈する必要があると考えられる(注81)。

　しかし、法人税法37条7項の「寄附金の額」に関しては、そのようなわけには行かない。単に無償取引が行われたというだけでは、「寄附金の額」があることとはならず、「贈与」又は「供与」が行われた事実がある場合にのみ、「寄附金の額」があることとなり、そのような場合に「寄附金の額」を計上することとなる(注82)。

（注81）　本来は、法人税法22条3項3号においても、2項と平仄を合せて、無償取引に関する定めを設けるのが適切であったと考えられる。

（注82）　仮に、無償取引における「収益の額」が計上される場合に、常に「寄附金の額」を計上させようとするのであれば、法人税法22条3項3号において、2項のように、「損失の額」があるという旨の定めを設けた上で、37条において、寄附が行われたという事実があるのか否かにかかわらず、その「損失の額」を「寄附金の額」とみなすという旨の定めを設ける、ということが必要となる。

　このように、贈与者や供与者が「贈与」や「供与」を行うことになることを認識していないというような場合には、法人税法22条2項の「収益の額」とは異なり、その贈与者や供与者が行った行為は、37条7項の「贈与」や「供与」には該当しないという点に留意しておく必要がある。

　昭和40年の法人税法の全文改正を担当された吉牟田勲元筑波大学教授は、昭和40年6月に、「法人税関係（所得計算関係の改正）」（税務弘報13巻6号）において、「(3)　無償による資産の譲渡と資産の譲受け」と題した部分で、次のように述べておられる。

> 「　法人が他の者と取引を行なう場合、すべて資産は時価によって取引されるものとして課税するというのが現在の法人税の原則的な考え方である。」（140頁）

　この説明は、法人税法22条2項の定めに関して、無償取引にも当然に「収益の額」が存在すると解すべきことを裏付けるものである。

　そして、吉牟田勲教授は、この説明に続き、例として、次のように述べておられる。

> 「　例えば資産の贈与を受けた者については、当然その資産の時価に相当する所得があったものと認められている。<u>資産の贈与（無償の譲渡）を行った法人も、その資産の時価を認識してこれを贈与するものであって</u>、この贈与は資産を有償で譲渡してその時価に相当する対価を金銭で受取り、直ちにこの金銭を贈与したことと何等変るところがなく、この場合はその資産の譲渡により収益が生ずるわけであるから、これと全く同じように贈与したときにその時価に相当する収益が実現したと認められるので、これを益金とし課税することが妥当であると考えられるのである。」（同前）

　この「例えば」で始まる部分は、無償取引において寄附が行われたとするものの説明となっているわけであるが、下線を付した部分からも分かるとおり、寄附が行われたとする処理は、寄附をした者が「その資産の時価を認識してこれを贈与する」ということが前提となって行われるものである。法人

税法22条2項によって無償取引においても当然に「収益の額」が存在するとしてその「収益の額」を益金の額に算入する処理を行ったとしても、当事者が「その資産の時価を認識してこれを贈与する」ということになっていなければ、寄附が行われたという処理は行い得ないわけである。寄附が行われたのか否かということは、事実関係の問題であって、法令解釈の問題ではない。

(2)　有利発行税制の概要

有利発行税制は、簡単に言えば、株主が法人から時価のおおむね10％以上安く株式を取得した場合にはその安く取得した部分を課税対象とするという制度である。

法人税法施行令119条1項4号（有利発行有価証券の取得価額）においては、次のとおり、法人が増資において株主に有利な金額で株式の発行を行った場合には、その株主は、その株式の取得価額を時価とすることとされている。

> 四　有価証券と引換えに払込みをした金銭の額及び給付をした金銭以外の資産の価額の合計額が払い込むべき金銭の額又は給付すべき金銭以外の資産の価額を定める時におけるその有価証券の取得のために通常要する価額に比して有利な金額である場合における当該払込み又は当該給付（以下この号において「払込み等」という。）により取得をした有価証券（新たな払込み等をせずに取得をした有価証券を含むものとし、法人の株主等が当該株主等として金銭その他の資産の払込み等又は株式等無償交付により取得をした当該法人の株式又は新株予約権（当該法人の他の株主等に損害を及ぼすおそれがないと認められる場合における当該株式又は新株予約権に限る。）、第20号に掲げる有価証券に該当するもの及び適格現物出資により取得をしたものを除く。）
> 　　その取得の時におけるその有価証券の取得のために通常要する価額

この法人税法施行令119条1項4号は、法人税法61条の2（有価証券の譲渡益又は譲渡損の益金又は損金算入）によって有価証券の譲渡益又は譲渡損を算出するに当たって、有価証券の取得価額をどのような金額とするべきかということを定めるものであるが、同号の有価証券の取得価額の規定を使って、有利発行有価証券を取得した場合におけるその有価証券の時価と払込金額と

の差額について定めることとされており(注83)、この差額は、法人税法22条2項の「収益の額」として同項の益金の額を構成するものとされている。

　この法人税法施行令119条1項4号に規定する「払い込むべき金銭の額又は給付すべき金銭以外の資産の価額を定める時におけるその有価証券の取得のために通常要する価額に比して有利な金額」の解釈に関しては、次の法人税基本通達が定められている。

（通常要する価額に比して有利な金額）

2-3-7　令第119条第1項第4号《有利発行により取得した有価証券の取得価額》に規定する「払い込むべき金銭の額又は給付すべき金銭以外の資産の価額を定める時におけるその有価証券の取得のために通常要する価額に比して有利な金額」とは、当該株式の払込み又は給付の金額（以下2-3-7において「払込金額等」という。）を決定する日の現況における当該発行法人の株式の価額に比して社会通念上相当と認められる価額を下回る価額をいうものとする。

（注）1　社会通念上相当と認められる価額を下回るかどうかは、当該株式の価額と払込金額等の差額が当該株式の価額のおおむね10%相当額以上であるかどうかにより判定する。

　　　2　払込金額等を決定する日の現況における当該株式の価額とは、決定日の価額のみをいうのではなく、決定日前1月間の平均株価等、払込金額等を決定するための基礎として相当と認められる価額をいう。

　この通達の注2に規定された価額よりもおおむね10%以上安く株式を取得した場合には、有利発行と判定されて、法人税法施行令119条1項4号が適用されるわけである。

　また、この法人税法施行令119条1項4号括弧書きに規定する「他の株主等に損害を及ぼすおそれがないと認められる場合」の解釈に関しては、次の法人

（注83）　法人税法61条の2は、有価証券の譲渡を行った場面における譲渡利益額と譲渡損失額に関する取扱いを定めるものであって、有価証券の取得を行った場面における受贈益等に関する取扱いを定めるものではないため、法令を正しく解釈すると、法人税法施行令119条1項4号において有利発行に関する定めを設けたとしても、有価証券の取得を行った場面における取扱いが変わることはない、ということになる。

税基本通達が定められている。

（他の株主等に損害を及ぼすおそれがないと認められる場合）

2-3-8　令第119条第1項第4号《有利発行により取得した有価証券の取得価額》に規定する「他の株主等に損害を及ぼすおそれがないと認められる場合」とは、株主等である法人が有する株式の内容及び数に応じて株式又は新株予約権が平等に与えられ、かつ、その株主等とその内容の異なる株式を有する株主等との間においても経済的な衡平が維持される場合をいうことに留意する。

　（注）　他の株主等に損害を及ぼすおそれがないと認められる場合に該当するか否かについては、例えば、新株予約権無償割当てにつき会社法第322条《ある種類の種類株主に損害を及ぼすおそれがある場合の種類株主総会》の種類株主総会の決議があったか否かのみをもって判定するのではなく、その発行法人の各種類の株式の内容、当該新株予約権無償割当ての状況などを総合的に勘案して判定する必要がある。

　この通達にあるとおり、株式が安く発行されても、他の株主等に損害を及ぼすおそれがない場合には、法人税法施行令119条1項4号は適用されないこととなる。

　さらに、この法人税法施行令119条1項4号の最後に定められている「その取得の時におけるその有価証券の取得のために通常要する価額」の解釈に関しては、次の法人税基本通達が定められている。

（通常要する価額に比して有利な金額で新株等が発行された場合における有価証券の価額）

2-3-9　令第119条第1項第4号《有利発行により取得した有価証券の取得価額》に規定する有価証券の取得の時におけるその有価証券の取得のために通常要する価額は、次に掲げる場合の区分に応じ、それぞれ次による。

　(1)　新株が令第119条の13第1号から第3号まで《上場有価証券等の時価評価金額》に掲げる有価証券（以下2-3-9において「上場有価証券

等」という。）である場合　その新株の払込み又は給付に係る期日（払
込み又は給付の期間を定めたものにあっては、その払込み又は給付
をした日。以下2-3-9において「払込期日」という。）における当該
新株の4-1-4本文前段《上場有価証券等の価額》に定める価額
(2)　旧株は上場有価証券等であるが、新株は上場有価証券等でない場
合　新株の払込期日における旧株の4-1-4本文前段に定める価額を
基準として当該新株につき合理的に計算される価額
(3)　(1)及び(2)以外の場合　その新株又は出資の払込期日において当
該新株につき4-1-5及び4-1-6《上場有価証券等以外の株式の価額》
に準じて合理的に計算される当該払込期日の価額

　この通達の(3)により、非上場株式の場合には、純資産価額方式等によって
算出した金額と実際に払い込んだ金額との差額が益金の額に算入されること
となるわけである。

(3)　昭和48年の制度創設時からの課題
①　有利発行税制は時価と払込金額の少額の差額を益金・損金に算入し
なくてもよいこととするために創設されたことが正しく理解されて
ない【解釈の課題】

　有利発行税制は、一般に、法人から増資によって株式の有利発行を受けた
株主において、その株式の時価と払込金額との差額が大きい場合に、その差
額に課税する制度となっていると捉えられているわけであるが、次のⅰ及び
ⅱで述べるとおり、有利発行税制の創設前の状況と創設の趣旨・目的を確認
すると、有利発行税制は、法人から増資によって交付を受けた株式の時価と
払込金額との差額が少額である場合にその少額の差額を益金又は損金に算入
しなくてもよいこととするために創設された制度であることが分かる。

　この点は、有利発行における取扱いに関係する法人税法22条2項、3項3号、
37条及び法人税法施行令119条1項4号の解釈に大きな影響を与えるものであ
るため、正しく理解しておかなければならない。この理解が十分でないと、
有利発行税制の捉え方を根本から誤ることとなってしまう。

ⅰ　昭和48年前の取扱い

　有利発行税制は、昭和48年度改正によって創設されたわけであるが、同改
正前の取扱いは、法人税法22条2項と次の旧法人税法施行令38条1項2号によっ

て定められていた。

> 二　発行法人から新株の引受権その他これに準ずるもの（以下この号に
> おいて「新株引受権」という。）を与えられた場合（株主等として与え
> られた場合を除く。）における当該新株引受権に基づく払込みにより
> 取得した有価証券　その有価証券の当該払込みに係る期日における価
> 額

この旧法人税法施行令38条1項2号に関連して、次の旧法人税基本通達
6-1-1が設けられていた。

> （第三者割当てに基づく払込みにより取得した有価証券の価額）
> 6-1-1　令第38条第1項第2号（第三者割当てに基づく有価証券の取得価
> 　額）に規定する有価証券の払込みにかかる期日における一株当たりの
> 　価額は、次に掲げる区分に応じ、次による。
> （1）　新株が証券取引所に上場されている場合　その新株の払込期日に
> 　　おける当該新株の最終価格
> （2）　旧株は証券取引所に上場されているが、新株が上場されていない
> 　　場合　新株の払込期日における旧株の最終価格を基準として当該新
> 　　株につき合理的に計算される価額
> （3）　（1）および（2）以外の場合　その新株または出資の払込期日におい
> 　　て当該新株につき9-1-11から9-1-14まで（気配相場のある株式の価
> 　　額等）に準じて合理的に計算される価額

この旧法人税基本通達6-1-1(3)に規定されている「9-1-11から9-1-14まで」
には、それぞれ「気配相場のある株式の価額」「新株の権利の価格に相当する
金額を別個の資産に計上した場合の旧株の価額」「気配相場のある株式の価
額の特例」「非上場株式で気配相場のないものの価額」の取扱いが定められて
いる。

　上記の旧法人税法施行令38条1項2号と旧法人税基本通達6-1-1の関係は、
上記(2)において確認した現在の法人税法施行令119条1項4号と法人税基本通
達2-3-9の関係と同様と言ってもよいものである。

　上記の法令及び通達に関しては、現在の法人税基本通達2-3-7に対応するものが存在しないという点に注目する必要がある(注84)。

　現在の法人税基本通達2-3-7に相当するものが存在しないということは、「当該株式の価額と払込金額等の差額が当該株式の価額のおおむね10%相当額以上であるかどうか」(同通達注1) ということとは関係なく、時価との差額が僅かな金額であってもその差額を益金の額や損金の額に算入する処理を行わなければならない、ということを意味している。このような状態は、法人税法22条が創設された昭和40年前から続いていたわけであるが、税務執行上、僅かな金額を益金の額や損金の額とする意味はない、という意見が多く出されており、次のⅱにおいて引用する解説にあるとおり、これが昭和48年に有利発行税制を創設して現在の法人税基本通達2-3-7に相当する通達を制定することとした最も大きな理由とされている。

　　ⅱ　昭和48年の有利発行税制の創設の趣旨・目的

　昭和48年に有利発行税制を創設して現在の法人税基本通達2-3-7に相当する通達を制定することとした理由として挙げられているのは、「税務執行上の効率化」(大蔵省主税局税制第一課　井筒　亨「法人税法の一部改正について」税務通信1274号15頁) であり、具体的には、次のような問題があるとされていた。

> 「(1)　株主以外の者が新株引受権を与えられて、新株を取得した場合は、その払込金額と時価との差が僅少である場合いわばその払込金額が合理的に見積られた時価の範囲内にあるような場合であつても、その僅少な差額について益金又は損金算入の認定を行なう必要がある。」
> 　(同20頁)

　この解説から、昭和48年前は、「払込金額と時価との差額が僅少である場合」に、「その僅少な差額について益金又は損金算入の認定を行う必要がある」という状態を改めるために、同年に、有利発行税制が創設された、ということを明確に確認することができる。

(注84)　現在の法人税基本通達2-3-8に対応するものは、旧法人税法施行令38条1項2号括弧書きの「株主等として与えられた場合を除く。」という部分である。

　このような事情は、法人税法22条2項の無償取引の定めにおいて、時価と実際の取引価額とが異なる場合に計上することとなる「収益の額」に、少額であるときに「収益の額」を計上しなくてもよいとする旨の特例が設けられていないことからも、首肯できるものである。

　要するに、有利発行税制は、有利発行を受けた株主に対して時価と払込金額との差額が大きい場合に課税を行うための制度として創設されたというものではなく、時価と払込金額との少額な差額を益金の額又は損金の額に算入しなくてもよいこととするための制度として創設されたものであり、また、理論に基づいて創設されたというよりも、税務執行上の効率化を図るために創設されたという性格が強いわけである。

　昭和48年度改正においては、「払込価額と払込期日の時価との微細な差額について、税務上、益金算入又は損金算入の認定を行わなければならない、という問題」（大蔵財務協会『改正税法のすべて＜昭和48年版＞』71頁）の中の「損金算入の認定を行わなければならない」という問題を解決するための法令改正は全く行われていないわけであるが、このような問題も存在することを認識しながら、法令改正を行って解決するということを行っていないということと、昭和48年当時、有利発行税制が課税を行うための制度として創設されたという印象を強く与える解説の仕方がなされているということには、密接な関連があると考えられる。つまり、この解説には、有利発行税制について、発行価額が時価よりもかなり低いという場合にだけ受贈益課税を行うこととするものである（それ以外の場合には何もしないこととするものである）と受け止めてもらえるようにしたいという意図が込められているものと考えられる。この解説自体は40数年以上も前のものではあるが、現在の有利発行税制の一般的な捉え方がこの解説によって形作られたものであるということは、正しく理解しておく必要がある。

　なお、昭和48年当時の有価証券取引の取扱いに関する規定は、棚卸資産の取扱いに関する規定と同じく、「原価の額」を期首棚卸高に仕入金額を加算して期末棚卸高を減算するものと捉え、期末棚卸高を計算すれば「原価の額」が算出されるという整理の下に、設けられていたわけであるが、そのような整理においては、有価証券を取得する場面の「受贈益」に相当するものは、期末棚卸高が高くなることに伴う「原価の額」の減少額となることとなり、「受贈益」を「収益の額」として計上する必要はない（「原価の額」が「受贈

益」に相当する金額だけ減少したりマイナスになったりすることで、所得の金額が増加することとなる）、ということを付言しておくこととする。要するに、昭和48年度改正は、有価証券を取得する場面で「受贈益」を計上しなくても期末に有価証券の譲渡損益を計算する場面で「受贈益」に相当する金額だけ所得の金額を増加させる改正となっており、有価証券を取得する場面で「受贈益」を計上するものとする改正となっていないことはもちろんのこと、間接的にも有価証券を取得する場面で「受贈益」を計上する必要があることを示す改正となっているとは言えない改正である、ということである[(注85)]。

②　寄附が行われた事実があるのか否かという事実認定に基づく取扱いと有利発行税制の取扱いの相違と関連が正しく理解されていない【解釈の課題】

有利発行税制に関しては、その適用を受けた事件の裁判例が二つ存在し、研究者の論考も見受けられるが、寄附が行われた事実があるのか否かという事実認定に基づく取扱いと有利発行税制の取扱いとの相違と関連が正しく理解されていないために、判示や主張に多くの問題点が見受けられる。

寄附が行われた事実があるのか否かという事実認定に基づく取扱いと有利発行税制の取扱いとの相違と関連を正しく理解することは、寄附を行った法人や株主の処理を考える上で、非常に重要となる。

詳細は、次のⅰ及びⅱにおいて述べるとおりである。

(注85)　従来から、昭和48年の有利発行税制は、有価証券を取得する場面で「受贈益」が発生することを間接的に示したものであるという説明が各所でなされてきたが、その説明は、正しくない。上記本文で述べたとおり、昭和48年の有利発行税制は、有価証券を取得する場面で「受贈益」を計上しなくても「受贈益」の額に相当する金額だけ所得の金額が増えるようにしようとする場合に行われる改正と同じ内容の改正となっている。

平成12年度改正により、有価証券取引の取扱いが有価証券の譲渡利益額又は譲渡損失額を益金の額又は損金の額に算入する仕組みに改められて棚卸資産ではなく固定資産の取得と譲渡の取扱いと同じようなものとなったが、これにより、「譲渡の処理において高い取得価額を原価の額としているのであるから取得の処理においても「受贈益」を計上して取得価額を高くしておく必要がある」と言い得る状態（有価証券の取得の処理において「受贈益」を計上しなければならないことを間接的に示していると言ってよい状態）となった。

しかし、現在もなお、有利発行税制に関する法令の規定が有価証券の取得の場面の規定ではないという問題は残っている。

i　寄附が行われたという事実認定を行い得る場合の取扱い

　寄附の有無が問題となるケースにおいては、法令の解釈とは別に、寄附が行われた事実があるのか否かという事実認定を必ず行わなければならないわけであるが、これは、増資においても、例外ではない。そして、オウブンシャ・ホールディング事件の最高裁判決（最判平18・1・24判時1923・20）において、増資の場合に既存の株主と新株主との間に法人税法22条の「取引」があったとされていることからも分かるとおり、法形式上、取引の直接の当事者ではない者であっても、寄附を行ったり寄附を受けたりしたという事実認定が行われることがあることも、改めて言うまでもない。事実認定は、法令の解釈とは異なり、個別性が高いことから、寄附が行われたと事実認定をする基準を一般化して語ることができるのか否かということに関しては、消極に解さざるを得ないが、増資が行われている場合も、その取扱いに当たっては、その増資においてどのような事実が生じているのかということを常に判断することが必要となる。

　法人の増資において、交付された株式の価額と払い込まれた金銭等の額とに差額がある場合には、その増資の当事者である法人とその株式の交付を受けた株主との間で一方が寄附を行い他方が寄附を受けたという事実認定が行い得る状態か、株式の交付を受けた株主と他の株主との間で一方が寄附を行い他方が寄附を受けたという事実認定が行い得る状態か、あるいは、そのどちらの事実認定も行い得ない状態かのいずれかとなっているはずである。

ii　寄附が行われたという事実認定による取扱いと有利発行税制による取扱いの関係

　法人の増資によって株式の交付を受けた株主が現に利益を得たり損失を被ったりしている事実がある場合には、その利益や損失はその法人と他の株主のいずれかからしか来ることはないわけであり、十分に事実認定を行えば、その利益や損失がその法人と他の株主のいずれから来たものかということを判断することができるはずである。

　法人税法施行令119条1項4号（247頁）も、その文言から明らかなとおり、寄附が行われたという事実があるのか否かにかかわらず、法人から株式の交付を受けた株主に益金の額を計上させることとなるに止まり、寄附が行われたという事実認定が行われた場合に、法人や寄附を行った株主においてその寄附が行われたという事実に基づく処理を行うことを否定するものとはなっていない。

　このため、法人税法施行令119条1項4号が適用されるのか否かにかかわらず、寄附が行われたという事実がある場合には、その事実に基づく処理を行うこととなるはずである。

　従来、法人税法施行令119条1項4号により、法人の増資によって株式の交付を受けた株主に「受贈益の額」を計上することとなる場合に、法人や他の株主に「寄附金の額」を計上しないことについて、「実現していないため、計上できない」というような説明がなされてきたが、このような説明は、寄附が行われたのか否かということが事実の問題であるということを失念したものである。そもそも、寄附を受けた者が存在するときに寄附を行った者が存在しないなどという事実認定は、有り得ない。寄附を受けた者が存在するときは必ず寄附を行った者が存在し、「受贈益の額」が「実現している」ときは必ず「寄附金の額」も「実現している」という関係となることは、自明のことである。すなわち、法人の増資により、「寄附金の額」と「受贈益の額」の両方が「実現した」ということになっているのか否かという事実認定が行われなければならない、ということである。

　法人の増資により株式の交付を受けた株主に「受贈益の額」がある場合に、「実現していない」と言い得るのは、法人に「寄附金の額」が生じたことによって反射的に株式の価値が減少した部分の金額のみである。

　一方、有利発行税制は、寄附が行われたという事実があることを要件とはしていない。

　有利発行税制においては、法令及び通達に定められた有利発行の要件に該当するということであれば、寄附が行われたという事実認定を行わずとも、「受贈益の額」が機械的に算出されて課税が行われることとなっている。有利発行の要件に該当するのか否かを判断するだけで、容易に課税の要否を判定することができるわけであり、有利発行税制は、実質的な「みなし受贈益」の制度となっているわけである。

　このため、事実認定による寄附金＝受贈益の取扱いと有利発行税制による取扱いとの関係は、実質的に、認定配当とみなし配当の関係と同じ関係となっていると考えてよい。

　この認定配当とみなし配当との関係がどのような関係となっているかというと、事実認定によって「配当」と認定されるものは、「配当」そのものということになるため、みなし配当の定めは働かず、事実認定によって「配当」

と認定されないものに対してのみ、みなし配当の定めが働き、実質的に「配当」と同じ取扱いとなる、という関係にある。この関係は、事実認定による取扱いとみなし規定による取扱いの原則的な関係ということになる。みなし配当の定めを設けたことが、配当に当たるのか否かという事実認定を禁ずることとならないことは、改めて言うまでもない。本章4(2)①（312頁）において触れる日産自動車事件のように、減資等においても、実際に、事実認定によって株式の譲渡益と寄附金を計上させる取扱いがなされており、減資等においてそのような事実認定を行いながら、増資においては寄附金の有無に関する事実認定が行われないなどと判断すべき事情は、全くない。

　このような点を踏まえて考えると、寄附が行われたのか否かという事実認定による取扱いと有利発行税制による取扱いとの関係に関しては、寄附が行われたのか否かという事実認定によって寄附＝受贈があったとされるものは、有利発行税制を適用するまでもなく、寄附金の額と受贈益の額に対して関係法令を適用することとし、寄附が行われたのか否かという事実認定によって寄附＝受贈があったとされないものについてのみ有利発行税制を適用する、という関係となっていると解するのが適切であると考えられる。

　二つの取扱いの関係をこのように解するとすれば、寄附が行われたのか否かという事実認定による取扱いにおいて、寄附を行った者と寄附を受けた者とにおいてそれぞれ寄附金の額と受贈益の額が計上されることとなり、他方、有利発行税制による取扱いにおいて、寄附を受けた側においてのみ受贈益の額が計上されることとなることも、合理的に説明することができることとなる。

　従来、この寄附が行われたのか否かという事実認定による取扱いと有利発行税制による取扱いとがどのような関係となっているのかということは、曖昧なままとなってきた、と言ってよい状況にあるわけであるが、いずれの取扱いとするのかによって大きな課税上の差異が生ずることがあることに鑑みると、早急に明確化する必要があると考えられる。

　③　有利発行か否かの判定の時価は純資産価額方式等によって算出するものとはされていない【解釈の課題】

　有利発行税制は、昭和48年度改正により、従来の制度に有利発行か否かの判定の仕組みを設けることによって創設されたわけであるが、この「判定」は、発行価額を決定する日の現況において、払込金額を社会通念上相当と認

められる価額と比較し、おおむね10％相当額以上の有利な金額となっている
のか否かということを判定するものとなっている。この「判定」の要素のう
ちの「発行価額を決定する日の現況」と「おおむね10％相当額」に関しては、
通常、あまり大きな問題とはならないものと思われるが、「社会通念上相当と
認められる価額」に関しては、これをどのような金額と解するのかということ
とにより、有利発行税制の適用の要否の判断が大きく変わることとなる。

　以下、ⅰからⅴまでにおいて、有利発行税制が創設された昭和48年前後の
状況を確認することにより、有利発行か否かを判定する「社会通念上相当と
認められる価額」は、有利発行と判定された場合に益金の額の計算に用いる
時価を算出するための純資産価額方式等によって算出するものとはされてい
ない、ということを明らかにすることとするが、近年、有利発行税制が適用
された二つの事件のいずれも、この「社会通念上相当と認められる価額」の
解釈を正しく行えば、受贈益の額を計上することとはならないものであ
る(注86)。

ⅰ　有利発行税制における「判定の時価」と「計算の時価」

　有利発行税制には、二つの「時価」が存在する。法人税法施行令119条1項
4号の規定（247頁）の前半の部分に規定されている「その有価証券の取得の
ために通常要する価額」と同号の規定の最後の部分に規定されている「その
有価証券の取得のために通常要する価額」である。この前半部分の「時価」
は、有利発行か否かを判定するためのものであり、法人税基本通達2-3-7にお
いて「社会通念上相当と認められる価額」とされているもので、「判定の時価」
と呼んでもよいものである。そして、この最後の部分の「時価」は、「判定の

(注86)　この二つの事件とは、総合商社が海外子会社の増資によって交付を受けた株式が
　　　有利発行によって取得した有価証券に当たるとして巨額な課税を受けた事件、そして、
　　　その事件が納税者敗訴で確定したことによって同様の課税を受けることとなったものの
　　　うち、訴訟を提起した神鋼商事の事件である。
　　　近年の有利発行税制による課税は、いずれも上記の総合商社の事件を契機として行わ
　　　れることとなったものであるが、この事件においては、「社会通念上相当と認められる価
　　　額」の解釈を誤った判示がなされており、納税者側から提出されている多くの研究者の
　　　意見書も、専ら旧株式の「希薄化損失」を主張するものとなっており、国側と裁判所の
　　　「社会通念上相当と認められる価額」の解釈の誤りを正しく指摘していない。
　　　なお、この旧株式の「希薄化損失」は、後の④ⅱ（ⅱ）（286頁）において述べるとおり、
　　　有利発行税制を正しく理解すれば、争点とはならないことが明確である。

時価」に基づいて有利発行か否かを判定した結果、有利発行に該当するということになった場合に、益金の額とする金額を計算するためのものであり、法人税基本通達2-3-9において具体的な計算方法が示されているもので、「計算の時価」と呼んでもよいものである。

　以下、③においては、この二つの「時価」をそれぞれ「判定の時価」「計算の時価」と呼ぶこととする。

　この法人税法施行令119条1項4号の「判定の時価」と「計算の時価」は、平成18年度改正以後、「その有価証券の取得のために通常要する価額」という全く同じ文言で規定されているが、昭和48年度改正による有利発行税制の創設時には、旧法人税法施行令38条1項2号（有利な発行価額で取得した有価証券の取得価額）において、次のように、全く異なる文言で規定されており、平成18年度改正前まで同様となっていた。

> 二　有利な発行価額で新株その他これに準ずるものが発行された場合における当該発行に係る払込みにより取得した有価証券（株主等として取得したものを除く。）　その有価証券の当該払込みに係る期日における価額

　この旧法人税法施行令38条1項2号の「有利な発行価額」に関しては、次の旧法人税基本通達6-1-1（有利な発行価額）が設けられていた。

> 6-1-1　令第38条第1項第2号（有利な発行価額で取得した有価証券の取得価額）に規定する「有利な発行価額」とは、当該新株の発行価額を決定する日の現況における当該発行法人の株式の価額に比して社会通念上相当と認められる価額を下る価額をいうものとする。
> 　（注）1　社会通念上相当と認められる価額を下るかどうかは、当該株式の価額と発行価額の差額が当該株式の価額のおおむね10％相当額以上であるかどうかにより判定する。
> 　　　　2　発行価額を決定する日の現況における当該株式の価額とは、決定日の価額のみをいうのではなく、決定日前1月間の平均株価等、発行価額を決定するための基礎として相当と認められる価額をいう。

　この旧法人税基本通達6-1-1は、昭和48年の有利発行税制の創設に際して新たに制定されたものであり、基本的には、現在の法人税基本通達2-3-7と同様の内容と捉えてよいものとなっている。

　これに対し、上記の旧法人税法施行令38条1項2号の「その有価証券の当該払込みに係る期日における価額」に関しては、事情が異なる。

　上記の旧法人税法施行令38条1項2号の「その有価証券の当該払込みに係る期日における価額」に関しては、次の旧法人税基本通達6-1-4（有利な発行価額で新株等が発行された場合における有価証券の価額）が設けられていた。

6-1-4　令第38条第1項第2号（有利な発行価額で取得した有価証券の取得価額）に規定する有価証券の払込みにかかる期日における1株当たりの価額は、次に掲げる区分に応じ、次による。
 (1)　新株が証券取引所に上場されている場合　その新株の払込期日における当該新株の最終価格
 (2)　旧株は証券取引所に上場されているが、新株が上場されていない場合　新株の払込期日における旧株の最終価格を基準として当該新株につき合理的に計算される価額
 (3)　(1)および(2)以外の場合　その新株または出資の払込期日において当該新株につき9-1-11から9-1-14まで（気配相場のある株式の価額等）に準じて合理的に計算される価額

　この旧法人税基本通達6-1-4の(3)の「9-1-11から9-1-14まで（気配相場のある株式の価額等）に準じて合理的に計算される価額」は、上場されておらず売買実例もない株式の場合には、純資産価額方式によって算出した価額ということになり、この旧法人税基本通達6-1-4も、基本的には、現在の法人税基本通達2-3-9と同様と捉えてよい定めとなっている。

　ところが、この旧法人税基本通達6-1-4と上記①ⅰにおいて引用した昭和48年度改正前の旧法人税基本通達6-1-1（251頁）とを比べてみると、同改正によっても実質的な変更は行われていないことが分かる。つまり、「計算の時価」に関しては、有利発行税制を創設した昭和48年度改正前のままとなっており、その後も、そのままの内容で法人税基本通達2-3-9に引き継がれてい

るわけである。

ⅱ　有利発行税制の基本的な考え方と仕組み及び「判定の時価」につながる昭和40年の国税当局者の示唆

　昭和48年度改正前に「計算の時価」を定めていた上記①ⅰにおいて引用した旧法人税基本通達6-1-1（251頁）が解釈を示す同改正前の旧法人税法施行令38条1項2号（251頁）は、昭和40年の法人税法及び法人税法施行令の制定の際に設けられたものであり、同号のみを単独で創設する改正によって設けられたというものではないため、その創設の趣旨や制度の内容に関する特別な解説は確認できないが、同年に行われた研究会における座談会の記録の中に、同号に言及した部分が存在する。この座談会は、国税庁審理課の職員と大蔵省主税局税制第一課の職員が回答者となっているものであり、旧法人税法施行令38条1項2号の取得価額に関する質問に対して、国税庁審理課の職員は、同号の新株引受権の問題は、結局、非上場株式の時価の問題ともなると述べた上で、次のように返答している。

> 「中村　それは株式の時価までくるならば引受権の価額だつて同じようにできると思うのです。その場合に、いまのような相続税の評価のような方法をとるのがいいのか、それともやはりケースバイケースで基本的なことだけを出しておいて判定するのがいいのかという問題のあるところだろうと思うのです。それで、ここで一番われわれがやかましく聞いておりますのは、系列会社にするために特別に資本参加するというようなときに、増資をして、割当をしてもらつて持つときにはどんな内容のいい会社でもやはりそれを高く評価するというようなことをされたのでは、それは問題があるのだということをよく聞いておりますから、むしろ一定の方式をきめるよりもケースバイケースで、その引き受けた実情なんかを考えてやつたほうがいいのじゃないかと思いますが。」（「研究会・改正法人税法と実務家の疑問点」税務弘報VOL.13、No.6、中央経済社、昭和40年、975・976頁）

　この国税庁審理課の職員の発言の中にある「いまのような相続税の評価のような方法」とは、昭和48年度改正前の旧法人税基本通達6-1-1に定められていた方法であり、上記において述べたとおり、この方法は、有利発行税制の

創設以後も、ほぼ同じ内容で法人税基本通達2-3-9に引き継がれている。

　要するに、この国税庁審理課の職員は、法人税基本通達2-3-9に定められている算定方法を採るのがいいのか、それとも、「やはりケースバイケースで基本的なことだけを出しておいて判定するのがいいのか」と問題提起をしているわけである。

　旧法人税法施行令38条1項2号の規定中には、有利発行であるのか否かということを判定する仕組みは存在していなかったわけであるが、この国税庁審理課の職員は、既に旧法人税法施行令38条1項2号が制定された昭和40年の時点で、「判定」について語っているわけである。

　この「判定」とは、文脈から分かるとおり、旧法人税法施行令38条1項2号を適用するのか否かの「判定」であるが、これは、正に昭和48年度改正で創設された有利発行に当たるのか否かの判定ということになる。

　すなわち、「いまのような相続税の評価のような方法」が法人税基本通達2-3-9に定める算定方法、「基本的なことだけを出してお（く）」と述べられている部分の「基本的なこと」が同2-3-7の注2の「払込金額等を決定するための基礎として相当と認められる価額」、そして、「判定」が同通達による有利発行か否かの判定というように、それぞれそのまま重なることとなっているわけである。

　有利発行税制は、旧法人税法施行令38条1項2号に同号を適用するのか否かに関する判定、すなわち税制上の有利発行に当たるのか否かの判定を行うことがないまま同号を適用することとなっていたことによって生じていた弊害をなくすることを主たる理由として、昭和48年に同号を改正して創設されたものであるが、上記の国税庁審理課の職員の発言からすると、この有利発行に当たるのか否かの「判定」がないことによる弊害は、昭和40年の旧法人税法施行令38条1項2号の制定時から既に明確に認識されていたわけであり、しかも、後の昭和48年に創設される有利発行税制の基本構造も既に昭和40年当時からあるべき姿として明確に認識されていたわけである。

　上記の国税庁審理課の職員の発言の中に挙げられている資本参加の例は、ある会社を系列会社にするためにその会社から第三者割当てを受けて新株を取得した際に、それが特別な資本参加であることから、その新株の発行価額を低くしてもらっており、それに合理性があるにもかかわらず、税制上、その会社の内容がよいことからその新株の時価を高く評価し、益金の額に課税

が行われる、という例である。後にⅲ（264頁）において確認するとおり、この例は、昭和48年に有利発行税制を創設する際に、旧法人税法施行令38条1項2号に有利発行となるのか否かという「判定」の仕組みを設けなければならない理由として挙げられた例と内容が同じものとなっている。

そして、上記の国税庁審理課の職員は、「いまのような相続税の評価のような方法をとる」こと、すなわち、旧法人税法施行令38条1項2号の適用の要否に関する「判定」を行わずに、「相続税の評価のような方法」で新株の時価を算定し、益金の額に課税を行うことと、「ケースバイケースで基本的なことだけを出しておいて判定する」こと、すなわち、「ケースバイケース」で同号の適用の要否に関する「判定」を行って同号の適用の必要があるとされたものだけに課税を行うこと、この二つの課税の方法のいずれがよいかということに関して、後者の方法がよい、と述べているわけである。

この後者の方法とは、有利発行税制の仕組みそのものである。

この座談会における国税庁審理課の職員の発言は、後の有利発行税制の基本的な考え方と仕組みを詳しく示唆するものであり、後にⅲ（ⅱ）（268頁）の最後において述べるとおり、「むしろ一定の方式を決めるよりもケースバイケースで、その引き受けた実情なんかを考えてやつたほうがいい」という部分も、「判定の時価」に関しては、制度上、その判定方法を定めないこととされていることからすると、有利発行に当たるのか否かという判定をどのように行うべきかということに関する重要な示唆と言ってよい。

そして、さらに、上記の国税庁審理課の職員は、この「判定」の基準に関する質問に対して、次のように述べている。

> 「中村　それは定めたほうがいいならば、定められないことはないですが、そうなるとどうしても一株当りの純資産いくらということになつてくると思うのです。それこそたいへんな価額が出てきて却つて問題になるのじゃないですか。」（同前、976頁）

この国税庁審理課の職員の発言から、当時、非上場株式である新株に旧法人税法施行令38条1項2号を適用する場合には、旧法人税基本通達6-1-1(3)により、現在と同様に、純資産価額に基づいて新株の時価を算定することがあるとされていたことが分かるが、この国税庁審理課の職員は、「判定」の基準

を定めるとすれば純資産価額に基づく方法を採らざるを得なくなるため、「判定」の基準は「定められないことはない」が、それを定めることは、「却つて問題」になるため、適当ではない、とまで述べている。

　要するに、上記の国税庁審理課の職員は、昭和40年の時点で、既にあるべき姿として有利発行税制と全く同じものを想定しており、「判定の時価」に関しては、「計算の時価」と同じ算定方法で機械的に算定して純資産価額とするということになると、「問題になる」と考えていた、ということである。

　　ⅲ　有利発行の判定に関する国税当局者の解説

　増資によって発行する新株の発行価額が適正であるのか否か、すなわち、増資が有利発行であるのか否かという判定に関しては、昭和48年の有利発行税制の創設によって初めて導入されたものであるため、上記において引用したものを含めて、いくつかの国税当局者の解説が存在する。

　ⅲにおいては、これらの国税当局者の解説に基づき、増資が有利発行に当たるのか否かという判定に関して確認と説明を行うこととして、まず、（ⅰ）において、「判定の時価」は、実際に取引が行われる場合に実際に取引価額となる金額であって、「計算の時価」の算定方法と同じ算定方法によって算定されるものではないということを明らかにし、その後、（ⅱ）において、昭和48年の有利発行税制の創設時の国税当局者の解説に基づき、「判定の時価」に関しては、その算定方法を定めないこととされたものであることを確認する。

　なお、有利発行税制が創設された昭和48年前後の国税当局者の解説で、次の（ⅰ）と（ⅱ）において述べることに反することを述べたものは、全く見当たらなかった、ということをあらかじめ断っておくこととする。

　　　（ⅰ）　昭和48年に新たに設けられた「判定の時価」は従来から存在する「計算の時価」とは異なるものとされたこと

　昭和48年には、新たに有利発行に当たるのか否かの判定を行うこととされ、「有利な発行価額」に関する定めが旧法人税基本通達6-1-1に設けられたわけであるが、当時、国税庁の職員が「有利な発行に対する株主課税」と題して解説を行っており、そこでは、次のとおり、「判定の時価」に関しては、「適正な発行価額」と述べて、その判定の難しさ等について詳しく説明を加え、他方、「計算の時価」に関しては、「払込みに係る期日における価額」と述べて、単に通達の定めをそのまま記載するというように、「判定の時価」と「計算の時価」を明確に分けて説明を行っている。

「どのような価額が適正な発行価額であるかを具体的に判定することは実際上必ずしも容易ではないため、いかなる発行価額が有利な発行価額であるかを具体的に判定することも、実際上容易なことではない。

　適正な発行価額というのは、理論的には、価格決定時点において新株の完全消化が可能な最高価額と解されており、それは、新株の発行時における会社の株式の市場価格、会社の資産・収益ないし配当の状況、発行済株式数および新しく発行する株式の数、株式市況の動向等により定めるほかはないとされている。実務上は、発行価額決定日前の旧株の市場価格のほかに、前1週間あるいは前1か月の平均株価等を参考にしてその10〜15％程度低い価額に決められる例が多くなつているようである。

　税務の取扱いにおいては、新株の発行価額を決定する日の現況における当該発行法人の株式の価額に比して「著しく低い」かどうかは、おおむね10％以内であるかどうかによつて判定することとされ、また、現況における株式の価額とは、決定日の価額のみをいうのではなく、決定日前1か月間の平均価額等発行価額を決定するための基礎として相当と認められる価額をいうものとされている（法人税基本通達6-1-1（注））。

　したがつて、従来、新株の発行価額を決定するに当たつて一般的にとられてきた方法によることは是認されるわけであるが、時価との割引率が高いものは有利な発行価額に該当し、新株主に課税関係が生ずることになる。」（大蔵事務官　富田達蔵「有利な発行に対する株主課税」税務弘報VOL.21／No.12、中央経済社、昭和48年、116頁）

「新株の発行が有利な発行価額によるものであると判定された場合の払込みにより取得した有価証券の取得価額は、その有価証券の当該払込みに係る期日における価額とされるが、この払込みに係る期日における価額（1株当たり）は、次に掲げる区分に応じ、次によることとされている（法人税基本通達6-1-3）。」（同前116頁）　(注87)

(注87)　上記の引用の最後の括弧書きの中の「法人税基本通達6-1-3」は、「法人税基本通達6-1-4」の誤りである。

　この国税庁の職員の解説においても、「判定の時価」の算定方法が「計算の時価」の算定方法と同じであったり、「判定の時価」が「計算の時価」と同じになる可能性があったりするなどということを僅かなりともうかがわせる記述は、全く見受けられない。

　また、①ⅱにおいて引用した大蔵省主税局税制一課の職員による昭和48年の旧法人税法施行令38条1項2号の改正に関する解説（252頁）は、概括的なものであるため、上記において引用した国税庁の職員の解説のように、改正後の制度に関する具体的な説明まで引用することはできないが、次の引用にあるように従来の取扱いは払込金額が合理的に見積もられていても課税を行わなければならないという問題があったと述べていることから、改正後の「判定の時価」をどのようなものと考えて改正を行ったのかということをうかがい知ることができる。

> 「その払込金額と時価との差が僅少である場合いわばその払込金額が合理的に見積もられた時価の範囲内にあるような場合であつても、その僅少な差額について益金又は損金算入の認定を行う必要がある。」（大蔵省主税局税制第一課　井筒　亨「法人税法の一部改正について」税務通信、昭和48年、20頁）

　この説明にある「見積もられた時価」は「判定の時価」に基づいて一定の範囲内に定められた価額を指すものであるが、「判定の時価」が「合理的」でなければ、当該価額も「合理的」なものとはならないため、上記の大蔵省主税局税制第一課の職員による説明は、「判定の時価」についても、「合理的」でなければならない、という前提に立つものである。つまり、上記の大蔵省主税局税制第一課の職員は、「判定の時価」を「合理的」な価額と認識しているということである。

　そして、この大蔵省主税局税制第一課の職員は、次のようにも述べている。

> 「何が「有利な発行価額」に該当するかは、時価発行公募株の発行価格の決め方等を参考にして国税庁通達で定められる予定である。」（同前、20頁）

　この説明においては、「有利な発行価額」は「時価発行公募株の発行価格の
決め方等」を参考にして定められる予定であるとしているが、この「時価発
行公募株の発行価格の決め方」が法人税基本通達2-3-9（旧法人税基本通達
6-1-4）に定められているものと異なることは、改めて言うまでもない。

　また、国税庁の職員が連名で著した書籍の解説においては、昭和48年の改
正の理由を次のように述べており、上記において引用した大蔵省主税局税制
第一課の職員の解説と同じように、「判定の時価」は「合理的」な価額でなけ
ればならないという考え方が採られていることを確認することができる。

> 「従来の規定によると、たとえ、発行価額の決定は合理的に行なわれて
> も、その払込期日における有価証券の価額が上昇するとその時に時価
> と払込額との差額を益金に計上しなければならないこと等実情に合わ
> ない面があり、また、新株引受権の第三者への割当てをしないで有利
> な価額による発行が行なわれていたこと等から改正されたものであ
> る。」（田中嘉男他『法人税基本通達逐条解説〔四訂版〕』税務研究会出
> 版局、昭和49年、103頁）

　旧法人税基本通達6-1-4（昭和48年の改正前は6-1-1）の「計算の時価」に
関しては、その内容の改正は行われておらず、しかも、機械的に計算される
ものであることから、仮に、昭和48年当時に、「判定の時価」の算定方法は「計
算の時価」の算定方法と同じものとされていたとすれば、単に、新株の発行
価額を決定する日における「計算の時価」に比べて「社会通念上相当と認め
られる価額」を下回る発行価額となっているものが「有利な発行価額」とな
る、と説明すれば済むわけであり、わざわざ「時価発行公募株の発行価格の
決め方等」を持ち出して説明を行ったりする必要など全くない。

　昭和48年当時に国税庁の職員であった者により、17年後の平成2年に、次の
ような説明がなされているが、この説明は、昭和48年から平成2年まで、17年
間にわたって国税職員として有利発行税制の課税実務を見てきた者によるも
のであって、有利発行税制が「計算の時価」を持ち出して有利発行であるの
か否かの判定を行うべき制度とはなっていないということを明確に示すもの

であるとともに、現に、制度創設以来、長年にわたって「判定の時価」と「計算の時価」を正しく峻別する解釈が採られてきた、ということを裏付けるものでもある。

> 「一般には、非上場株式の場合は絶対的な評価額がないので、本通達の適用は実際には難しいものと考えます（商法上の裁判例をみても、何が公正な発行価額であるかにつき、納得し得る客観的な基準がないことから、結論としては取締役会が決定した発行価額を追認したものが大部分であるというのが実情のようです。）。」（渡辺淑夫・山本清次『法人税基本通達の疑問点』ぎょうせい、平成2年、212頁）

　（ⅱ）　「判定の時価」に関しては制度上その算定方法を定めないこととされたこと

　「判定の時価」は、旧法人税基本通達6-1-1において「株式の価額」とされていたわけであるが、その具体的な算定方法は法令や通達にも示されていない。上記ⅱにおいて引用した国税庁審理課の職員の発言（261頁）では、「判定」の基準は定めず、「判定」における新株の時価を算定する方法も定めない方がよいと述べられていたが、現実に、そのような状態となっているわけである。

　上記（ⅰ）において引用した国税庁の職員の解説（265頁）においては、「適正な発行価額」について理論的な理解と実務上の取扱いに言及した上で、「したがつて、従来、新株の発行価額を決定するに当たつて一般的にとられてきた方法によることは是認されるわけである」と述べられている。この国税庁の職員の説明によれば、「判定の時価」においては、「計算の時価」とは異なり、「一般的にとられてきた方法」によって算定することが是認される、ということになる。

　また、上記（ⅰ）において引用したとおり、大蔵省主税局税制第一課の職員の解説（266頁）や国税庁の職員が連名で著した書籍の解説（267頁）においては、「判定の時価」は「合理的」な価額であるという考え方が示されているが、これらのいずれの説明においても、特に非上場株式に関しては、具体的な有利発行の判定の基準への言及があるわけではなく、商法の定めによる「特

に有利な発行価額」となるのか否かの判定に関しても、次のとおり、昭和48年当時、国税庁直税部法人税課の職員により「確定的な基準があるわけではな（い）」という認識が示されている。

> 「「特に有利な発行価額」については、確定的な基準があるわけではなく」
> 　（国税庁直税部法人税課　戸島利夫「改正法人税法施行令第三八条と新株引受け」商事法務No.647、昭和48年、35頁）

このように、「判定の時価」の算定方法に関しては、制度創設時の国税当局者の解説においても具体的なものは示されておらず、通達において、「判定の時価」が「発行価額を決定するための基礎として相当と認められる価額」とだけしか定められていないという状態にあるわけであるが、このような状態にあるということは、「判定の時価」に関しては、一律かつ形式的に算定方法が定められている「計算の時価」とは異なり、制度上、その算定方法を定めないこととされたものであるということを明確に示すものである。

　ところで、この「判定の時価」に関しては、その算定方法を定めないこととされた理由も重要となるわけであるが、その理由に直接言及した解説は見当たらない。

　このため、その理由に関しては推測するほかないわけであるが、その際には、昭和48年当時の国税庁直税部法人税課の職員の「「特に有利な発行価額」については、確定的な基準があるわけではな（い）」（269頁）という記述、同じく昭和48年当時に国税庁の職員であった者が平成2年に著した書籍の中の「一般には、非上場株式の場合は絶対的な評価額がないので、本通達の適用は実際には難しいものと考えます（商法上の裁判例をみても、何が公正な発行価額であるかにつき、納得し得る客観的な基準がないことから、結論としては取締役会が決定した発行価額を追認したものが大部分であるというのが実情のようです。）。」（268頁）という上記において引用した二つの解説が参考になるものと考えられる。

　すなわち、従来の制度のように新株が適正な発行価額で発行されているにもかかわらず課税を行うというようなことがあってはならないという観点か

らすると、商法上の「特に有利な発行価額」についても確定的な基準があるとはいえない状況の下では、税制においても一律に適用する算定方法を定めることはできず、旧法人税基本通達6-1-1注2に定めた「発行価額を決定するための基礎として相当と認められた価額」という以上のことは言えない、ということが「判定の時価」の算定方法を定めないこととした理由であると考えられる。

このような理解は、上記(3)③（257頁）において確認した国税庁審理課の職員の見解とも一致するものである。

上記ⅱにおいて確認した国税庁審理課の職員は、「むしろ一定の方式をきめるよりもケースバイケースで、その引き受けた実情なんかを考えてやつたほうがいい」(261頁)と述べていたわけであるが、「判定の時価」について算定方法が具体的に定められていないということは、正に「ケースバイケース」で事案ごとに諸事情をよく勘案しながら「判定の時価」を求める必要があるということを意味している。

ⅳ　「計算の時価」に関する国税当局者の解説

上記ⅲ（ⅰ）において引用した国税庁の職員の解説（265頁）においては、既に述べたとおり、「計算の時価」に関する説明は、単に旧法人税基本通達6-1-4（法人税基本通達2-3-9）の定めをそのまま記載しているのみである。

この点は、昭和48年当時の他の国税当局者の解説においても、全く同様となっている。

昭和48年当時の国税当局者の解説がこのような状態となっているのは、昭和48年度改正による旧法人税法施行令38条1項2号の改正において、「計算の時価」の内容を変更する改正が行われていないこと、そして、「計算の時価」が一律かつ形式的に適用されて機械的に計算されるものであることからわざわざ説明を加える必要もないことによるものと考えられる。

ⅴ　「判定の時価」と「計算の時価」の比較

上記のⅰからⅳまでにおいて説明を行ってきた「判定の時価」と「計算の時価」について、それぞれの概要を一覧にして比較すると、次の「「判定の時価」と「計算の時価」の比較」のとおりとなる。

「判定の時価」と「計算の時価」の比較

<table>
<tr>
<td rowspan="2">判定の時価</td>
<td>払込金額等を決定する日の現況における当該株式の価額（法基通2-3-7）</td>
<td colspan="3">払込金額等を決定するための基礎として相当と認められる価額決定日前1月間の平均株価等（法基通2-3-7注2）
「合理的」（田中嘉男他『法人税基本通達逐条解説〔四訂版〕』税務研究会出版局、昭和49年、103頁）
「従来、新株の発行価額を決定するに当たつて一般的にとられてきた方法によることは是認される」（大蔵事務官　富田達蔵「有利な発行に対する株主課税」税務弘報VOL.21／No.12、中央経済社、昭和48年、116頁）
「合理的に見積もられた時価」「時価発行公募株の発行価格の決め方等を参考」（大蔵省主税局税制第一課　井筒　亨「法人税法の一部改正について」税務通信、昭和48年、20頁）
「非上場株式の場合は絶対的な評価額がない」「結論としては取締役会が決定した発行価額を追認したものが大部分」（渡辺淑夫・山本清次『法人税基本通達の疑問点』ぎょうせい、平成2年、212頁）</td>
</tr>
<tr>
<td rowspan="2">計算の時価</td>
<td rowspan="2">有価証券の取得の時におけるその有価証券の取得のために通常要する価額（法基通2-3-9）</td>
<td>（1）　新株が法人税法施行令119条の13第1号から第3号まで（上場有価証券等の時価評価金額）に掲げる有価証券（以下2-3-9において「上場有価証券等」という。）である場合</td>
<td>（2）　旧株は上場有価証券等であるが、新株は上場有価証券等でない場合</td>
<td>（3）　（1）及び（2）以外の場合</td>
</tr>
<tr>
<td>その新株の払込み又は給付に係る期日（払込み又は給付の期間に定めたものにあっては、その払込み又は給付をした日。以下2-3-9において「払込期日」という。）における当該新株の4-1-4本文前段（上場有価証券等の価額）に定める価額</td>
<td>新株の払込期日における旧株の4-1-4本文前段に定める価額を基準として当該新株につき合理的に計算される価額</td>
<td>その新株又は出資の払込期日において当該新株につき4-1-5及び4-1-6（上場有価証券等以外の株式の価額）に準じて合理的に計算される当該払込期日の価額</td>
</tr>
</table>

　この表からも分かるとおり、「判定の時価」と「計算の時価」は、上場株式であっても同じものではなく、まして非上場株式では両者を同じものと解することができないことが明確である。

　「判定の時価」と「計算の時価」は、それぞれの使用目的が異なっており、課税標準の計算に用いることとなる「計算の時価」に関しては、疑義のない金額を算定することが求められることから、諸事情を勘案するようなことはせずに一定の割切りによって一律かつ形式的に算定方法を定める必要があるのに対して、「判定の時価」に関しては、上記ⅲ（ⅰ）において引用した国税庁の職員の説明（265頁）にあるとおり、どのような価額が適正な発行価額であるのかを事案ごとに具体的に判定するという実際上容易ではない判定を行わなければならないため、その性質上、「計算の時価」のように一律かつ形式的に算定方法を定めるといったことができないわけである。

　このように、「判定の時価」に関しては、法人税基本通達2-3-7（248頁）において「株式の価額」とするだけで、「計算の時価」のように計算方法を具体的に示していないわけであるが、「計算の時価」には具体的に計算方法を示しながら「判定の時価」に計算方法を示さないということには、意味があるわけである。

　上場株式を例に取って、「判定の時価」の算定方法が「計算の時価」の算定方法より以上に弾力的なものとされていることを具体的に確認してみよう。

　法人税基本通達2-3-7の注2においては、上場株式の場合、「決定日の価額のみをいうのではなく、決定日前1月間の平均株価等」が「払込金額等を決定する日の現況における当該株式の価額」（すなわち、「判定の時価」。）とされている。

　これに対し、法人税基本通達2-3-9（249頁）においては、上場株式の場合、同(1)において「払込期日」における「4-1-4本文前段《上場有価証券等の価額》に定める価額」（すなわち、「計算の時価」。）とするのみで、同2-3-7の注2にあるような弾力的な価額の算定を認めることとはされていない。

　法人税基本通達2-3-9(1)に定められている同4-1-4本文前段においては、「4-1-7（企業支配株式等の時価）の適用を受けるものを除き、令第119条の13第1号から第3号まで及びこれらの規定に係る取扱いである2-3-30から2-3-34まで（上場有価証券等の時価評価金額の取扱い）により定められてい

る価額（以下4-1-4において「市場価格」という。）による。」とされており、上場株式の場合、「払込期日」における価額のみが同2-3-9(1)の方法によって算定される価額ということとなる。

　法人税基本通達4-1-4本文後段においては、「売買目的外有価証券」について「当該再生計画認可の決定があった日以前1月間の当該市場価格の平均額によることも差し支えない」とされているわけであるが、この同通達において認められている「売買目的外有価証券」の価額に限った弾力的な取扱いさえも、同2-3-9(1)においては、適用しないこととされている。

　このように、上場株式を例に取って、「判定の時価」と「計算の時価」の算定方法を比べてみても、前者の算定方法が後者の算定方法よりも弾力的なものとされていることが明確であり、これは、上場株式以外のものに関しても、同様に、「判定の時価」の算定方法が「計算の時価」の算定方法よりも弾力的なものとされていると判断する合理的な根拠となり得るものである。

　　vi　「判定の時価」と「計算の時価」の解釈を示す二つの通達の内容
　　　の相違

　法人税法施行令119条1項4号の「判定の時価」と「計算の時価」に関しては、それぞれ法人税基本通達2-3-7と2-3-9に解釈が示されているわけであるが、これらの通達を比べてみると、同じく有価証券の「時価」に関する定めでありながら、その内容が大きく異なっていることが分かる。有利発行税制という一つの制度の中において、同じ有価証券について、「時価」という同じものをどのように算出するのかということに関して、大きく異なる解釈が示されているわけである。

　法人が行った増資が税法上の有利発行に当たることになるのか否かということが問題となるのは、非上場で売買実例のない子会社の増資の場合が多いものと思われるが、そのような子会社の増資においては、法人税基本通達2-3-9によれば、「計算の時価」は、純資産価額方式によって算出することとなる。③の冒頭で述べた二つの事件のいずれにおいても、増資を行った子会社の株式の「時価」は、純資産価額方式で算出された金額とされている。

　仮に、この「計算の時価」と同じ方法で「判定の時価」を算出するとした場合には、法人税基本通達2-3-7は、どのように定めることになるのであろうか。

　そのような場合には、法人税基本通達2-3-7と2-3-9を分けずに一つにして、2-3-9と同じ文言で通達を設けることになるものと考えられる。有利発行税制という一つの制度の中における同じ有価証券の「時価」という同じものを同じ方法で算出することとなるため、通達を別に定める必要は全くないからである。

　「計算の時価」に関しては機械的に純資産価額方式等で算出し、「判定の時価」に関しては「計算の時価」と同様に純資産価額方式等で算出するものとしつつ、幾分かの柔軟性を持たせるために、二つの「時価」の解釈を別に定めていると理解できるのではないか、という疑問が湧いてこないとも限らないが、そのような理解は、正しくない。なぜならば、そのような理解の下に通達を定めるとすれば、純資産価額方式等を採るという二つに共通する部分については、二つの通達に共通に定める必要があるにもかかわらず、法人税基本通達2-3-7には、2-3-9に定められた方法を採るということをうかがわせる文言は、一言もないからである。

　以上のとおり、「判定の時価」が「計算の時価」のように純資産価額等によって算出するものとされていないことは、法人税基本通達2-3-7と2-3-9の内容からも明らかである。

vii　増資の実務

　純資産価額が全く同額となってはいるが、一方の法人は業績が伸びることが予想されており、他方の法人は業績が悪化することが予想されている二つの会社が増資をするというケースを考えてみると、当然のことながら、前者の払込金額は後者の払込金額よりも高く決定されるはずである。

　これらの二つの法人は、純資産価額が同額となっているため、「計算の時価」は同額となるわけであるが、その「計算の時価」で二つの法人のそれぞれの増資が有利発行であったかどうかということを判定するということになると、前者の増資は払込金額が高く決定されることから、有利発行とは判定されないこととなる可能性が高く、他方、後者の増資は払込金額が低く決定されることから、有利発行と判定されることとなる可能性が高い。

　しかし、これらの二つの法人のそれぞれの払込金額が業績予想を反映して合理的に決定されていることに疑義はないはずであり、後者のみを有利発行と判定することに合理性がないことは、明らかである。

　また、法人の増資により、その法人の株式を取得して支配権を得ることができるというような場合とそうでない場合とでは、その増資によって交付される株式の価額は、当然、異なることとなる。増資によって法人の支配権を得たり株主総会の決議を否決できる権利を得たりするような場合には、その株式は、支配権等を反映して価値が高くなり、他方、そのような権利を得ることのない株式は、配当請求権しかない状態となって価値が低くなる、というようなことがあることは、周知の事実である。しかし、法人税基本通達2-3-9の「計算の時価」に関しては、このような株式の価値の値上がりは考慮されておらず、配当還元方式によって株価を算出することも認められていない。

　このように、増資の実務を考えてみると、「計算の時価」によって有利発行に該当するのか否かということを判定することが合理的でないことは、誰もが容易に理解できることである。

　「判定の時価」によって有利発行と判定された場合には、疑義のない明確な金額に基づいて課税対象となる金額を算出する必要があることから、「計算の時価」を純資産価額方式等によって一律かつ機械的に算出することには合理性があるわけであるが、それはあくまでも「計算の時価」に関してのみ言えることである。

　④　昭和48年当時から解説どおりの仕組みとはなっていない【立法・解釈の課題】

　現在の有利発行税制は、昭和48年度改正によって創設されたわけであるが、昭和48年に実際に創設された制度には、当時の国税当局者による創設の趣旨・目的等の解説と異なっていたり、法令の定め方が適切でなかったりするところがある。これらは、そもそも有利発行税制をどのように捉えるべきかという制度の基本的な理解に大きな影響を与えたり、増資を行った法人や旧株主の処理をどのように行えばよいのかということに密接に関係するものであったりすることから、将来の立法の課題というに止まらず、現在の大きな解釈の課題ともなっている。

　その詳細は、次のⅰからⅲまでに述べるとおりである。

　　ⅰ　時価と払込金額との差額の取扱い

　　（ⅰ）　有利発行税制の法令が受贈益の額の正しい定め方とはなって

　　　　　いないこと

　有利発行税制においては、法人の増資によって株式の交付を受けた株主において、その株式の取得のために通常要する価額（時価）と払込金額との差額を法人税法22条2項の「収益の額」として益金の額に算入するものとされているが、この差額がどのような内容の「収益の額」であるのかということを明確にしておく必要がある。

　筆者が確認した昭和48年当時の国税当局者の解説の中では、唯一、仕訳を示す次の解説の中で「受贈益」という用語が用いられている。

「　たとえば、額面金額50円の株式を額面金額の払込みにより10000株
　取得した場合に、その株式の払込期日における1株当たりの価額が150
　円であるとすれば、次のように受贈益が生ずることになる。
有価証券　1500000円

　　　　　　　　　現　金　　　500000円

　　　　　　　　　受贈益　　1000000円」（大蔵事務官　富田達
蔵「有利な発行に対する株主課税」税務弘報VOL.21／No.12、中央経
済社、昭和48年、114頁）

　このため、一応、株式の取得のために通常要する価額（時価）と払込金額との差額は、「受贈益」と考えることができる。

　ところで、法人税法22条2項は、「益金の額」に算入すべき金額の原則を定める規定となっており、「益金の額」について同項の定めとは異なる取扱いとするためには、「別段の定め」に拠らなければならず、この同項の「別段の定め」は、平成22年度改正によって創設された25条の2（受贈益）のように、「益金の額」の取扱いに関するものでなければならない。

　しかし、昭和40年度改正によって創設された旧法人税法施行令38条1項2号は、「損金の額」に算入すべき金額の原則を定める法人税法22条3項の中の1号の「原価の額」の取扱いに関する「別段の定め」である旧法人税法30条（有価証券の譲渡原価等の計算及びその評価の方法）を法律上の根拠として必要な事項を政令で定めるものとなっており、昭和48年度改正においても、その変更は行われていない。

　このため、旧法人税法施行令38条1項2号の定めは、正しく解釈すれば、昭

和48年度改正以後も、有価証券の譲渡原価等の計算及びその評価に関する取扱いにおいてのみ有効なものであって、「益金の額」の取扱いに影響を与えるものではない、ということにならざるを得ない。

　法人税法が「益金の額」や「損金の額」という損益項目だけでなく、「資産の額」や「負債の額」という貸借項目についての定めを設けており、それらに「別段の定め」が存在するという構造になっていたのであれば、有価証券の取得価額の定めの中に有利発行の場合の取扱いを定めることにより、受贈益の額の取扱いを間接的に示すということもあり得るわけであるが、「原価の額」の定めの中に「受贈益の額」に関する定めを設けるということでは、間接的に受贈益の額の取扱いを示すことともならない。

　平成12年度改正により、旧法人税法30条は、条文番号が変更されて法人税法61条の2（有価証券の譲渡益又は譲渡損の益金又は損金算入）となり、旧法人税法施行令38条1項2号も、条文番号が変更されて旧法人税法施行令119条2項3号となり、これらは、法人税法22条3項1号の「原価の額」の「別段の定め」から22条2項及び3項の「別段の定め」となったが、有価証券の譲渡利益額又は譲渡損失額に関する定めであって「受贈益の額」に関する定めではないということに、何ら変わりはない。

　有利発行税制は、「受贈益の額」に関する取扱いと解説されてきたが、法令の規定は、そのようなものとはなっていないわけである。

（ⅱ）　法人税法22条により時価と払込金額との差額が少額の場合にも益金が生ずることに変わりはないこと

　法人税法22条2項は、時価よりも低い価額で資産を取得した場合には、その差額が少額であるのか否かにかかわらず、その差額を「収益の額」として「益金の額」に算入することとしている。

　旧法人税法施行令38条1項2号（現在の法人税法施行令119条1項4号）は、仮に、同号が「益金の額」に関する「別段の定め」であったと仮定しても、有利な金額で有価証券を取得した場合に益金の額を計上させるというものになっているため、法人税法22条2項の確認規定としかならず、時価と払込金額との差額が少額であるものについて、「収益の額」を「益金の額」に計上させない創設規定とはならない。

　法人税法22条2項においては、時価よりも低い価額で資産を取得した場合には常にその差額を「収益の額」として「益金の額」に算入することとして

いることから、その差額が少額である場合に「収益の額」を「益金の額」に算入しないこととするということであれば、益金算入ではなく、益金不算入の「別段の定め」を設けることが必要となる。

　　（ⅲ）　時価よりも払込金額が高い場合の取扱いが明確ではないこと
　法人の増資により株式の交付を受ける株主は、時価よりも低い価額で株式を取得することもあれば、時価よりも高い価額で株式を取得することもあるわけであるが、有利発行税制においては、時価よりも高い価額で株式を取得した場合の取扱いが明確ではない。

　上記①ⅱ（252頁）おいて引用した昭和48年の国税当局者の解説においては、次のとおり、同年前の法人税法22条による取扱いに関して、時価と払込金額との差額がある場合には、「益金又は損金算入の認定」を行わなければならない、と述べている。

「2　改正内容
　ところで、上の規定の適用については、次のような点で経済的利益で相当なものがある場合の課税方式として問題があり、課税の不公平を生ずるおそれがあると指摘されていた。
(1)　株主以外の者が新株引受権を与えられて、新株を取得した場合は、その払込金額と時価との差が僅少である場合いわばその払込金額が合理的に見積もられた時価の範囲内にあるような場合であっても、その僅少な差額について益金又は損金算入の認定を行う必要がある。」（大蔵省主税局税制第一課　井筒　亨「法人税法の一部改正について」税務通信、昭和48年、20頁）

「　このため、改正前の規定では、
①　省略
②　第三者割当の場合で、その払込価額が時価と大差がない場合であっても、新株引受権の付与があるため、払込価額と払込期日の時価との微細な差額について、税務上、益金算入又は損金算入の認定を行わなければならない、
という問題が生じてきました。」（『改正税法のすべて＜昭和48年版＞』大蔵財務協会、71頁）

これらの解説からすると、旧法人税法施行令38条1項2号により、有価証券の時価と払込金額との差額のうち、少額なものを除いて益金の額に算入するとしたとしても、少額な差額が益金の額に算入されなくなるわけではなく、また、同号を少額な差額を益金の額に算入しない規定と解したとしても、差額が損金の額となることを防ぐことはできない、ということになる。

法人の増資によって取得した株式の時価が払込金額よりも高い場合、すなわち、有利な価額で株式を取得した場合における差額に関しては、旧法人税法施行令38条1項2号により、少額な差額を除いて益金の額に算入するという定めを設けたことにより、少額な差額が益金の額とはならないと解することも可能ではあるが、反対に、その株式の時価が払込金額よりも低い場合、すなわち、不利な価額で株式を取得した場合における差額に関しては、旧法人税法施行令38条1項2号にそのような定めを設けたとしても、取扱いが変わることはない。

上記の昭和48年前の「益金又は損金算入の認定」を行わなければならないという解説が法人税法22条をどのように解釈して導かれたものかということは定かではないが、上記の解説が正しいという前提に立てば、株式を取得した時に、益金の額が存在しないものの取扱いは、何ら変わらない、ということになり、不利な価額で株式を取得した場合には、常に、時価と払込価額との差額を損金の額に算入しなければならない、ということになる。

上記の昭和48年の国税当局者の二つの解説においては、同年前の取扱いに、法人の増資によって交付された株式の時価と払込金額とに差額があってその差額が少額である場合においても、「益金又は損金算入の認定」を行わなければならないという問題があったため、同年に、その問題を解決するべく、有利発行税制が創設された、という旨の説明が行われているわけであるが、実際に設けられた制度は、有利な価額で株式が取得された場合の取扱いのみを定めるものとなっているため、「損金算入の認定」の問題を何ら解決するものとはなっていないわけである。

　　（ⅳ）　寄附が行われたという事実認定が行われる場合の取扱いが正しく考慮されていないこと

無償取引が行われ、法人税法22条2項により、払込金額と時価との差額が益

金の額に算入されることとなった場合には、その差額の寄附が行われたという事実認定を行い得るときとそのような事実認定を行い得ないときとがあるわけであるが、有利発行税制における取扱いにおいては、その差額の寄附が行われたという事実認定が行い得るときの取扱いが正しく考慮されていない。「受贈益」は、改めて言うまでもなく、贈与を受けて生ずる利益であることから、必ず、贈与を行う者が存在することになる。しかし、昭和48年当時の国税当局者の解説には、筆者が見た限りでは、贈与を行った者の取扱いが示されているものは見当たらない。

　上記(ⅰ)において引用した昭和48年当時の国税当局者の「受贈益」という用語を用いた仕訳を示す解説の前の部分では、次のような説明がなされている。

> 「増資を時価で行えば、その発行価額が払込額となり、それが取得価額とされる。しかし、有利な発行価額によつて増資割当てが行なわれると、旧株の含み益がその割当てを受けた者に移ることとなる。そこで、このような含み益については、税法上その新株主の益金を構成すべきものと考えられるので、その株主たる地位に基づかないで有利な発行価額により取得した株式については、その払込みに係る期日における価額を取得価額としている。」（同前）

　昭和48年当時、国税当局者が新旧の制度の共通の取扱いについて述べた次の解説においても、これと同様の説明が行われているが、この説明においても、寄附を行った者の取扱いについての言及はない。

> 「株式又は出資の発行会社と取引関係にある等特殊な立場にある者について新株又は新出資の引受権が与えられ、それによつて新株又は新出資を取得する場合において払込価額が時価に比し低いときは、旧株の含み益がその払込者に移ることとなるため、その払込価額と時価との差額を課税する趣旨で、このように規定されているものである。」（大蔵省主税局税制第一課　土屋俊康「法人税法の一部改正」税経通信Vol.28／No.7、税務経理協会、昭和48年、368頁・82頁）

　これらの説明からすると、法人の増資により有利な価額で株式の交付を受けた株主に計上することとなる「受贈益」は、「旧株」の「含み益」が「新株」を取得した株主に「移る」ものということになる。そうすると、「旧株」の株主は、「含み益」が「新株」に「移る」こととなった状態にある、と捉えることになる。

　このような捉え方をするということになれば、「旧株」の株主は、「旧株」から「含み益」が「移る」だけ、すなわち、「旧株」の「含み益」が減るだけということになり、その減った「含み益」を益金の額として計上すべき事由が生じているわけではないため、その「旧株」の「含み益」の減少額を反映させた金額を益金の額に計上することはできない、という結論になるものと思われる。言い換えると、その「旧株」の「含み益」の減少額は、「実現していない」ということである。

　これらの説明は、一見、理にかなっているようにも見えるが、よく考えてみると、これらの説明には、次のaからcまでにおいて述べるとおり、明らかな事実誤認と論理矛盾がある。

a　「受贈益」は旧株の「含み益」が移ったものではないこと

　本章1(2)②iの【仕訳i(ii)ア】(218頁。以下、「【仕訳i(ii)ア】」という。)を見ると分かるとおり、法人の増資により有利な価額で株式の交付を受けた株主には、他の株主の株式（旧株）に「含み益」があるのか否かにかかわらず、「受贈益」が生ずることとなる。このため、上記において引用した二つの解説の「含み益」という部分は、明らかに誤っている。

　また、【仕訳i(ii)ア】を見ると分かるとおり、乙に生じた「受贈益　90円」は、甲（旧株主）から「移る」こととなったものでもない。乙は90円の「受贈益」を得ているが、甲の株式（旧株）の価値は45円しか減少していない。

　仮に、本章1(2)②の【ケースi】(216頁)において、A社が乙に30円を払い込ませて300株を交付する増資を行ったとすれば、次のとおり、乙は、270円（300株×1円−30円）の「受贈益」を計上することとなるが、甲は、増資前に100円の価値の株式しか保有していない。

仕訳

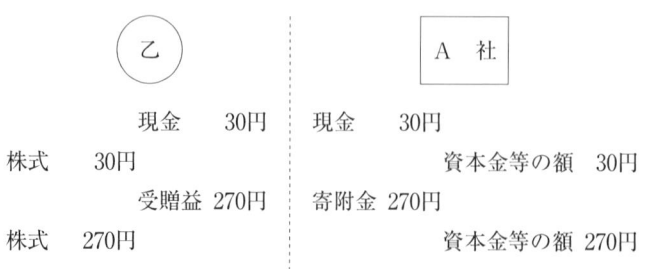

　このように、有利発行税制によって、法人の増資により有利な価額で株式の交付を受けた株主に計上されることとなる「受贈益」は、旧株主の旧株式から「移る」ものでないことが明らかである。

　それでは、この「受贈益」は誰が贈与したものか、ということになるが、この「受贈益」は、増資を行った法人が贈与したものに他ならない。贈与を行った法人は、その増資により株式の交付を受ける株主に対し、本来、払い込むべき金額を払い込まなくてもよいとして、その株主に利益を供与しているわけである。この法人が株主に贈与したものが【仕訳 i（ⅱ）ア】における乙の「受贈益　90円」や上記の仮定のケースにおける乙の「受贈益　270円」となっている。

　　　　b　「含み損」と「実現損」の違いが正しく理解されていないこと

　【仕訳 i（ⅱ）ア】において、甲がどのような状態となっているのかということを確認してみると、甲は、増資の前に、時価100円の株式100株を保有していたが、増資により、その100株の株式に「含み損」が生じている。この「含み損」がなぜ生じたのかというと、A社に「寄附金　90円」という損失が生じたためであり、この「含み損」の金額は、次のように算出される。

　A社の1株当たりの時価：（100円＋払込金額10円）÷200株＝0.55円
　甲の株式の含み損の額　：100円－100株×0.55円＝45円

　このように、甲には、A社に「寄附金　90円」という損失（1株当たりの損失の額は90円÷200株＝0.45円）が生じたことによる「含み損」が発生しているわけである。

　それでは、本章1(2)②ⅰの【仕訳 i（ⅱ）イ】（221頁。以下、「【仕訳 i（ⅱ）イ】」という。）の場合には、甲はどのような状況となっているのであろうか。

　【仕訳 i（ⅱ）イ】の場合には、甲は、A社を介して乙に45円の株式を贈与

しているため、時価55円の100株の株式を保有することとなっている。この甲が保有する株式の「含み損」の額を計算してみると、次のとおり、「含み損」は0円となる。

　　A社の1株当たりの時価：（100円＋払込金額10円＋受贈益45円－寄附金45
　　　　　　　　　　　　　　円）÷200株＝0.55円

　　甲の株式の含み損　　　：（100円－45円）－100株×0.55円＝0円

　このように、【仕訳 i（ⅱ）イ】の場合、甲には、「寄附金　45円」という「実現損」は生ずるが、「含み損」は生じないわけである。

　上記において引用した昭和48年当時の国税当局者の解説においては、「有利な発行価額によつて増資割当てが行なわれると、旧株の含み益がその割当てを受けた者に移ることとなる」「払込価額が時価に比し低いときは、旧株の含み益がその払込者に移ることとなる」というように、有利発行が行われれば常に旧株の含み益が減少する（含み損が発生する）かのように述べられているが、有利発行が行われても、旧株主が株式の贈与を行ったという事実認定が行われる場合には、旧株に含み益の減少（含み損の発生）は起こらず、旧株の含み益の減少（含み損の発生）が起こるのは、増資を行った法人が株式を交付された株主に贈与を行った場合のみである。

　以上のとおり、上記において引用した昭和48年当時の国税当局者の説明は、旧株の「含み損」と「実現損」の違いを正しく理解しないものとなっていると言わざるを得ない。

　このような事情は、現在も変わっていない。

　平成22年度改正により、完全支配関係にある法人間の寄附金と受贈益について、その寄附金の額の全額を損金不算入とするとともにその受贈益の額の全額を益金不算入とする仕組みが創設されたが、それに伴い、次の法人税基本通達4-2-4（寄附金の額に対応する受贈益）が創設されている。

　4-2-4　内国法人が当該内国法人との間に完全支配関係（法人による完
　　全支配関係に限る。以下4-2-6までにおいて同じ。）がある他の内国法
　　人から受けた受贈益の額が、当該他の内国法人において法第37条第7項
　　《寄附金の損金不算入》に規定する寄附金の額に該当する場合であっ
　　ても、例えば、当該他の内国法人が公益法人等であり、その寄附金の額
　　が当該他の内国法人において法人税が課されない収益事業以外の事業

> に属する資産のうちから支出されたものであるときには、当該寄附金
> の額を当該他の内国法人において損金の額に算入することができない
> のであるから、当該受贈益の額は法第25条の2第1項《完全支配関係のあ
> る法人間の受贈益の益金不算入》に規定する「寄附金の額に対応するも
> の」に該当しないことに留意する。

この通達の国税庁の解説の中では、次のように述べられている。

> 「3　このほかにも、完全支配関係のある内国法人間において、例えば、
> 　一方の法人が増資を行うに当たり、他方の法人に特に有利な払込金
> 　額で募集株式の発行を行う場合（いわゆる有利発行を行う場合）、有
> 　利発行を受けた法人側ではその募集株式の時価とその払込金額との
> 　差額について受贈益の額を認識することとなるが、<u>有利発行を行っ
> 　た法人側では資本等取引として払込金額による資本金の増加の処理
> 　を行うことになり、その募集株式の時価とその払込金額の差額につ
> 　いては何らの処理も行わない（寄附金の額に該当しない）</u>ことから、
> 　このような受贈益の額も上記例と同様に、全額益金不算入の対象と
> 　はならない。」（平成22年6月30日付課法2－1ほか1課共同「法人税基本
> 　通達等の一部改正について」（法令解釈通達）の趣旨説明　第1　法人
> 　税基本通達関係　5　受贈益）

　この解説にも、「有利発行を行った法人」が有利発行によって「有利発行を
受けた法人」に寄附を行ったという事実がある場合に、どのように処理する
ことになるのかという問題意識は、存在しないように思われる。
　このような状況の下では、実際に「有利発行を行った法人」が有利発行に
よって「有利発行を受けた法人」に寄附を行ったという事実がある場合に、
「有利発行を行った法人」においては、「寄附金の額」を計上することができ
ないのか、「寄附金の額」を計上することができないとするとその法令の根拠
はどこにあるのかというような疑問が残ることとならざるを得ない。
　　　　　c　寄附が実現せずに受贈だけが実現するということはあり得な
　　　　　　いこと
　法人が寄附を行った場合に「寄附金の額」を計上させないこととする法令

の定めは設けられていないことから、法人は、寄附を行った場合には、必ず「寄附金の額」を計上しなければならない。

　増資を行って株主に有利な価額で株式を交付した法人は、現に有利な価額で株式を株主に交付していることから、自らが寄附者であろうが、自らは他の株主の寄附の介在者であろうが、株主に対して実際に利益を供与した事実があることに何ら疑いはない。

　このため、法人の増資により有利な価額で株式の交付を受けた株主に「受贈益の額」が計上される場合には、それに対応して、増資を行った法人に「寄附金の額」が計上されなければならない。

　要するに、有利発行においても、寄附が実現せずに受贈だけが実現するなどということはあり得ないわけである。

　しかし、筆者が確認した限り、有利発行税制の創設時の国税当局者の解説には、増資を行った法人に「寄附金の額」が計上されるということをうかがわせる記述は、全く見当たらない。このような事情は、上記ロの最後に述べたとおり、現在も同様となっている。

　　ⅱ　時価と払込金額との差額の計算
　　　（ⅰ）　創設趣旨とは違って時価と払込金額との差額が旧株式を保有していた株主からではなく増資を行った法人から寄附を受けた場合の金額となっていること

　昭和48年度改正により有利発行税制を創設した際の国税当局者の解説によれば、上記ⅰ(ⅳ)において引用したとおり、有利発行税制は、「旧株の含み益がその払込者に移ることとなるため、その払込価額と時価との差額を課税する趣旨」により、法人の増資によって有利な価額で株式の交付を受けた株主に「受贈益の額」を計上させる制度と説明されている。

　しかし、実際に創設された有利発行税制は、そのような制度とはなっていない。

　上記ⅰ(ⅳ)aにおいて述べたとおり、有利発行税制においては、法人の増資によって有利な価額で交付を受けた株式の時価から払込価額を減算した差額について益金の額に算入することとされているわけであるが、この差額は、本来、株主が払い込むべき金額を払い込まなくてもよいとした金額であり、旧株式の価値の減少額とはなっていない。このため、上記ⅰ(ⅳ)aにおいて300株を交付する例を用いて述べたとおり、旧株の価値を超える「受贈益の額」

が計上されることもあり得るわけである^(注88)。

　昭和48年当時の国税当局者の解説のように、「旧株の含み益がその払込者に移る」部分について「受贈益の額」を計上させるということであれば、増資によって交付する株式の時価と払込金額との差額を「受贈益の額」とするのではなく、旧株の価値の減少額に相当する金額を「受贈益の額」とすることとしなければならない。そして、この「旧株」からは、法人の増資によって株式の交付を受ける株主自身が保有している旧株がある場合には、その株主自身が保有している旧株を除かなければならない。その理由は、その株主が自らに寄附をするということは、そもそもあり得ないからである。

　　（ⅱ）　時価と払込金額との差額の寄附を受けた株主には旧株式を保
　　　　　有していなかった場合でも常に「受贈益の額」と含み損とが同
　　　　　時に生ずること

　現在の有利発行税制のように、法人の増資によって有利な価額で交付を受けた株式の時価と払込金額との差額を「受贈益の額」とするという仕組みにおいては、その増資を受けた株主が旧株を保有していなかったとしても、常に、その株主に「受贈益の額」と株式の含み損とが同時に生ずることとなる。

　本章1⑵②ⅰの【仕訳ⅰ（ⅱ）ア】（218頁）を見ると、乙には、「受贈益　90円」が生じているが、100円で取得価額を付した100株の時価は55円（110円÷200株×100株）でしかなく、45円は、その100株の含み損となっている。この45円がどのような金額かというと、それは、Ａ社に「寄附金　90円」が生じたことによって減少したＡ社の純資産価額の減少額の100株分（90円÷200株×100株）であり、甲においても、同様に、株式に含み損45円（90円÷200株×100株）が生ずることとなる。

（注88）　上記ⅰ（ⅳ）ａにおける300株を交付する例においては、Ａ社の純資産価額が130円（当初の時価純資産価額100円＋乙が払い込んだ30円）でしかないにもかかわらず、乙に270円の受贈益が生ずることとなるため、「所得」の無いところに課税をするということになってしまい、法人税法22条2項の解釈上、問題があるのではないか、という疑問が生じてくることも有り得ると考えられるが、この点に関しては、同項の無償譲渡等における「収益の額」が一旦時価取引を行って対価を受け取った後に直ちにその対価を支払った場合におけるその対価の額と捉えられていることから、乙に270円の受贈益を計上させるのは、同項の解釈上、当然の論理的な帰結ということになる。現に、乙は、300円の払込みを行った後に、270円の交付を受ければ、上記の例と同じ課税関係となるわけであり、無償譲渡等の取扱いをそのように構成した上で立法を行うことに問題があるわけではない。

　この「寄附金　90円」は、本来、100円を払い込んでもらう必要があるにも
かかわらず、10円しか払い込んでもらっていないことから生じたものであり、
A社の純資産価額を実質的に減少させることとなっているものであるため、
乙と甲の株式に45円（100円−110円÷200株×100株）の含み損が生ずること
に何ら変わりはない。

　上記③において触れた総合商社の有利発行課税事件においては、納税者側
で意見書を提出した多くの研究者と納税者側は、有利発行によって旧株の価
値が「希薄化」するため、増資によって株式の交付を受けた株主が保有して
いた株式（旧株）の「希薄化損失」を控除した残額のみが「受贈益の額」で
あるという主張を行っているが、この「希薄化損失」は、上記の甲と乙の45
円の含み損を指すものであり、現在の法人税法における「所得の金額」の捉
え方の下においては、損金の額とはならない「含み損」以外の何物でもない
ため、乙の「受贈益の額」から控除することはできない、ということになる。
当然のことながら、甲においても、この45円の株式の含み損は、増資時には
損金とはならず、その後の株式の譲渡等の時に損金となることとなる。

　なお、上記のとおり、現在の有利発行税制においては、法人の増資によっ
て有利な価額で株式の交付を受ける株主には、「受贈益」と同時に常に株式の
含み損が生ずることとなるわけであるが、著者が確認した限り、昭和48年度
改正の際の国税当局者の解説には、「受贈益」と同時に常に株式の含み損が生
ずることを認識していたということをうかがわせるものは、見当たらない。

　　　ⅲ　株主等として取得したものの取扱い

　昭和48年前から、「株主等として取得したもの」（旧法令38①二括弧書き）は、
「受贈益の額」を計上することとなる株式から除くこととされており、現在
も、基本的には、そのような捉え方となっていると考えてよい。

　昭和48年前の旧法人税法施行令41条（増資により取得した株式の取得価額）
においては、株主たる地位に基づいて新株予約権が与えられて新株を取得し
た場合には、新株を時価よりも低い価額で取得したとしても、「受贈益の額」
を計上するようなことはせず、単に旧株式と新株式の取得価額を平均化する
処理を行うこととされていた。

　その理由に関しては、昭和48年当時、次のように説明されている。

　　「一般的には、増資の場合には、株主又は出資者たる地位に基づき新株

> 引受権が与えられるが、この場合には、払込金額が額面金額による等時価に比し低い価額であつても、旧株式又は旧出資の含みは新株式又は新出資に移り令第41条（増資により取得した株式の取得価額）の規定により新旧の株式又は出資をならして記帳換えすることとなる」（大蔵省主税局税制第一課　土屋俊康「法人税法の一部改正」税経通信Vol.28／No.7、税務経理協会、昭和48年、368頁・82頁）

　この説明からも、有利発行の問題は、株式の取得価額の平均化（正確に言えば「帳簿価額の平均化」）を行う場面の問題として捉えられており、旧株式の「含み」が新株式に移るだけであって株主に「受贈益の額」が生ずるわけではないという理由によって「株主等として取得したもの」が除かれている、ということを確認することができる。

　しかし、このような捉え方は、有利発行税制の仕組みとは相容れないものである。

　既に述べてきたとおり、有利発行税制は、法人の増資により有利な価額で株式を取得した株主に対し、その株式の時価（本来、払い込むべき金額）と払込金額との差額を「受贈益の額」としたものであるが、このような制度の下においては、株式の時価（本来、払い込むべき金額）よりも払込金額が少ない場合には常にその差額は「受贈益の額」ということにしかならず、その株式が「株主等として取得したもの」であったとしても、その差額がある限り、「受贈益の額」があることに変わりはない。

　法人が増資をする前に旧株を保有していた旧株主から増資によって株式の交付を受けた株主に移転した利益を「受贈益の額」とする制度を設けたとすれば、そのような制度の下では、その法人がその株主に寄附をした事実がなければ「株主等として取得したもの」には「受贈益の額」がないと言い得るわけであるが、現在の有利発行税制の下では、「株主等として取得したもの」であっても「受贈益の額」がないということにはならない。

　以上のような事情からすると、昭和48年度改正によって創設された現在の有利発行税制は、法人の増資によって有利な価額で株式の交付を受けた株主におけるその株式の時価と払込金額との差額は旧株式を保有している旧株主のその旧株の価値が移ったものと誤解したまま創設されたものである、と考えざるを得ない。

(4)　平成18年度改正によって生じた立法と解釈の課題

　平成18年度改正の直前の法人税法施行令119条1項3号は、次のようなもの であった。

　三　①有利な発行価額で新株その他これに準ずるものが発行された場合 における当該発行に係る払込みにより取得をした有価証券（株主等と して取得をしたものを除く。）　②その有価証券の当該払込みに係る 期日における価額

　この旧法人税法施行令119条1項3号は、平成18年度改正により、上記①の部 分（以下、「平成17年①」という。）が次の①の部分に改正され、上記②の部 分（以下、「平成17年②」という。）が次の②の部分に改正されて、号番号が 3号から4号に変わっている。

　四　有価証券と引換えに払込みをした金銭の額及び給付をした金銭以外 の資産の価額の合計額が①その取得の時におけるその有価証券の取得 のために通常要する価額に比して有利な金額である場合における当該 払込み又は当該給付（以下この号において「払込み等」という。）によ り取得をした有価証券（新たな払込み等をせずに取得をした有価証券 を含むものとし、法人の株主等が当該株主等として金銭その他の資産 の払込み等又は株式等無償交付により取得をした当該法人の株式又は 新株予約権（当該法人の他の株主等に損害を及ぼすおそれがないと認 められる場合における当該株式又は新株予約権に限る。）、第十九号に 掲げる有価証券に該当するもの及び適格現物出資により取得をしたも のを除く。）　②その取得の時におけるその有価証券の取得のために 通常要する価額

　この旧法人税法施行令119条1項4号は、平成19年度改正において、次のとお り、上記①の部分（以下、「平成18年①」という。）が次の①の部分のように なり、上記の②の部分（以下、「平成18年②」という。）は改正されていない。

　四　有価証券と引換えに払込みをした金銭の額及び給付をした金銭以外

の資産の価額の合計額が①払い込むべき金銭の額又は給付すべき金銭
以外の資産の価額を定める時におけるその有価証券の取得のために通
常要する価額に比して有利な金額である場合における当該払込み又は
当該給付（以下この号において「払込み等」という。）により取得をし
た有価証券（新たな払込み等をせずに取得をした有価証券を含むもの
とし、法人の株主等が当該株主等として金銭その他の資産の払込み等
又は株式等無償交付により取得をした当該法人の株式又は新株予約権
（当該法人の他の株主等に損害を及ぼすおそれがないと認められる場
合における当該株式又は新株予約権に限る。）、第十九号に掲げる有価
証券に該当するもの及び適格現物出資により取得をしたものを除く。）
②その取得の時におけるその有価証券の取得のために通常要する価
額

　平成19年度改正においては、上記①の部分（以下、「平成19年①」という。）
のみが改正されているわけである。

　①　「判定の時価」と「計算の時価」が異なるものであることが理解さ
　　れていない【立法の課題】

　上記のとおり、平成18年度改正により、従来、異なる文言となっていた平
成17年①と平成17年②は、いずれも全く同じ「その取得の時におけるその有
価証券の取得のために通常要する価額」という文言に改正され、そのすぐ翌
年の平成19年度改正により、平成18年①のみが平成19年①のように改正され
ているわけであるが、この平成19年度改正は、有利発行税制においては「判
定の時価」（平成17年①、平成18年①、平成19年①）の判定の時期は払込金額
を決定する時でなければならないため、平成18年度改正前のように、「判定の
時価」の判定の時期を払込金額を決定する時に戻すべく、改正が行われたも
のである。昭和48年度改正によって創設された有利発行税制は、同改正前に、
有価証券の取得の時の時価によって有利発行か否かを判定するとともにその
時の時価によって益金の額又は損金の額に算入する金額を計算することとし
ていた仕組みが適当ではないということで、払込金額を決定する時に有利発
行か否かを判定することに改め、新制度として創設されたものであることか
ら、有利発行税制においては、この判定の時期は、非常に重要なものとなっ
ていた。

　つまり、平成18年度改正は、「判定の時価」の算出時期と「計算の時価」（平成17年②、平成18年②、平成19年②）の算出時期とが違うことを認識せずに行われたものであったため、平成19年度改正で元に戻した、ということである。

　このようにして、有利発行か否かの判定の時期に関する平成18年度改正の誤りはすぐに修正されたわけであるが、同改正の「判定の時価」と「計算の時価」に関する認識の問題は、これだけではない。

　平成18年①と平成18年②とを比べてみるとすぐに分かるとおり、両者は一言一句異ならない全く同じ文言となっている。このように、法令の同じ規定の中で全く同じ文言が用いられている場合には、それらの文言の意味内容は同一と解するのが法令解釈の常識であり、異なる意味内容で解さなければならないものを法令の同じ規定の中で用いる場合には、異なる文言を用いることが法令作成の常識でもある。このような点からすると、平成18年①と平成18年②の「その有価証券の取得のために通常要する価額」は、同じものと解すべきこととなる。

　しかし、上記(3)③（257頁）において詳しく述べたとおり、有利発行税制においては、「判定の時価」は「計算の時価」と同じものとはされておらず、両者を同じものとすることにも合理性はない。上記(3)③vii（274頁）においても述べたとおり、純資産価額が同額の法人であったとしても、業績予想等の相違で払込金額が異なることは当然であり、「判定の時価」は、個々の実情を含むさまざまな要素を考慮して個別に算出するべきものであって、純資産価額方式等によって一律かつ機械的に算出するべき性質のものではないわけである。

　このような事情から推測すると、平成18年度改正においては、「判定の時価」の算出時期と「計算の時価」の算出時期とが違うということを認識していなかっただけでなく、「判定の時価」と「計算の時価」とが違うということも認識せずに改正が行われたものと考えざるを得ない。

　ただし、これは、平成18年度改正以後、必ずしも「判定の時価」を「計算の時価」と同じ方法で算出しなければならなくなったということを意味するわけではない。なぜならば、「判定の時価」と「計算の時価」の具体的な算出方法に関して定めた法人税基本通達2-3-7と2-3-9は、幸いなことに、平成18年度改正の前後で実質的な変更がなされていないからである。

②　「種類株式」に過度に注目し過ぎたことによって「株主等として取
　得をしたもの」が有利発行から除外されない状態となっている【立法
　の課題】

　平成18年度改正においては、同改正前に、旧法人税法施行令119条1項3号括
弧書きにおいて「株主等として取得をしたものを除く」とされていた部分も
「当該法人の他の株主等に損害を及ぼすおそれがないと認められる場合にお
ける当該株式又は新株予約権に限る」と改正されている。

　この平成18年度改正前の「株主等として取得をしたものを除く」に関して
は、旧法人税基本通達2-3-8（株主として取得をしたものの意義）により、次
のような国税庁の解釈が示されていた。

> 2-3-8　令第119条第1項第3号《有利な発行価額で取得した有価証券の取
> 　得価額》に規定する「株主等として取得をしたもの」とは、株主等とし
> 　ての地位に基づき平等に取得したものをいうことに留意する。

　この「株主等として取得をしたものを除く」という部分を「当該法人の他
の株主等に損害を及ぼすおそれがないと認められる場合における当該株式又
は新株予約権に限る」に改正した理由に関しては、次のように説明されてい
る。

> 「　この、他の株主等に損害を及ぼすおそれがある場合を除くという要
> 　件は、会社法の制定による種類株式の多様化に伴い、従前の「株主等
> 　として取得したこと」（税制上の株主平等）の内容を、より明確化した
> 　ものです。
> 　　ここで、他の株主等に損害を及ぼす恐れがある場合とは、例えば2以
> 　上の種類の株式を発行している場合で、1の種類の株式を対象に新株
> 　の有利発行又は無償交付が行われ、他の種類の株式について転換割合
> 　の調整条項がない場合などの理由により他の種類の株式の価値が低下
> 　する場合などがこれに該当すると考えられます。なお、他の株主等に
> 　損害を及ぼすおそれがあるかどうかは、会社法第322条の決議があっ
> 　たかどうかにかかわらず、実態を見て判断することとなります。」（財
> 　務省『平成18年度　税制改正の解説』280頁）

　そして、上記の旧法人税基本通達2-3-8は、見出しを「（他の株主等に損害を及ぼすおそれがないと認められる場合）」と改めた上で、次のように改正されている。

2-3-8　令第119条第1項第4号《有利発行により取得した有価証券の取得価額》に規定する「他の株主等に損害を及ぼすおそれがないと認められる場合」とは、株主等である法人が有する株式の内容及び数に応じて株式又は新株予約権が平等に与えられ、かつ、その株主等とその内容の異なる株式を有する株主等との間においても経済的な衡平が維持される場合をいうことに留意する。

　（注）　他の株主等に損害を及ぼすおそれがないと認められる場合に該当するか否かについては、例えば、新株予約権無償割当てにつき会社法第322条《ある種類の種類株主に損害を及ぼすおそれがある場合の種類株主総会》の種類株主総会の決議があったか否かのみをもって判定するのではなく、その発行法人の各種類の株式の内容、当該新株予約権無償割当ての状況などを総合的に勘案して判定する必要がある。

　この法人税基本通達2-3-8は、平成18年度改正後の法人税法施行令119条1項4号括弧書きの中の「当該法人の他の株主等に損害を及ぼすおそれがないと認められる場合」について定めるものであるが、同通達においては、この「当該法人の他の株主等に損害を及ぼすおそれがないと認められる場合」に該当するのは、「株主等である法人が有する株式の内容及び数に応じて株式又は新株予約権が平等に与えられ」かつ「その株主等とその内容の異なる株式を有する株主等との間においても経済的な衡平が維持される」場合とされている。この二つの要件のいずれにも該当するということでなければ、法人税法施行令119条1項4号括弧書きに該当しなくなってしまうわけであるが、この前半に関しては、上記の旧法人税基本通達2-3-8と同様の要件となっており、実質的な変更は行われていないと解されるものの、この後半の要件に関しては、「内容の異なる株式を有する株主等」が存在していなければ、満たすことができないことが明らかである。つまり、旧法人税基本通達2-3-8の

定めは、種類株式を発行している法人の増資であるのか否かにかかわらず、要件を満たすことが可能なものとなっていたが、法人税基本通達2-3-8の定めは、種類株式を発行している法人の増資でない限り、要件を満たすことが不可能なものとなってしまっている。

　上記の『平成18年度　税制改正の解説』においては、「この、他の株主等に損害を及ぼすおそれがある場合を除くという要件は、会社法の制定による種類株式の多様化に伴い、従前の「株主等として取得したこと」（税制上の株主平等）の内容を、より明確化したものです」（280頁）と説明されているが、平成18年度改正によって設けられた法人税法施行令119条1項4号括弧書きは、この説明とは異なり、従来の取扱いを「明確化したもの」ではなく、従来の取扱いを変更した創設規定となっているわけである。

　このため、平成18年度改正以後は、種類株式を発行していない法人が増資により株主に持株数に応じて平等に株式を交付するケースは、法人税法施行令119条1項4号括弧書きから除かれず、その結果、「判定の時価」よりも「おおむね10％相当額以上」低い価額を払込金額としていた場合には、同号の適用を受けてしまう、ということになっている。

　なぜ、法人税基本通達2-3-8がこのようなことになってしまったのかというと、その原因は、上記の法人税法施行令119条1項4号の改正の解説にある。上記の『平成18年度　税制改正の解説』の「ここで、」以下の説明と法人税基本通達2-3-8の本文と注記を読み比べてみると、同通達がその「ここで、」以下の説明をほとんどそのまま通達化したものであることが分かる。

　このような事情からすれば、平成18年度改正において、種類株式のみに注目し過ぎたことにより、種類株式を発行していない法人の増資により株主が「株主等として取得をしたもの」が除外されない仕組みを創ることとなってしまった、と推測するのが妥当であると考えられる。

　これに関しては、平成18年度改正前のとおり、種類株式を発行していない法人の増資においても「株主等として取得をしたもの」には法人税法施行令119条1項4号を適用すべきでないことに異論はないはずであり、同号の趣旨・目的から、同改正前のとおりの取扱いとなると解するべきである、という主張が有り得るはずであって、同改正以後においては、このような主張をする他ない、と感ずるところである。

　しかし、昭和48年に実際に創設された有利発行税制の制度がどのようなも

のとなっているのかということをよく確認してみると、このような主張も、必ずしも、当然とは言い切れない。

有利発行税制は、上記(3)においても述べたとおり、株主が本来払い込むべき金額を下回る金額で株式を取得した場合にその下回る金額を益金の額とする制度となっており、旧株の価値の減少額に相当する金額を益金の額とする制度となっているわけではないことから、理論上、旧株の価値の減少の有無にかかわらず、「株主等として取得をしたもの」に関しても、本来払い込むべき金額を下回る金額で払込金額が決定されている場合には、その下回る金額は、益金の額とする必要がある、ということになる。つまり、昭和48年に創設された現在の有利発行税制においては、法人の増資により株主が「株主等として取得をしたもの」が除外されないという仕組みは理論的に正しい仕組みとなっている、と評価されてしまうわけである。

③　平成15年からの種類株式の取扱いと平成18年の種類株式の取扱いとの関係が不明確になっている【立法・解釈の課題】

上記②において述べたとおり、平成18年度改正においては、有利発行税制においても、種類株式に関する改正が行われているわけであるが、この改正にも、課題が生じている。

この改正は、平成18年の会社法の施行により従来以上に多様な種類株式の発行ができるようになったことを契機として行われたわけであるが、この改正に先立つ3年前の平成15年には、平成13年の旧商法の改正によって種類株式の内容が多様化していること等を契機として、次のとおり、旧法人税基本通達2-3-17（普通株式と種類株式とが発行されている場合の銘柄の意義）において、種類株式が発行されている場合における株主の取扱いが示されている。

2-3-17　法人が、他の法人の発行する普通株式と種類株式とを有する場合において、その種類株式の権利内容等からみて、当該種類株式が普通株式の価額と異なる価額で取引が行われるものと認められるときには、当該種類株式は普通株式と異なる銘柄の株式として、令第119条の2第1項《有価証券の一単位当たりの帳簿価額の算出の方法》の規定を適用するものとする。

　しかし、この旧法人税基本通達2-3-17による種類株式の取扱いは、平成18年度改正の際にその存在自体が認識されていなかった可能性が高く、また、現在においても、法人税基本通達2-3-17による種類株式の取扱いと平成18年度改正以後の種類株式の取扱いとの関係も明確ではない。

　以下、ⅰ及びⅱにおいては、この点について詳述する。

　　ⅰ　株主間契約を結んでいる場合も種類株式を発行している場合も法人税基本通達2-3-17が適用されると解すべきであること

　平成16年に国税当局者が著した解説書の解説によれば、この旧法人税基本通達2-3-17の創設の契機となったのは、次のとおり、平成13年の旧商法の改正によって種類株式の内容が多様化していること、そして、デット・エクイティー・スワップにおいて種類株式が多く用いられるようになったことである。

> 「平成13年の商法改正において、種類株式制度が見直され、優先株式をはじめとした種類株式の内容が多様化している。また、最近、会社再建支援の一手法としてデット・エクイティー・スワップ（Debt Equity Swap）が行われているが、この場合に発行される株式も種類株式が多いようである。
>
> 　このため実務においては、法人が他の法人の発行する普通株式と種類株式とを保有する場合に、その株式の一単位当たりの帳簿価額を算出するときには、これらの株式は同一銘柄の有価証券として一括して計算するのか、それぞれ異なる銘柄の有価証券として別個に計算することになるのか、といった疑問が生じる。
>
> 　この点については、種類株式は様々な権利内容のものが想定されるため、一概にはいえないが、少なくとも種類株式の権利内容等からみて普通株式の取引価額とは明らかに異なる値動きをするようなものについては、これを区分して処理する方が合理的であると考えられる。」
>
> （奥田芳彦『法人税基本通達逐条解説（三訂版）』税務研究会出版局、平成16年、210頁）

　この説明から、旧法人税基本通達2-3-17が設けられたのは、同じ法人が発行した株式であっても、異なる値動きをするものを同一銘柄の有価証券とし

て一括して帳簿価額を計算すれば、譲渡損益の額が合理的でない金額となってしまうため、それを防止する趣旨・目的によるものである、ということを確認することができる。

　また、後にⅱにおいて確認する法人税基本通達2-3-17の実質主義ということとも関係するが、この説明において、「種類株式は様々な権利内容のものが想定されるため、一概にはいえない」という部分で、「種類株式」に関して、同通達において用いられている「権利内容等」という文言ではなく、「権利内容」という文言を用いつつ、その後に続く「少なくとも種類株式の権利内容等からみて」という部分で、「種類株式」に関して、「権利内容等」という文言が用いられていることに留意する必要がある。すなわち、「種類株式」とは「権利内容」が異なるものと認識した上で、「普通株式の取引価額とは明らかに異なる値動き」をする理由となっているのは、その「権利内容」だけではなく、「等」もその理由となると認識していることが明確に確認できるわけである[注89]。

　この旧法人税基本通達2-3-17は、平成18年度改正に伴い、平成19年に、次のように改められている。

> 2-3-17　法人が、他の法人の発行する一の種類の株式と他の種類の株式とを有する場合には、それぞれ異なる銘柄として令第119条の2第1項《有価証券の一単位当たりの帳簿価額の算出の方法》の規定を適用するの

[注89]　「等」の有無に言及するのは、株主間契約によって種類株式を発行した場合と同様の状態を創ることが可能であり、外国子会社の増資が有利発行か否かということが問題となるケースは、そのほとんどが外資規制によって外国子会社を100％子会社とすることができずに、やむを得ず、株主間契約により、外国の株主の株式に配当等の優先権、議決権の制限や譲渡制限などを付すこととしているケースとなるものと想定される。多くの国は、従前の我が国のように、限定的な種類株式しか発行できない状態となっていたり、種類株式を発行できる状態となってはいても外資規制の関係で種類株式を発行することが現実には難しかったりするというような事情にある。
　このため、有利発行税制における取扱いにおいては、旧株主が保有している株式が種類株式である場合に勝るとも劣らず、株主間契約によって旧株主が保有する株式が種類株式と事実上同じ状態にある場合の取扱いが重要となる。
　換言すれば、旧株主が保有している株式が種類株式である場合と株主間契約によって旧株主が保有する株式が種類株式と事実上同じ状態にある場合の取扱いが同じものとなるのか否かが問題となるということである。

> であるが、それらの権利内容等からみて、その一の種類の株式と他の種類の株式が同一の価額で取引が行われるものと認められるときには、当該一の種類の株式と他の種類の株式は同一の銘柄の株式として、同項の規定を適用することに留意する。

　この改正は、国税当局者が著した解説書において、次のように説明されている。

> 「　平成13年の商法改正において、種類株式制度が見直され、優先株式をはじめとした種類株式の内容が多様化している。また、最近、会社再建支援の一手法としてデット・エクイティー・スワップ（Debt Equity Swap）が行われているが、この場合に発行される株式も種類株式が多いようである。
> 　さらに、平成18年の会社法の施行により、これまで以上に多様な種類の株式の発行ができることとなった。
> 　このため実務においては、法人が他の法人の発行する2以上の種類の株式を保有する場合に、その株式の一単位当たりの帳簿価額を算出するときには、これらの株式は同一銘柄の有価証券として一括して計算するのか、それぞれ異なる銘柄の有価証券として別個に計算することになるのか、といった疑問が生じる。
> 　この点については、種類株式は様々な権利内容のものが想定されるため、一概にはいえないが、会社法の施行により多様な種類の株式の発行が可能となったことを契機として、平成18年度の税制改正により、株式の発行法人は、株式の種類ごとに資本金等の額を区分管理することにより、株式の種類の違いに応じた課税の取扱いとなるように見直しが行われた（令8）ことを踏まえれば、原則として、種類株式は異なる銘柄の有価証券と取り扱うことが適当であると考えられる。」（窪田悟嗣『法人税基本通達逐条解説（五訂版）』税務研究会出版局、平成20年233頁・234頁）

　この説明から分かるとおり、旧法人税基本通達2-3-17の平成19年の改正は、平成18年度改正における旧法人税法施行令8条の改正を踏まえて行われたも

のである。この旧法人税法施行令8条の改正とは、次の財務省の解説にあるとおり、株式の発行法人が種類株式を買い取る取引における取得価額が普通株式を買い取る取引における取得価額と異なるときに、みなし配当の額の計算が合理的なものとならないことを是正するために行われたものである。

> 「　これまで種類株式については、株式が発行法人に取得される場合のみなし配当の額の計算において、いわゆる普通株式と種類株式とを区別せずに1株当たりの資本等の金額を計算し、それを超える部分の金額をみなし配当の額として（い）ましたが、この点について、諸々の指摘もあったところです。そこで今回の会社法の制定によりこれまで以上に多様な種類の株式の発行が想定されることとなったことを契機として、株式の種類ごとに資本金等の額を区分管理することによりこれらの各株式の種類の違いに応じた課税の取扱いとなるように見直しを行ったものです。」（財務省『平成18年度　税制改正の解説』251頁）

このように、旧法人税基本通達2-3-17の平成19年の改正は、みなし配当の額の計算とそれに必然的に連動する株式の譲渡損益の額の計算を合理的なものとするために行われたものであり、この改正によって旧法人税基本通達2-3-17の創設時の取扱いが変わったというわけではなく、同改正において通達の文言の整備が行われたという状態になっている。

以上のような旧法人税基本通達2-3-17の創設と改正を要約すれば、同通達は、種類株式の多様化を契機として、平成15年に、株式の譲渡損益の額の計算を合理的なものとするという目的で創設され、平成19年に、みなし配当の額の計算を合理的なものとするという理由で改正された、ということである。

ところで、この法人税基本通達2-3-17は、その文言から分かるとおり、旧法人税法施行令119条の2（有価証券の一単位当たりの帳簿価額の算出の方法）の取扱いに関する定めであって、同119条の取扱いに関する定めとして設けられているわけではない。

このため、法人税法施行令119条とは関係がないのではないかという疑問も生じてくるものと思われる。

しかし、この法人税基本通達2-3-17の取扱いは、法人税法施行令119条にも

適用されることとなる。

　有価証券の取得価額に関して定める法人税法施行令119条は、法人税法61条の2の中の最後の包括政令委任の項（平成29年4月1日現在、第24項）に基づく定めでありながら、平成12年の改正により、有価証券の取得と譲渡の時系列を考慮して、同条の関係政令の冒頭に置くこととされているが、昭和40年に法人税法が制定されて以来、平成12年の改正前までは、法人税法施行令119条の2の旧規定である34条（有価証券の評価の方法）が旧法人税法30条（有価証券の譲渡原価等の計算及びその評価の方法）の関係政令の冒頭に置かれ、法人税法施行令119条の旧規定である38条（有価証券の取得価額）は、34条の計算の基礎となる有価証券の取得価額の定めとして同条の後に置かれていた。

　要するに、法人税法施行令119条の2は、119条の後に置かれてはいるが、これらの二つの規定の関係は、119条の2が有価証券を譲渡した場合の原価の額の計算の方法に関する定めであって、119条がその方法によって原価の額を計算するときの取得価額に関する定めという関係となっており、119条の2によって原価の額を計算する場合に適用される定めは、119条の取得価額にも適用されることとなるわけである。

　このため、法人税法施行令119条1項各号による取得価額の処理も、119条の2に関する法人税基本通達2-3-17の取扱いを踏まえて行うこととなる。法人税法施行令119条の2第1項1号及び2号に掲げる方法においては、有価証券の「取得価額」が計算に用いられていることから、仮に、法人税基本通達2-3-17が119条1項各号の「取得価額」の定めに適用されないということになると、原価の額を適正に算定することができなくなる。

　このように、法令の規定の文言からも、法人税法施行令119条1項各号の取得価額の処理は、法人税基本通達2-3-17の取扱いを踏まえて行う必要があることが明確である。

　この法人税基本通達2-3-17において用いられている「権利内容等」という用語は、正確に言えば「権利の内容」と「等」ということになるが、次のとおり、種類株式について定めていた旧商法222条1項と同じく種類株式について定める会社法108条1項においては、いずれも「内容」の異なるものが種類株式とされており、「内容」以外の「等」の異なるものを種類株式とすることとはされていない。

> 第222条　会社ハ左ニ掲グル事項ニ付内容ノ異ル数種ノ株式ヲ発行スル
> コトヲ得〔後略〕

> 第108条　株式会社は、次に掲げる事項について異なる定めをした内容
> の異なる二以上の種類の株式を発行することができる。〔後略〕

　このような旧商法222条1項及び会社法108条の規定からすれば、この法人税基本通達2-3-17は、「権利の内容」やその他これに類する事項が異なる株式で、異なる価額で取引が行われると認められるものは、銘柄の異なる株式として処理する、ということを定めるものということになる。

　法人税基本通達において用いられている「等」という用語は、法令に用いられている「等」という用語と同義に解すべきものと考えられるが、法令において用いられる「等」という用語は、原則として「その他これに類する事項」(注90)と解すべきものである。

　要するに、「権利内容等」の「等」とは「その他権利内容に類する事項」ということになるわけである。

　また、平成27年に、監査法人から経済産業省の「ベンチャー投資等に係る制度検討会」に提出された報告書（有限責任監査法人トーマツ「ベンチャー投資等に係る制度検討会　報告書」38頁）には、「種類株式の権利内容や株主間契約の内容等に係る検討」が必要となることがあるということを確認できる記述がなされているが、この「種類株式の権利内容」と「株主間契約の内容等」の関係は、上記の「権利の内容」と「等」の関係そのものと言ってよいものである。

　もっとも、「権利内容」や「権利の内容」という文言は、特別な法令用語や法律用語ではないため、「種類株式」についてだけでなく、「権利」を生じさ

（注90）　法令において用いられている「等」という用語の意義を解説したものはほとんど見当たらないが、内閣法制局長官を長く務められた林修三氏は、その著書において、内閣法制局の法制意見を引用して「原則として、「その他これに類する事項」というように解すべき」（『法令用語の常識』日本評論社、平成20年）（171頁）と述べておられる。

せる行為の全てについて用いることが可能である。

　例えば、上記の報告書においては、「投資契約や株主間契約を締結し、その契約の中で優先株主に追加的に権利内容を付与しているケースもある。」(11頁) というように株主間契約に関して「権利内容」という文言を用いている部分もあれば、「種類株式 (優先株式) に付される権利内容は我が国の会社法上で定められているものや、投資契約や株主間契約で付されるものがあり、設定する権利内容やその権利を行使するための条件等の組み合わせは多岐にわたる。」(55頁) というように、種類株式と株主間契約について同じく「権利内容」という文言を用いている部分もある。

　また、経済産業省から公表されている「未上場企業が発行する種類株式に関する研究会　報告書」においては、「投資契約・株主間契約に織り込まれる権利の内容」(10頁) と題してさまざまな「権利内容」が投資契約・株主間契約によって種類株式に織り込まれるということが示されており、ここでも株主間契約と種類株式の双方について「権利内容」という文言が用いられている。

　要するに、法人税基本通達2-3-17においては、「権利内容」に株主間契約によって権利が発生したものが含まれると解されるわけであり、「権利内容」に「等」を付したことで、なお一層、株主間契約によって権利が発生したものも含まれると解すべきことが明確になっているわけである。

　また、上記 i においても確認したとおり、法人税基本通達2-3-17は、平成15年に株式の譲渡損益の額の計算を合理的なものとするという目的で創設され、平成19年にみなし配当の額の計算を合理的なものとするという理由で改正されたわけであるが、同通達の趣旨は、単に形式上で「種類株式」となっているものだけについて、譲渡損益の額とみなし配当の額の計算を合理的なものとすればよい、というものではないはずであり、そのような点からすると、法人税基本通達2-3-17は、旧商法改正による種類株式の多様化と会社法の施行による種類株式のなお一層の多様化を契機とするものではあるが、種類株式だけを対象としたものということではなく、株主間契約によって「その他権利内容に類する事項」が異なることにより、同じ発行法人が発行する株式であっても異なる価額で取引が行われると認められるものについては、銘柄が異なる株式として取り扱うことを想定したものである、と解するべきである。

　以上のとおり、種類株式を発行して行い得ることの多くを株主間契約によっても行い得ること、文理解釈上も「権利内容等」の「等」は「権利内容」とは異なるものであること、そして、現実に異なる価額で取引が行われるものについて同じ銘柄のものとして取り扱うということになれば譲渡損益の額の計算やみなし配当の額の計算が合理性を欠くこととなることなどから考えると、株主間契約を結んで株式の取引価額が異なることとなっている場合も、種類株式を発行して株式の取引価額が異なることとなっている場合と同じように、法人税基本通達2-3-17が適用される、と解するのが適当と考えられる。

　ⅱ　法人税基本通達2-3-17の取扱いと2-3-8の取扱いの関係が不明確
　　であること

　平成18年の旧法人税法施行令119条1項3号の「株主等として取得をしたものを除く」という部分を「当該法人の他の株主等に損害を及ぼすおそれがないと認められる場合における当該株式又は新株予約権に限る」に改正した理由に関しては、既に上記(4)②（292頁）において確認したとおり、「従前の「株主等として取得したこと」（税制上の株主平等）の内容を、より明確化したもの」と説明されているわけであるが、この説明には、疑問がある。

　毎年度の財務省の税制改正の解説は、まず、現行の取扱いを説明した上で、その後に、改正の理由と改正後の取扱いを説明する、という構成となっており、旧法人税法施行令119条1項3号括弧書きの改正を説明するとすれば、本来は、まず、現行の取扱いとして、種類株式が発行されている場合の取扱いを定めた旧法人税基本通達2-3-17による取扱いがどうなっているのかということを説明することが必要となる。

　しかし、上記(4)②において引用した財務省の担当者の説明においては、種類株式が発行されている場合の取扱いを定めた旧法人税基本通達2-3-17により、旧法人税法施行令119条1項3号括弧書きがどのような取扱いとなるのかということに、全く触れられておらず、当該括弧書きの改正後に、同通達による取扱いがどうなるのかということにも、全く触れられていない。このように、種類株式の多様化に対応する改正を行ってその説明をするという場合に、既に存在する種類株式の多様化に対応する取扱いに全く言及しないなどということは、過去に例がないものと考えられる。

　なぜ、このような異例の説明がなされているのかということを考えてみると、答は一つしかないものと考えられる。すなわち、旧法人税基本通達2-3-17が存在することを知らないまま、平成18年の旧法人税法施行令119条1項3号の改正が行われた可能性が高い、ということである。既に述べたとおり、平成18年の旧法人税法施行令119条1項3号の改正は、法人税基本通達2-3-7において有利発行か否かを判定する時期が「新株の発行価額を決定する日」と明確に記載されているにもかかわらず、当該判定の時期を「その取得の時」と誤っていたわけであるが、2-3-17は、2-3-7より以上に、その取扱いが見落とされがちな状態となっている。

　すなわち、旧法人税基本通達2-3-17は、2-3-7等とは違って、法人税基本通達第2章第3節「第2款　有価証券の取得価額」の中に設けられているわけではなく、同「第3款　有価証券の一単位当たりの帳簿価額の算出方法」の中に設けられているため、2-3-7等よりもその存在が認識しにくい状態となっており、しかも、上記 i において述べたとおり、それが同「第2款　有価証券の取得価額」の中の通達にまで遡って効力が及ぶということを正しく理解していなければ、改正前の取扱いと認識することができないものである^(注91)。

　このような事情もあり、法人税基本通達2-3-17の取扱いと2-3-8の取扱いとが具体的にどのように適用されるのかということは、現在も、明確ではな

（注91）　平成18年の旧法人税法施行令119条1項3号の改正が旧法人税基本通達2-3-17が存在することを知らないままに行われたということであれば、その改正は、従来の取扱いを変更するものと認識されていたはずであり、同改正を「明確化」と説明することはないのではないか、という疑問が湧いてくるものと考えられるが、適否は別にして、「明確化」や「規定の整備」と説明されてはいても、現実には、従来の取扱いを変更したものが見受けられることがある。財務省『平成18年度　税制改正の解説』において、上記の「明確化」という説明の後、最初に「明確化」という文言が用いられているのは、次の引用部分であるが、この「明確化」も、従来の取扱いを変更するものとなっている。

> 「⑥　有価証券の譲渡損益の益金又は損金算入時期
> 　　有価証券を譲渡した場合の譲渡損益の益金又は損金算入時期は、譲渡に係る契約をした日とされていますが、次に掲げる場合には、それぞれ次に定める日の属する事業年度とされました（法法61の2①、法規27の3の2）。これは、みなし配当が生ずる場合やいずれかの法人の資本金等の額又は利益積立金額の変動が移転資産の移転時の時価を基礎として計算される場合には、双方の取引価格をなるべく一致させるため、同時点で計上することを明確化したものです。」（282頁）

い(注92)。

(5)　当面の最低限の対応として必要なこと

　上記(1)から(4)までにおいて述べてきたとおり、現在の有利発行税制には、さまざまな立法や解釈の課題が存在するわけであるが、最低限の当面の対応として、次の3点が必要と考えられる。

　　i　平成18年度改正により「判定の時価」の算出方法が「計算の時価」の算出方法と同様と誤って理解されている点を修正すること

　　ii　旧株式の価値の減少が生じていない場合には有利発行とはしないこと

　　iii　受贈益の額とする金額は旧株式の価値の減少額を限度とすること

　上記iに関しては、既に述べてきたとおりであり、税制度の企画立案の常識として、一つの制度に二つの「時価」がある場合、その二つの「時価」の算出方法が基本的に同じということであれば、一方にだけ算出方法を示し、他方には算出方法を示さない、などということは、有り得ないことである。一方の「時価」にだけ算出方法を具体的に示し、他方の「時価」には算出方法を示さないということには、意味があるわけであり、税制度は、その企画立案に関する最低限の常識を持った上で理解する必要がある。

　上記ii及びiiiに関しては、実際に有利発行税制の仕組みがどのようなものとされたのかということは別として、昭和48年の有利発行税制の創設時には、旧株式の価値が減少して新株式の価値が増加する部分に課税を行うという趣旨・目的によって立法が行われたということは明確であるため、その趣旨・目的に合うように、旧株式の価値の減少が生じていない場合には有利発行とはせず、また、受贈益の額とする金額は旧株式の価値の減少額を限度とする、という解釈を採るのが妥当であると考えられる。

　上記の3点に関しては、筆者は、法令や通達の改正を行わずとも、法令の趣

(注92)　平成13年の旧商法改正によって種類株式が多様化していること等を契機として平成15年に創設され、異なる価額で取引される株式は異なる種類の株式として取り扱うとした旧法人税基本通達2-3-17の取扱いは、有価証券の取得価額を含む諸規定を解釈する場合に、素直に受け容れられる非常に明快かつ合理性のある取扱いとなっていたものであり、当然、旧法人税法施行令119条1項3号括弧書きの「株主等として取得をされたものを除く」にも適用が及ぶものとなっていた。このため、平成18年の同号の改正に関しては、会社法の施行によって従来以上に多様な種類株式の発行が可能となったとはいえ、旧法人税基本通達2-3-17の存在を知ってさえいれば、改正することとはならなかったのではないか、という根本的な疑問が湧いてこざるを得ない。

旨・目的に即した解釈と適用によって、十分、対応が可能である、と考えている。

4　減資等

　減資等が時価で行われなかった場合の寄附金課税の是非が争われた日産自動車事件の判決において、法人税法24条1項（みなし配当）の「交付」が実際に交付を受けたものを指すという解釈が採られて確定したが、その解釈が誤っていると考えられることから、(1)においては、その説明を行う。

　そして、(2)おいては、減資等が時価で行われなかった場合の取扱いにも、増資が時価で行われなかった場合の取扱い（本章1(2)②（215頁）参照）と同様に、立法の課題が存在することから、その立法の課題の説明を行う。

(1)　法人税法24条1項の金銭等の「交付」を実際に金銭等の交付があるもののみと誤って解釈している【解釈の課題】

①　問題点の確認

　日産自動車事件[注93]においては、日産自動車が子会社の株式の消却によって交付を受けた金銭の額がその株式の時価よりも低額であったことから、日産自動車において、株式の譲渡益の計上漏れと寄附金の計上漏れがあるとされて、寄附金の損金算入限度超過額に相当する金額に課税が行われたわけであるが、この際に、株式の消却に伴うみなし配当の額が実際に交付を受けた金銭の額に基づいて計算されるのか、あるいは、交付を受けるべき額（株式の時価）に基づいて計算されるのかということが争点となった。法人税法24条1項の「交付」が前者であるとすれば、みなし配当の額が小さくなり（株式の譲渡対価の額が大きくなり）、益金不算入とされるみなし配当の額が小さいことから、最終的な所得の金額が大きくなるが、同項の「交付」が後者であるとすれば、みなし配当の額が大きくなり（株式の譲渡対価の額が小さくなり）、益金不算入とされるみなし配当の額が大きいことから、最終的な所得の金額は小さくなる。

　この争点に関する裁判所の判断は、法人税法24条1項のみなし配当は実際に交付を受けた金銭の額に基づいて計算しなければならないというものである。

（注93）　平成27年9月24日に、最高裁が納税者側の上告受理申立てを不受理として納税者側の敗訴で確定している。

　この法人税法24条1項は、次のとおりである。

（配当等の額とみなす金額）
第24条　法人（公益法人等及び人格のない社団等を除く。以下この条において同じ。）の株主等である内国法人が当該法人の次に掲げる事由により金銭その他の資産の交付を受けた場合において、その金銭の額及び金銭以外の資産の価額（適格現物分配に係る資産にあつては、当該法人のその交付の直前の当該資産の帳簿価額に相当する金額）の合計額が当該法人の資本金等の額又は連結個別資本金等の額のうちその交付の基因となつた当該法人の株式又は出資に対応する部分の金額を超えるときは、この法律の規定の適用については、その超える部分の金額は、第23条第1項第1号又は第2号（受取配当等の益金不算入）に掲げる金額とみなす。
一〜七　〔省略〕
2・3　〔省略〕

　この法人税法24条1項の「交付」は、実際に金銭等の交付を受けたもののみを指すのか、あるいは、実際に金銭の交付を受けたものに加えて、金銭等の交付を受けるべきであったにもかかわらずその交付を受けなかった場合におけるその交付を受けるべきものまで指すのか、という解釈上の問題は、資本等取引や組織再編成においてみなし配当が生ずることとなる全てのケースに共通する問題ということになる。

　②　判決の検証
　　イ　法人税法においては所得税法とは異なり無償取引から「収益の額」が生ずるものとされており譲渡収入やみなし配当に関しても例外とはされていないこと
　日産自動車事件の東京高裁平成26年6月12日判決（税資264・103）においては、上記の判断の理由が数項目にわたって述べられているが、最初に述べられているのは、次のとおり、所得税法におけるみなし配当の規定である25条1項における「交付」の解釈との整合性である。

「　このように法人税法23条1項の「受取配当等の益金不算入制度」は、法人の利益が配当として最終的に個人に帰属する過程において、その

> 中間段階で他の法人が株主として存在する場合に生じる二重課税を調整する趣旨で設けられ、また、同法24条1項の「みなし配当制度」は、直ちに剰余金の配当とはいえないものの、経済的に法人利益に相当する部分を株主に帰属させた場合にも同様の扱いとする趣旨で設けられたものであることを踏まえると、同項所定の「金銭その他の資産の交付を受けた場合」とは、株式の発行法人において課税の対象となる経済的利益が実際に株主法人に移転した場合をいうものと解するのが相当である。」（第3、5(2)ア）

　この判示の前段の部分は、法人税法における受取配当等の益金不算入制度の創設の趣旨とみなし配当制度の趣旨を述べたものであって、異論はないはずであるが、後段の部分の「「金銭その他の資産の交付を受けた場合」とは、株式の発行法人において課税の対象となる経済的利益が実際に株主法人に移転した場合をいうものと解するのが相当である」という結論には、明らかに飛躍がある。

　日産自動車事件において争点となっているのは、所得税法には存在せず、法人税法にだけ存在する無償譲渡における「収益の額」の取扱いであるため、その法人税法に固有の「収益の額」の解釈を述べることなく、結論を導くことはできない。

　東京高裁判決は、法人税法23条1項の配当収入の額と24条1項のみなし配当の額が22条2項の「収益の額」に含まれることを失念している。

　配当を支払う法人においては、配当の支払いは法人税法22条5項の「利益又は剰余金の分配」に該当して資本等取引となるが、配当を受ける法人においては、その配当の額は、みなし配当の額も含めて、22条2項の「収益の額」に含まれることになり、同項においては、無償取引においても「収益の額」が存在するという前提に立ち、益金の額に算入すべき金額について「資産の販売、有償又は無償による資産の譲渡又は役務の提供、無償による資産の譲受けその他の取引で資本等取引以外のものに係る当該事業年度の収益の額とする」と規定されている。

　要するに、法人税法においては、所得税法とは異なり、時価よりも低い金額で実際の取引が行われている場合には、譲渡対価の額や配当の額などの「収益の額」は時価に基づく金額で認識されることとなっており、「収益の額」の

中の譲渡対価の額だけが時価に基づく金額で認識され、配当の額は時価に基づく金額で認識されないなどと解すべき事情は全く存在しない、ということである。

　無償取引において、譲渡対価の額や配当の額の相手勘定となる寄附金の額については、法人税法37条1項において「支出した寄附金の額」と規定されているが、無償取引に同項を適用する場合には、この「支出」は、実際の支出のみを指すものとはなっていない。

　周知のとおり、無償取引における法人税法の処理は、貸方に譲渡収入や配当収入などの「収益の額」を計上するとともに借方に寄附金の額を計上する仕訳で示される処理となるわけであるが、このような処理において、借方の寄附金の額は実際に交付された金額だけでなく実際に交付されなかった金額をも含めて算出し、貸方の配当収入だけを実際に交付された金額に基づいて算出しなければならないと解釈すべき事情は、どこにも存在しない。

　東京高裁判決は、法人税法24条1項の「交付を受けた」という文言について、「この文言に反して、実際の交付がないにもかかわらず、同様の経済的効果が生じたときもこれに該当すると解すべき合理的な根拠は特に認められない」（第3、5⑵イ）とも述べているが、法人税法22条2項は、無償取引において、「実際の交付がないにもかかわらず、同様の経済的効果が生じたときも」、実際に対価の額（時価取引を行った場合に借方に現金等として計上されることとなる金額）の交付を受けた場合と同様の「収益の額」（時価取引を行った場合に貸方に譲渡収入の額や配当収入の額等として計上されることとなる金額）を計上させることを定めているものであって、無償取引においても、配当収入の額を時価取引の場合の金額で計上することには、十分過ぎる程の「合理的な根拠」があるわけである。

　また、東京高裁判決は、「発行法人である本件各子会社において、収益とされた額に相当する資産の減少はなく、留保されていた法人利益が控訴人に帰属した事実もない」（第3、5⑶）とも述べている。

　しかし、無償取引においては、取引が無償であることから、表面上、「発行法人である本件各子会社において、収益とされた額に相当する資産の減少はなく、留保されていた法人利益が控訴人に帰属した事実もない」という状態となっていることは、自明であって、それをみなし配当の額について実際に交付を受けた金額に基づいて算出すべき根拠と主張するのであれば、同じよ

うに、譲渡収入の額や寄附金の額も存在しないということにしなければならないはずである。

　また、東京地裁判決は、「法人株主である控訴人が実際に受領していない部分も含めて「みなし配当額」を計算しなければ、同一の利益に対する二重課税の問題を調整することができないとも認められない」（第3、5(3)）とも述べている。

　しかし、この判示も、明らかに誤っている。

　子会社において稼得された利益が個人株主に帰着するまでの間に法人段階で二重に課税（子会社における稼得した利益に対する課税と親会社における寄附金課税）が行われるということになれば、「同一の利益に対する二重課税の問題を調整することができない」こととなるのは、明らかである。

　　　ロ　事実を法令の解釈と峻別して正しく捉えていれば「交付」を実際
　　　　に金銭等の交付があるもののみと誤ることはなかったはずであるこ
　　　　と

　東京高裁判決は、法人税法24条1項の「交付」を実際の交付と解すべきと判断した理由の最後に、法人税法22条2項における無償取引の構造の理解に関し、納税者側の主張を挙げた上で、次のように述べている。

> 「控訴人は、資産の無償ないし低額譲渡について同法22条2項を適用するに当たっては、譲渡人からの適正な対価による譲渡と、それに対する譲受人の反対給付、すなわち、適正な対価と実際の価額との差額相当分の譲渡人に対する贈与という二段階の行為があるものと擬制すべきであるから、「みなし配当額」も前者の適正な譲渡対価の額に基づいて算定されるべきであると主張する。
>
> 　しかしながら、同項の適用においては、法人が資産を他に譲渡した場合、代金の受入れその他資産の増加を来すべき反対給付を伴わないものであっても、譲渡時における資産の適正な価額に相当する収益を計上すべきである（平成7年最高裁判決参照）ことに照らすと、本件株式消却により本件各子会社株式が譲渡されたとして同項を適用するに当たり、反対給付を擬制する必要があることにはならないというべきであり、また、法令上も、そのような擬制を想定していないことは既にアで述べたとおりである。」（第3、5(4)イ）

この部分に関しては、まず、納税者側の主張の問題点から指摘をしておかなければならない。

東京高裁判決において述べられている納税者側の主張の部分には、6個の「擬制」という用語が存在し、納税者側の主張において「擬制」という用語が多用されていることが分かるわけであるが、この「擬制」という用語は、法人税法22条2項、23条1項、24条1項及び37条の正しい理解を妨げるものとなっている。

法律用語として「擬制」という用語が用いられる場合には、それは、ある事実について、それとは異なる事実と同じものとして取り扱い、その異なる事実に認められた法律効果をある事実にも発生させることをいい、専らみなし規定や推定規定の解釈を述べる場面で用いられることとなる。

要するに、法令の解釈には「擬制」はあるが、事実には「擬制」はない、ということである。

法人税法22条2項を見ても、無償取引における「収益の額」は、「擬制」によって認識されるものとはされていない。

仮に、法人税法22条2項において、資産が無償譲渡された場合に、資産を無償譲渡した法人が「収益の額」を得たという事実がないにもかかわらず「収益の額」を得たという「擬制」をするということであれば、資産を時価譲渡した法人の「収益の額」と資産を無償譲渡した法人の「収益の額」とを同列に並べて、「益金の額に算入すべき金額は、〔中略〕有償又は無償による資産の譲渡〔中略〕に係る当該事業年度の収益の額とする」という規定の仕方をすることは、あり得ない（注94）。法人税法22条2項の規定の仕方は、無償譲渡に「収益の額」がないと認識した上で「収益の額」があるものとするという場合の規定の仕方ではないことが明らかであり、同項の規定の仕方は、無償譲渡をした法人にも「収益の額」があるという前提がなければ、あり得ないものとなっている。

（注94）　資産が無償譲渡された場合に、資産を無償譲渡した法人が「収益の額」を得たという事実がないにもかかわらず「収益の額」を得たという「擬制」をするということであれば、資産が無償譲渡された場合について、「収益の額があるものとする」、「収益の額とみなす」等の「擬制」の文言を用いて規定を設けることが必要となる。

　要するに、法人税法22条2項は、無償取引においても、時価取引と同じように、利益が発生しているという事実があるという前提に立って規定が設けられており、寄附金に関する定めとなっている37条も、無償取引における利益が贈与されたのか否かということを時価取引における利益が贈与されたのか否かということと同じように、事実関係の問題と捉えて規定が設けられている、ということである。

　このような法人税法22条2項の規定の仕方は、事実をかなり広く捉えたものであり、立法論としては賛否があり得るものと考えられるが、同項が現にそのような事実の捉え方に基づいて規定されていることは間違いなく、同項の解釈においては、事実をそのように捉えた上で解釈をする必要がある。

　以上が納税者側の主張の疑問点ということになる。

　次に、上記の東京高裁判決にどのような問題があるかということになるが、無償取引における事実を上のように捉えると、「反対給付を擬制する必要があることにはならないというべきであり、また、法令上も、そのような擬制を想定していない」という判示は、いわゆる空振りということになる。

　日産自動車事件におけるみなし配当の額の捉え方に関する議論を見ると、どのような事実があるのかという議論と法令をどのように解釈するのかという議論とが錯綜しており、それが適切な結論が得られなかった主因となっていると考えられる。

　法令の規定を創る場合には、必ず、その規定をどのようなものに適用するのかということを想定して創ることとなるわけであり、法人税法22条2項に関しても、同項の中の無償取引に関する定めがその適用対象となる事実をどのように捉えて設けられているのかということを正しく理解していれば、日産自動車事件においても、法令の解釈とは異なり、事実は一つしかなく、24条1項のみなし配当の規定も、その22条2項と37条の適用の対象となる事実に対して適用することになる、という正しい結論となったものと考えられる。

　(2)　減資等における資本金等の額の減少額を実際に交付した金銭等の額によって算出することとすると事実に即した正しい処理ができない【立法の課題】

　　①　問題点の確認

　平成18年度改正により、増資の場合の資本金等の額の増加額に関して定める法人税法施行令8条1項1号が実際に払込みを受けた金銭の額に基づいて資

本金等の額を増加させることとされたことにより、同改正以後、減資等が時価で行われなかった場合の取扱いに疑問が生じている（注95）。

　この疑問とは、「資本の払戻し等」の場合における資本金等の額の減少額に関して定める法人税法施行令8条1項18号等の括弧書きの「当該計算した金額が当該資本の払戻し等により交付した金銭の額及び金銭以外の資産の価額〔中略〕の合計額を超える場合には、その超える部分の金額を減算した金額とする」の解釈を巡る疑問である。

　このような括弧書きは、平成13年度改正によって導入されたものであるが、この法人税法施行令8条1項18号の元の規定である旧法人税法2条17号レの資本積立金額の取扱いの改正は、次の説明にある基本的な考え方によって行われたものである。

> 「これらは、現実に、株主等から金銭等の払込みがない場合又は株主等に払戻しがない場合には、株主等から拠出された金額を示す資本等の金額は変更しないという考え方に基づくもので、金銭等の交付がない場合のみなし配当課税の廃止とも関連するものです。」（『改正税法のすべて＜平成13年版＞』大蔵財務協会、160頁）

　この説明の文言だけを読むと、「現実に〔中略〕株主等に払戻しがない場合」には、次の旧法人税法2条17号レ括弧書きの「当該減資等により交付した金銭の額」はないと解釈するのが適切であると勘違いするおそれがあるが、この説明は、時価取引となっている通常の取引の取扱いについて述べたものであり、払戻しをすべきであるにもかかわらず払戻しをしなかった取引の取扱いについて述べたものではない。

> レ　資本若しくは出資の減少（株式の消却及び社員の退社又は脱退によるものを除き、金銭その他の資産を払い戻したものに限る。）又は解散

> による残余財産の一部の分配（レにおいて「減資等」という。）の直前
> の資本等の金額を基礎として政令で定めるところにより計算した金額
> （レにおいて「減資資本等金額」という。）から当該減資等により減少
> した資本の金額又は出資金額を減算した金額（減資資本等金額が<u>当該
> 減資等により交付した金銭の額及び金銭以外の資産の価額の合計額を
> 超える場合には、当該超える部分の金額を減算した金額</u>）

　資本積立金額について定めた旧法人税法2条17号は、平成13年度改正にお
いて、組織再編成の取扱いを定める規定と整合性を持たせて抜本改正されて
おり、同号の中には、組織再編成における資本積立金額の取扱いが数多く定
められているわけであるが、同改正における組織再編成の取扱いは、法人税
法62条（合併及び分割による資産等の時価による譲渡）等において時価によ
る譲渡をしたものとすることを原則としており、62条の2（適格合併及び適格
分割型分割による資産等の帳簿価額による引継ぎ）等において帳簿価額によ
る引継ぎ等をしたものとする組織再編成も、当事者間においては時価による
取引が行われていることを前提とした上で、税制上、「引継ぎ」や「簿価譲渡」
という処理をする、というものである。

　このような組織再編成税制は、組織再編成の中にも存在する資本等取引の
取扱いを適切に整備しなければ創ることができず、当然のことながら、当事
者の任意の価額で資本等取引を行ってよいとしたのでは、組織再編成税制を
適切な仕組みとすることはできないわけである。

　このような点からも、旧法人税法2条17号が時価による取引を行わなくて
もよいという認識に基づいて定められるなどということがあり得ないこと
は、容易に分かることである。

　そうであるとすれば、旧法人税法2条17号レ等（現在の法人税法施行令8条
1項18号等）の括弧書きの「減資等により交付した金銭の額」等をどのように
解するべきかという疑問が生じてくることとなるはずであるが、これに関し
ては、既に述べたとおり、減資等が時価によって行われていない場合には、
「減資等により交付すべきであった金銭の額」と解し、時価取引と実際の取
引との差の部分に関しては、寄附金・受贈益等として処理すると解すべきも
のであった。法人税法37条1項においては、従来から「支出した寄附金の額」
という規定の仕方がされているが、無償又は低額で行われた取引に同項を適

用する場合には、この「支出」が実際の支出を指すものとなっていないことは、周知のとおりである。事実認定により、無償又は低額で取引が行われたとされるような場合には、法人税法の規定は、その事実認定に従って事実を捉えた上で適用されることとなるわけであり、このような法人税法の適用の仕方は、法令の適用の常識と言ってもよい。

　しかし、(2)の冒頭に述べたとおり、平成18年度改正により、増資の場合の資本金等の額の増加額に関して定める法人税法施行令8条1項1号が実際に払込みを受けた金銭の額に基づいて資本金等の額を増加させることとされたこと等により、同改正以後、減資等が時価で行われなかった場合の取扱いに疑問が生じているわけである。

　以下、(2)においては、この疑問を詳しく検証することとする。

　　②　問題点の検証

最初に、(2)において例として用いるケースを確認しておくこととする。

　次の図は、株主が甲と乙で、甲はA社の株式の50％に相当する100株（時価100円）を保有し、同じく、乙はA社の株式の50％に相当する100株（時価100円）を保有し、A社の純資産価額が200円となっているケースである。

　なお、以下のいずれのケースにおいても、株主である甲と乙は、法人であるものとする。

【ケース i 】

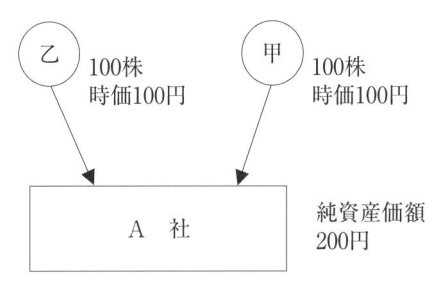

乙　100株　時価100円

甲　100株　時価100円

A　社　　　純資産価額　200円

　平成18年度改正前の法人税法2条17号ツ[注96]等においては、既に述べたとおり、資本等の金額の減少額に関して、「交付した金銭の額」を限度とする旨

（注96）　平成13年度改正直後は、法人税法2条17号レとなっており、平成18年度改正の直前まで内容の変更は行われていない。

の括弧書きが付されてはいたが、減資等が時価で行われなかった場合には、「交付すべきであった金銭の額」に基づいて算出するものと解すべき状態にあったことから、その処理がどのようなものかということを説明するものとする。

　ただし、この処理の説明は、平成18年度改正前に、実際にそのような処理が行われていたということを述べるものではなく、平成18年度改正前の法人税法2条17号ツがそのような処理を行うことができる規定となっていたということを述べるものであることに留意されたい。本章1(2)②i（216頁）において述べたとおり、平成18年度改正前においても、本来は、適切に解釈をすれば明快かつ合理的な処理が可能であるにもかかわらず、実際には、そのようなところにまでは至っていなかったという部分が存在する。

　【ケースi】において、A社が乙に50株分の資本の払戻しを行うこととし、乙に現金50円を交付したとすれば、【ケースi(i)】のとおりとなる。

【ケースi(i)】

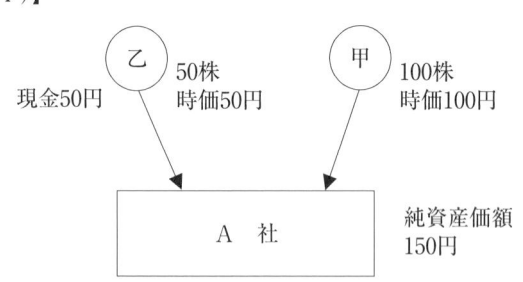

　この【ケースi(i)】は、A社が乙に50株分の資本の払戻しとして時価相当額（50円）を交付しており、税制上、何ら問題が生ずることはなく、A社が借方に「資本金等の額　50円」と貸方に「現金　50円」を計上する仕訳で示される処理を行い、乙が借方に「現金　50円」と貸方に「株式　50円」を計上する仕訳で示される処理を行えば済むことになる。

　【ケースi(i)】において、A社が乙に50株分の資本の払戻しとして現金5円を交付することとし、乙が50株分の資本の払戻しとして現金5円の交付を受けたとすれば、その結果は、【ケースi(ii)】のとおりとなる。

【ケースⅰ(ⅱ)】

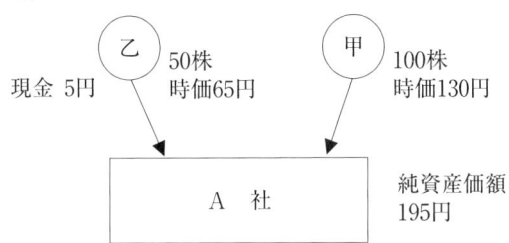

　この【ケースⅰ(ⅱ)】においては、乙は、本来であれば50株分の資本の払戻しとして50円の交付を受けるべきところ5円しか交付を受けていないことから、A社に45円の利益を与え、A社は、本来であれば、50株分の資本の払戻しとして50円を交付すべきところ5円しか交付していないことから、乙から45円の利益を得ている状態となっている。

　このため、この【ケースⅰ(ⅱ)】においては、乙がA社に45円の寄附を行ってA社が乙から同額の受贈益を得た、という処理をすることとなる。このA社における受贈益に関しては、資本の払戻しが資本等取引に該当することから、受贈益は計上されないのではないかという疑問も生じてくる可能性があるものと思われるが、法人税法22条2項の無償譲受けにおける「収益の額」が一旦時価取引を行って対価を支払った後にその対価を受け取った場合又はその対価を支払わなくて済んだ場合の「収益の額」とされていることから、受贈益は、計上されることとなる。現に、A社は、50円の交付を行った後に、45円の寄附を受ければ、【ケースⅰ(ⅱ)】と同じ状態となる。

　この処理を仕訳の形で示すと、乙とA社の処理は、それぞれ次の【仕訳ⅰ(ⅱ)ア】のとおりとなる。

【仕訳ⅰ(ⅱ)ア】

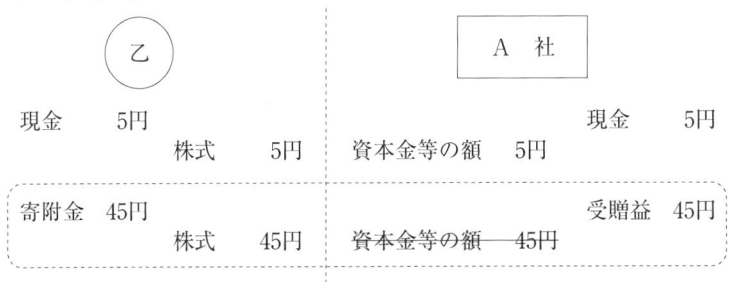

　この【仕訳ⅰ（ⅱ）ア】においては、「現金　5円」が減資等の対価であることに異論はないはずである。

　乙における「寄附金　45円」とＡ社における「受贈益　45円」は、対応関係にあって、Ａ社が本来は現金50円を交付しなければならないにもかかわらず現金5円しか交付しなかったことによって生じたものである。資本等取引によって「益金の額」と「損金の額」は生じないが、資本等取引によって「収益の額」や「原価の額」「販売費、一般管理費その他の費用の額」「損失の額」が生ずることは、既に確認したとおりである。

　Ａ社における資本金等の額45円を線で抹消しているのは、平成18年度改正前から、旧法人税法2条17号ツ等の括弧書きにおいて、減資等における資本積立金額の減少額については「減資等により交付した金銭の額」を限度とするとされていた部分について、法人税法施行令8条1項1号において「払い込まれた金銭の額」という文言を用いた同改正により、「実際に減資等により交付した金銭の額」を限度とすると解釈せざるを得なくなった――「減資等により交付すべきであった金銭の額」を限度とすると解釈することはできなくなった――と考えられるためである。

　このように、Ａ社における資本金等の額45円が抹消されるということになると、Ａ社と乙との間で行われた取引が事実に即して正しく処理されない、ということになってしまう。

　この点は措くとして、次に、乙における株式の時価が50円とはならず65円となっていることがどのように説明されるのかということを考えてみると、差額の15円は、Ａ社において「受贈益　45円」が生じたことによって利益積立金額がプラス45円となり、その結果、Ａ社の株式に45円の含み益が生ずることとなって、甲の株式と同様に、乙の株式にも含み益が生ずることとなったもの、ということになる。つまり、乙においては、寄附金45円と株式の含み益15円という全く性質の異なるものが同時に発生した結果、50株の株式の時価が65円（（100円－5円）－45円＋15円）となっているわけであり、この寄附による株式の減少とＡ社に受贈益が生じたことによる株式の含み益の発生という両者の性質の違いを無視して両者を通算することにより「寄附金　30円」とすることはできない、ということである。この点は、Ａ社に「受贈益　45円」が生じたことにより、乙に生じた株式の含み益15円と同じ性質のものが甲にも生じており、その甲に生じた株式の含み益30円が資本の払戻しの

時点で益金の額とならないことからも、理解できるはずである。改めて言うまでもないが、これらの株式の含み益については、乙や甲が株式の譲渡等を行った時点で益金の額となることになる。

　以上が【ケースi（ⅱ）】の【仕訳i（ⅱ）ア】の説明ということになるが、以上の説明からも分かるとおり、この【仕訳i（ⅱ）ア】は、A社において資本金等の額45円の減少が抹消されないということであれば、乙とA社との間で行われた取引の実態を正しく示すものとなっている。

　続けて、【ケースi（ⅱ）】において、乙が甲に株式の価値を上げることによる贈与をするためにA社の資本の払戻しが行われたという場合の処理を考えてみよう。

　このような事実認定が行われるのであれば、乙とA社における処理のみでは済まず、甲においても寄附を受けたという処理が必要となる。

　ただし、このような事実認定が行われる場合には、上の仕訳【i（ⅱ）ア】の場合とは異なり、寄附金の額が現に乙に損失が生じ甲に利益が生じた金額となるという点に留意する必要がある。【仕訳i（ⅱ）ア】の場合には、乙の寄附金の額は、A社から交付を受けなければならないにもかかわらず交付を受けなくてよいこととされた45円となったが、乙が甲に贈与をしたという事実認定がなされる場合には、その贈与をしたとされる金額は、現に乙に損失が生じ甲に利益が生じた金額である30円としかなり得ず、45円の贈与をしたという事実認定をすることは、不可能である。仮に、【仕訳i（ⅱ）ア】の場合のように、乙が45円の寄附を行ったという処理をするということになると、甲の株式は、資本の払戻しの後に、当初の100円から45円を加算した145円の価値を持つこととなるはずであるが、【ケースi（ⅱ）】に示したとおり、甲の株式は、資本の払戻しの後に、130円の価値を持った状態となっている。

　要するに、資本の払戻し自体は同じでも、その資本の払戻しがどのように事実認定されるものかということにより、寄附金の額（受贈益の額）となる金額には違いが出てくることとなるわけである。

　この点も、正しく理解しておかなければ、資本等取引税制や組織再編成税制の全体を正しく理解することはできない。

　この処理を仕訳の形で示すと、乙、A社と甲の処理は、それぞれ次の【仕訳i（ⅱ）イ】のとおりとなる。

【仕訳 i（ⅱ）イ】

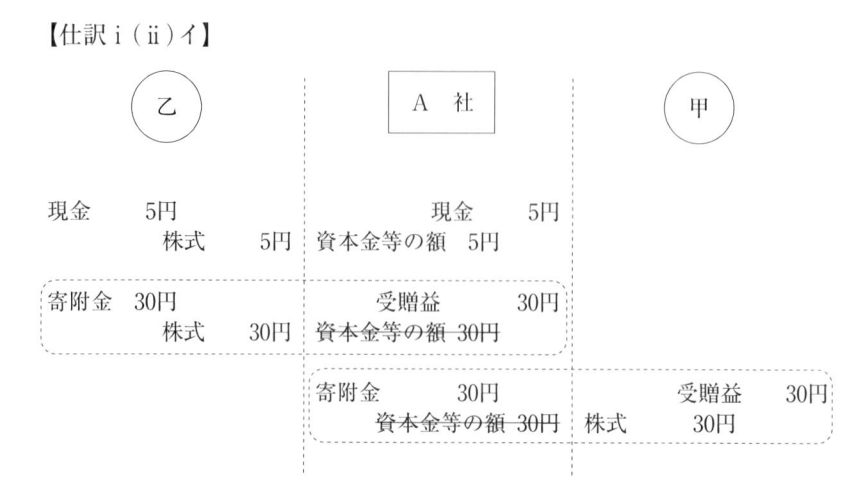

　乙は、直接、甲に株式を贈与しているわけではなく、A社の資本の払戻しを利用して甲に株式の価値を上げることによる贈与をすることとしていることから、まず、乙がA社に30円の株式を寄附するという処理を行い、その後、A社が甲に30円の株式を寄附するという処理を行うこととなる。

　通常の無償取引においては、税法上、「取引」を認識することとなるのは、その無償取引の当事者のみとなるが、法人の資本の払戻しを利用して株主間の株式の贈与が行われるという場合には、税法上、「取引」を認識することとなるのは、株式の贈与を行う株主と法人との間、そして、法人と株式の贈与を受ける株主との間の二つとなり、この点が大きな特徴ということになる。乙が甲に株式を贈与するという状態は、A社が資本の払戻しによって交付する金銭の額と払い戻す資本の額を不等価にすることによってしか創り出すことができないため、乙が甲に株式を贈与するという状態にある場合には、常に、A社が甲に株式を贈与するという状態ともなる。

　また、乙がA社に30円の株式を寄附するという処理に関しては、事実認定によってこのような行為があったと認定することは、現実には、容易ではないものと考えられる。しかし、【仕訳 i（ⅱ）イ】の場合に、乙がA社に株式を寄附したという処理を行い得ないということにはならない。それはなぜかというと、乙が甲に対してA社の資本の払戻しを介して株式の価値を上げることによる贈与をするという場合には、乙においては、株式の価値が減少する

ことから、必ず、この株式の価値の減少額が誰に行ったのかということを説明しなければならず、この【仕訳ⅰ（ⅱ）イ】の場合がA社の資本の払戻しを介して行う株式の贈与である限り、その株式の価値の減少額は、一旦、乙からA社に移転し、その後、A社から甲に移転したと考えるほかなく、乙とA社がそのような状態となることを認識せずにそのような資本の払戻しを行うことは、あり得ないからである。

また、【仕訳ⅰ（ⅱ）イ】の場合においては、乙とA社との間では、実際に、乙が株式をA社に無償で譲渡して寄附を行ったという処理を行い、A社が株式を無償で譲り受けて受贈益が生じたという処理を行うことが可能であり、そのようにしたとしても、【仕訳ⅰ（ⅱ）イ】の処理と全く何の違いもないわけであるが、それは、【仕訳ⅰ（ⅱ）イ】の場合には、乙が株式をA社に贈与したとみてよい実態にある、ということを意味している。

A社においては、法人税法施行令8条1項1号の「払い込まれた金銭の額」と同項18号の「資本の払戻し等により交付した金銭の額」が実際に払い込まれたり交付したりした金銭の額と解釈されることから、資本金等の額30円の減少と増加がいずれも抹消されることとなる。このように、資本金等の額30円の減少と増加が抹消されるということになると、三者の間の取引について、事実に即した正しい処理が行われないこととなってしまう。

この【仕訳ⅰ（ⅱ）イ】は、資本金等の額30円の減少と増加が抹消されないということであれば、乙と甲に生じている事実を正しく示すものとなっており、A社の処理を見ても、乙から甲への30円の株式の贈与を資本の払戻しによって橋渡しするという場合には、この【仕訳ⅰ（ⅱ）イ】で示した処理以外の処理は、あり得ない。株主間で、直接、株式の贈与が行われる、ということになれば、株主においてのみ寄附の処理を行うこととなり、法人においては何ら処理をする必要はないが、法人の資本の払戻しを利用して株主間で株式の価値を上げることによる贈与が行われるということであれば、法人が株主の間に入って一方の株主からの株式の贈与を他方の株主に橋渡しするという処理が不可欠となるわけである。

また、A社においては、この橋渡しを行ったことにより、結果的には、乙に交付した現金5円と資本金等の額5円が減少することとなるが、これも、この【仕訳ⅰ（ⅱ）イ】の場合に乙から甲への株式の贈与に介在したA社に生じた事実を正しく示すものとなっている。

　また、乙における株式の時価は65円となっているが、これは、元の株式の時価100円から株式5円と30円を減算した金額である。

　ところで、【仕訳ⅰ（ⅱ）イ】においては、A社と乙との間で、A社による株式の買取りと同じことが行われており、仮に、A社に利益積立金額があったとしたら、A社と甲の処理はどうなるのか、という疑問が生じてくるはずである。

　これに関しては、A社に利益積立金額があれば、A社は、資本金等の額を減少させるだけでなく利益積立金額も減少させなければならず、乙は、みなし配当を計上することが必要となり、また、乙が保有している株式にみなし配当の額を超える含み益があったということであれば、株式の譲渡益を計上することも必要となる、ということになる。

5　みなし配当事由による株式の譲渡における譲渡損益の不計上

　平成22年度改正においては、完全支配関係法人間におけるみなし配当事由による株式の譲渡においては、株式の譲渡損益を計上させないこととし、株式の譲渡損益相当額については、株主の資本金等の額の減少と増加として取り扱うこととされたが、このみなし配当事由による株式の譲渡における譲渡損益の不計上の取扱いも、組織再編成の取扱いと密接に関連しており、組織再編成税制のあり方を考える際には、避けて通ることのできないものとなっている。

(1)　みなし配当事由による株式の譲渡における譲渡損益の不計上の概要

　平成22年度改正により、法人税法61条の2第17項（平成22年度改正時は、第16項。以下、同じ。）が設けられ、完全支配関係法人間におけるみなし配当事由による株式の譲渡においては、株式の譲渡損益を計上させないこととし、株式の譲渡損益相当額については、株主の資本金等の額の減少と増加として取り扱うこととされた。

　このみなし配当事由とは、法人税法24条1項各号に掲げられている非適格合併、非適格分割型分割、株式分配、資本の払戻し、残余財産の分配、自己株式の取得等とされている。

　この資本金等の額の減少と増加は、法人税法施行令8条1項22号に定められている。

　このような取扱いは、ＩＢＭ事件[注97]を契機とするものと考えられるが、このような取扱いとすれば、完全支配関係法人間でみなし配当事由により株主が株式の譲渡の処理をする場面においては、譲渡損益が計上されないこととなってしまうとともに、株主である法人が自らの株主との間に何の取引も行っていないにもかかわらず、株主自身の資本金等の額が減少したり増加したりすることとなる。

　このような取扱いが適用されるケースの処理を仕訳の形態で示すとすれば、次のとおり、貸方には、譲渡の処理をすることとなる株式の帳簿価額とみなし配当収入があり、借方には、現金、そして、従来、株式の譲渡損があったところに、資本金等の額がある、という状態になるものが多くなると考えられる。

| 現金 | ××× | ／ | 株式 | ××× |
| 資本金等の額 | ××× | | 配当収入 | ××× |

　なお、本措置に関しては、法人税法22条の「収益の額」「原価の額」「販管費の額」「損失の額」に含まれる株式の譲渡損益を計上させない措置となっており[注98]、株式の譲渡損益を計上させつつ「益金の額」及び「損金の額」に算入させないという措置ではない、という点に留意しておく必要がある。

（注97）　ＩＢＭ事件においては、完全支配関係法人間で自己株式の買取りが行われ、株主において、みなし配当と株式譲渡損が同額で計上され、みなし配当に関しては益金不算入となる一方、株式譲渡損が損金算入されて、多額の欠損金が発生し、その後、完全支配関係法人同士が連結納税を行うこととした結果，その多額の欠損金が繰越控除されて、連結法人税が発生しないこととなった。これに対し、国側は、法人税法132条（同族会社等の行為又は計算の否認）を根拠として課税を行ったが、平成28年2月19日に、国側の敗訴が確定した。このＩＢＭ事件に関しては、「検証・ＩＢＭ裁判」（T&Amaster（ロータス21）2014.07.14No.554、2014.07.28No.556、2014.08.11No.558、2014.08.25No.559）、「検証・ＩＢＭ事件　高裁判決」（T&Amaster（ロータス21）2015.04.27No.592、2015.05.25No.595、2015.06.01No.596）、「「132条」で否認したことは妥当だったのか？　ＩＢＭ事件が残した課題と今後の実務への影響」（T&Amaster（ロータス21）2016.03.7No.633）（いずれも、日本税制研究所のＨＰに転載）を参照されたい。

（注98）　株式の譲渡利益の額及び譲渡損失の額を「収益の額」及び「損失の額」に計上させないことにより、結果として、「益金の額」及び「損金の額」にも算入されないこととなる。

(2)　みなし配当事由による株式の譲渡における譲渡損益の不計上の課題

　①　現に株主に生じた株式の譲渡損益は計上させなければならない【立法の課題】

　完全支配関係にある法人の株式を保有している株主は、その株式の売却等を行った場合には、その株式に生じていた含み損益を譲渡損益として計上することとなるが、みなし配当事由によりその株式の譲渡の処理をする場合には、本措置の適用を受けるため、その株式の含み損益を永久に譲渡損益として計上することができない、ということになる。

　法人税法においては、資産に生じた含み損益は、その資産の譲渡等を行った時に、譲渡損益として計上するものとされており、本措置のように、現に資産に生じていた含み損益を譲渡損益として計上させないという取扱いは、適切でないと言わざるを得ない。

　②　株主である法人が自らの株主と何ら取引を行っていないにもかかわらず資本金等の額を減少させたり増加させたりすることは正しい処理とは言えない【立法の課題】

　本措置においては、株主がみなし配当事由により株式の譲渡の処理を行う場合には、その株式の譲渡損益相当額は、その株主である法人が自らの株主から出資を受けた資本金等の額の減少又は増加として処理することとされているが、法人が自らの株主と何ら取引を行っていないにもかかわらず、自らの資本金等の額を減少させたり増加させたりすることを正当化することは、困難である。

　資本金等の額は、法人が株主等から出資を受けた金額（法法2十六）であり、子法人等の株式の譲渡損益とは何の関係もないものであって、株主である法人が自らの株主と何ら取引を行っていないにもかかわらず、資本金等の額を減少させたり増加させたりすることは、正しい処理とは言えない。

　③　本措置は「グループ内法人に対する資産の譲渡に変わりないこと」から譲渡損益調整資産の取扱いと同様としたものと説明されているが両者の取扱いは全く性質が異なる【立法の課題】

　本措置により株式の譲渡損益を計上しないこととする理由に関しては、財務省『平成22年度　税制改正の解説』において、次のように説明されている。

> 「　グループ法人が一体的に経営されている実態に鑑み、発行法人に対
> する株式の譲渡及びこれと同様のみなし配当の発生の基因となる事由
> の発生もグループ内法人に対する資産の譲渡に変わりないことから、
> 前述「(2)　100％グループ内の法人間の資産の譲渡取引等」(192ペー
> ジ)と同様の考え方により、譲渡損益を計上しないこととされた」(234
> 頁)

この説明にある「前述「(2)　100％グループ内の法人間の資産の譲渡取引
等」(192ページ)」とは、完全支配関係にある法人間における譲渡損益調整資
産の譲渡損益を益金の額又は損金の額とすることを繰り延べる措置を指して
いる。

この譲渡損益調整資産に係る措置は、連結法人間において行われていたも
のを完全支配関係法人間に広げて適用することとされたものであるが、この
譲渡損益調整資産に係る措置の取扱いは、譲渡損益調整資産の譲渡損益を益
金の額又は損金の額とすることを繰り延べるものであって、譲渡損益を永久
に計上させないというものではない。

資産に現に生じた含み損益を譲渡損益として計上することを永久に行わせ
ないという取扱いは、資産の譲渡損益を益金の額又は損金の額とすることを
その資産が100％グループの外に出るまで繰り延べるという取扱いとは全く
性質が異なるものであり、「同様の考え方により、譲渡損益を計上しないこと
とされた」などと説明できるものではない。

財務省『平成22年度　税制改正の解説』においては、上記の説明に続けて、
本措置において、譲渡損益を繰り延べるのではなく、譲渡損益を不計上とす
る理由について、次のように説明されている。

> 「ただし、税法上、自己株式は資産ではなく資本の減算項目として、取
> 得と同時に消却したかのような処理を行っていることから、譲渡損益
> の繰延べではなく、譲渡損益を計上しないこととされたものです。」
> 　(234頁)

　この説明は、上場会社が自己株式を取得するケースを考えてみるとすぐに分かるとおり、本来、株主に株式の譲渡損益を計上させないこととする理由の説明にはなり得ないものである。

　「自己株式は資産ではなく資本の減算項目として、取得と同時に消却したかのような処理を行っていること」は、株式の発行法人の処理を述べているにすぎず、株主が株式を譲渡してその株式の含み損益を譲渡損益として計上するのか否かということとは、何の関係もない。仮に、そのような株式の発行法人の処理が株主における株式の含み損益を譲渡損益として計上させない理由になるということであれば、完全支配関係にある法人間だけでなく、自己株式を取得する全てのケースについて、みなし配当事由による株式の譲渡の場合に限らず、株主に株式の譲渡損益を計上させないこととする必要があるわけであるが、当然、そのような措置は講じられておらず、そのような措置を講ずることが容認されることもないはずである。

　④　資本金等の額を増減させる理由とされている2点はいずれも資本金等の額を増減させる理由となるものとは言い難い【立法の課題】

　　i　従来「手仕舞い型の組織再編成において、実質的にその株主において旧株の譲渡損益相当額が資本金等の額にチャージされていた」ということが資本金等の額を増減させる理由とされているがそのような事実はないこと

　本措置により資本金等の額を増減させる理由については、財務省『平成22年度　税制改正の解説』において、次のように説明されている。

　「(イ)　従前より株主の旧株の譲渡損益課税が行われない合併又は分割型分割で被合併法人又は分割法人の株主を合併法人又は分割承継法人とするもの、すなわち手仕舞い型の組織再編成において、実質的にその株主において旧株の譲渡損益相当額が資本金等の額にチャージされていたところ、みなし配当事由による発行法人株式の譲渡及び発行法人からの金銭等の取得も、これらに準ずる一種の手仕舞い型の取引であることから、これらと整合性をとる必要

> があること」（236頁）^(注99)

　この「株主の旧株の譲渡損益課税が行われない合併又は分割型分割で被合併法人又は分割法人の株主を合併法人又は分割承継法人とするもの」という部分は、合併で言えば、合併法人が100％子法人の株式（抱合株式）を持ち、その100％子法人を吸収合併して合併対価を交付しないか又は株式のみを自己に交付するケースということになるが、現実には、そのようなケースにおいては、合併法人が自己に株式を交付するということは行われないため、合併法人が100％子法人を吸収合併し、合併対価を交付しないケースを指しているということになる。

　以下、このようなケースで、「従前」どのような取扱いとなっていたのかということを確認することとする。

　平成13年度改正において組織再編成税制を創設した時には、親法人が100％子法人を吸収合併するというケースにおける親法人の処理は、次の例^(注100)に示す3段階の処理とされていた。

○　非適格合併における合併法人（被合併法人の100％親法人）の処理

資産	1000	/	負債	500
			資本金	250
			資本積立金額	50
			合併交付金	200
現金	40	/	配当	60
自己株式	60		被合併法人株式	700
譲渡損	660			
資本積立金額	60	/	自己株式	60

（注99）　「手仕舞い型」の取引が行われた場合には、手仕舞って譲渡損益を出すこととするのが正しい処理であり、平成13年度改正において創設された組織再編成税制には、「手仕舞い型の組織再編成」に課税の繰延べを認めるなどという理論的に誤った考え方は存在しなかった。この「手仕舞い型の組織再編成」という概念は、平成22年度改正前には存在しておらず、同改正において、初めて「従前より適格組織再編成とされる手仕舞い型の組織再編成が存在した」という趣旨の説明が行われるようになったわけであるが、従前には存在しなかった概念を用いて従前の制度について従前とは異なる説明をすることとした理由に関しては、何の説明もなされていない。

（注100）　『改正税法のすべて＜平成13年版＞』（大蔵財務協会、148・152頁）

○　適格合併における合併法人（被合併法人の100％親法人）の処理

資産	800	/	負債	500
資本積立金額	50		資本金	250
			利益積立金額	100
自己株式	700	/	被合併法人株式	700

資本積立金額	700	/	自己株式	700

　平成13年度改正時の上記の非適格合併における資本積立金額の処理の規定は旧法人税法2条17号ハ及び旧法人税法施行令8条の2第2項1号及び3号となっており、上記の適格合併における資本積立金額の処理の規定は旧法人税法2条17号ハ及びネ並びに旧法人税法施行令8条の2第2項1号となっていた。

　上記の処理は、いずれも3段階の仕訳からなっているが、同一の法人における処理をこのように3段階に分けて規定することとされたのは、合併法人が被合併法人の株式を保有していることから、合併法人は、「合併法人」であるとともに「被合併法人の株主」でもあるという立場にあり、「合併法人」としての処理と「被合併法人の株主」としての処理の双方を行うことを明確に示すためである[注101]。

　上記の非適格合併と適格合併の仕訳は、いずれも、上段が「合併法人」としての処理、中段が「被合併法人の株主」としての処理、そして、下段が「合併法人」としての処理を示している。上記の非適格合併の中段の仕訳と適格合併の中段の仕訳が「被合併法人の株主」としての処理ということになるが、非適格合併においては、被合併法人の株式の含み損が「譲渡損　660」として計上されることとなっており、適格合併においては、被合併法人の株式が帳簿価額のまま「自己株式　700」に置き換えられている。

　この平成13年度改正による処理に関しては、『改正税法のすべて＜平成13年版＞』において、次のように説明されている。

（注101）　これらの処理は、合併法人という同一法人の処理であるため、3段階の処理をまとめて1段階の処理で示すように規定を設けることは容易にできることであるが、まとめて1段階で処理を規定するということになると、なぜ、そのような処理をするのかということが分からなくなってしまうため、3段階に分けて規定を設けることとしたものである。

> 「親会社が子会社を吸収合併する場合など、合併に際し、合併法人がその有する被合併法人の株式に自己の株式の割当てを行わないことがありますが、この場合においても、合併法人は、一旦、一般の株主と同一の基準により自己の株式の割当てを受けたものとみなされます（法法24②、法令23④）。しかしながら、現実には、合併法人は自己の株式を取得してはいないことから、この割当てを受けたものとみなされた自己の株式については、直ちに資本積立金額を減少させて消却と同様の処理を行ったものとされます（法法2十七ネ）。」（161頁）

　この説明の「一般の株主と同一の基準により」という部分は、「自己の株式の割当てを受けたものとみなされます」という部分にしか掛からず、「一般の株主と同一の基準により」「資本積立金額を減少させて消却と同様の処理を行ったものとされます」という関係とはなっていないことが明らかである。合併法人が「被合併法人の株主」として有していた被合併法人の株式には、他の株主が有していた被合併法人の株式と同様に価値があるはずであり、合併法人において、「被合併法人の株主」の処理として、割当てを受けたものとみなされた合併法人の株式について「被合併法人の株主」自身の資本積立金額と相殺して消滅させてしまう処理をするなどということがあるはずがない。「資本積立金額を減少させて消却と同様の処理を行った」とされるのは、実際には存在しない自己の株式を保有するということになって自己の株式の消却と同様の処理を行うこととせざるを得ない「合併法人」であることが明確である。

　換言すれば、平成13年度改正の時から、上記の3段階の仕訳の下段の資本積立金額が減少する部分は、「被合併法人の株主」の資本積立金額が減少するわけではなく、「合併法人」の資本積立金額が減少するものであることが明確であったわけである。

　この平成13年度改正において定められた処理は、その後、平成20年度改正により、上記の非適格合併と適格合併のいずれの仕訳に関しても、中段と下段を一つにして、「自己株式　60」と「自己株式　700」が計上されない処理

に改められた[(注102)]。

　この平成20年度改正に関しては、財務省『平成20年度　税制改正の解説』においては、「規定の整備」（348頁）とされており、「「自己の株式の取得価額に相当する金額の資本金等の額を減算する」という制度本来の趣旨にかんがみ、規定の方法を資産の取得価額の規定を用いる方法に変更したものであり、内容の改正を伴うものではありません」（349頁）と説明されている。この説明は、分かり難い言い回しとなっているが、要するに、「自己株式」が平成18年度改正によって有価証券ではないものとされたことから、「自己株式」を有価証券の如く処理していたものについて、「資本金等の額」を用いて処理することとしたものであり、内容の改正を行ったものではない、ということである。

　改めて言うまでもないが、自己株式が資産でなくなったことにより、「内容の改正を伴うもの」ではない「規定の整備」を行って、上記の3段階の仕訳の下段において減少することとなっていた資本積立金額が「合併法人」のものから「被合併法人の株主」のものに変わるなどということはあり得ないことであり、当然のことながら、理論的にも、そのような変更は考えられないことである。

　このように、平成20年度改正の後においても、上記の平成13年度改正による非適格合併と適格合併の処理は、3段階処理が2段階処理となったものの、内容に変更はないまま、平成22年度改正を迎えることとなったわけである。

　上記の財務省『平成22年度　税制改正の解説』の説明において、「従前」と述べられているのは、この平成20年度改正後の2段階処理の状態ということになる。

　このため、この平成20年度改正後の2段階処理の状態を念頭に置いて、上記の財務省『平成22年度　税制改正の解説』の説明を読むことが必要となるわけであるが、この2段階処理の状態が3段階処理の内容の改正が行われない状態であることを踏まえてこの説明を読むと、「実質的にその株主において旧

（注102）　平成20年度改正前においては、旧法人税法施行令8条1項21号ハに下段の「資本金等の額」（平成18年度改正前は、「資本積立金額」）の減少の定めが設けられていたが、同改正により、法人税法施行令8条1項21号イにおいて、中段の「自己株式　60」と「自己株式　700」をそれぞれ「資本金等の額　60」と「資本金等の額　700」にすることとされ、中段と下段を合わせて一段として処理することに変更された。

株の譲渡損益相当額が資本金等の額にチャージされていた」という部分が事実ではないことが容易に分かる。

　「資本金等の額にチャージされていた」という部分は、「資本金等の額の増減とされていた」という趣旨のものと解されるが、3段階処理の下段の「資本積立金額　60」と「資本積立金額　700」が減少する処理は、既に述べたとおり、「合併法人」が自己株式を消却する処理であって、「被合併法人の株主」の処理ではない。

　しかも、資本積立金額の減少として処理するものとされていた金額は、自己株式の帳簿価額又は時価に相当する金額であって、「旧株の譲渡損益相当額」ではない。

　要するに、上記の財務省『平成22年度　税制改正の解説』の説明の「従前より（中略）実質的にその株主において旧株の譲渡損益相当額が資本金等の額にチャージされていた」という部分は、事実でないことが明確であるわけである(注103)。

　　ⅱ　完全支配関係法人間において一体と見ることができるのは親法人の「子法人株式」と子法人の「資本金等の額」であって親法人の「資本金等の額」と子法人の「資本金等の額」を一体と見ることはできないこと

　財務省『平成22年度　税制改正の解説』においては、本措置により資本金等の額を増減させることとする二つの理由の内の後者について、次のように説明されている。

（注103）　平成13年度改正において3段階の処理とされていたものは、平成20年度改正によって2段階の処理とされ、さらに、平成22年度改正によって次のような1段階の処理とされている（法令8①五）。このような1段階の処理とされてしまえば、過去の3段階と2段階の処理を知らない限り、どのような考え方や理論によってそのような処理がなされるのかということを理解することが困難となり、機械的に法令の規定どおりの処理を行うだけということにならざるを得ない。
　○　非適格合併における合併法人（被合併法人の100%親法人）の処理
　　　資産　　　　　　1000　／　負債　　　　　　　500
　　　現金　　　　　　　40　　　配当　　　　　　　 60
　　　資本金等の額　　 420　　　被合併法人株式　　700
　　　　　　　　　　　　　　　　合併交付金　　　　200
　○　適格合併における合併法人（被合併法人の100%親法人）の処理
　　　資産　　　　　　 800　／　負債　　　　　　　500
　　　資本金等の額　　 500　　　被合併法人株式　　700
　　　　　　　　　　　　　　　　利益積立金額　　　100

> 「(ロ)　他の者からの株式の取得による子法人化は、自己と子法人を一体としてみれば、一種の自己株式の取得に相当するが、旧株主に対して配当課税が行われていないので、それは資本金等の額を原資として取得したのと同様の課税が行われていたとも考えられるところ、子法人と一体化するのを機に後追い的に資本を調整するものであること（すなわち、親法人と子法人を一体的なものとして、資本をみようとするものともいえます。）」（236頁）

　この説明の冒頭の「他の者からの株式の取得による子法人化は、自己と子法人を一体としてみれば、一種の自己株式の取得に相当する」という部分は、「子法人株式」が計上される税法上の借方の項目の取扱いと株主から出資を受けた「資本金等の額」が計上される税法上の貸方の項目の取扱いとの相違を正しく理解しない説明となっていると言わざるを得ない。

　親法人と子法人を一体と見たとしても、「子法人株式」の取得は、「一種の自己株式の取得に相当する」ものとは言えない。「子法人株式」は、親法人の「資産」を構成するものであり、子法人の資本の部に対応するものであって、親法人の「資産」を構成する「子法人株式」の取扱いは、親法人の「資本金等の額」の取扱いとは何の関係もない。他の者から子法人株式を取得する取引と株主から自己株式を取得する取引とは、全く別物であり、他の者から子法人株式の100％を取得する取引を行うとしても、その取引は、株主とは全く関係ないものであるため、「一種の」株主から自己株式を取得する取引であるとか、株主から自己株式を取得する取引に「相当する」取引であるとか言えるものではない。

　また、上記の説明においては、「旧株主に対して配当課税が行われていないので、それは資本金等の額を原資として取得したのと同様の課税が行われていたとも考えられる」とされている。

　しかし、完全支配関係は、他の者からの株式の購入だけでなく、金銭出資による設立や合併等の組織再編成による子法人株式の取得などによって生ずることも少なくないわけであり、「旧株主に対して配当課税が行われていない」とは限らず（合併等の組織再編成やみなし配当事由による完全支配関係の発生）、「課税が行われていた」とも限らない（金銭出資による設立や適格

組織再編成による完全支配関係の発生)。

　また、上記の説明においては、「子法人と一体化するのを機に後追い的に資本を調整するものであること」とされている。

　しかし、子法人株式の譲渡損益を計上する場面は、「子法人と一体化する」という場面ではなく、子法人株式の全部又は一部を譲渡するという場面であり、そのような子法人株式の全部又は一部を譲渡するという場面であるが故に、譲渡損益を計上しなければならないとされているわけである。また、「後追い的に資本を調整する」とされているが、仮に「後追い的に資本を調整する」ということが必要であるとしたとしても、「調整」をするべき「資本」は、子法人の「資本」であって、親法人の「資本」ではない。

　また、上記の説明の最後においては、「すなわち、親法人と子法人を一体的なものとして、資本をみようとするものともいえます」とされている。

　しかし、連結財務諸表において親法人と子法人を一体とみて行われる資本連結（子会社株式と子会社の資本の相殺）を思い起こすとすぐに分かるとおり、親法人における子法人株式と子法人における資本金等の額とを一体として見るということは有り得るものの、子法人株式の譲渡を資本金等の額の増減と一体として見たり、子法人の資本金等の額と親法人の資本金等の額とを一体として見たりするなどということは、そもそも、理論的に誤っていることが明らかであるため、あり得ないものと考えられる。

　⑤　現に生じている株式の譲渡損益を不計上とするのではなくみなし配当の益金不算入を制限するべきである【立法・解釈の課題】

　本措置は、(1)において述べたとおり、100％子法人に自己株式の買取りを行わせて親法人においてみなし配当と子法人株式の譲渡損を計上して税負担を減少させたとして課税が行われたＩＢＭ事件を契機としたものと考えられるが、このようなものに対する対応としては、本来は、株式の譲渡損を計上させないこととするのではなく、みなし配当の益金不算入の制限によって対応するべきであったと考えられる。

　例えば、株主にみなし配当と株式の譲渡益とが計上されるケースにおいて、みなし配当について益金不算入制度を適用したとすると、株式の譲渡損が発生する場合と同様に、みなし配当に益金不算入制度を適用して益金不算入額とされた金額と同額の所得の金額が減少することとなる。つまり、みなし配当が益金不算入となれば、株式の譲渡損益の状況とは関係なく、その益金不

算入とされた金額に相当する金額だけ所得の金額が減少するわけである。

　これは、本措置が問題視した場面は、株式の譲渡損益を不計上とすることによって解決を図るべき場面ではなく、みなし配当の益金不算入を制限することによって解決を図るべき場面である、ということを示すものである。みなし配当について、益金不算入とする金額をどのような金額とするべきかということは、さまざまな観点から検討を行う余地がある。

　一方、株式の譲渡損益については、既に詳述したとおり、現に生じた株式の含み損益を譲渡損益として計上させないこととする理由がない。

　ところで、なぜ、このように疑義のある改正が行われることとなってしまったのかということを理論的な観点から考えてみると、その主たる原因となっているのは、法人税法22条における「収益の額」「原価の額」「販管費の額」「損失の額」と「益金の額」「損金の額」との相違に関する理解の不足にあるように思われる。つまり、ＩＢＭ事件が「収益の額」「原価の額」「販管費の額」「損失の額」という次元の問題であるのか、あるいは、「益金の額」「損金の額」という次元の問題であるのかということを正しく理解していれば、現に存在する株式の譲渡損益（「収益の額」又は「損失の額」）を計上させない措置を創るというようなことにはならなかったのではないか、ということである。

第3章　利益積立金額の増減に関係する課題

1　現物分配

　「現物分配」という概念は、平成22年度改正によって創出されたものであり、法人税法2条12号の5の2の「現物分配法人」の定義の中の括弧書きにおいて「（法人（公益法人等及び人格のない社団等を除く。）がその株主等に対し当該法人の次に掲げる事由により金銭以外の資産の交付をすることをいう。以下この条〔次号及び12号の15〕において同じ。）」とされている。この「次に掲げる事由」とは、剰余金の配当、利益の配当、剰余金の分配、解散による残余財産の分配、自己の株式又は出資の取得、出資の消却、出資の払戻し、組織変更などとされている。

　この「現物分配」以外の合併、分割、現物出資、株式交換、株式移転という組織再編成についてはいずれも一般に用いられている用語を用いて法人税法に取扱いが定められている中で、なぜ、平成22年度改正において、他に存在しない「現物分配」という造語を新たに設けなければならなかったのかということについては、説明が見当たらない。他の組織再編成は、いずれも、既に存在するものについて、「適格」という特例を設けることとされているわけであるが、この「現物分配」だけは、その取扱いが従来と変わらないにもかかわらず、わざわざ税制において独自に「現物分配」というものを創った上で、「適格」という特例を設けて特別な取扱いとする、という異例の立法が行われている。

　このような「現物分配」は、「適格現物分配」を特別な取扱いとするために設けられたものと考えてよかろう。

　財務省『平成22年度　税制改正の解説』においては、次のように説明されている。

> 「適格現物分配については、組織再編成の一形態として位置づけられ、貸倒引当金の引継ぎ等、他の適格組織再編成と同様の措置が講じられました。」（210頁）

　この説明を読むと、「適格現物分配」も、他の適格組織再編成と同様の取扱

いとするのが合理的であり、現に他の適格組織再編成と同様の措置が講じられている、と誤解しがちであるが、しかし、実際には、次の(1)において述べるとおり、「適格現物分配」の取扱いは、資本等取引に課税を行わない特例を設けたものにすぎず、他の適格組織再編成の取扱いとは大きく異なっており、「適格現物分配」を適格組織再編成の一形態とすることには疑問があると言わざるを得ない。

　また、次の(2)において述べるとおり、「適格現物分配」とされたものについて、その取扱いを「適格現物分配」とされる前の取扱いと比べてみると、理論と実態のいずれからしても、「適格現物分配」とされる前の取扱いが正しいことが明確であるため、「適格現物分配」の取扱いに関しては、廃止するのが適切であると言わざるを得ない(注104)。

(1)　「適格現物分配」と他の適格組織再編成の比較

　①　「適格現物分配」とされるのは個別資産の移転のみであるが個別資産を移転するものは事業を移転するものとは異なり譲渡損益を計上するのが本来のあり方である【立法の課題】

　「適格現物分配」となる「現物分配」の内容に関しては、財務省『平成22年度　税制改正の解説』において、次のように説明されている。

> 「　現物分配による事業の移転について、現物分配に伴って負債の移転をすること、すなわち、現物分配による事業の移転は、不可能ではないと考えられますが、現在特に実例やニーズがないこと、最も事業の移転として取り扱う実益のある残余財産の全部の分配については会社法（第502条）その他の法人法制上原則として債務を弁済した後でなければ残余財産の分配ができないとされていることから、現物出資と異なり、現物分配に伴って行われる負債の移転と一体的に捉えて一取引

（注104）　このように、立法の観点からすると、「現物分配」と「適格現物分配」には疑義があるという事情にあったとしても、それは、現に設けられた「適格現物分配」を利用するべきでないということを意味するわけではない。「適格現物分配」は、それが資本等取引であるがゆえに、他の適格組織再編成とは異なり、課税を繰り延べるのではなく、課税を行わずに利益を株主に分配することができるものとなっている。このため、「適格現物分配」は、課税上、大きなメリットがある用い方ができるわけであり、納税者としては、このような制度が作られた以上、租税回避とされない範囲で、最大限のメリットを享受するべく「適格現物分配」を活用する、ということでよいものと考えられる。

> と構成することはされていません。したがって、以下に述べる各制度における対応においても、事業の移転が前提とされているものについては措置されていません。」（211頁）

　このように、事業を移転するものを「現物分配」としなかったり、事業を移転するものに措置を講じなかったりするという考え方は、本来の組織再編成の考え方とは正反対のものである。

　組織再編成税制においては、共同事業を行うための適格組織再編成の要件は、事業が行われていることを前提とするものとなっており、50％超100％未満のグループ内の適格組織再編成の要件も、同じく、事業が行われていることを前提とするものとなっている。確かに、100％グループ内の適格組織再編成に関しては、事業が行われていることは要件とされていないが、それは、事業が行われていることまで要件として求めることはしないという趣旨のものであって、事業が行われていれば適格組織再編成とはしないという趣旨のものではない。組織再編成税制は、「組織（企業グループ）」を「再編成」するものに関する税制として設けられているものであり、その性格上、「再編成」の対象となるものは、基本的には、「事業」と考えられている。法人税法においては、資産が移転したときはその資産の譲渡損益を計上するのが原則とされており、組織再編成税制も、その原則を変えるものではなく、組織再編成税制において特例とされるのは、単なる資産の譲渡とは異なると言い得るものということになる。

　このような組織再編成税制の基本的な考え方と趣旨からすると、個別資産を移転するものは、その譲渡損益を計上させることとし、個別資産を移転するものでないと言い得るものは、その譲渡損益の計上を繰り延べることとする、というのが本来のあり方ということになる。

　換言すれば、「適格現物分配」とされるのは個別資産の移転のみとされているわけであるが、本来、個別資産を移転するものは、事業を移転するものとは異なり、譲渡損益を計上しなければならないものであって、「適格現物分配」の取扱いは、本来の法人税法における取扱いとは正反対のものとなっているわけである。

　　②　「適格現物分配」には「支配関係法人間の適格組織再編成」も「共

同事業を行うための適格組織再編成」もないがこれは「適格現物分配」
が「資本等取引」でしかないということである【立法の課題】

「現物分配」以外の組織再編成には、いずれも、完全支配関係法人間の適
格組織再編成、支配関係法人間の適格組織再編成、共同事業を行うための適
格組織再編成という三つの特例が設けられているが、「現物分配」には、「完
全支配関係法人間の適格現物分配」という特例だけしか存在せず、「支配関係
法人間の適格現物分配」や「共同事業を行うための適格現物分配」というも
のは存在しない。

このように、「現物分配」に「支配関係法人間の適格現物分配」と「共同事
業を行うための適格現物分配」が存在しないのは、「現物分配」は、事業を移
転するものではないことから、事業を行っていることを前提として要件が定
められている「支配関係法人間の適格組織再編成」と「共同事業を行うため
の適格組織再編成」という枠組みを設けることが困難であるためである。

要するに、「現物分配」は、本来、法人が株主に事業活動を行って残ったも
のを分配したり返還したりする「資本等取引」でしかなく、「組織再編成」と
は言い得ないものではないのか、という根本的な疑問があるわけである。

③　「他の組織再編成とは異なり譲渡法人側に課税の繰延ベポジション
　　が残らない、いわば手仕舞い型の取引」である「適格現物分配」は手
　　仕舞って譲渡損益を出さなければならない【立法の課題】

財務省『平成22年度　税制改正の解説』においては、「適格現物分配」につ
いて、次のように説明している。

> 「　完全支配関係について、現物分配の直前に完全支配関係があること
> のみが要件とされ、その後の完全支配関係の継続見込みが要件とされ
> ていないのは、現物分配が他の組織再編成と異なり譲渡法人側に課税
> の繰延ベポジションが残らない、いわば手仕舞い型の取引であること
> によります。」(211頁)

この説明は、他の組織再編成が「譲渡法人側に課税の繰延ベポジションが
残（る）」ものであるのに対し、「現物分配」は「譲渡法人側に課税の繰延ベ
ポジションが残らない」「手仕舞い型の取引」であると述べるものとなってい

る。この説明によれば、平成22年度改正で創設した「適格現物分配」の取扱いは、「手仕舞い型の取引」に対して含み損益を譲渡損益として計上させない特例措置ということになる。

しかし、法人税法においては、事業を「手仕舞わない」ということであればその事業の譲渡損益を計上せずに繰り延べてもよいが、事業を「手仕舞う」ということであればその事業の譲渡損益を計上しなければならない、というのが常識であり、この常識は、組織再編成税制においても、何ら変わるところはない。

つまり、組織再編成税制の正しいあり方という観点からすると、「他の組織再編成とは異なり譲渡法人側に課税の繰延ベポジションが残らない、いわば手仕舞い型の取引」である「適格現物分配」は、本来は、手仕舞って譲渡損益を出さなければならないものということになる。

(2)　「適格現物分配」の検討

　①　法人税法は法人が稼得した利益に課税を行わないまま株主に利益を分配することを是とするものではない【立法の課題】

「適格現物分配」の取扱いによれば、法人が含み損益のある資産を株主に「現物分配」によって移転する場合には、法人が帳簿価額により株主に資産を移転する処理を行わせることとなるため、法人が金銭を株主に通常の配当によって移転する場合と実態が同じであったとしても、法人において課税を行わずに「所得」を株主に分配させたり（資産に含み益がある場合）、実際には「所得」の分配が行われていないにもかかわらず「所得」を株主に分配したこととさせたり（資産に含み損がある場合）することとなるが、このような取扱いは、法人税の根幹に抵触するものであって、法人税法においては、本来、容認されないものではないのか、という根本的な疑問が生じてこざるを得ない。

法人税法においては、株主から元手を得て事業を行い、その事業の成果を株主に分配するものを「法人」と見て、その成果である「所得」を株主に分配する前にその「所得」に課税を行って一部を国に納付させるものを「法人税」と捉えており、課税を行わずにその「所得」を株主に分配させたり、実際には「所得」の分配が行われていないにもかかわらずその「所得」を株主に分配したこととさせたりすることは、予定されていない。

また、グループ法人税制は単体納税制度の中の制度であり、グループ法人

税制においては、連結納税制度における場合とは異なって、グループを構成する各法人の所得の金額と欠損金額の通算は行わないこととなるため、理論的にも、当然、所得や欠損を法人間で移すことは認められない、ということになる。

　しかし、「グループ法人税制」の一部として作られた「適格現物分配」は、「グループ法人税制」について「連結納税制度のようにグループ一体としての損益通算までを求めるものではなく」(注105)と説明しつつ、グループを構成する法人と株主との間で所得や欠損を移すことを認める仕組みとされているわけである。

　この「適格現物分配」を設ける理由とされているものが何かということを確認してみると、その理由と考えられるものは二つあり、その一つは、次のように説明されている。

> 「　子法人から親法人への現物資産の移転については、合併、分割という方法を用いれば簿価引継ぎとなる一方、配当、残余財産の分配という方法を用いれば譲渡損益課税が行われ、手段によって課税上の取扱いが異なることとなっていたところです。」(財務省『平成22年度　税制改正の解説』210頁)

これと同じ趣旨の次のような説明もなされている。

> 「　このようにこれまでの適格組織再編成は、上から下、横から横への組織再編成に対しては比較的寛容である一方、下から上への移転に関しては組織再編成の直接の類型がないといったこともあってやや難しい面があったところですが、今回の改正により、上下左右の組織再編成が可能となったといえます。」(前・財務省主税局主税調査官　佐々木浩「平成22年度の法人税関係（含む政省令事項）の改正について」租税研究731号26頁)

　これらの説明は、資本等取引（上記の説明の中の「上下」の取引）と（上

記の説明の中の「左右」の取引）とを同列に捉えて、新たに「上下」の取引に特例措置（「適格現物分配」）を講じて「上下左右の組織再編成が可能となった」と述べるものである。

　これらの説明には、「上下」の取引と「左右」の取引に大きな性質の違いがあるということが正しく理解されていないという問題がある。世間一般の一般論としては、「上下」と「左右」に有意な差はなく同じものと言い得るかもしれないが、法人税法においては、「上下」の取引は、資本等取引とされており、「左右」の取引である損益取引や組織再編成とは違うものとされている。

　また、これらの説明は、配当や残余財産の分配に「適格現物分配」という取扱いを作ることで配当や残余財産の分配の取扱いが適格合併や適格分割の取扱いと整合的になったと述べるものとなっているわけであるが、この主張にも、多分に疑問がある。

　配当や残余財産の分配は、法人が事業を行った結果として得られた利益を株主に分配したり事業を終えて残った財産を株主に返還したりするものであり、その後に事業が継続するのか否かを問わないものであるが、適格組織再編成は、本来、従前の課税関係をそのまま継続させる趣旨のものであり、従前の事業がそのまま継続することを想定したものである。特に、残余財産の分配の場面は、適格組織再編成が想定する場面とは正反対の場面ということになる。

　「適格現物分配」に関しては、適格分割型分割によって株主に対して資産等を移転すれば課税を受けずに株主に資産を移転することができるということが「適格現物分配」という制度を設ける理由であるという主張もあるようであるが、株主に対して分割型分割によって資産等を移転する行為は、「適格現物分配」という制度を設ける根拠とするようなものではなく、本来は、むしろその反対に、現物配当や現物による資本の払戻しと認定をしたとしても何らおかしくないものである。

　また、「適格現物分配」を設けるもう一つの理由とされていると考えられるものは、次の説明にある「グループ法人間の現物分配の場合にも、譲渡損益はいまだ実現していない」ということである。

> 「今回の改正の共通項であるグループ法人の実質的な一体性に着目すれ
> ば、グループ法人間の現物分配の場合にも、資産の譲渡損益はいまだ

> 実現していないものと考えられることから、現物分配による資産の譲渡損益課税の繰延制度が措置されたものです。」（財務省『平成22年度税制改正の解説』210頁）

　この説明は、グループ法人は実質的に一体であるため、グループ法人間で資産が譲渡されても、その資産の譲渡損益はいまだ実現していない、と考えられ、「現物分配」の場合にも、「資産の譲渡損益課税の繰延制度」を設けることとした、というものである。

　しかし、この説明は、「連結納税制度のようにグループ一体として損益通算までを求めるものではな（い）」という制度を創ったと述べておきながら、その一方で、その制度の中に損益をグループ法人間で移転させる仕組みを設けたと述べるものであって、明らかに矛盾しているという批判を免れ得ない。

　また、法人税法においては、グループ法人間であったとしても、法人が株主に対して行う配当は、それが金銭で行われようが金銭以外の資産で行われようが、実現して課税を受けた後の利益の剰余の分配であると位置付けられていることに何ら変わりはなく、課税を受けずに利益の分配を行ってよいということにはなっていない。

　現物配当も、「配当」である限り、金銭配当と同じく、課税済み留保の分配であって、「資産の譲渡損益はいまだ実現していないものと考えられる」などということはあり得ず、仮に、100％グループ内でそのような考え方が採られ得るとしたら、100％グループ内の全ての取引の損益は、「実現していない」ということになり、相殺消去して各法人の所得の金額を算出しなければならない、ということになってしまう。

　要するに、この二つ目の理由も、「適格現物分配」という取扱いを設ける理由となり得るようなものではない、と考えられるわけである。

　②　株主の投資が終わったにもかかわらずその投資に現に存在する損益を不計上とさせることは理論と実態のいずれからしても疑問がある

　【立法の課題】

　「適格現物分配」は、上記①において引用した財務省『平成22年度　税制改正の解説』にあるとおり、「グループ法人間の現物分配の場合にも、資産の譲渡損益はいまだ実現していないものと考えられること」（210頁）を理由として措置された「現物分配による資産の譲渡損益課税の繰延制度」（同210頁）

と説明されているわけであるが、仮に、そのような考え方によって資産の譲渡損益の計上を繰り延べる措置を講ずるということであれば、グループ法人間の現物配当による資産の移転については、法人税法61条の13第1項（完全支配関係がある法人の間の取引の損益）によって譲渡損益調整資産として譲渡損益の計上を繰り延べることとするべきである。この法人税法61条の13第1項は、グループ法人の実質的一体性に着目してグループ法人間の資産の移転における譲渡損益の計上を繰り延べる目的で措置されているわけであり、上記①において引用した説明の中にある考え方で資産の譲渡損益の計上の繰延べ措置を講ずるということであれば、同項を適用するべきである、ということになる。

　要するに、「グループ法人の実質的な一体性に着目すれば、グループ法人間の現物分配の場合にも、資産の譲渡損益はいまだ実現していないものと考えられることから、現物分配による資産の譲渡損益課税の繰延制度」（同210頁）が必要であるという説明は、正にグループ法人間の「現物分配」による資産の移転に法人税法61条の13第1項を適用する必要があるという説明に他ならず、わざわざ「適格現物分配」というようなものを作る理由はない、ということになる。

　しかし、現実には、これと反対に、法人税法61条の13第1項の適用に関して、法人税法施行令122条の14第2項（完全支配関係がある法人の間の取引の損益）において、法人税法62条の5（現物分配による資産の譲渡）の適用がある場合には、同条によって譲渡に係る対価の額とされる金額を法人税法61条の13第1項に規定する対価の額として同項を適用することとすることにより、法人税法62条の5第3項によって措置されている「適格現物分配」による資産の譲渡損益の不計上の規定のみを適用し、事実上、法人税法61条の13第1項による資産の譲渡損益の計上の繰延べの取扱いが働かないように措置されている。

　このような事情からすると、「グループ法人の実質的な一体性に着目すれば、グループ法人間の現物分配の場合にも、資産の譲渡損益はいまだ実現していないものと考えられる」（同210頁）という理由から、「現物分配による資産の譲渡損益課税の繰延制度」（同210頁）が必要であるという結論が出てきたわけではなく、「適格現物分配」という制度を創設するという結論が先にあって、後にこのような理由付けがなされ、その結果、理由と結論が齟齬を来す状態となっている、と考えるのが自然である。

　しかし、この「適格現物分配」に関しては、資産の譲渡損益を計上させないという取扱いに止まらず、株主の株式の譲渡損益を計上させずに消してしまうという取扱いにも注目しておかなければならない。この取扱いについて、もう少し詳しく確認してみよう。

　財務省『平成22年度　税制改正の解説』の「○　適格現物分配の処理例」（214頁）にならって、残余財産の全部の分配が「適格現物分配」とされる場合の処理例を仕訳の形態で示すと、次のとおりとなる。

　　　　　　現物分配法人Ｓの処理
　　資本金等の額　200／資産（簿価）300
　　利益積立金額　100
　　　　　　　被現物分配法人Ｐの処理
　　資産（簿価）　300／Ｓ株式　　　　　300
　　資本金等の額　100　利益積立金額　100

　上記の仕訳の「被現物分配法人Ｐの処理」の貸方の「利益積立金額　100」は、本来は、貸借科目ではなく、損益科目となるものであり、「配当　100」又は「配当収入　100」とするべきものである(注106)。

　上記の仕訳の「被現物分配法人Ｐの処理」を見ると、現物分配法人ＰがＳに出資をしており、その出資が終わって、Ｓが稼得した利益と出資の返還とが行われていることが分かるが、その出資が終わっても、その出資の含み損益が計上されずに消えてしまうことが分かる。

　この被現物分配法人ＰのＳに対する出資の含み損益を消してしまう処理は、直接には、「資本金等の額　100」を計上することによって行われているわけであるが、この含み損益が消えてしまう原因は、「資本金等の額　100」が計上されることにあるのではなく、Ｓから交付を受けた資産が帳簿価額で

─────────────

（注106）　この「利益積立金額　100」とされた部分は、平成22年度改正において、わざわざ、株主に生じた受取配当等を益金不算入とする定めである法人税法23条1項の括弧書きにおいて「適格現物分配に係るものを除く」として同項の適用を外した上で、新たに法人税法62条の5第4項において、「適格現物分配により資産の移転を受けたことにより生ずる収益の額」という表現を用いて、同項により益金不算入としたものである。この部分に関しては、単なる株主の「配当等の額」（法法23①）であるのか、それとも組織再編成において生ずる「収益の額」であるのかという疑問が生ずることとなるところであるが、この部分は、株主の「配当等の額」以外のものではあり得ず、本来は、法人税法23条1項の適用対象から除く必要がなかったものである。

計上されることにある。「資本金等の額　100」は、本来、「譲渡損　100」とすべきところを「資本金等の額　100」と置換えがされているだけであって、含み損益を消してしまう原因となっているわけではない。上記の仕訳において、被現物分配法人Pで「資産（簿価）　300」を時価で取得したという本来の処理をすれば、S株式の含み損益が譲渡損益として計上されることとなる。

　このように、「適格現物分配」の取扱いは、株主の投資が終わったにもかかわらず、その投資に現に存在する損益を消して不計上とさせるものとなっているわけであるが、このような取扱いは、理論と実態のいずれからしても誤った取扱いであって、本来は、法人税法において容認されるようなものではない、という指摘を受けざるを得ないように思われる。

　　③　法人税法22条5項から平成22年度改正により追加された「残余財産
　　　の分配又は引渡し」を削除して元に戻す必要がある【立法の課題】

　平成22年度改正においては、資本等取引の定義を定めた法人税法22条5項に「残余財産の分配又は引渡し」が追加され、同項は、次のとおりとなっている。

> 5　第2項又は第3項に規定する資本等取引とは、法人の資本金等の額の
> 　増加又は減少を生ずる取引並びに法人が行う利益又は剰余金の分配（資
> 　産の流動化に関する法律第115条第1項（中間配当）に規定する金銭の分
> 　配を含む。）及び残余財産の分配又は引渡しをいう。

　この「残余財産の分配又は引渡し」がどのようなものかということを確認するために、その処理について、仕訳を用いて示してみると、次のとおりとなる。

　資本金等の額　×××／資産　　×××
　利益積立金額　×××

　この仕分けから分かるとおり、「残余財産の分配又は引渡し」は、資本金等の額の減少、利益又は剰余金の分配（利益積立金額の減少）、資産の移転による減少の三つを含むものということになる。

　「残余財産の分配又は引渡し」がこのようなものであることを踏まえて、法人税法22条5項の平成22年度改正を見てみると、資本金等の額の減少と利益又は剰余金の分配（利益積立金額の減少）とは、既に同改正前から同項に規定されていることから、同項に「残余財産の分配又は引渡し」を追加する

ということは、資産の移転による減少も資本等取引に含めるという意味しかないということになる。つまり、「残余財産の分配又は引渡し」においては、資産が移転してもその収益の額や損失の額は益金の額や損金の額には算入しない、ということである。

　しかし、平成22年度改正においては、この法人税法22条5項の改正と同時に、62条の5を新たに設けてその2項において「残余財産の全部の分配又は引渡しにより被現物分配法人その他の者に移転をする資産の当該移転による譲渡に係る譲渡利益額〔中略〕又は譲渡損失額〔中略〕は、その残余財産の確定の日の属する事業年度の所得の金額の計算上、益金の額又は損金の額に算入する」としている。

　この法人税法22条5項の改正と62条の5第2項を新たに設ける改正は、それらの内容を見れば、相反するものであることが明らかである。

　そうすると、どちらの改正に従うべきかという疑問が生じてくるが、これに関しては、法人税法においては、資産が移転する場合、その含み益又は含み損を譲渡益又は譲渡損として益金の額又は損金の額に算入するのが原則であり、「残余財産の分配又は引渡し」においても、この原則を変える理由がないことから、法人税法22条5項に「残余財産の分配又は引渡し」を追加する改正が不要であり、62条の5第2項に従うべきである、ということになる。

　法人税法22条は、法人の所得の金額の計算における原則を定めるものであって、法人税法の中で最も重要な条文となっているものであることから、誤りを放置するのは適当ではなく、速やかに、平成22年度改正により追加された「残余財産の分配又は引渡し」を削除して元に戻す改正を行う必要がある(注107)。

（注107）　平成22年度改正では、従来の清算所得課税を廃止して通常の各事業年度の所得に対する法人税を課する仕組みとする改正が行われたが、この改正の際に、残余財産の確定の時までしか事業年度が存在しない仕組みとされている。これは、残余財産が確定したからといって各株主にどのような財産がどのように分配されるかということが確定するわけではないにもかかわらず、残余財産の確定によって各株主への残余財産の分配が確定すると誤認したことによるものと考えられる。平成22年度改正後の残余財産の分配に関する取扱いには、このような問題もあるため、残余財産の確定の時から株主への残余財産の分配の時までの間に、収益の額、原価の額、販売費及び管理費の額や損失の額が生じた場合（典型例としては、賃貸ビルが残余財産となっている場合）に、それらをいずれの者がどのように処理するのかということが不明確になっている。実務上は、このような部分も問題となるため、法令改正又は通達制定若しくは質疑応答事例の公表などによる明確化が求められる。

④　事業の移転を「適格現物分配」で行い得るのか否かということを明
らかにする必要がある【解釈の課題】

「現物分配」は、法人税法2条12号の5の2の「現物分配法人」の定義規定の
中の括弧書きにおいて、「現物分配（法人（公益法人等及び人格のない社団等
を除く。）がその株主等に対し当該法人の次に掲げる事由により金銭以外の
資産の交付をすることをいう。以下この条〔次号及び12号の15〕において同
じ。）」とされているわけであるが、「現物分配」のように、いずれの法令にも
存在せず一般用語としても存在しないものを法人税法において用いるという
場合には、まず、定義規定を設ける必要がある。法人税法2条（定義）は、そ
のようなものを定義するために設けられているわけである。つまり、「現物
分配法人」の定義規定を設ける前に、「現物分配」の定義規定を設ける必要が
ある、ということである。

このように、平成22年に創設された「現物分配」に関する取扱いは、「現物
分配」とは何かということを正面から取り上げることをせずに設けられてい
るわけであるが、このような事情にあることがいくつかの解釈上の問題を生
じさせている。

その解釈上の問題の中で最も大きいものが、「適格現物分配」で事業を移す
ことができるのか否かという疑問である。

上記引用のとおり、法人税法2条12号の5の2の括弧書きにおいては、「資産
の交付をすること」とされており、この表現では、「現物分配」には負債を移
転することは含まれないと解さざるを得ない。

例えば、建物の賃貸事業には、建物等の資産とともに、預かり敷金等の負
債が存在するわけであるが、「現物分配」が負債を移すものを含まないという
ことになると、事実上、建物の賃貸事業を「現物分配」で移すことはできな
い、ということになってしまう。

財務省『平成22年度　税制改正の解説』において、「現物分配」によって事
業を移すことができるのか否かということに関して説明を行っている部分を
再掲すると、次のとおりである。

「　現物分配による事業の移転について、現物分配に伴って負債の移転
をすること、すなわち、現物分配による事業の移転は、不可能ではな

いと考えられますが、現在特に実例やニーズがないこと、最も事業の移転として取り扱う実益のある残余財産の全部の分配については会社法（第502条）その他の法人法制上原則として債務を弁済した後でなければ残余財産の分配ができないとされていることから、現物出資と異なり、現物分配に伴って行われる負債の移転と一体的に捉えて一取引と構成することはされていません。したがって、以下に述べる各制度における対応においても、事業の移転が前提とされているものについては措置されていません。

　（注）　例えば残余財産の分配などの場合において、金銭と金銭以外の資産の両方が分配されることもあるところですが、このような場合には、金銭の分配と金銭以外の資産の交付を別々の取引として捉えることになるものと考えられます。」（211頁）

　この記述は、「現物分配による事業の移転について」から始まり、「事業の移転が前提とされているものについては措置されていません。」で終わるものとなっており、文意は、事業を移転するものに対する措置は講じられていない、というものである。この記述は、「現物分配に伴って負債の移転をすること」と「現物分配による事業の移転」とが同義ではないにもかかわらず、これらを「すなわち」という用語で結んで同義と捉えた上で説明を行うなど、厳密さを欠くものとなっているが、素直に読むと、やはり、「現物分配」に負債を含めて事業を移すということは困難と考えざるを得ない。要するに、法人税法2条12号の5の2括弧書きの「現物分配」は、その趣旨・目的から判断すると、負債の移転を含まない、と解されるわけである。

　しかし、このように「現物分配」に負債の移転が含まれないということは、必ずしも、「現物分配」を用いて負債を含む事業を移すことができないということを意味するわけではない。

　この記述の注記においては、「例えば残余財産の分配などの場合において、金銭と金銭以外の資産の両方が分配されること」が行われた場合に、「金銭の分配と金銭以外の資産の交付を別々の取引として捉えることになるものと考えられます。」と述べられており、金銭と金銭以外の資産の両方の分配につい

て、税制上、別々の取引として捉えることになるという考え方が示されている。

　このように、一つの分配という取引を別々の分配という取引として捉えることがあり得るということであれば、資産と負債を移転する現物配当が行われた場合に、それを資産の現物配当と負債の引受けという別々の取引として捉えることもあり得る、ということになる。

　また、会社法上、現物出資においては、現物配当と同様に、負債を含めることができるものとされており、税法上も、現物出資が負債を含めて行われた場合には、資産と負債のそれぞれの移転として取り扱うこととしていることに照らすと、資産と負債を移転する現物配当が行われた場合にも、資産と負債のそれぞれの移転と捉え、資産の移転の部分のみを「現物分配」に該当するものと捉えることがむしろ正しい、という解釈があり得る。

　この点に関しては、法人税法上、現物出資に関しては、基本的には個々の資産又は負債の移転取引と捉えつつも、適格現物出資の例から分かるとおり、資産に負債を含めて一体的に捉えて取扱いを定めることとしているため、資産の移転の部分のみが「現物分配」に該当するというような捉え方は正しくないのではないかという疑問も湧いてくるものと思われる。

　しかし、このような現物出資と「現物分配」の違いは、法人税法における両者の捉え方の違いから当然に出てくるものであり、現物出資において資産に負債を含めて一体的に捉えていることが、資産の移転の部分のみを「現物分配」に該当するものと捉えることを否定するものとなるわけではない。つまり、現物出資に関しては、法律用語としても「金銭以外の財産による出資」をいうものとして概念が定まったものについて、法人税法上、別に定義するようなことをせず、そのまま同じ内容の概念と捉えて、取扱いを定めることとしていることから、自ずと、負債を含むこととなるが、それに対し、「現物分配」に関しては、法人税法においてのみ存在する概念であって、既に述べたとおり、負債を含まないものとなっており、このような両者の相違があれば、当然、両者の捉え方は違ってくることとなるわけである。

　法人税法2条12号の5の2括弧書きを文理に即して正しく解釈しても、資産と負債を移転する現物配当が行われた場合に、その現物配当の資産を移転す

る部分が当該括弧書き、すなわち、「法人〔中略〕がその株主等に対し当該法人の次に掲げる事由により金銭以外の資産の交付をすること」に該当しないと解することは困難である。

　このように、法人税法2条12号の5の2の文理解釈等からすれば、「現物分配」には負債は含まれないものの、負債を含む事業の移転を「現物分配」で行うことは可能であり、当然、負債を含む事業の移転を「適格現物分配」で行うことも可能である、という結論になる。もちろん、負債を含む事業の移転を「適格現物分配」で行うことが可能となっても、「適格現物分配」とされるのは、金銭以外の資産を交付する部分のみであるため、負債に含み益や含み損があったという場合には、その含み益や含み損の額は、譲渡利益額や譲渡損失額として益金の額や損金の額に計上しなければならないこととなる。

　ただし、「現物分配」に関しては、上記③までに述べたとおり、基本的な考え方のところから既に疑義がある状態となっているため、「現物分配」について定める法人税法2条12号の5の2括弧書きについては、他の条文とは異なり、法令解釈の常識や論理的な思考に基づいて解釈をすることでよいのかという疑問が残らざるを得ない。

　上記において、建物の賃貸事業の例を挙げたが、「現物分配」のような税制度を創れば、実務において負債を移すことができるのかという疑問や事業を移すことができるのかという疑問が出てくることは、当然かつ容易に予想されることであって、このような疑問に対しては、「現在特に実例やニーズがない」（財務省『平成22年度　税制改正の解説』211頁）などという回答では済まず、本来は、当初から、それらの是非に関し、明確な回答を用意しておく必要があったものと考えられる。

　現在に至っては、既に多分に後手に回った感は否めないが、税務執行当局は、このような疑問に対し、早期に回答を示す必要がある、と考える。

2　適格合併等における利益積立金額の引継ぎ

(1)　適格合併等における利益積立金額と資本金等の額の取扱いの概要

　適格合併と適格分割型分割においては、平成22年度改正前は、被合併法人と分割法人の利益積立金額を合併法人と分割承継法人に引き継ぐものとされ

ており、被合併法人と分割法人においては自らの資本金等の額が減少し、合併法人と分割承継法人においては自らの資本金等の額が増加するものとされていた。

しかし、平成22年度改正において、被合併法人と分割法人の資本金等の額が合併法人と分割承継法人に引き継がれ（法令8①五・六）、被合併法人と分割法人においては自らの利益積立金額が減少し（法令9①十）(注108)、合併法人と分割承継法人においては自らの利益積立金額が増加する（法令9①二・三）ものとされた。つまり、平成22年度改正において、従来の利益積立金額の取扱いと資本金等の額の取扱いとの関係を逆にすることとされたわけである。

平成22年度改正において、上記のような改正が行われたのは、同改正で分割型分割におけるみなし事業年度を廃止することとしたことが契機となっている。つまり、平成22年度改正においては、分割型分割における分割法人のみなし事業年度（分割型分割の日の前日に終了するものとされていた事業年度）を廃止することとしたことによって、分割型分割において、分割法人の利益積立金額を算出することが行われなくなり、分割法人の利益積立金額を分割承継法人に引き継ぐという説明ができなくなったために、分割法人の資本金等の額を分割承継法人に引き継ぐこととされ、その結果、分割法人の利益積立金額は分割によって消滅し、分割承継法人において分割により利益積立金額が新たに発生する、ということにせざるを得なくなったわけである。

(2)　適格合併等における利益積立金額と資本金等の額の取扱いの課題

　①　適格合併等では利益積立金額を引き継ぐとされていたものを平成22年度改正で資本金等の額を引き継ぐと逆転させたために理論的に正しい説明ができなくなっている【立法の課題】

平成13年に組織再編成税制が創設された際には、適格合併における被合併法人、合併法人、被合併法人の株主の処理は、『改正税法のすべて＜平成13年度＞』（151頁）において示されている次の例のように処理するものとされていた。

（注108）　被合併法人は、合併によって消滅してしまうことから、利益積立金額の全額が減少する旨の定めを設ける意義がなく、その旨の定めは設けられていない。

○　適格合併の処理例(3)（被合併法人の資産・負債の移転が簿価引継となる処理例）

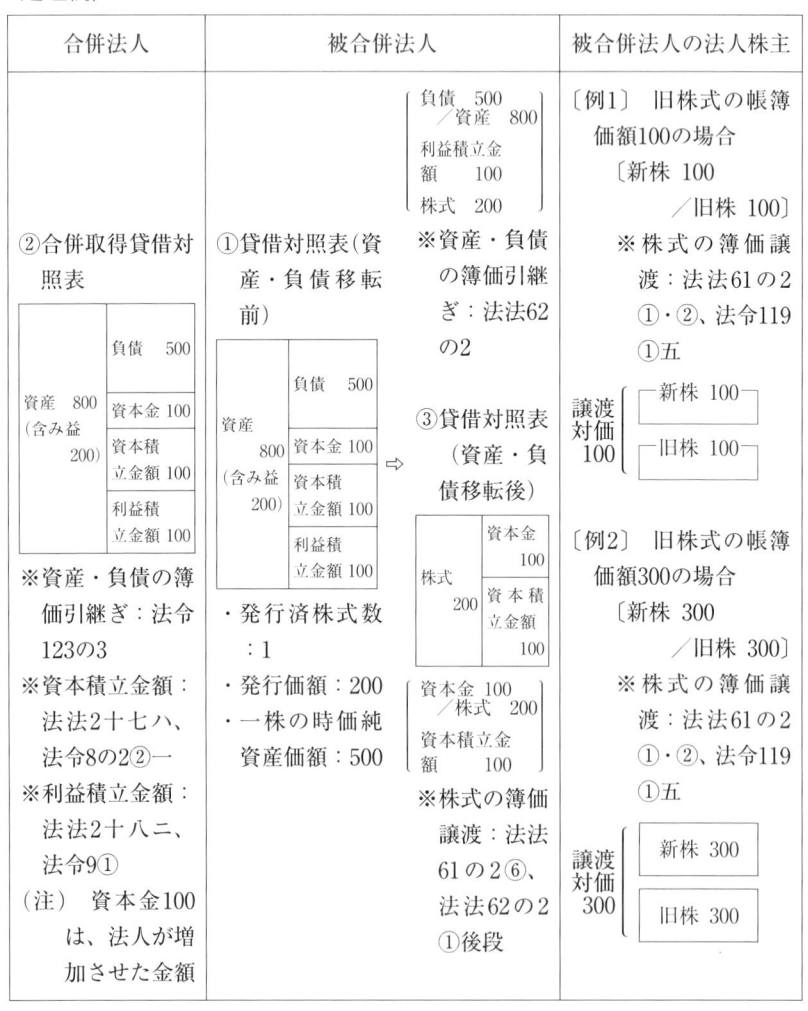

合併法人	被合併法人	被合併法人の法人株主
②合併取得貸借対照表 資産　800 （含み益　200）／負債　500／資本金100／資本積立金額100／利益積立金額100 ※資産・負債の簿価引継ぎ：法令123の3 ※資本積立金額：法法二十七ハ、法令8の2②一 ※利益積立金額：法法二十八ニ、法令9① （注）資本金100は、法人が増加させた金額	①貸借対照表（資産・負債移転前） 資産　800（含み益　200）／負債　500／資本金100／資本積立金額100／利益積立金額100 ・発行済株式数：1 ・発行価額：200 ・一株の時価純資産価額：500　⇒ 負債　500／資産　800／利益積立金額　100／株式　200 ※資産・負債の簿価引継ぎ：法法62の2 ③貸借対照表（資産・負債移転後） 株式　200／資本金100／資本積立金額　100 資本金　100／株式　200／資本積立金額　100 ※株式の簿価譲渡：法法61の2⑥、法法62の2①後段	〔例1〕　旧株式の帳簿価額100の場合 〔新株　100／旧株　100〕 ※株式の簿価譲渡：法法61の2①・②、法令119①五 譲渡対価100｛新株　100／旧株　100｝ 〔例2〕　旧株式の帳簿価額300の場合 〔新株　300／旧株　300〕 ※株式の簿価譲渡：法法61の2①・②、法令119①五 譲渡対価300｛新株　300／旧株　300｝

『改正税法のすべて＜平成13年度＞』（151頁）より抜粋

　この例における被合併法人の「利益積立金額　100」の減少は、これが合併法人に引き継がれることによるものであり、合併法人においては、この引継ぎを受けたことにより、「利益積立金額　100」が増加することとなっている。被合併法人の「利益積立金額　100」は合併法人に引き継がれるため（被合併法人の株主に分配されるわけではないため）、被合併法人の株主においては、配当を受けた処理を行う必要はない。

　また、被合併法人の「資本金　100」と「資本積立金額　100」の減少は、被合併法人の株主に合併法人株式200を交付するためのものであるため、被合併法人の株主においては、合併法人株式によって被合併法人株式の返還を受けたという処理（被合併法人の株式の消滅と合併法人の株式の取得の処理）を行うこととなる。

　被合併法人の株主が合併法人株式を取得するという処理は、合併法人における「資本金　100」と「資本積立金額　100」の計上という処理と整合するものとなっている。

　このように、被合併法人、合併法人、被合併法人の株主の三者の処理は、理論的、かつ、整合的な処理となっていた。

　しかし、平成22年度改正により、被合併法人から合併法人に引き継がれるのは、利益積立金額ではなく、資本金等の額とされたことにより、被合併法人、合併法人、被合併法人の株主の三者の処理は、理論的に説明できず、かつ、整合性のないものとなってしまった。

　上記の例で言えば、「利益積立金額　100」の減少のところが「資本金等の額　200」（平成13年度改正の時における「資本金　100」と「資本積立金額100」）、「株式　200」のところが「株式　100」となる。この「資本金等の額　200」は、合併法人に引き継がれるため、合併法人においては、「資本金等の額　200」の引継ぎを受けたという処理をすることとなる。

　そして、上記の例における被合併法人の「資本金　100」と「資本積立金額　100」の減少のところは、「利益積立金額　100」の減少となり、「株式　200」の減少のところは、「株式　100」の減少となるわけであるが、被合併法人の株主においては、合併法人の株式を受け取る処理は行われるものの、被合併法人における「利益積立金額　100」の減少に対応する処理（配当を受ける処理）は行われず、被合併法人が被合併法人の株式を払い戻す処理を行わないにもかかわらず、被合併法人の株式の払戻しを受けた処理を行うこととなる。

　このように、被合併法人の資本金等の額が合併法人に引き継がれるということにしてしまうと、被合併法人、合併法人、被合併法人の株主の三者の処理は、全く理論的に説明できない整合性のないものとなってしまうわけである。

　平成22年度改正時に、このような処理をすることについては、財務省『平成22年度　税制改正の解説』において、次のように説明されている。

> 「　平成18年度改正で資本金等の額の意義が「法人が株主等から出資を受けた金額」（法法2十六）と明らかにされたことからすれば、株主等から出資を受ける行為でない場合には資本金等の額は増加させないこと、及び将来利益の払戻しはありうるが将来資本の払戻しはありえないこととなり、この考え方を踏まえ、資本の部の引継額の計算のあり方を考えると、まず資本金等の額の引継額を計算し、移転純資産の帳簿価額から資本金等の額を減算した金額を利益積立金額の引継額とすることが適当であると考えられます。」（297頁）（注109）

　この引用の「平成18年度改正で資本金等の額の意義が「法人が株主等から出資を受けた金額」（法法2十六）と明らかにされたことからすれば、株主等から出資を受ける行為でない場合には資本金等の額は増加させない」という部分は、「株主等から出資を受ける行為」がないことから資本金等の額を増加させることは正しくないと主張しているものと解されるが、この主張には、疑問がある。合併は、分社型分割や現物出資とは違って、被合併法人の株主も当事者となる組織再編成であり、合併においては、被合併法人の株主は、被合併法人の株主ではなくなり、新たに合併法人の株主となることとなるため、被合併法人の株主が被合併法人への出資の払戻しを受けるとともに新たに合併法人に出資をするという行為が存在することになり、被合併法人が出資の払戻しを行って資本金等の額を減少させ、合併法人が出資を受けて資本金等

（注109）　この説明は、分割型分割に関する説明となっているが、合併において被合併法人の資本金等の額を引き継ぐこととすることについての説明は行われておらず、この説明により、合併において資本金等の額を引き継ぐこととする理由を説明しているものとも解されるため、以下、この説明を合併において資本金等の額を引き継ぐこととする理由の説明と解して解説を行うものとする。

の額を増加させるのが正しい処理ということになる。

　また、上記の引用の「及び将来利益の払戻しはありうるが将来資本の払戻しはありえない」という部分は、文意が明らかではないため、論評のしようがないわけであるが、利益積立金額だけでなく、資本金等の額にもマイナスがあることを理解していないように見受けられるという点だけ指摘しておくこととする。

　また、上記の引用のように、「この考え方を踏まえ、資本の部の引継額の計算のあり方を考える」としても、「まず資本金等の額の引継額を計算し、移転純資産の帳簿価額から資本金等の額を減算した金額を利益積立金額の引継額とすることが適当である」ということにならないことは、明らかである。なぜなら、「この考え方」とされている「株主等から出資を受ける行為でない場合には資本金等の額は増加させないこと、及び将来利益の払戻しはありうるが将来資本の払戻しはありえないこと」という部分にある「株主等から出資を受ける行為でない場合には資本金等の額は増加させないこと」「将来利益の払戻し」「将来資本の払戻し」の話は、「資本金等の額の引継額」の計算と「利益積立金額の引継額」[注110]の計算のどちらを先に行うかということとは何の関係もないからである。

　また、利益積立金額と資本金等の額のいずれが引き継がれるのかということは、利益積立金額と資本金等の額のいずれを先に計算するのかということとは何の関係もない、ということも指摘しておかなければならない。

　財務省『平成22年度　税制改正の解説』においては、上記の引用部分に続き、「そこで、このみなし事業年度を廃止し、適格分割型分割が行われた場合の利益積立金額及び資本金等の額の引継額は、先に資本金等の額の引継額を計算する構成とされました」（297頁）と述べているわけであるが、適格合併や適格分割型分割においては、引き継ぐべき金額があれば、その金額を引き継ぎ、新たに発生させるべき金額があれば、その金額を新たに発生させるという処理を行うだけであり、利益積立金額と資本金等の額のいずれを先に計

（注110）　上記の財務省『平成22年度　税制改正の解説』の説明においては、合併法人において計上される資本金等の額と利益積立金額のいずれに関しても「引継額」として説明が行われているが、平成22年度改正後の法人税法施行令9条1項2号においては、合併法人において計上される利益積立金額は被合併法人からの「引継額」ではなく新たに発生するものとされている。

算したとしても、引継額や発生額が変わるわけではなく、利益積立金額と資本金等の額のいずれを先に計算するのかという順番は、全く問題とはならない。

　いずれにしても、上記の引用部分が被合併法人において株主に利益積立金額の分配を行う処理を行いながら株主において利益の分配を受けたという処理を行わない理由を説明できるようなものではないことに異論はなかろう。

　② 　平成22年度改正で被合併法人が合併法人株式を取得して直ちに株主に交付したものとする旨の規定を削除したことから被合併法人と被合併法人の株主の処理が理論的に正しく説明できなくなっている【立法の課題】

　上記①において引用した例の被合併法人の処理を抜き出してみると、次のように二段階の処理となる。

　i 　合併による資産及び負債の移転の処理

　　　負債　　　　　500／資産　　　　800
　　　利益積立金額　100
　　　株式　　　　　200

　ii 　解散による払込資本の株主への返還の処理

　　　資本金等の額　200／株式　　　　200

　上記の「株式」とは合併法人株式のことであり、「資本金等の額　200」としているのは上記①において引用した例の「資本金　100」と「資本積立金額　100」とを合計したものである。

　このような二段階の処理を行う根拠となっていたのは、旧法人税法62条の2第2項であり、同項は、被合併法人が合併法人株式を取得して直ちに株主に交付したものとする旨の規定となっていたが、平成22年度改正で削除されている。

　この旧法人税法62条の2第2項を削除する改正に関しては、財務省主税局の担当者により、次のような説明がなされている。

> 「無対価で適格合併が行われた場合については株主等に交付する株式がないことや、もともと訓示的な規定であることから削除されました。」
> 　（松尾公二「改正法人税法等」税理（臨時増刊号）Vol.53No.8、264頁、平成22年6月）

> 「無対価で適格合併が行われた場合については株主等に交付する株式が
> ないことなどから削除されました。」（佐々木浩・椎谷晃・松汐利悟「法
> 人税法の改正」財務省『平成22年度　税制改正の解説』323頁）

　これらの説明によれば、「もともと訓示的な規定」であり、「無対価で合併
が行われた場合については株主等に交付する株式がないこと」から旧法人税
法62条の2第2項の削除が行われたということになり、内容の変更はないとい
うことになる。

　しかし、この旧法人税法62条の2第2項については、「・・・取得し、直ちに・・・
株主等に交付したものとする。」という文言からも分かるとおり、訓示的な規
定であったわけではなく、また、同項は無対価合併には適用しないというこ
とであれば、他の多くの規定における無対価合併の特別な取扱いの定めと同
じように、「（無対価合併に該当するものを除く。以下、この項において同
じ。）」という括弧書きを挿入しさえすればそれで済むことから、上記の二つ
の説明は同項を削除する真の理由ではなかったものと考えられる。

　それでは、旧法人税法62条の2第2項を削除した真の理由は何か、という疑
問が生じてくることになるわけであるが、その疑問を解明する鍵は、上記①
において述べた利益積立金額と資本金等の額の引継ぎにあると考えられる。

　被合併法人から合併法人に引き継がれるものを利益積立金額から資本金等
の額に変更すると、上記の「ⅱ　解散による払込資本の株主への返還の処理」
は、次のように、「ⅱ　解散による利益積立金額の株主への分配の処理」とせ
ざるを得なくなるが、被合併法人の株主に対し、被合併法人の処理を変更す
ることを理由として、被合併法人の課税関係をそのまま合併法人に引き継が
せる適格合併において、被合併法人の課税関係を清算させる非適格合併と同
様に、株主への「みなし配当　100」を発生させて課税を行う、という改正を
することが容認されるはずがない。

　　ⅱ　解散による利益積立金額の株主への分配の処理

　　　　利益積立金額　100／株式　　　　100

　つまり、被合併法人から合併法人に引き継がれるものを利益積立金額から
資本金等の額に変更しながら、二段階の処理を行うことを定める旧法人税法

62条の2第2項を存置したままとすると、被合併法人においては利益積立金額を株主に分配するという処理をしながら、株主においては配当を受けたという処理をしないということとなり、同項と法人税法24条1項1号括弧書きの「（適格合併を除く。）」という部分とを一見しただけで、被合併法人の処理と株主の処理が矛盾を来すことが一目瞭然となってしまうわけである。

　以上のとおり、旧法人税法62条の2第2項を削除した平成22年度改正が適切でないことは明らかであり、いずれかの時期に、同改正前のように、被合併法人の処理と被合併法人の株主の処理が理論的に正しく説明できるようにする必要があるものと考えられる。

第4章　平成29年度改正の課題

1　スピンオフ関係税制の課題

　平成29年度改正において措置されたスピンオフ関係税制は、支配株主がいない法人の単独新設分割型分割を「適格」とする取扱いを基本型としつつ、支配株主がいない法人が行う「株式分配」を「適格」とする取扱い、そして、支配株主がいない法人が単独新設分社型分割又は単独新設現物出資によって完全子法人を作った後に適格株式分配によってスピンオフを行うもののその単独新設分社型分割又は単独新設現物出資における株式継続保有要件を緩和して「適格」とする取扱いの三つからなっている。

　これらの概要に関しては、第1編の中で既に述べたとおりである。

　本章1においては、これらの三つの取扱いのうち、前二者に存在する課題について解説を行う。

(1)　支配株主がいない法人の単独新設分割型分割を「適格」とすることは組織再編成税制の理論では説明できない【立法の課題】

　支配株主がいない法人の単独新設分割型分割によるスピンオフが課税を受けることなく行い得るようになったことは、納税者としては、歓迎すべきことであり、積極的な活用が期待されるところであるが、しかし、この単独新設分割型分割を「適格」とすることには、大きな理論的な課題が存在する。

①　平成13年の組織再編成税制の創設時の判断は単独新設分割型分割は理論的に「適格」とはなり得ないというものであったこと

　単独新設分割型分割によるスピンオフは、組織再編成税制を創設した平成13年度改正の時から既に行い得たものであり、アメリカにおいては、これが非課税組織再編成とされていたことから、同改正の際にも、これを「適格」とするべきか否かについて検討が行われたが、我が国の組織再編成税制の理論から判断すると、「適格」とすることはできないという結論となっていたものである。

　アメリカの組織再編成税制においては、「株主の投資の継続性」の有無によって組織再編成を非課税組織再編成とするのか否かということを判断するという考え方が採られており、そのような判断基準によるとすれば、株主が一つの法人に投資をしている状態が二つの法人に投資をする状態に変わるだけ

のものは株主の投資が継続しているものとして非課税組織再編成とすることができるということになる。

　しかし、我が国の組織再編成税制は、株主の投資の継続性によって判断するのは株主の投資の含み損益の取扱いであって、組織再編成によって移転する法人の資産の含み損益の取扱いは、法人が形式上は他の法人に移転する資産に対する支配を実質的に継続していると言い得るのか否か、すなわち「法人による移転資産に対する支配の継続」の有無によって判断するという基本的な考え方によって創られているため、単独新設分割型分割は「適格」とすることができない、ということとなったわけである。

　「株主の投資の継続性」の有無によって非課税組織再編成とするのか否かを判断するという観点からすると、株主に支配株主が存在するのか否かということは問題とならないことから、アメリカの組織再編成税制においては、支配株主が存在しないスピンオフのみを非課税組織再編成とするということとはなっておらず、また、「法人による移転資産に対する支配の継続」の有無によって「適格」か否かということを判断するという観点からしても、株主に支配株主が存在するのか否かということは問題とならないことから、平成13年の組織再編成税制の創設時の検討の際にも、支配株主が存在しない単独新設分割型分割のみが検討の対象となったわけではない。この平成13年の組織再編成税制の創設時の検討においては、支配株主が存在するのか否かということとは関係なく、単独新設分割型分割がどのような場合に「適格」となるのかということが検討されて、「100％グループ内の分割型分割」「50％超100％未満のグループ内の分割型分割」「共同事業を営むための分割型分割」のいずれかに該当するものは「適格」となり、それらのいずれにも該当しないものは「適格」とはならないという、当然の結論となった。この結論によれば、支配株主がいない法人の単独新設分割型分割は、それらのいずれにも該当しないことから「適格」とはなり得なかったわけである。

　②　「グループ」を構成しない法人に関する説明が必要であること

　上記①において述べたとおり、平成29年度改正で新たに「適格」とされた支配株主がいない法人の単独新設分割型分割は、近年になって新たに行われるようになったものではなく、平成13年の組織再編成税制の創設時から存在して「非適格」とされてきたものであるため、平成29年度改正で従来の取扱いを変更した理由に注目する必要がある。

　この理由は、財務省『平成29年度　税制改正の解説』で次のように説明されている。

> 「　この点、「移転資産に対する支配が再編成後も継続している」かどうかについて、現行の組織再編税制は、グループ経営の場合には、グループ最上位の法人がグループ法人及びその資産の実質的な支配者であるとの観点に立って判断しているという側面もあり（例えば、適格組織再編成における株式の保有関係に関する要件）、この考え方を踏まえれば、グループ最上位の法人（支配株主のいない法人）の実質的な支配者はその法人そのものであり、その法人自身の分割であるスピンオフについては、単にその法人が二つに分かれるような分割であれば、移転資産に対する支配が継続しているとして、適格性を認めうると考えられます。このような整理から、分割法人が行っていた事業の一部を分割型分割により新たに設立する分割承継法人において独立して行うための分割が適格分割とされました。」(317頁)

　この説明には、疑問がある。この説明は、平成29年度改正で単独新設分割型分割を「適格」とする措置について、「グループ最上位の法人」を対象とするものであるという前提で行われているが、この措置は、そのようなものとはなっていない。この措置は、支配株主のいない法人が単独新設分割型分割を行った場合にそれを「適格」とするものであって、その支配株主がいない法人がグループを構成しているのか否かということやグループの最上位の法人であるのか否かということとは何の関係もないものとなっている。この措置の適用を受ける法人がグループを構成しているとも限らず、また、グループを構成していることが要件ともされていない中で、「グループ」や「グループ最上位の法人」の話を持ち出して「適格」とする理由を説明するのが適当でないことは、明らかである。この措置は、「グループ」を構成している法人や「グループ最上位の法人」を対象とするものとはされていないことから、この措置が正しいということを主張するのであれば、「グループ」を構成している法人や「グループ最上位の法人」には該当しない法人について、そのような法人が行う単独新設分割型分割を「適格」とすることが正しいという理由を説明しなければならない。

　また、この説明においては、「グループ最上位の法人」が括弧書きで「支配株主のいない法人」とされているが、「グループ」には個人を頂点とするものも数多く存在しており、「グループ最上位の法人」が「支配株主のいない法人」と同義でないことは、改めて言うまでもない。

　③　「法人による移転資産に対する支配の継続」の「支配」と完全支配関係・支配関係の「支配」とは同じ用語でもそれが用いられる場面と内容が異なること

　スピンオフ関係の改正を行うに当たっては、従来の制度を次のように理解したと説明されているが、この従来の制度の理解は、適切ではない。

> 「スピンオフというのがどうも必要なのではないかという話があります。多角経営が結構進んだ結果、良い面、悪い面があって、結果的に企業価値というのがなかなか評価を受けられないようになって、不採算部門を抱えているとか、或いは効率化が図られないといったこともあって、効率的な再編を進めていくためには、いよいよスピンオフが必要であるということでした。〔中略〕
>
> 　今回、このスピンオフについて改めて検討する際に、移転資産に対する支配が再編後も継続しているかどうかということは、グループ経営が続いているときには例えばグループの最上位である頂点の人が実質的な支配者と見て、この人との関係が崩れなければ基本的には課税をその段階では起こさないと考えているのが、今のグループ税制を含めたところの現行の整理と思っています。」（財務省主税局税制第三課課長補佐　藤田泰弘「平成29年度　法人税関係（含む政省令事項）の改正について」租税研究813号56頁）[注111]

（注111）　この説明の前段には、スピンオフに政策的な措置を講ずる理由が述べられているわけであるが、このような政策的な理由により、租税特別措置法に政策措置としてスピンオフを非課税とする措置を講ずるということであったとしたら（すなわち、この前段で止めて租税特別措置法に政策措置として措置を講ずるということであったとしたら）、本章1で述べる理論的な問題点が生ずることはなかったはずである。換言すれば、本来、政策措置であるにもかかわらず、理論の法である法人税法に規定したことから、さまざまな問題が生ずることとなっている、と考えられるわけである。

平成13年に単体納税制度の下で創られた組織再編成税制は、その後、企業グループを構成しない法人に適用される場合もあれば、企業グループを構成する法人に適用される場合もあることとなっているが、後者の場合でも、企業グループ内の法人が保有している資産をその企業グループの頂点の法人や個人が保有しているものとして取り扱うなどということになっているわけではない(注112)。

我が国の組織再編成税制においては、「法人による移転資産に対する支配の継続」があれば移転資産の譲渡損益の計上を繰り延べるという基本的な考え方が採られているわけであるが、この場合の「支配」とは、次の引用から分かるとおり、資産を保有していた法人が形式上は資産を他の法人に移転したとしても実質上は「まだその資産を保有していると言うことができる状態」を意味する。

> 「　このように、形式上は資産を他の法人に移転したが、実質上はまだその資産を保有していると言うことができる状態を、「移転資産に対する支配が継続」している状態と呼び、移転資産の譲渡損益の計上を繰り延べる課税特例の対象とすることとされたわけです。」(拙著『企業組織再編成に係る税制についての講演録集』(日本租税研究協会、平成13年) 25頁)

この引用における「形式上は資産を他の法人に移転した」という部分の主語は資産を保有していた法人であって「グループ最上位の法人」ではなく、また、この部分の「他の法人」も企業グループ内の法人を指しており、その法人は「グループ最上位の法人」に限られるわけではない。

一方、「完全支配関係」や「支配関係」という場合の「支配」とは、株式の保有関係を通じた「支配」であり、一般に企業グループに関して言われる「支

(注112)　改めて言うまでもなく、現在の法人税法の下では、組織再編成によって資産を移転するのはその組織再編成の当事者である法人であって、その資産の譲渡損益を計上するのもその法人であり、企業グループの頂点の法人や個人にその資産の譲渡損益を計上させるわけではない。

配」と同じもので、「意のままに動かすことができる状態」などを意味する。

　この二つの「支配」がどのようなものであるのかということについて、ここで、もう一度、組織再編成税制の創設時に戻って確認をしてみることとする。

　『改正税法のすべて＜平成13年版＞』（大蔵財務協会）においては、組織再編成税制の考え方が次のように説明されている。

> 「(1)　基本的な考え方
> 　平成13年度改正後の新しい組織再編成に係る税制は、実態に合った課税を行うという税制の基本を踏まえ、原則として、組織再編成により移転する資産等についてその譲渡損益の計上を求めつつ、特例として、移転資産等に対する支配が継続している場合には、その譲渡損益の計上を繰り延べて従前の課税関係を継続させる、という基本的な考え方に基づき創られています。
> 　このような考え方が採られているのは、組織再編成による資産等の移転が形式と実質のいずれにおいてもその資産等を手放すものであるときは、その資産等の譲渡損益の計上を求め、他方、その移転が形式のみで実質においてはまだその資産等を保有しているということができるものであるときは、その資産等の譲渡損益の計上を繰り延べることができると考えられることによるものです。」(134頁)

　組織再編成税制においては、組織再編成を適格とするのか否かということは組織再編成によって移転する資産の譲渡損益を計上するべきか否かということを中心に据えて考えるべきであって、その判断は組織再編成によって資産を他の法人に移転する法人が「まだその資産等を保有しているということができる」のか否か（すなわち、移転資産に対する「支配」が継続していると言い得るのか否か）ということを判断基準として判断をする必要があるという基本的な考え方が採られているわけである。

　そして、『改正税法のすべて＜平成13年版＞』においては、上記の引用部分に続き、次のように、組織再編成税制の中で最も重要となる「適格組織再編成」とはどのようなものかということが説明されている。

> 「(2)　適格組織再編成
>
> 　適格組織再編成とは、企業グループ内の組織再編成と共同事業を営むための組織再編成とされています。
>
> 　企業グループ内の組織再編成とは、100%の持分関係にある法人間で行う組織再編成と、50%超100%未満の持分関係にある法人間で行う組織再編成のうち一定の要件に該当するものとされています。〔後略〕」（136頁）

　この『改正税法のすべて＜平成13年版＞』における「(2)　適格組織再編成」以下の説明は、組織再編成税制の仕組みの説明となっている。

　税制度の立法や解釈においては、考え方と仕組みの関係は、正しく理解しておく必要がある。

　組織再編成税制においては、「その移転が形式のみで実質においてはまだその資産等を保有しているということができる」という場合には移転資産の譲渡損益の計上を繰り延べるという基本的な考え方が採られており、その基本的な考え方を踏まえて、企業グループ内の組織再編成（完全支配関係法人間の組織再編成と支配関係法人間の組織再編成）においては移転資産の譲渡損益の計上を繰り延べるという仕組みとされているわけである。

　なぜ、そのような基本的な考え方を採ればそのような仕組みとすることになるのかというと、法人が組織再編成を行えば、形式上は、必ず、資産を手放すこととなるわけであり、実質や実態に着目しない限り、その資産の譲渡損益の計上を繰り延べるという仕組みを創ることはできないためである。

　つまり、「その移転が形式のみで実質においてはまだその資産等を保有しているということができる」という状態がどのような状態かということを決めない限り、移転資産の譲渡損益の計上を繰り延べる仕組みは創り得ないわけであり、平成13年の組織再編成税制の創設時には、そのような状態がどのような状態かということについては、企業グループ内で組織再編成が行われて資産を移転した法人とその資産とが企業グループ内に留まっているという状態であるとされたわけであるが、そのようにされた理由は、資産を保有していた法人とその資産とが企業グループの頂点にある法人や個人に「支配」

をされているという状態が変わらなければ、「その移転が形式のみで実質においてはまだその資産等を保有しているということができる」というものがあるはずである、と考えられるためである。

　この企業グループの頂点にある法人や個人の「支配」とはどのようなものかというと、基本的な考え方において述べている「支配」すなわち組織再編成によって資産を移転した法人がまだその資産を保有していると言い得るという意味での「支配」とは異なって、組織再編成税制に特有なものではなく、一般に、株式の保有関係がある場面について言われる「支配」と同じものであり、「意のままに動かすことができる状態」ということである。

　以上のように、税制度の考え方と仕組みの関係は、正しく整理して理解する必要があり、考え方の中において述べられている「支配」と仕組みの中に設けられている「支配」とを混同しないようにする必要があるわけであるが、平成29年度改正には、このような組織再編成税制の考え方と仕組みの関係が正しく整理して理解されているのか否かという点に疑問があり、それが原因となって、二つの「支配」が用語は同じでもそれが用いられる場面と内容が異なるということが正しく理解されていないという課題が生じているように思われる。

　④　組織再編成税制においては財務省『平成29年度　税制改正の解説』
　　　の説明のような「分身理論」は採らないこととされていること

　上記②において引用した財務省『平成29年度　税制改正の解説』の説明の内容に目を向けてみると、「その法人自身の分割であるスピンオフについては、単にその法人が二つに分かれるような分割であれば、移転資産に対する支配が継続している」として、それを「適格」とする理由としているが、それは「適格」とする理由とはなり得ない。

　「その法人自身の分割であるスピンオフについては、単にその法人が二つに分かれるような分割であれば、移転資産に対する支配が継続している」という主張は、法人が単独新設分割型分割を行ったとしても法人自身が二つの法人に分かれてその二つの法人のいずれも資産に対する支配が継続しているとするものであり、「分身理論」と呼んでもよいものであるが、組織再編成税制においては、「分身理論」は採らないこととされている。

　仮に、このような「分身理論」が成り立つということであれば、論理必然

的に、「分身」後の状態にある二つの法人が合併をする場面における「合身理論」、そして、そのような二つの法人が分割型分割によって一方から他方に資産・負債を移転する場面における「分身・合身理論」についても、当然、成り立つこととなり、「合身理論」と「分身・合身理論」に基づいて事業関連性要件のない合併と分割型分割が「適格」となることとされていなければならないわけであるが、合併や分割型分割には、そのような「適格」の枠組みは存在しない。

上記②において引用した説明にある「分身理論」は、かつて合併に関して唱えられていた「人格合一説」や「人格承継説」と同種の内容のものであり、このような考え方を採るとすれば、合併は単に二つの法人が一つに合わさるだけであり、分割型分割は単に一つの法人が二つに分かれるだけであるため、合併と分割型分割は課税をしないことが原則となるということになるわけであるが、平成13年に創設された組織再編成税制がそのような考え方を採らなかったことは、改めて言うまでもない。

平成13年度改正前においては、合併に関して、合併法人が被合併法人から引継ぎを受ける資産について評価益を計上して帳簿価額を引き上げない限り、課税を行わず（つまり、「原則」は課税を行わない）、評価益を計上して帳簿価額を引き上げた場合にのみ、その評価益相当額に対してだけ課税を行う（つまり、「特例」として評価益を計上した場合にその評価益相当額に対してのみ課税を行う）という仕組みとなっていたが、このような仕組みの妥当性の根拠とされていたのは、法人の「人格」に着目した「人格合一説」や「人格承継説」であった。

これに対し、平成13年に創設された組織再編成税制は、「組織再編成」について、法人の「人格」が合わさったり分かれたりするものと捉えているわけではなく、資産・負債を保有する法人がその資産・負債の全部又は一部を他の法人に移転するものと捉えてきており、「法人による移転資産に対する支配の継続」があるのか否かということに着目して税制を構築することとされた。組織再編成税制においては、「法人による移転資産に対する支配の継続」があるとして「適格」と判定されたものについては、確かに、その処理を従前の「人格合一説」や「人格承継説」を根拠として行われていた処理と類似したものとしたわけであるが、それは、「適格」か否かという判定を「人格合

一説」や「人格承継説」に基づいて行ったということではない。つまり、平成13年に創設された組織再編成税制において「適格」とされる組織再編成の取扱いにおける組織再編成の「処理」に関しては、同年前のものと共通性を有すると考えてもよいが、しかし、平成13年に創設された組織再編成税制は、資産・負債を保有する法人がその資産・負債の全部又は一部を他の法人に移転するものと捉えたものであり、この「適格」か否かという判定は組織再編成税制に固有のものとなっている。

　要するに、上記の説明にある「考え方」は、平成13年の組織再編成税制の創設時に、正しくないとして採用されなかったものであり、この説明は、その正しくないとされた過去に唱えられていた「考え方」を持ち出して「移転資産に対する支配が再編成後も継続している」と述べる状態となっているわけである。

　このようなおかしな事態が生じてしまったのは、支配株主がいない単独新設分割型分割を「適格」とするという結論が先にあって(注113)後付けで理屈を考えようとしたこと、そして、我が国の組織再編成税制の基本的な考え方を正しく理解していなかったこと、この二点に主たる原因があるものと考えられる。

　平成13年度改正において組織再編成税制を創設するに当たっては、従来、長年にわたり、改正の度ごとに、アメリカやヨーロッパ諸国の税制を模倣するかのごときことを繰り返してきたことの功罪を改めて問い返し、後進国型思考を脱して、我が国にふさわしく、かつ、理論的で、諸外国にお手本としてもらえるようなものを創り上げるという姿勢で臨んだわけであるが、平成18年度改正が転換点となり、その後の改正が迷走したり先祖返りしたりしているように見えることについては、筆者としては、やや疑問を感ずるところである。

(2)　共同事業を行うための適格組織再編成の要件は基本的には「支配株主」が存在しない場面の要件であるため「50人基準」を「支配株主基準」

（注113）　アメリカの組織再編成税制におけるスピンオフの特例の取扱いと同じものを我が国の組織再編成税制にも入れるという結論が先にあった、ということである。上記③において引用した財務省主税局の職員の解説からも、スピンオフの特例を入れるという結論が先にあったことが確認できる。

　に置き換えることは適切ではないこと【立法の課題】

　平成29年度改正においては、共同事業を行うための適格合併、適格分割型分割、株式交換及び株式移転における株式継続保有要件の中に存在した「50人基準」（被合併法人等の株主の数が50人未満の場合には、交付を受けた合併法人等の株式の全部を継続して保有することが見込まれている株主の保有する被合併法人等の株式の全部を継続して保有することが見込まれている株主の保有する被合併法人等の株式の数が発行済株式の80％以上であること、という基準）を「支配株主基準」（被合併法人等の発行済株式の50％超を保有する株主が存在する場合にのみその株主が交付を受けた合併法人等の株式の全部を継続して保有することが見込まれていること、という基準）に改正されている（法令4の3③④五・⑧六・⑳五・㉔五）。

　この改正に関しては、財務省『平成29年度　税制改正の解説』を見ても、改正理由の説明は見当たらない。

　この改正に関して、まず、確認しておく必要があるのは、この改正は、完全支配関係法人間の適格組織再編成や支配関係法人間の適格組織再編成に該当しない共同事業を行うための適格組織再編成の要件の改正であるということである。

　つまり、この改正は、通常、支配株主が存在しない法人間で行われる組織再編成の適格判定に関する改正となっており、支配株主の有無を判定の基準とすることは、そもそも要件として不適切ではないのか、という疑問があるわけである。

　この疑問は、法人税法施行令4条の3第20項5号及び24項5号と同119条1項10号及び12号を手掛かりに更に深めて検討することができる状況となっている。

　共同事業を行う適格株式交換や共同事業を行う適格株式移転の例を見ると、適格判定における株式継続保有要件を定める法人税法施行令4条の3第20項5号及び第24項5号においては、平成29年度改正で「50人基準」が「支配株主基準」に変更されているが、株式交換完全親法人や株式移転完全親法人における株式交換完全子法人株式や株式移転完全子法人株式の取得価額を定める法人税法施行令119条1項10号や12号における「50人基準」（株式交換完全子法人等の株主の数が50人未満の場合には、株式交換完全親法人等は、株式交

換完全子法人株式の取得価額を、当該株主の帳簿価額の合計額とすること、という基準）は、そのまま存置されている。

　これらの共同事業を行う適格株式交換や共同事業を行う適格株式移転における適格判定における株式継続保有要件の「50人基準」と株式交換完全子法人株式等の取得価額の「50人基準」は、適格組織再編成においては、本来は、組織再編成によって交付を受けた新株式は継続して保有することとなっているべきであり、旧株式の帳簿価額は新株式の帳簿価額としてそのまま引き継がれるべきである、という考え方を原則としつつ、株主の数が多い場合には、そのようなことを求めるのは現実的ではない、という判断によって特例として導入されているものである。

　換言すれば、共同事業を行うための適格組織再編成の本来のあるべき取扱いは、株主の数が50人未満の場合における株式継続保有要件による取扱いと新株式の取得価額の取扱いである、ということである。

　平成29年度改正により、株式継続保有要件においてのみ「支配株主基準」を用いることに変更されたわけであるが、共同事業を行うための適格組織再編成における本来のあり方がどのようなものかという観点に立ち、株式継続保有要件に「支配株主基準」を用いて新株式の取得価額に「50人基準」を用いるというあり方と、株式継続保有要件と新株式の取得価額のいずれにも「50人基準」を用いるというあり方とを比べてみたときに、果たしてどちらが正しいあり方ということになるのであろうか(注114)。

　この問に対する答えは、自明であろう。

　上記②においても、「グループ」とは関係のない法人に関する理論的な説明が必要なところで「グループ」の話を持ち出して説明を行うことの問題点を指摘したところであるが、この「50人基準」の改正に関しても、基本的に「支配株主」が存在しない場面の適格要件であるにもかかわらず、「支配株主」の話を持ち出して改正を行い、事実上、株式の帳簿価額を従来どおりの金額で

(注114)　改めて言うまでもないが、この平成29年度改正により、共同事業を行うための適格組織再編成の適格要件が緩和されることから、納税者としては、この改正は歓迎すべきものということになる。

引き継がせる要件を廃止するということは、理論的には疑問がある、と言わざるを得ない[注115]。

(3)　「同様の効果がある」ということが「組織再編成」を創る理由になるわけではない【立法の課題】

　支配株主がいない法人が現物配当として完全子法人の株式を株主に交付するものが「適格株式分配」として完全子法人の株式の含み損益を計上せずに行い得るようになったことは、納税者としては、歓迎すべきことであり、積極的な活用が期待されるところであるが、しかし、このようにして「組織再編成」を創ることには疑問がある。

　財務省『平成29年度　税制改正の解説』の中には、次に引用するとおり、「株式分配」「適格株式分配」というものを設けて「組織再編成」と位置付けた理由に関する説明が見受けられる。この説明の冒頭の「これ」とは、支配株主がいない法人の単独新設分割型分割を「適格」とする取扱いのことである。

> 「これと同様の効果があると考えられる完全子法人の株式の全部の分配について、株式分配として組織再編成の一類型として位置づけた上、適格要件に該当するものについては現物分配法人における完全子法人株式の譲渡損益について課税しないこととするとともに、株主において帳簿価額の付替えをすることとされました。」(318頁)

　この「これと同様の効果があると考えられる」ということに関しては、まず、「これ」とされているものに関して「適格」とする理由がないということであれば、「株式分配」を「適格」とする理由もなくなるということを指摘しておくこととする。

　また、「これと同様の効果があると考えられる」ということは、「株式分配」を「組織再編成」とする理由とはならないということも指摘しておかなければならない。合併、分割や現物出資などは、事業の譲渡や資産の譲渡と同様

（注115）　この改正に関しても、共同事業を行うための適格組織再編成の要件が緩和されることとなるため、理論的な問題の有無は別にして、納税者としては、歓迎すべきものということになる。

の効果があると考えられるため、原則として、それらによる事業や資産の譲渡は譲渡損益を計上すべきものとされているわけであるが、事業の譲渡や資産の譲渡が合併、分割や現物出資などと同様の効果があると考えられることを理由として「組織再編成」とされるなどということになっているわけではない。

　平成22年度の現物分配と適格現物分配を創出する改正を契機として、資本等取引や有価証券取引を「組織再編成」と位置付けるということが"流行"となって「組織再編成」だらけとなった感があるが、さすがにここまで来てしまうと、そもそも「組織再編成」とは何かということを初心に返って考えてみることがあってもよいように思われる。

　(4)　「配当に限る」としているものを配当として取り扱わずに資本の払戻
　　　し等として取り扱うことには矛盾がある【立法の課題】

　第1編第4章3(3)「①　現物分配法人の取扱い」(150頁)及び(5)「①　現物分配法人の取扱い」(153頁)においても述べたとおり、株式分配は「剰余金の配当又は利益の配当に限る」(法法2十二の十五の二括弧書き)とされているものであるが、その取扱いは、非適格株式分配の場合には、株式分配の直前の資本金等の額に、株式分配の直前の簿価純資産価額(資産の帳簿価額から負債の帳簿価額を減算した金額)のうちに完全子法人株式の帳簿価額の占める割合を乗じて算出した金額の資本金等の額を減少させ、株主に交付した完全子法人株式等の時価からその減少させる資本金等の額を減算した金額だけ利益積立金額を減少させるものとされており(法令8①十七・9①十一)、適格株式分配の場合には、完全子法人株式の帳簿価額に相当する金額の資本金等の額のみを減少させ、利益積立金額は減少させないこととされている(法令8①十六)。

　このように、非適格株式分配を行った現物分配法人は、資本金等の額と利益積立金額の双方を減少させることとされたわけであるが、この取扱いは、分割型分割や資本の払戻しなどと類似するものであり、「剰余金の配当又は利益の配当」について、従来、存在しなかった"みなし非配当"の制度を創ったものと見ることができるわけである。

　法人税法2条12号の15の2括弧書きの「剰余金の配当又は利益の配当に限る」という定めは、名実ともに「株式分配」は配当に限られるということであるはずであり、そのように名実ともに配当に限られるものについて、配当として取り扱わずに、資本の払戻し等として取り扱うということでは、定義と取

扱いに明らかに矛盾があるとの指摘を受けざるを得ず、また、第1編序章「1　組織再編成税制の基本的な考え方」（3頁）において確認した「取引の実態に合った課税を行う」ということに反するとの指摘も受けざるを得ないと考えられる。

(5)　完全子法人への投資の処理を強制終了させる「株式分配」「適格株式分配」はその正当性の理論的な説明が困難である【立法の課題】

上記(3)で引用した財務省『平成29年度　税制改正の解説』の説明においては、現物分配で完全子法人株式を交付するものは、単独新設分割型分割・適格単独新設分割型分割と「同様の効果があると考えられる」ことから、「株式分配として組織再編成の一類型として位置づけた」と述べられているわけであるが、「株式分配」「適格株式分配」は、その内容に目を向けてみると、現物分配・適格現物分配や単独新設分割型分割・適格単独新設分割型分割とは大きく異なっている。

適格現物分配は、株主の投資の含み損益を消してしまうものであり、それ自体が大きな問題があるわけであるが、「株式分配」「適格株式分配」も、次の①において述べるとおり、完全子法人への投資の処理を強制終了させて完全子法人への投資の含み損益を消してしまうとともに、完全子法人への投資の処理の連続性も絶ってしまうものとなっており、その正当性を理論的に説明することが困難である。

また、次の②において述べるとおり、「株式分配」「適格株式分配」は、完全子法人への投資が続くにもかかわらず、完全子法人への投資の処理を強制終了させて、完全子法人への投資の含み損益を消してしまうとともに、完全子法人への投資の処理の連続性も絶ってしまうものとなっているという点で、単独新設分割型分割・適格単独新設分割型分割とも異なっており、「同様の効果があると考えられる」ということを理由に「株式分配として組織再編成の一類型として位置づけ（る）」ということの適否には、疑問があると言わざるを得ない。

①　現物分配・適格現物分配との比較

適格現物分配に該当しない現物分配（非適格現物分配）においては、法人の資産の移転が時価による譲渡として処理され、また、株主が配当を受けたり株式の全部又は一部が時価による譲渡をしたりしたものとして処理されることとなり、何ら問題はない。

　一方、適格現物分配においては、株主の投資の含み損益を消してしまうという問題が存在する。これに関しては、第3章1(2)「②　株主の投資が終わったにもかかわらずその投資に現に存在する損益を不計上とさせることは理論と実態のいずれからしても疑問がある【立法の課題】」(342頁)において述べたとおりである。

　これに対し、「株式分配」「適格株式分配」においては、被現物分配法人に完全子法人株式のみが交付された場合には、被現物分配法人は、現物出資法人株式のうちその完全子法人株式に対応する部分の譲渡を行ったものとみなされ、譲渡対価額と譲渡原価額はいずれもその完全子法人株式に対応する部分の金額とされ、完全子法人株式の取得価額は、その金額と同額とされている（法法61の2⑧、法令119の8の2①・119①八）。つまり、被現物分配法人は、現物分配法人株式の帳簿価額の一部を完全子法人株式の帳簿価額として付け替えるということになる。

　被現物分配法人でこのような処理をすると、被現物分配法人が行っていた現物分配法人への投資の一部が完全子法人への投資に姿を変え、その投資の一部が完全子法人への投資という形で引き継がれていくが、現物分配法人が行っていた完全子法人への投資は途切れてしまい、その投資に含み損益があっても、譲渡損益となることなく、永久に消えてしまうこととなる。

　また、完全子法人株式のみが交付される非適格株式分配のケースを考えてみると、現物分配法人において、完全子法人株式の譲渡損益が計上されることとなるが、被現物分配法人においては、完全子法人株式の取得価額を時価ではなく現物分配法人株式の帳簿価額の一部に相当する金額とすることとなるため、現物分配法人の完全子法人株式を時価で譲渡したとする処理と被現物分配法人の完全子法人株式の取得の処理とがつながらなくなってしまう。

　このようなことが起こるのは、「剰余金の配当又は利益の配当に限る」こととされている現物分配法人から被現物分配法人への「株式分配」について、本来のあり方どおりに被現物分配法人の現物分配法人に対する投資とは別に、配当が行われたものとして処理するのではなく、被現物分配法人の現物分配法人に対する投資の一部の払戻しが行われたものとして“みなし非配当”の処理をするためである。

　このような「株式分配」「適格株式分配」の処理が理論的に正しいと主張することは、困難である。

② 単独新設分割型分割・適格単独新設分割型分割との比較

　適格単独新設分割型分割に該当しない単独新設分割型分割（非適格単独新設分割型分割）においては、分割法人と分割承継法人との間で資産等の移転が時価による譲渡として処理されるため、何ら問題はない。分割法人の株主においても、みなし配当が計上されることとはなるものの、分割承継法人株式のみが交付される場合には、分割法人への投資の一部が簿価で分割承継法人への投資として引き継がれる状態となり、分割承継法人株式以外の資産が交付される場合には、分割法人への投資の一部を時価によって譲渡して分割承継法人株式を時価によって取得したものとされることとなり、どこにも何ら問題は存在しない。

　また、適格単独新設分割型分割においても、分割法人と分割承継法人との間で資産等が簿価で引き継がれ、分割法人の株主においても、分割法人への投資の一部が簿価で分割承継法人への投資として引き継がれる状態となり、何ら問題はない。

　つまり、単独新設分割型分割・適格単独新設分割型分割においては、上記①で「株式分配」「適格株式分配」の問題点として述べたようなことが生ずることとはなっていないわけである。

　このように、「株式分配」「適格株式分配」と単独新設分割型分割・適格単独新設分割型分割の内容に目を向けて確認を行ってみると、単独新設分割型分割・適格単独新設分割型分割と「同様の効果があると考えられる」ということを理由として、「株式分配」「適格株式分配」を「株式分配として組織再編成の一類型として位置づけ（る）」ということには疑問がある、と言わざるを得ない。

2　スクイーズアウト関係税制の課題

　平成29年度改正においては、課税を受けずにスクイーズアウトを行い得るようにするために、金銭を交付する株式交換と合併（吸収合併）を「適格」とする措置と「全部取得条項付種類株式の端数処理等」（全部取得条項付種類株式の端数処理、株式併合による端数処理及び株式買取請求をいう。以下、同じ。）を「組織再編成」と位置付けた上で要件を満たすものを「適格」とする措置が講じられている。

　これらの措置の概要に関しては、既に第1編の中で述べたとおりである。

　本章2においては、このスクイーズアウト関係税制の理論的な課題について解説を行う。

(1)　金銭交付によって「非適格」となるものは支配の継続を理由として「適格」にはできない【立法の課題】

　課税を受けずにスクイーズアウトを行い得るようにした措置においては、少数株主に金銭を交付しても「適格」となって移転資産の譲渡損益（合併の場合）や保有資産の評価損益（合併以外の場合）の計上を行わないこととされており、そのような取扱いとする理由は、財務省『平成29年度　税制改正の解説』において、次のように説明されている。

> 「組織再編成の適格要件のうち対価要件について、組織再編成前に特定の株主が対象会社を支配している場合において、その特定の株主に対象会社が吸収される合併が行われるとき又はその特定の株主の対象会社に対する持株割合が減少しないときは、組織再編成により少数株主に株式以外の対価が交付されたとしても、その特定の株主が株式の所有を通じて対象会社の資産を支配している状態に変わりがないといえるため、移転資産に対する譲渡損益（保有資産に対する評価損益）を計上する必要はないと考えられることから、支配関係がある法人間の吸収合併及び株式交換の対価要件が緩和されました。」(318頁)

　この説明は、組織再編成税制において、金銭交付の有無による適格判定と支配の継続の有無による適格判定とがどのような関係となっているのかということを正確に理解しないものとなっている。

　法人税法2条の適格組織再編成の定義規定を見ると分かるとおり、金銭を交付する組織再編成は、100％グループ内の組織再編成、50％超100％未満のグループ内の組織再編成又は共同事業を行うための組織再編成のいずれであるかにかかわらず、全て非適格とする、という仕組みとなっている。これは、我が国の組織再編成税制においては、法人が移転資産の譲渡損益の計上を行うのか否かということに焦点を当てて適格か否かということを判断する、という考え方が採られているためである。

　このようにして、法人税法2条の定義において、金銭を交付しないことにより「適格」となる可能性があることとなったものについて、さらに、支配関係が継続するのか否かということを含む判定が行われる、ということになっているわけである。

　これは、金銭交付によって非適格となるものについては支配の継続を理由として「適格」とすることができない、ということを意味している。

　組織再編成税制がこのような構造となっていることは、法人税法2条の定義を正しく解釈すれば、自明のことである。

　もっとも、筆者は、1円でも金銭が交付されれば組織再編成を常に「非適格」とするべきであると主張するつもりは毛頭ない。対価の大部分が株式で交付されて残りの一部分が金銭で交付される組織再編成は、その実態からすれば、対価が金銭のみで交付されるものよりも対価が株式のみで交付されるものに近いため、必ずしも、その組織再編成で移転する資産の全ての譲渡損益を計上させなければならないということにはならない、と考えられる。つまり、少額の金銭交付があったとしても、組織再編成の実態に即して、その金銭に対応する部分以外の部分について、移転資産の譲渡損益の計上を繰り延べさせるという「適格」があってもよい、ということである。

　このような「適格」と平成29年度改正で設けられた「適格」との違いは、前者が後者とは違って100％グループ内の適格組織再編成、50％超100％未満のグループ内の適格組織再編成及び共同事業を行うための適格組織再編成のいずれにも共通するものであるということ、そして、前者が後者とは違って金銭の交付を受ける株主を特定の株主に制限しないものであるということである。

　組織再編成税制の理論と構造を正しく踏まえて、対価として少額の金銭が交付される組織再編成の取扱いを考えるとすれば、本来は、このように「適格」の範囲を広げるべきであるということになるはずである。

　これに対し、平成29年度改正は、少数株主に金銭を交付しても支配が継続すれば「適格」となるという、金銭交付の有無による適格判定と支配の継続の有無による適格判定とは判定の階梯が異なるということを失念したかのごとき理屈に基づくものとなっているわけであるが、これは、同改正がスクイーズアウトに課税しないようにするという結論が先にあって行われたことによるものと考えられる。

(2)　単独で「3分の2」以上の株式を保有していることという「支配」に係る新たな数値基準を設けた趣旨・目的を明確にする必要がある【立法の課題】

　株式交換と吸収合併においては、株式交換完全親法人となる法人又は合併法人となる法人が単独で被株式交換完全子法人となる法人又は合併法人となる法人の株式の3分の2以上を保有している場合にのみ、少数株主に金銭を交付しても「適格」となるものとされているわけであるが、このように、「3分の2」という新たな数値基準を設けた趣旨・目的が不明である。従来から100%と50%超という「支配」の数値基準が存在する中にあって、それらとは異なる新たな「3分の2」以上という基準を設けていることから、本来は、その根拠を明確に説明する必要があるわけであるが、改正法が施行された現在に至っても、いまだに、その説明が見当たらない。

　スクイーズアウトに関する措置は、租税特別措置法ではなく、法人税法の中に設けているため、なぜ「3分の2」であるのか、また、それが吸収合併と株式交換においてのみ用いられるのはなぜか、ということに関する明確で理論的な説明が求められる。推測するに、この基準は、会社法における特別決議を意識したものではないかと考えられるが、会社法における特別決議と同じものとなっているわけではなく、しかも、我が国の法人税法はさまざまに異なる外国の会社法制に服する外国の組織再編成をも対象として取扱いを定めることとなることから、この説明は、必須となる。この単独で「3分の2」以上の株式を保有していることという新たな「支配」の数値基準を設けた趣旨・目的がどのようなものかということにより、組織再編成の他の場面に止まらず、法人税制において株式の保有割合が問題となる場面における取扱いの整合性が問われることともなる。

　また、例えば、ヤフー事件においては、特定役員引継要件を形式的に満たして被合併法人の繰越欠損金額を合併法人に引き継いだものについて、特定役員引継要件の趣旨・目的から租税回避であるのか否かを判断することとなったわけであるが、このスクイーズアウトの対象法人の株式の保有割合が単独で「3分の2」以上の株式を保有していることという基準に関しては、対象法人の株式の保有割合が50%超3分の2未満の場合には、株式交換と全部取得条項付種類株式の端数処理等のいずれによってスクイーズアウトを行うのかにより、対象法人の資産の含み損を損失の額として計上するのか否かという

ことを選択できる状態となっているため、租税回避であるのか否かということを正しく判断するためにも、その趣旨・目的の明確化が必要となるということを、忘れてはならない。

(3)　「組織再編成」の捉え方が曖昧になって資本等取引や有価証券取引としたままで済むものまで「組織再編成」とされてしまっている【立法の課題】

　全部取得条項付種類株式の発行、株式併合、株式買取請求による株式の買取りは、資本等取引と有価証券取引であるが、平成29年度改正においては、全部取得条項付種類株式による端数処理、株式併合による端数処理、株式買取請求（以下、(3)及び(4)において「全部取得条項付種類株式の端数処理等」という。）を「組織再編成」と位置付けることとされている。このように、全部取得条項付種類株式の端数処理等を「組織再編成」と位置付ける理由は、財務省『平成29年度　税制改正の解説』において、次のように説明されている。

　「これらの方法は、子会社の意思決定を必要とすること、少数株主の個別の意思にかかわらず強制的に少数株主から子会社株式が取得されることという点において、単なる資産の売買・交換とは異なる共通点を有するものであり、課税上の不整合は望ましくないと考えられることから、全部取得条項付種類株式の端数処理、株式併合の端数処理及び株式売渡請求による100％子法人化を組織再編成に係る税制の下に位置づけ、株式交換との間で税法上の取扱いが統一されました。」(318頁)

　この説明の「子会社の意思決定を必要とする」と「少数株主の個別の意思にかかわらず強制的に少数株主から子会社株式が取得される」という部分には基本的に誤り等はないわけであるが、しかし、これらは、全部取得条項付種類株式の端数処理等を通常の資産の売買や交換と区別する理由とはなっても、全部取得条項付種類株式の端数処理等を「組織再編成」と位置付ける理由となるものではない。組織再編成税制は、通常の資産の売買や交換と異なるものが全て「組織再編成」となるという前提で創られているわけではない。

　法人が自ら行っていた事業を他の法人に移転して当該他の法人において事

業を行うというものが「組織再編成」の本来の姿であることは、組織再編成税制の制度趣旨から明らかであって、資本等取引である現物出資に関しても平成13年度改正前には長期にわたって分割の代替手段として用いられてきており同年以後も同様の用い方がされる可能性があることを勘案して「組織再編成」に含めることとされたものであり、また、有価証券取引である株式交換に関しても形式上は有価証券取引であるものの合併と同じように組織法上の行為であるとともに合併と同じように全ての会社財産の取得と見てもよい実態があるため「組織再編成」に含めて合併と同じ取扱いとすることとされたものである。

　このように、資本等取引や有価証券取引を「組織再編成」とするに当たっては、従来、その内容に着目して判断がなされてきたところであり、現物出資が分割の代替手段として使われるケースが少なくなってきたり、株式交換が合併と実態が同じというケースと有価証券の売買や交換と実態が同じというケースとを区別する手掛かりが明確になってきたりしたという状況となれば、「組織再編成」と位置付けることが適当でない現物出資や株式交換を「組織再編成」から除く、というのが本来の正しい改正のあり方である。当然のことながら、現物出資の中には単に出資を現物によって行うだけというものがあり、また、株式交換の中には単に株式を交換したり売却したりするだけというものがあるはずである。

　上記のような理由のみで通常の資産の売買や交換と異なるものを「組織再編成」と位置付けるということになれば、我が国の法人税法においては、通常の資本等取引や有価証券取引としたままで済むものまで「組織再編成」とされてしまう。

　(4)　組織再編成税制を「買収」には課税をするという制度から「買収」にも課税をしないという制度に変えることには疑問がある【立法の課題】

　従来、合併や株式交換において金銭等を交付するものは適格とはなり得ないこととなっていた。これは、企業グループを再編するものには課税を繰り延べるが、会社を買収するものには課税を繰り延べる必要はない、という考え方によるものであった。すなわち、「買収」には課税をするという考え方で組織再編成税制が創られていたわけである。

　今回、平成29年度改正で合併と株式交換において講じられた対価要件の緩和措置と全部取得条項付種類株式の端数処理等を適格組織再編成とする措置

により、買収対象法人の株式の一定割合を取得した後に、合併、株式交換、全部取得条項付種類株式の端数処理等を用いて対象法人の買収を行えば、対象法人の資産の評価益の計上を行わなかったり未処理欠損金額や含み損等を用いたりして税負担を減少させることが容易に行い得ることとなる。

　特に、連結納税制度の開始や連結納税制度への加入においては、買収対象の法人を合併、株式交換、全部取得条項付種類株式の端数処理等によって買収することとすれば、その法人の資産の時価評価を行う必要がなくなり、未処理欠損金額を切り捨てる必要もなくなるため、非常に大きなメリットが得られることとなる。

　しかし、平成18年度改正前までは、連結納税制度の開始や連結納税制度への加入の際の連結子法人となる法人の資産の時価評価に関しては、特に、株式交換によって連結子法人となる法人に対し、適格合併等によって連結子法人となる法人とは区別して、厳格な要件を付して適用除外とすることとしていた。これは、株式交換が他の組織再編成とは異なって企業買収の手段として使われる可能性が高いためであった。この例は、組織再編成税制において、「買収」には課税をするという考え方が採られていたことの良き証左となるものであるとともに、最も問題が現れる場面が連結納税制度の開始と連結納税制度への加入の場面であると捉えられていたことを示すものでもある。

　このような株式交換による連結子法人化に対する厳格な時価評価除外の取扱いは、平成18年度改正により、適格合併等による連結子法人化に対する時価評価除外の取扱いと同じものに改正されたわけであるが、その改正の理由は、他の取扱いとの整合性を図るもの（財務省『平成18年度　税制改正の解説』320頁）とされている。

　しかし、株式交換による連結子法人化に対する厳格な時価評価除外の取扱いは、株式交換が他の組織再編成よりも企業買収の手段として使われる可能性が高いという、各組織再編成の行為の内容まで勘案して措置されていたものであり、他の取扱いと「整合性」がないのは当然のことであって、本来は、「整合性」などという表層の理由によって改正されてよいものではなかった。

　第1編第5章3(2)①「イ　株式交換等完全子法人の処理の基本的な考え方」（172頁）においても述べたとおり、平成18年度改正前は、「会社を売ったり買ったりするものには特例を講ずる理由がない」ということで株式交換に特例を設けることには慎重であったわけであり、それが組織再編成税制の本来

の正しい考え方であったと考えられるわけであるが、それが平成18年度改正を経て、平成29年度改正では「組織再編成税制によって会社を売ったり買ったりするものに対して特例を講ずる」ということとなったわけである。

　確かに、合併、株式交換、全部取得条項付種類株式の端数処理等により少数株主に金銭を交付して対象法人を100％子法人にするという行為と対象法人の少数株主から金銭を対価として株式を買い取る企業買収とでは、上記(3)における引用文にあるような「子会社の意思決定を必要とする」「少数株主の個別の意思にかかわらず強制的に少数株主から子会社株式が取得される」などという手続における違いはあるとしても、当該行為の経済実態は、対象法人の少数株主から金銭を対価として株式を買い取る企業買収に他ならない。

　平成29年度改正により、組織再編成税制を「買収」には課税をするという制度から「買収」にも課税をしないという制度に変えるものとなっていることに関しては、法人税の理論からすれば、疑問があると言わざるを得ない。

　もっとも、この改正は、税負担が減少するという点で、納税者からすれば、大いに歓迎するべきものであり、この改正に上記のような疑問があるとしても、それは、納税者がこの改正を最大限に活用することを何ら妨げるものではない。

(5)　完全子法人化の課税関係が不統一となった【立法の課題】

　次の①及び②で述べるとおり、完全子法人化の課税関係は、平成29年度改正で統一されたものよりも不統一となったものが多いと言っても、過言ではない。

①　新設合併等との比較

　平成29年度改正により、株式交換等と吸収合併に関しては、スクイーズアウトの対象法人の少数株主に金銭等を交付するものも適格組織再編成とすることとされたわけであるが、株式交換等と吸収合併のみにこのような措置を講ずるということでは、組織再編成税制全体の整合性を崩すものとなってしまわざるを得ない。

　財務省『平成29年度　税制改正の解説』においては、新設合併、分割型分割、株式移転についてこのような措置を講じない理由が次のように説明されている。

「新設合併、分割型分割及び株式移転については、支配をしている側の
　法人に株式以外の資産を交付しないためには株主ごとの対価が異なる

> こととする必要がありますが、組織再編成の対価が株主ごとに異なる
> のは租税回避防止の観点から問題があることにより今回の緩和の対象
> 外とされ〔中略〕ています。」（327頁（注））

　この記述から、株式交換等と吸収合併に講じられた措置が「緩和」であっ
て課税を受けずにスクイーズアウトを行い得るようにするものであること、
そして、新設合併等に同じ措置が講じられなかった理由が租税回避を防止す
るためであることを確認することができる。

　しかし、新設合併等もスクイーズアウトの手段として用いることが可能で
あり、また、スクイーズアウトの手段として用いる場合の新設合併等は、「対
価が株主ごとに異なる」としても、租税回避の問題が生ずることはない。

　例えば、新設合併によって対象法人を完全子法人とするという場合には、
完全親法人が完全子法人を被合併法人とするとともに対象法人も被合併法人
とする新設合併を行うということになるが、その場合、対象法人の株主に合
併対価として交付される金銭等が決まれば、被合併法人の株主である完全親
法人が交付を受ける合併法人の株式の数がどのような数となったとしても、
その交付を受ける合併法人の株式の価値が変わるようなことはなく、「対価
が株主ごとに異なる」ことによって租税回避となるというようなことにはな
らない。

　対象法人の少数株主に金銭等を交付して退場してもらい、完全子法人化を
するという場面では、少数株主に交付する金銭等が決まれば、支配株主が手
にする対象法人の株式の価値は自動的に決まってしまうわけであり、その完
全子法人化の手段のいかんにより適格としたり非適格としたりする意義はな
いわけである[注116]。

（注116）　少数株主は、適格であろうが非適格であろうが、対象法人の株式の譲渡損益を計
　　上することとなるため、少数株主に関しては、「対価が株主ごとに異なる」こととなれば
　　租税回避が行われるため「対価が株主ごとに異なる」ものは適格とはしない、という主
　　張は成り立たない。
　　　「対価が株主ごとに異なるもの」、すなわち、非按分型のものを適格としない理由は、
　　「株主間で利益や損失の移転が行われるおそれがあるといった問題や贈与税・相続税対
　　策に利用されるおそれがあるといった問題があることから、課税の特例の対象とはしな
　　い」（拙著『企業組織再編成に係る税制についての講演録集』（日本租税研究協会、平成
　　13年）102頁）ということであるが、スクイーズアウトの場面は、このような「おそれ」
　　はないわけである。

　それにもかかわらず、株式交換等と吸収合併という手段を用いる場合のみ適格とするということになれば、組織再編成の取扱いが整合性を欠くものとなるという指摘を受けることとならざるを得ない[注117]。

　②　他の資本等取引の取扱い及び他の有価証券取引の取扱いとの比較

　全部取得条項付種類株式の端数処理等を「組織再編成」と位置付ける理由の理論的な説明とその評価に関しては、上記(3)において述べたとおりであるが、全部取得条項付種類株式の端数処理等を「組織再編成」と位置付ける現実的な理由としては、株式交換と全部取得条項付種類株式の端数処理等がいずれも同様にスクイーズアウトに利用されているため後者の取扱いを前者の取扱いと同様にしなければならない、という事情があったものと考えられる。

　税制においては、「同じものは同じように取り扱う」ということが課税の公平の観点から重要であるため、二つのものを比べて、実質的に同じものを同じ取扱いとするということは、意義のあることである。

　しかし、このように二つの異なる課税関係を統一することに意義があると評価されるのは、その二つのものが比較対象として適切である場合に限られる。つまり、株式交換の取扱いと全部取得条項付種類株式の端数処理等の取扱いとを比較することがそもそも適切であるのかということが問題となる、ということである。

　上記(3)においても述べたとおり、全部取得条項付種類株式の端数処理等は資本等取引と有価証券取引であるため、全部取得条項付種類株式の端数処理等の取扱いを他のものと比較するということになると、まず、他の資本等取引の取扱い及び他の有価証券取引の取扱いとの比較が不可欠となる。

　この「他の有価証券取引の取扱い」との比較の例で考えてみると、全部取得条項付種類株式の端数処理等による完全子法人化の取扱いに関して、「他の有価証券取引の取扱い」として比較すべきものの筆頭に挙げられるのは、任意の株式等の買取り（株式等の発行法人又は他の株主等による買取り）による完全子法人化の取扱いということになるはずである。全部取得条項付種

（注117）　納税者としては、適格となった方が税負担が軽くなることもあれば、反対に、非適格となった方が税負担が軽くなることもあるため、選択肢が増えた、ということになり、基本的には、歓迎してよいものである。

類株式の端数処理等には、少数株主から株式を任意に買い取ることができない場合に限るというような制限があるわけではないため、例えば、最大株主が60％の株式を持っており、40％の株式を持っている少数株主が存在して、その少数株主から発行法人又は最大株主が40％の株式を任意に買い取って、最大株主が発行法人を完全子法人化する、というケースが全部取得条項付種類株式の端数処理等による完全子法人化のケースと経済実態からすると最も近い、ということに異論はないはずである。

このような株式の任意の買取りのケースでは、株式の売買を行う者において株式の譲渡損益の計上と株式の取得という処理がなされるだけで、発行法人における処理は何も行われないが、全部取得条項付種類株式の端数処理等のケースでは、支配関係がなくなることが見込まれていたり従業者のおおむね2割以上の者が辞めたり主要な事業を行わなくなったりするという事情がなければ、「適格」となって、発行法人における処理は何もないことになるわけであるが、そのような事情がないという保証は、全くない。

つまり、全部取得条項付種類株式の端数処理等の取扱いをまず最初に比較すべきは、任意の株式等の買取りによる完全子法人化の取扱いであるにもかかわらず、全部取得条項付種類株式の端数処理等の取扱いを株式交換の取扱いと比較してその取扱いに統一したために、原則（非適格）の取扱いが任意の株式等の買取りによる完全子法人化の取扱いと不統一なものとなってしまっている、ということである。

他方、全部取得条項付種類株式の端数処理等の取扱いを株式交換の取扱いと比較してその取扱いに統一したとは言っても、これらの取扱いが同じものとなっているのは、一部に止まる。上記の例のように、最大株主が60％の株式を持っている場合の株式交換は、上記(2)で述べた単独で「3分の2」以上の株式を保有していることという要件を満たさないために「適格」とはならず、その多くが「適格」となる全部取得条項付種類株式の端数処理等と大きな取扱いの相違が生ずることとなってしまっている。

(6) 「租税回避」となるのか否かが大きな争点となる可能性が高い【立法・解釈の課題】

平成29年度改正で設けられたスクイーズアウト関係税制においては、上記(4)において述べた完全子法人化の課税関係が不統一になってしまったことから、「租税回避」となるのか否かということが大きな争点となってくる可能性が高い。

　本書のテーマは、組織再編成税制の「租税回避」を除いた部分となっているため、詳細には言及しないこととするが、一例を挙げると、最大株主が60%の株式を持っており、40%の株式を持っている少数株主が存在する法人を完全子法人化しようとする場合において、その少数株主が任意に株式を売却することに応じてくれる可能性があるというようなときは、その少数株主から任意に株式を買い取って完全子法人とするのか、あるいは、「組織再編成」とされた株式交換や全部取得条項付種類株式の端数処理等によって完全子法人とするのかという難しい問題に向き合わざるを得なくなる。

　特に、連結納税制度を採用している場合には、少数株主から任意に株式を買い取って完全子法人とするのか、あるいは、全部取得条項付種類株式の端数処理等による適格株式交換等により完全子法人とするのかによって、税制上の取扱いが大きく異なることとなることから、「租税回避」の問題に注意が必要となる。

3　分割型分割等における株式継続保有要件の改正の課題

　平成29年度改正では、主要な改正事項という位置付けとはされておらず、その改正の説明も詳しく行われていないが、分割型分割等における株式継続保有要件の改正も、非常に重要な改正となっている。

　完全支配関係法人間の適格分割の株式継続保有要件を定める法人税法施行令4条の3第6項1号イにおいては、従来、分割前だけでなく分割後にも分割法人と分割承継法人との間にいずれか一方の法人による完全支配関係が継続することが見込まれていることが求められていたわけであるが、平成29年度改正により、分割後には、この完全支配関係が継続することが見込まれていることという要件が外されている。

　この改正の理由に関しては、財務省『平成29年度　税制改正の解説』の（注3）（334頁）において、次のように説明されている。

> 「移転資産に対する支配の継続という観点では分割型分割に係る分割法人との間の関係の継続を求める理由に乏しいことを踏まえた改正」

　この説明に関しては、上記1（1）③（362頁）において述べたとおり、完全支配関係・支配関係の「支配」と「法人による移転資産に対する支配の継続」

の「支配」とは同じ用語でも内容が異なることを正しく理解していないという指摘を免れ得ないわけである。

　しかし、納税者からすると、この改正自体は、大いに歓迎するべき非常に重要なものとなっている。

　分割型分割においては、分割法人に残すものと分割承継法人に移転するものとは相対的な関係にあり、分割型分割の後に完全支配関係や支配関係を解消することとなる事業を分割法人に残すスキームとその事業を分割承継法人に移して残すスキームに実質的に大差はないというケースが数多く存在する。

　このため、この改正により、一部の事業を譲渡したり、兄弟で事業を分けたり、相続税対策で法人の一部の事業を切り離したりするというようなケースで、それらの事業を分割法人に残して他の事業を分割承継法人に移すということが数多く行われることとなるはずである。従来は、一部の事業の譲渡等を行えば、必ず、その事業の含み益に対する課税が行われることとなっていたわけであるが、この改正により、その事業の含み益に課税を受けずに譲渡等が行い得るようになったわけである。

　特に、分割法人の株主が個人の場合には、低率の課税で済む株式の譲渡という手法で分割法人の一部の事業の譲渡等を行うということが行われるようになるものと想定される。

　組織再編成税制は、平成13年に創設された後、平成18年に株式交換・株式移転が新たに「組織再編成」に加えられ、平成22年に「適格株式分配」が新たに「適格組織再編成」に加えられ、そして、平成29年にスピンオフやスクイーズアウトへの対応措置が講じられるなど、さまざまな改正が行われてきたわけであるが、この分割型分割等における株式継続保有要件を緩和する改正は、平成13年の後のいずれの改正よりも実務に大きな影響を与えるものと言っても、決して過言ではない。

　このような改正を「課題」と呼ぶかどうかということに関しては、理論と実務のいずれを重視するのかということにより、異見があるはずであるが、筆者としては、このような改正が元に戻されて混乱するということがないようにしなければならないという「課題」がある、と理解しておきたい。

現代税制の現状と課題
（組織再編成税制編）

平成29年12月12日　初版発行

著　者　朝　長　英　樹
発行者　新日本法規出版株式会社
代表者　服　部　昭　三

発行所	**新日本法規出版株式会社**	
本　社 総轄本部	(460-8455)	名古屋市中区栄１－23－20 電話　代表　052(211)1525
東京本社	(162-8407)	東京都新宿区市谷砂土原町２－６ 電話　代表　03(3269)2220
支　社		札幌・仙台・東京・関東・名古屋・大阪・広島 高松・福岡
ホームページ	http://www.sn-hoki.co.jp/